Schattenseiten des Marketing

Internationale Märkte

Herausgegeben von
Prof. Dr. Herbert Strunz

Band 8

PETER LANG
Frankfurt am Main · Berlin · Bern · Bruxelles · New York · Oxford · Wien

Kati Fleischmann

Schattenseiten des Marketing

Der Kampf um Märkte und Verbraucher heute

PETER LANG
Europäischer Verlag der Wissenschaften

Bibliografische Information Der Deutschen Bibliothek
Die Deutsche Bibliothek verzeichnet diese Publikation in der Deutschen Nationalbibliografie; detaillierte bibliografische Daten sind im Internet über <http://dnb.ddb.de> abrufbar.

Gedruckt mit Unterstützung
des Bundesministeriums für Bildung,
Wissenschaft und Kultur in Wien.

ISSN 1435-473X
ISBN 3-631-51839-0

www.peterlang.de

Inhalt

1 Märkte heute

1.1 Wettbewerb der Anbieter...

„Es wird nur zwei Typen von Managern geben, die schnellen und die toten.“[1]

1.1.1 Allgemeine Wettbewerbssituation

Wir leben in einem Zeitalter des Wirtschaftswachstums und der zunehmenden Globalisierung. Die Märkte, auf denen die Hersteller agieren (können), werden immer größer und auch immer komplexer; die Zahl der Unternehmen – und somit auch potentieller Konkurrenten – nimmt stetig zu. Wo einst noch Konkurrenten eines Unternehmens klar definierbar und auch verhältnismäßig überschaubar waren, muss sich ein Anbieter heute gegen eine Vielzahl verschiedenster – tatsächlicher und auch latenter – Konkurrenten behaupten, deren Produkte denen des jeweiligen Anbieters in zunehmendem Maße gleichen bzw. diese auch ersetzen können. Und dies nicht nur im regionalen, sondern zudem verstärkt auch im globalen Wettbewerb.

Die Märkte wachsen und verändern sich; der Wettbewerbsdruck steigt. Wer hier „den Anschluss verpasst“, oder eine falsche Entscheidung trifft, hat schon so gut wie verloren. In dem Bestreben, sich am Markt zu profilieren und zu etablieren, müssen die Unternehmen sämtliche „Marketing-Register“ ziehen, um die Vorteile des eigenen Produktes gegenüber den Produkten der Konkurrenz herauszustellen und sich aus der unüberschaubaren Masse zunehmend vergleichbar gewordener Konkurrenzprodukte abzuheben. Es genügt nicht, sich rein auf die Selbstverkäuflichkeit des Produktes zu verlassen. Das Produkt muss die Verbraucher ansprechen, ihre Aufmerksamkeit auf sich ziehen, sich durch eine Eigenschaft auszeichnen, die anderen (Konkurrenz-) Produkten fehlt – seien dies nun direkte Eigenschaften des Produktes oder auch „nur“ mit dem Produkt in Verbindung gebrachte wie etwa ein bestimmtes Lebensgefühl oder die Zugeshörigkeit zu einer bestimmten Gruppe.

---

[1] zit. in: BBE Unternehmensberatung GmbH (Hrsg.): Megatrends II – in Vertrieb, Handel und Gesellschaft, o.J.

Kurz: das Produkt muss etwas „Besonderes“ – oder aber zumindest „anders“ – sein, um das Konsumenteninteresse zu wecken. Die Konsumenten müssen dazu animiert werden, gerade dieses Produkt kaufen zu wollen – sei dies nun zum einen etwa durch eine besonders ansprechende Gestaltung des Produkts, durch ein überzeugendes Preis-Leistungsverhältnis oder andere, in Werbung und Verkaufsförderung angepriesene Vorzüge des Produktes. Haben die Unternehmen dann erst einmal die Aufmerksamkeit der Verbraucher, gilt es, diese möglichst langfristig an sich zu binden und zu verhindern, dass ihre Kunden sich Konkurrenten zuwenden. Dazu müssen sie sich einiges einfallen lassen. Sie müssen ein möglichst unverwechselbares Image aufbauen, mit dem sich ihre Kunden identifizieren können, und dieses, wie auch den Kontakt zu den Kunden, sorgfältig pflegen.

1.1.2 Bedeutung des Internet für den Wettbewerb

Auf diesem Wege nimmt auch das Internet eine immer größer werdende Rolle im Anbieter(direkt)marketing ein. Vor allem, da es den Anbietern ermöglicht, auf direktem Wege mit den Verbrauchern zu kommunizieren – im besten Falle sogar individuell (One-to-One-Marketing). Sie können sich „im Netz“ detaillierter und auch individueller den Verbrauchern präsentieren und (aktuell) über ihre Produkte sowie deren Vorzüge informieren. Dies ist selbst für kleinere Unternehmen erschwinglich. Zudem unterliegt die Online-Kommunikation keinerlei einengenden Beschränkungen hinsichtlich ihres Umfanges, wie das bei Printmedien, Radio- oder TV-Werbung der Fall ist. Auch kann die Website nahezu universell, „von jedermann, zu jeder Zeit und von jedem Ort der Welt aus“ besucht werden.[2]

Dies erhöht die Markttransparenz und verringert das vorherrschende Informationsdefizit der Konsumenten im Vergleich zu den Herstellern.[3] Die Verbraucher können auf relativ einfachem, schnellem und

[2] vgl. Kotler/Bliemel: Marketing-Management – Analyse, Planung und Verwirklichung, 2001, 1212

[3] vgl. Dowling: Implikationen für das Strategische Management (21.11.2001), http://www.e-commerceforum.de, 22.10.2002

bequemem Wege auf Unmengen von Informationen über die Unternehmen, deren Produkte und Konkurrenten zugreifen und diese miteinander vergleichen – denn: ein alternativer Anbieter ist meist nur ein paar Klicks entfernt; was wiederum den Konkurrenzdruck verstärkt. Zudem ermöglicht es das Internet den Verbrauchern, viele Produkte bequem und ohne große Umstände zu kaufen.

Als globale Informationsquelle bietet das Internet Zugang zu einer nahezu unbegrenzten Menge unterschiedlichster Informationen – für jedermann. Diese Informationsfülle sorgt nicht nur für eine erhöhte Markttransparenz hinsichtlich der Angebote der Unternehmen. Es bietet den Verbrauchern auch unschätzbare Sekundärquellen, die sie zu bestimmten Themen, Produkten und Firmen konsultieren können: Online-Zeitschriften und -Datenbanken, Forschungs- und Finanzinstitutionen, Wirtschaftseinrichtungen, Nichtregierungs- wie auch Verbraucherorganisationen, aber auch Meinungs- und Diskussionsforen etc. Über einen verhältnismäßig kurzen Zeitraum sammeln sich oftmals Unmengen von Informationen etwa über ein bestimmtes Produkt bzw. ein Unternehmen im Internet an, auf die die Verbraucher bei Bedarf und Interesse zurückgreifen können; nicht nur positive Informationen, sondern auch (und vor allem) Nachrichten über Management- oder Marketingfehlentscheidungen sowie „Skandale". Denn: *„Only bad news are good news."*

1.2 ... um die Kunden

„It is the consumer who determines what a business is. For it is the consumer, and he alone, who through being willing to pay for a good or service, converts economic resources into wealth, things into goods."
Peter Drucker, österreichisch-amerikanischer „Management-Guru"[4]

In dem Bestreben, sich am Markt zu behaupten und Profite zu erwirtschaften, befinden sich die Unternehmen in einem ständigen Wettbewerb um die „Gunst" der Konsumenten, deren Bedürfnisse es „auf gewinnbringende Weise zu befriedigen"[5] gilt.

---

[4] zit. in: ebd.

[5] Kotler, zit. in: Crainer: Markt schlägt Marketing, in: Handelsblatt (23.09.2002), http://www.handelsblatt.de, 25.09.2002

Aus diesem Wettbewerb heraus sehen sich die Verbraucher jedoch mit einer wahren Informationsflut sowie der oben erwähnten Angebotsvielfalt konfrontiert, angesichts derer ein Rückgang der Loyalität der Verbraucher gegenüber bestimmten Produkten, Marken bzw. Unternehmen abzusehen ist.

1.2.1 Psychologie des Kundenverhaltens

In ihren Kaufentscheidungen werden die Verbraucher von vielen verschiedenen Faktoren – kulturellen, sozialen, persönlichen und psychologischen – beeinflusst.[6] Sie sind geprägt hinsichtlich ihrer Zugehörigkeit zu einer bestimmten sozialen Schicht, durch Familie, Freunde, Bekannte oder auch beispielsweise Religionsgemeinschaften, durch bestimmte Rollen, die sie erfüllen und denen ein bestimmter Status zugeschrieben wird, durch ihr Alter, ihren Beruf, ihren Lebensstil, in ihrer Persönlichkeit und ihrem Selbstbild sowie hinsichtlich ihrer Motivation, ihrer Wahrnehmung und ihrer Ansichten und Einstellungen.

Je nachdem, um welche Produkte es sich handelt, handeln die Verbraucher unterschiedlich[7]:

- Vor dem Erwerb *verhältnismäßig teurer Produkte* beschäftigen sich Verbraucher in der Regel sehr ausführlich mit den verschiedenen Angeboten und holen sich viele Informationen zu mehreren Alternativangeboten ein (Produktinformationen der Hersteller, Medien(test)berichte, Meinungen von Familie/Freunden/Kollegen etc.). Sollten sie jedoch keinen großen Unterschied zwischen den verschiedenen Produkten erkennen können, treffen sie ihre Entscheidung (aus Gründen der Bequemlichkeit) dann doch ziemlich schnell.

---

[6] vgl. Kotler/Bliemel: Marketing Management – Analyse, Planung und Verwirklichung, 2001, 325ff.

[7] vgl. Assael: Consumer Behavior and Marketing Action, 1987, 87f.; Hüttner/Pingel/Schwarting: Marketing-Management – Allgemein, Sektoral, International, 1994, 15

- Beim Kauf von *Markenartikeln*, wie etwa Kleidung, bleiben noch die meisten Verbraucher einer bzw. einigen wenigen bestimmten Marken treu. Denn die meisten Hersteller haben sich in diesem Bereich ein gewisses Image (beispielsweise über gute Qualität) aufbauen können, oder ihnen wird ein gewisser Status („in" zu sein) zugeschrieben, der sich etwa beim Tragen der Kleidung auf den Verbraucher überträgt. Sich am Verhalten bestimmter Personen bzw. Gruppen, mit denen sie sich identifizieren wollen, orientierend, wird so etwa die „richtige" Kleidung für viele Verbraucher zum Statussymbol. Der Preis spielt dabei eine eher untergeordnete Rolle.
- Bei *Gütern des täglichen Bedarfs* ist der für den Verbraucher erkennbare Unterschied zwischen den Produkten am geringsten, sodass der Kauf vorrangig durch reine Gewohnheit – und den Preis der jeweiligen Produkte – bestimmt wird. Jedoch lassen sich Verbraucher ob der Angebotsvielfalt und der verhältnismäßig geringen Bedeutung der Produkte auch viel leichter durch verkaufsfördernde Maßnahmen zu einem Spontankauf „überreden" oder wechseln des öfteren die Marke, um einmal etwas Neues auszuprobieren.

1.2.2 Die Anziehungskraft von Marken und Preisen

„Das Produkt ist nur die Beigabe zum spirituellen Mehrwert, der beworben wird und den wir kaufen."
Norbert Bolz, Kommunikationswissenschaftler[8]

Markenartikeln wird im Allgemeinen eine gute bzw. hohe Qualität nachgesagt[9], denn, so die verbreitete Auffassung, die Hersteller von Markenartikeln würden einen wesentlich höheren Imageverlust erleiden, sollte die Qualität ihrer Produkte nicht den Anforderungen entsprechen, als Hersteller von sog. „No-Name"-Produkten.[10] Zudem si-

[8] zit. In: Schweikle: Der gemeinsame Nenner, in: brand eins (02/03), 75

[9] vgl. dazu Becker: Markenartikel und Verbraucher, in: Dichtl/Eggers (Hrsg.): Marke und Markenartikel als Instrumente des Wettbewerbs, 1992, 97ff.

[10] vgl. Schmidt/Elßer: Die Rolle des Markenartikels im marktwirtschaftlichen System, in: Dichtl/Eggers (Hrsg.): Marke und Markenartikel als Instrumente des Wettbewerbs, 1992, 58

gnalisieren Markenartikel eine bestimmte Lebenseinstellung, die Zugehörigkeit zu einer bestimmten sozialen Schicht. Sie vermitteln bzw. unterstreichen ein gewisses individuelles Persönlichkeitsbild.[11]

„Grundlage des Verbraucherverhaltens ist in hohem Maße das persönlich geprägte Gesamtbild einer Marke, das objektiv-funktionale mit subjektiv-psychologischen Eigenschaften verschmilzt.“[12]

Viele Verbraucher sind somit bereit, einen höheren Preis für Markenartikel zu bezahlen, wenn sie im Gegenzug dazu sich der Qualität der Produkte sicher(er) sein und zudem ihrem Bedürfnis nach Individualität – und in gewissem Maße auch Exklusivität – Ausdruck verleihen können.

„Für das Markenimage ist es mitunter besser, wenn ein Auto unverkauft bleibt, als daß jemand hinter dem Steuer Platz nimmt, der dort nicht hingehört.“
Bernd Pischetsrieder, ehem. *BMW*-Vorstand[13]

Demgegenüber lässt sich jedoch auch ein Trend dahingehend beobachten, dass sich immer mehr Verbraucher von den teuren Marken abwenden hin zu Handelsmarken und „No-Name“-Produkten, die als eine vergleichbare Alternative zu den Markenartikeln dahingehend angesehen werden, dass sie oftmals eine vergleichbare Qualität zu wesentlich günstigeren Preisen bieten.[14]

Vor allem seit der Währungsumstellung auf die europäische Einheitswährung Euro – und der damit einhergehenden Ansicht der Verbraucher, der Euro sei ein „Teuro“ – beklagen immer mehr Einzelhändler den Verlust von Kunden, die nun verstärkt bei Discountern einkaufen. Für diese „Smart Shopper“ besteht das Einkaufserlebnis nicht darin, ihrer Persönlichkeit durch bestimmte Marken zum Ausdruck zu ver-

---

[11] siehe dazu auch: Quart: Branded – Wie wir gekauft und verkauft werden, 2003; Nickel: Die Künste der Marke – Effekte der Relevanz von Anziehungskraft, Respekt und Vertrauen (22.10.2001)
[12] Becker: Markenartikel und Verbraucher, in: Dichtl/Eggers (Hrsg.): Marke und Markenartikel als Instrumente des Wettbewerbs, 1992, 122
[13] entnommen aus: Aphorismen, http://www.aphorismen.de, 02.02.2003
[14] Viele Produkte, die bei *Aldi* im Regal stehen, tragen anderswo die Marken *Müller*, *Bauer*, *Zott*, *Schöller*, *Nestlé* oder *Bahlsen*... (vgl. http://www.lebensmittel-marken.de, 05.05.2003)

helfen, sondern gleichwertige Qualität zu Discountpreisen zu erwerben.[15]

Markentreue ist somit nicht zuletzt auch abhängig von wahrgenommenen (Qualitäts-)Unterschieden zwischen den einzelnen Produkten: je größer der wahrgenommene Unterschied, desto eher neigen die Verbraucher dazu, eine bestimmte Marke immer wieder zu kaufen.[16] Je vergleichbarer die Produkte werden, desto mehr rückt der Preis bei der Konsumentscheidung in den Vordergrund.

1.3 ... Marketing, Ethik und soziale Verantwortung

„The social responsibility of business is to increase its profits."
Milton Friedman, US-amerikanischer Ökonom[17]

Die American Marketing Association (AMA) definiert Marketing als *„the process of planning and executing the conception, pricing, promotion and distribution of ideas, goods, and services to create exchanges that satisfy individual and organizational objectives."*[18]

Diese Definition lässt schon erahnen, welch konfliktären Ansprüchen ein (Marketing-)Manager gerecht werden muss. Auf der einen Seite stehen die Interessen des Unternehmens, nach welchen die produzierten Güter bzw. angebotenen Dienstleistungen möglichst gewinnbringend verkauft werden sollen, um das Bestehen des Unternehmens zu gewährleisten und sich langfristig auf dem Markt behaupten und etablieren zu können, sowie genug Profite zu erwirtschaften, um den Ver-

---

15 vgl. BBE Unternehmensberatung GmbH (Hrsg.): Megatrends III in Vertrieb, Handel und Gesellschaft – Die „vergessenen" Trends, o.J.
Genau diesen Trend zum „Smart Shopping" machen sich beispielsweise auch die Elektronikketten *Media Markt* („Ich bin doch nicht blöd") und *Saturn* („Geiz ist geil") in ihren Slogans zunutze.

16 vgl. Becker: Markenartikel und Verbraucher, in: Dichtl/Eggers (Hrsg.): Marke und Markenartikel als Instrumente des Wettbewerbs, 1992, 112

17 Friedman: The social responsibility of business is to increase its profits, in: The New York Times Magazine (13.10.1970), 32

18 Meffert: Marketing – Grundlagen marktorientierter Unternehmensführung, 2000, 9

pflichtungen gegenüber allen an dem Unternehmen Beteiligten – vor allem Unternehmens(anteils)eignern und Investoren – nachzukommen.

Dazu ist es selbstredend wichtig, die Wünsche und Bedürfnisse der Verbraucher zu kennen. Denn „der Wunsch nach spezifischen Produkten [...], begleitet von der Fähigkeit und der Bereitschaft zum Kauf"[19] entscheidet über die Nachfrage nach einem bestimmten Produkt respektive einer Dienstleistung.

In diesem Zusammenhang erscheint es zudem Aufgabe des Marketing-Managers, die vorhandene Nachfrage nicht nur zu ermitteln und auf diese entsprechend zu reagieren, sondern den Interessen des Unternehmens entsprechend auch Einfluss auf die Wünsche der Verbraucher zu nehmen:

- bei „**negativer Nachfrage**", also wenn ein Großteil der Verbraucher eine Abneigung gegen ein bestimmtes Produkt oder eine bestimmte Dienstleistung hat, festzustellen, welche Möglichkeiten bestehen, die Verbraucher in ihrer Haltung bzw. Einstellung „umzustimmen" (*Konvertierungsmarketing*);
- wenn die angestrebte Zielgruppe an dem Produkt nicht interessiert ist oder ihm gleichgültig gegenüber steht (**fehlende Nachfrage**), gilt es, Möglichkeiten zu finden, die Vorzüge des Produktes mit „ureigenen" Bedürfnissen und Interessen der Verbraucher zu verknüpfen, um so die Nachfrage zu stimulieren (*Stimulationsmarketing*);
- oder auch bei „**latenter Nachfrage**", also wenn im Rahmen der Markt- und Verbraucherforschung ein „ausgeprägtes" Bedürfnis bei einem Teil der Verbraucher festgestellt wurde, welches mit keinem der bereits existierenden Produkte ausreichend befriedigt werden kann, die Entwicklung von Produkten voranzutreiben, die zu einer Befriedigung dieses Bedürfnisses beitragen könn(t)en (*Entwicklungsmarketing*) – und dies dann natürlich auch gegenüber den Verbrauchern entsprechend zu kommunizieren.[20]

[19] Kotler/Bliemel: Marketing-Management – Analyse, Planung und Verwirklichung, 2001, 13

[20] Gleichwohl müssen sie auch auf sinkende, schwankende, ausgeglichene, übersteigerte und/oder schädliche Nachfrage reagieren (vgl. ebd., 27ff.).

Dabei wird oft kritisiert, das Marketing schaffe sich seine Nachfrage selbst – durch gezielten Einsatz aller Instrumente des Marketing-Mix. Es ist nicht von der Hand zu weisen, dass die Unternehmen eine gewisse Nachfrage nach ihren Produkten bzw. Dienstleistungen benötigen, um „ihr Dasein zu rechtfertigen". Auf ihnen ruht die spezielle Verantwortung, ihr Wissen um die Bedürfnisse und Wünsche des Marktes (respektive der Verbraucher) dahingehend umzusetzen, dass das Unternehmen Produkte bzw. Dienstleistungen anbieten kann, welche die Verbraucher zufriedenstellen und zu deren Kauf sie sich leicht „überreden" lassen, sodass dem Unternehmen daraus ein entsprechender Gewinn entspringt und der Einsatz von menschlicher Arbeitskraft, Kapital und anderen Ressourcen gerechtfertigt ist bzw. wird. Die Frage bleibt bloß, mit welchen Mitteln und Maßnahmen die Marketing-Manager versuchen, die Unternehmensziele umzusetzen.

Sie geraten zunehmend in die Kritik, in ihrem Streben nach Profit ethische und moralische Grundsätze zu missachten; die Verbraucher durch unlautere Methoden zum Kauf ihrer Produkte bzw. zur Inanspruchnahme ihrer Dienstleistungen zu bewegen, sie zu „überrumpeln" sowie die aus der Markt- und Verbraucherforschung gewonnenen Kenntnisse um gewisse Schwächen der Verbraucher gezielt zu deren Beeinflussung einzusetzen; ihre Überlegenheit gegenüber den Verbrauchern, die sich auf fehlende Markttransparenz und -übersicht – einhergehend mit einer Überflutung der Reize – sowie dem Informationsdefizit der Verbraucher stützt, nahezu schamlos auszunutzen, ebenso wie die Macht bzw. den Einfluss, die/den sie gegenüber ihrer Umwelt – Wettbewerber, Zulieferer und Händler – besitzen, rigoros auszuspielen.

Nicht zuletzt aufgrund des Strebens nach Größe und damit einhergehend auch Firmenaufkäufen und -zusammenschlüssen erlangen die Unternehmen immer größere Marktmacht und Einfluss – nicht nur auf das Marktgeschehen selbst, sondern auch auf Politik und Gesellschaft. Damit vergrößert sich jedoch auch zunehmend die Verantwortung, die sie gegenüber ihrer Umwelt haben. Neben den Verpflichtungen gegenüber Anteilseignern und Beschäftigten zur Erwirtschaftung von Gewinn haben sie auch gewisse Verpflichtungen gegenüber Lieferanten, Kunden und Händlern sowie gegenüber der Gesellschaft als Ganzes[21]. Dies schließt sowohl ein nach sozialen Maßstäben gemessenes ethisch-moralisches Verhalten gegenüber allen Marktakteuren als auch einen verantwortungsvollen Umgang mit der Natur und ihren Ressourcen ein.[22]

Vor allem im Zuge der Globalisierung, die den Wettbewerb ungemein verschärft hat (s.o.), hat die Diskussion um die soziale Verantwortung von Unternehmen („corporate social responsibility") stark zugenommen.

„As local settings are opened to the global economy, it becomes possible, and highly profitable, for a firm to take advantage of the differences between localities with regard to wages, market potential, employment standards, taxes, environmental regulations, local facilities, and human resources. This means arranging its global operations to produce products where costs are lowest, sell them where markets are more lucrative, and shift the resulting profits to where the tax rates are least burdensome."[23]

Speziell im Zusammenhang mit Geschäftstätigkeiten von international agierenden Unternehmen in weniger entwickelten Ländern und Ländern der Dritten Welt, die auf die Investitionen der Unternehmen angewiesen und somit verhältnismäßig „kooperative" Verhandlungspartner sind, wird immer wieder Kritik an unlauterem Geschäftsgebaren einzelner Unternehmen laut.[24] Die Gesellschaft wird zunehmend

[21] *Stakeholder Value*; siehe dazu: Karmasin: Ethik als Gewinn: Zur ethischen Rekonstruktion der Ökonomie – Konzepte und Perspektiven von Wirtschaftsethik, Unternehmensethik, Führungsethik, 1996, 240ff.; Goodpaster: Business Ethics and Stakeholder Analysis, in: Winkler/Coombs (Hrsg.): Applied Ethics: a Reader, 1993, 229ff.; Galbraith: The New Industrial State, 1967

[22] siehe dazu auch: Maucher: Ethik zwischen Gewinn und Wettbewerb, in: Steinmann/Löhr (Hrsg.): Unternehmensethik, 1991, 403ff.; Hansen: Marketing und soziale Verantwortung, in: Steinmann/Löhr (Hrsg.): Unternehmensethik, 1991, 243ff.

[23] Korten: When Corporations Rule the World, 1995, zit. in: Kopperi: Business Ethics in Global Economy, in: Electronic Journal of Business Ethics and Organization Studies, Vol. 4 No. 1 (1999), http://ejbo.jyu.fi, 22.10.2002

[24] Dabei ist anzumerken, dass, selbst wenn die Unternehmen sich nach den im Ausland herrschenden Vorschriften richten – die selbstredend weniger strikt sind als im Stammland der jeweiligen Unternehmen –, sie doch in ihren Aktivitäten nach den ethisch-moralischen und umweltpolitischen Auffassungen ihres Stammlandes beurteilt werden.

sensibler in Fragen der Ethik, der Moral und auch des Umweltbewusstseins.[25] Den sich für die Unternehmen bietenden – nahezu grenzenlosen – Möglichkeiten (wie etwa die Verlagerung der Produktionsstätten in Länder der Dritten Welt oder der Eintritt in neue Märkte, in denen es weniger strenge umweltpolitische Auflagen für Produkte gibt und wo die Technologie noch nicht so weit fortgeschritten ist) steht der Ruf nach verantwortungsvoll handelnden Managern gegenüber.

Vor diesem Hintergrund beschäftigt sich die vorliegende Arbeit mit dem Wettbewerb der Anbieter um die Märkte respektive die Kunden. Zum einen wird dabei das Problem unlauterer Geschäftspraktiken zur Verwirklichung von Umsatzzielen in direktem Bezug zu den bzw. auf die Verbraucher analysiert. Und zum anderen werden vor dem Hintergrund des Stakeholder Value sowie der geforderten sozialen Verantwortung von Unternehmen deren Aktivitäten hinsichtlich ihrer Auswirkungen auf die Unternehmensumwelt beleuchtet.

Diese Arbeit erhebt keinesfalls Anspruch auf Vollständigkeit, noch nimmt sie für sich in Anspruch zu behaupten, die angeführten Beispiele unlauterer und unmoralischer Geschäftspraktiken einzelner Unternehmen wären beispielhaft für alle Unternehmen der jeweiligen Branchen. Vielmehr handelt es sich hierbei um einen Versuch, die Schattenseiten des auf Sicherung der Wettbewerbsfähigkeit sowie Erwirtschaftung von Gewinnen ausgerichteten Unternehmertums, welches sich vorrangig im Bereich des Marketing, aber auch in anderen Bereichen wie beispielsweise dem Personalmanagement, offenbart, aufzuzeigen.

Im nun folgenden Kapitel werden zunächst unlautere Methoden in der Markt- und Konsumentenforschung kritisch beleuchtet, anhand deren Ergebnissen Marketingmanager gezielten Einfluss auf das Konsumverhalten der Verbraucher zu nehmen versuchen, wie in den daran anschließenden Abschnitten an vielen konkreten Beispielen dargestellt wird. Im Kampf um die Gunst der Verbraucher werden zudem auch Marketingaktivitäten der Unternehmen in Bezug auf deren Wettbewerber, Lieferanten und Händler betrachtet, sowie der Kampf um ein posi-

[25] siehe dazu auch: Kumar: Unternehmensethik im Kontext internationaler Unternehmensführung, in: Steinmann/Löhr (Hrsg.): Unternehmensethik, 1991, 225ff.

tives Unternehmensimage durchleuchtet. Und schließlich wird, vor dem Hintergrund der Sicherung und Erhaltung von Wettbewerbsvorteilen, das Problem der Kosteneinsparungen im Personalbereich vor dem Hintergrund der geforderten „corporate social responsibility“ der Unternehmen angerissen.

In dem darauffolgenden Kapitel werden nach der Klärung der Notwendigkeit des Verbraucherschutzes Möglichkeiten und Maßnahmen des Schutzes der Verbraucher vor unlauteren Geschäftsmethoden der Unternehmen erörtert. Dabei werden zunächst Institutionen des Verbraucherschutzes, gefolgt von verbraucherschutzrechtlichen Instrumenten, vorgestellt, und im Anschluss daran rechtliche Grundlagen sowie Maßnahmen der Gesetzgebung beleuchtet.

Das letzte Kapitel stellt die 4 Hauptakteure auf dem Markt – Unternehmen, Verbraucher, Verbraucher- und Nichtregierungsorganisationen sowie die Regierung – einander gegenüber und erörtert deren Einflussmöglichkeiten auf das Marktgeschehen im Hinblick auf deren jeweilige Interessen sowie im Hinblick auf eine aus Verbraucher-Sicht sozialere Gestaltung des Marktgeschehens bzw. eines möglichen Ausgleichs des Kräfteverhältnisses auf dem Markt.

2 Verbraucher im Mittelpunkt?

„*Marketing is the whole business seen from the point of view of its final results, that is, from the customer's point of view.*"
Peter Drucker[26]

Der Erfolg bzw. Misserfolg eines Unternehmens hängt in entscheidendem Maße vom Verhalten der Verbraucher ab. Mit ihren Konsumentscheidungen für oder gegen das Produkt respektive die Dienstleistung eines Unternehmens entscheiden sie letztendlich darüber, ob ein Produkt auf dem Markt Bestand hat und sich gegen die Produkte der Konkurrenz behaupten kann, oder nicht; und im weiteren Sinne darüber, ob sich ein Unternehmen auf dem Markt etablieren und behaupten kann, oder nicht.

Demzufolge gilt die gesamte Aufmerksamkeit der Marketingmanager den Interessen der Verbraucher. Ihre Aufgabe ist es, mit den in der Markt- und Marketingforschung ermittelten Informationen über das Kaufverhalten der Verbraucher deren Interesse an dem Angebot des Unternehmens zu erkennen, zu erwecken und/oder zu stimulieren und sie zum Kauf ihrer Produkte respektive zur Inanspruchnahme ihrer Dienstleistungen zu bewegen. Dazu stehen ihnen die folgenden vier Instrumente aus dem „Marketing-Mix" zur Verfügung: Produktpolitik, Preis- und Konditionenpolitik, Kommunikationspolitik und Distributionspolitik.

In ihrem Bestreben, das Kaufverhalten der Verbraucher zu beeinflussen und diese auch möglichst langfristig an sich zu binden, um sich gegen eventuelle Konkurrenten durchzusetzen, greifen Marketing-Manager nicht selten zu unlauteren Geschäftspraktiken. Und auch im Hinblick auf die geforderte soziale Verantwortung der Unternehmen gegenüber ihrer Umwelt, sowie auch Angestellten und Beschäftigten geben nicht selten Entscheidungen der Manager Anlass zu herber Kritik – eine Tatsache, die diese jedoch gern (mit mehr oder weniger Erfolg) zu vertuschen versuchen.

[26] zit. in: Kotler: Marketing Management – Analysis, Planning, Implementation and Control, 2002, 1

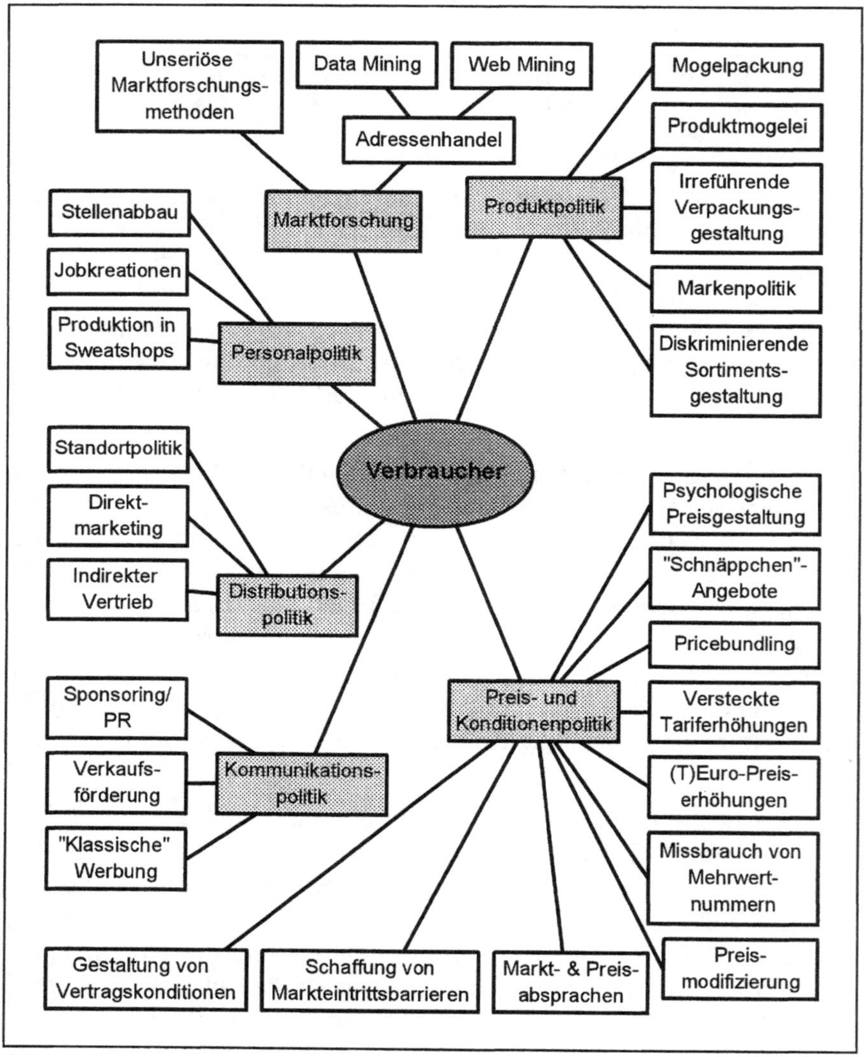

Abbildung 2-1 *Verbraucher im Mittelpunkt*

2.1 Marktforschung

„Der Erfolgreichste im Leben ist der, der am besten informiert wird."
Benjamin Disraeli, britischer Schriftsteller & Politiker[27]

Unter Marktforschung versteht man im allgemeinen die systematische (kurzzeitige oder kontinuierliche) Analyse des Marktes, um die gegebene Marktstruktur (wie z.B. Produktangebot, auch hinsichtlich Marktlücken bzw. -nischen, Konkurrenz-, Nachfrage- und Preissituation, Vertriebswege etc.) sowie die spezifischen Verhaltensweisen des Verbrauchers – also des potentiellen Kunden – in diesem Markt in dessen Kauf- und Konsumgewohnheiten so zu veranschaulichen, dass auf Basis dieser Erkenntnisse alle marketingrelevanten Entscheidungen über ein bestimmtes Produkt bzw. eine bestimmte Dienstleistung auf genau diesen Markt (bzw. dieses Marktsegment) abgestimmt werden können.[28]

Dabei gilt selbstredend jedem Falle: je mehr, exaktere und detailliertere Informationen einem Unternehmen über die spezifischen Gegebenheiten eines Marktes zur Verfügung stehen, desto größer ist die Wahrscheinlichkeit, die Auswahl der Marketing-Instrumente optimal auf die spezifischen Anforderungen des Marktes sowie die Bedürfnisse der (potentiellen) Kunden anpassen zu können und somit größtmögliche Absatzmengen zu erzielen.

Dies gilt jedoch nur für den Fall, dass die Methoden der Marktforschung einem gewissen wissenschaftlichen und auch objektiv-neutralen Anspruch genügen. Wird die Marktforschung dahingehend missbraucht, den Interessen der Auftraggeber (also der Unternehmen) zu entsprechen, ist im Grunde weder den Unternehmen, noch den Verbrauchern geholfen.

Zu „Marktforschung" im weiteren Sinne gehört dabei auch die Erstellung von Kundenprofilen, welche vor allem für Direktmarketing-Unternehmen von entscheidender Bedeutung, für die betroffenen Verbraucher jedoch bisweilen eine Quelle fortwährenden Ärgernisses sind.

---

[27] entnommen aus: Zitatebank, http://www.komma-net.de/zitate, 25.10.2002
[28] vgl. Salcher: Psychologische Marktforschung, 1978, 16

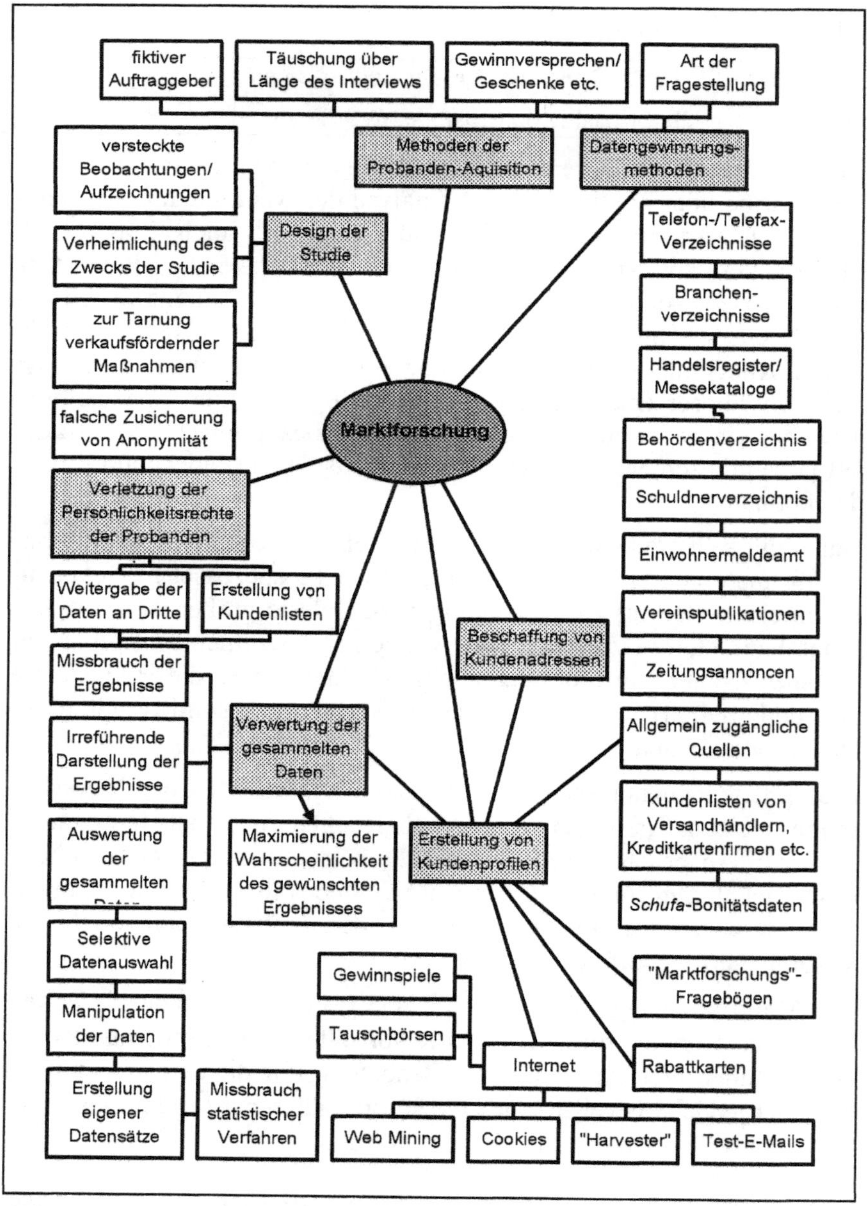

***Abbildung 2.1-1:** Marktforschung – Überblick*

2.1.1 Unseriöse Marktforschungsmethoden

Marktforschung ist abhängig vom Vertrauen der Öffentlichkeit darauf, „dass sie redlich, objektiv, unaufdringlich den Befragten gegenüber und ohne Nachteile für diese betrieben wird, und zwar auf der Grundlage ihrer freiwilligen Mitarbeit.“[29]

Die meisten Konsumenten stehen dem Zweck der Marktforschung im allgemeinen positiv gegenüber; einige mögen es sogar, wenn sie interviewt werden.[30] Ebenso nicht wenige Konsumenten befürchten in diesem Zusammenhang jedoch auch, dass durch bestimmte Techniken ihre geheimsten Gefühle und Gedanken offengelegt werden und dieses Wissen von den Unternehmen dahingehend genutzt wird, ihr Einkaufsverhalten zumanipulieren.

Angefangen beim Design der Studie bis hin zur Verwertung der gesammelten Daten sind moralisch fragwürdige Methoden in der Marktforschung (theoretisch) in allen Stadien des Marktforschungsprozesses möglich.[31]

Beispielsweise könnte das Design einer Studie erfordern, dass der Proband nichts von seiner Teilnahme an der Studie weiß, da er sich sonst im Regelfall anders verhält. Um die Persönlichkeitsrechte der Konsumenten zu wahren, sind jedoch für versteckte Film- oder auch Tonaufnahmen Einwilligungserklärungen der Betroffenen erforderlich.

> Im fraglichen Fall würden so zum Beispiel Augenkameras eingesetzt, um die Augenbewegungen bei der Betrachtung von Werbeanzeigen unverfälscht zu registrieren. Dies allein stellt an sich keine schwerwiegende Verletzung des Persönlichkeitsrechts dar. Anders sieht der Fall aus, wenn beispielsweise das Ankleideverhalten von Büstenhaltern mithilfe versteckter Beobachtungen untersucht und analysiert würde, ohne die Probanden davon in Kenntnis zu setzen.

---

[29] IHK/ESOMAR (Hrsg.): Internationaler Kodex für die Praxis der Markt- und Sozialforschung, http://www.adm-ev.de, 31.10.2002

[30] Dies ausnutzend versuchen immer wieder Verkäufer, verkaufs- oder vertriebsfördernde Maßnahmen gegenüber den Befragten als Marktforschung zu tarnen.

[31] vgl. (auch nachfolgend) Kotler/Bliemel: Marketing Management – Analyse, Planung und Verwirklichung, 2001, 228ff.; Strunz/Clemens-Ziegler: Ethik im Marketing und Verbraucherpolitik, 2002, 32

Auch ist es moralisch umstritten, wenn der Zweck der Studie verheimlicht wird, um ihn zu erfüllen.

> Wenn also zum Beispiel für ein noch nicht existierendes Produkt – wie etwa Herz-Kreislauf-Pillen – die Nachfrage ermittelt werden soll und dafür Bestellungen aufgenommen werden, die Betroffenen vielleicht sogar die Bestellung ihrer bisherigen Medikamente in Erwartung der neuen einstellen, und diese Bestellung jedoch nie eintrifft.

Bei der Akquisition der Probanden bestehen ebenso unterschiedliche Auffassungen darüber, was erlaubt ist und was nicht. Um Konsumenten als Probanden zu gewinnen, wird beispielsweise ein fiktives Unternehmen als Auftraggeber genannt oder aber er wird über die voraussichtliche Länge der Befragung bzw. des Tests getäuscht. Auch in Aussicht gestellte Geschenke, die Teilnahme an einer Verlosung oder auch die versprochene Zusendung der Untersuchungsergebnisse lokken zur Teilnahme – und verfälschen möglicherweise aber auch die Antworten und Reaktionen der Probanden stark, da sie die Probanden häufig positiver reagieren als lassen unter neutralen Bedingungen. Gleichsam kann schon allein die Art der Fragestellung die Antworten der Probanden verfälschen bzw. in eine bestimmte (beabsichtigte) Richtung lenken.[32]

Ein wichtiges Grundprinzip der Marktforschung ist die Zusicherung bzw. Wahrung der Anonymität der Probanden. Diese ist jedoch nicht immer gewährleistet, wenn Daten, die eine Identifikation der Befragten ermöglichen, an Dritte weitergegeben werden oder gar Fragebögen mit unsichtbarer Tinte gekennzeichnet werden, um etwa Kundenlisten (vgl. Abschnitt 2.1.2) zu erstellen.

Auch bei der Auswertung der Daten gibt es viele Manipulationsmöglichkeiten für unseriöse Marktforscher. So könnten beispielsweise nur diejenigen Daten für die Auswertung ausgewählt werden, die die Hypothesen des Forschers stützen. Auch könnten die Daten manipuliert bzw. Datensätze selbst erstellt werden, um dem angestrebten Forschungsergebnis näher zu kommen. Gleichsam könnten statistische

---

[32] siehe dazu: Kotler/Bliemel: Marketing Management – Analyse, Planung und Verwirklichung, 2001, 213f.

Verfahren dahingehend missbraucht werden, dass die Wahrscheinlichkeit eines gewünschten Ergebnisses maximiert würde. Und darüber hinaus könnten die Ergebnisse der Studie, auch wenn sie richtig sind, irreführend dargestellt werden.

> So könnte beispielsweise das Resultat einer Befragung von Ärzten folgendermaßen ausfallen, dass 80 Prozent der Befragten keine bestimmte Margarinemarke zur Cholesterin-Kontrolle empfehlen, 5 Prozent Marke A nennen, 4 Prozent Marke B und keine andere Marke von mehr als 2 Prozent der Ärzte angegeben wird. Aufgrund dieser Daten könnte der Text einer Werbeanzeige lauten: „Zur Cholesterin-Kontrolle empfehlen mehr Ärzte die Margarine A als jede andere Margarinenmarke". Diese Aussage entspricht zwar der Wahrheit, ist aber sehr irreführend, da eine gesicherte Datenbasis suggeriert wird.[33]

Im folgenden soll näher auf andere Arten der „Marktforschung", vor allem hinsichtlich der Verwertung sekundärer Quellen zur Erstellung von Kundenprofilen, eingegangen werden, derer sich immer mehr (vor allem Direktmarketing-)Unternehmen bedienen.

2.1.2 Adressenhandel und „data mining"

Kundenadressen mit möglichst detaillierten Kundenprofilen[34] sind für die Unternehmen von immensem Wert. Vor allem für ein erfolgreiches Direktmarketing. Je genauere Informationen dem werbetreibenden Unternehmen über das (mögliche) Konsumverhalten der/des umworbenen Kunden zur Verfügung stehen, desto höher ist zweifelsohne die Erfolgsquote des Direktmarketings. Denn mit ihrer Hilfe kann das Unternehmen ganz gezielt zielgruppenorientierte Anschreiben mit Werbematerial verschicken, um so sowohl potentielle neue Kunden zu gewinnen als auch Stammkunden an sich zu binden.[35]

---

[33] vgl. ebd., 230

[34] Diese Kundenprofile beinhalten z.B. Adresse und personenbezogene Daten des (potentiellen) Kunden sowie Informationen über dessen Kaufverhalten, Zahlungsmodalitäten, Reklamationen und Gewohnheiten (vgl. Niedzella: Kundenpflege per Direktmarketing, Power für creative Ideen 2001, http.//www.madebylo.com, 16.09.2002).

[35] vgl. Berliner Beauftragter für Datenschutz und Akteneinsicht: Adressenhandel und Umgang mit unerwünschter Werbung, Ratgeber zum Datenschutz Nr. 2,

Laut dem *Zentralverband der Deutschen Werbewirtschaft (ZAW)* wurden im Jahre 2001 rund 31,5 Milliarden Euro von deutschen Unternehmen für Werbung verwandt[36] – 22,1 Milliarden Euro davon für Direktmarketing-Maßnahmen. Adressierte Werbesendungen stellten dabei – gefolgt von Anzeigen und Beilagen – das mit Abstand am häufigsten genutzte Werbemedium dar: etwa 7,1 Milliarden Euro wandten die Unternehmen im Jahre 2001 für die zielgerichtete Werbung – und damit auch für die Beschaffung neuer und die Pflege vorhandener Kundenadressen – auf.[37]

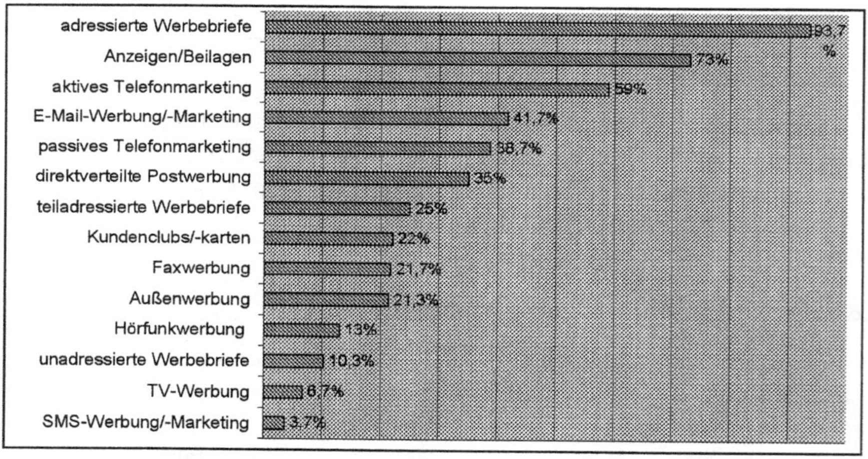

***Abbildung 2.1-2** Bandbreite der Direktmarketing-Instrumente, 2002 (vgl. Deutscher Direktmarketing Verband (Hrsg.): Direktmarketing ist Chefsache – Stellenwert und Positionierung des Direktmarketing im Unternehmen, April 2002)*

Je detaillierter und umfangreicher die mit den jeweiligen Kundenadressen verknüpften Zusatzinformationen sind, desto mehr sind sie auch von Wert.

---

http://www.datenschutz-berlin.de, 13.09.2002; Der Landesbeauftragte für den Datenschutz Niedersachsen (Hrsg.): Adressenhandel und Werbepapierflut im Briefkasten, Informationen zum Datenschutz (07/01), http://www.lfd.niedersachsen.de, 10.07.2002

36 vgl. Zentralverband der Deutschen Werbewirtschaft (Hrsg.): Werbung in Deutschland 2001, ZAW-Jahrbuch 2002, 2002

37 vgl. Deutsche Post AG (Hrsg.): Direktmarketing Deutschland 2002

Dies machte sich etwa der 2000 Konkurs gegangene Online-Spielzeughandel *Toysmart* zunutze und versteigerte die systematisch im Laufe des Geschäftslebens gesammelten Datensätze seiner 260.000 KundInnen (Adressen, Geburtstage und Vorlieben; sogar Kreditkartennummern) zu einem Wert von bis zu 500 US-Dollar pro Kundeneintrag – ohne die dazu notwendige und per Gesetz vorgeschriebene Einwilligung eines jeden Kunden zu haben, und dies obwohl das Tochterunternehmen von *Disney* einen Vertrag zum Online-Datenschutz unterzeichnet hatte, der die Weitergabe von Informationen an Dritte verbot.[38]

Auch die im September 2002 in Konkurs gegangene Münchner Firma *FairAd* versuchte, den Wert der eigenen Konkursmasse mithilfe ihrer Kundendaten zu erhöhen. Über eine spezielle Software hatte das Unternehmen in regelmäßigen Abständen Werbebanner auf die Desktops seiner Kunden geladen, welche je nach Werbekonsum-Bereitschaft als Gegenleistung dafür in gewissen Abständen Geld auf ihr Konto überwiesen bekamen. „Ganz nebenbei“ beobachtete die Software das Surfverhalten der Kunden und meldete die daraus erstellten Profile an *FairAd* zurück. Das Unternehmen betonte dabei stets, diese Profile absolut anonym zu behandeln und nicht an Dritte weiterzugeben. Kurz nach Anmeldung der Insolvenz ging das Unternehmen jedoch eine „Marketing-Partnerschaft“ mit *promio.net*, einem Bonner Direktmarketing-Unternehmen, ein, welches sich damit brüstete, nun Zugriff auf 360.000 Nutzerprofile von *Fair Ad* zu haben und Gespräche über weitere 400.000 Profile mit *FairAd* zu führen. Als „quasi Subunternehmer“ gelte *promio.net* nicht als „Dritter“, womit die Datenschutzbestimmungen erfüllt würden, so Geschäftsführer Sebrus Schumacher.[39]

Da die Unternehmen bestrebt sind, ihren Kundenstamm ständig zu vergrößern und mehr über die Interessen und Vorlieben ihrer Kunden zu erfahren, bemächtigen sie sich verschiedener Quellen und Möglichkeiten, um an neue Kundenadressen zu gelangen.

---

[38] vgl. Mertgen/Rübartsch: Nackt im Netz – wie Online-Shops mit den Daten ihrer Kunden dealen, in: Focus Money, Nr. 31 (27.07.2000), 126; Weichert: Datenschutz beim Online-Marketing (01.02.2001), Unabhängiges Landeszentrum für Datenschutz Schleswig-Holstein, http://www.daten-schutzzentrum.de, 13.09.2002

[39] vgl. Bleich: Insolvente Firma FairAd gibt 760.000 Kundendatensätze weiter (19.09.2002), in: heise online, http://www.heise.de, 19.09.2002

Adressenverlage und Listbroker

Zunächst einmal stehen ihnen allgemein zugängliche Quellen wie Telefon- und Telefaxverzeichnisse, Branchenverzeichnisse (Gelbe Seiten), Handelsregister oder auch Messekataloge zur Verfügung, aus welchen sie neben Namen, Adressen und Telefonnummern auch Angaben über Beruf und Titel der jeweiligen Personen erfahren können. Auch Einwohnermeldeämter dürfen beispielsweise aus ihren Registern Namen, Doktortitel und Anschriften an Dritte weitergeben, ebenso wie ein jeder in die Schuldnerverzeichnisse der Amtsgerichte Einsicht nehmen kann. Auch private Publikationen wie z.B. Adressbücher, Vereinspublikationen, „who-is-who"-Prominenten-Adressbücher, Nachschlagewerke für Autogramm-Sammler oder Behördenverzeichnisse, Veröffentlichungen von Geburten, Todesfällen und Jubiläen sowie öffentlich ausgehängte Angaben des Aufgebots bieten den Unternehmen interessante und effektive Quellen zur Beschaffung von Adressen. Aus (unchiffrierten) Annoncen in Zeitungen und Zeitschriften lassen sich gleichfalls nicht nur Adressen und Telefonnummern, sondern ebenso wertvolle Informationen hinsichtlich bestimmter Interessen der InserentInnen entnehmen.[40]

Da diese Informationssuche sehr aufwendig und zeitintensiv ist, nehmen viele Unternehmen die Dienste von Adressenverlagen[41] in Anspruch,[42] die sich darauf spezialisiert haben, möglichst umfangreiche Adressensammlungen speziell definierter Zielgruppen zu erstellen und diese regelmäßig zu aktualisieren und zu pflegen.[43]

---

[40] vgl. Der Landesbeauftragte für den Datenschutz Niedersachsen: Adressenhandel und Werbepapierflut im Briefkasten, Informationen zum Datenschutz (07/01), http://www.lfd.niedersachsen.de, 10.07.2002

[41] Wichtige Adressverlage in Deutschland sind: *AZ Bertelsmann Direct*, *Schober Direktmarketing*, *KOOP Direktmarketing*, *Merkur*, *Pan-adress*

[42] Einer Studie des *Deutschen Direktmarketing Verbandes (DDV)* zufolge nehmen etwa 77 Prozent der Unternehmen externe Dienstleister in Anspruch, etwa zwei Drittel davon Adressverlage und Listbroker. (vgl. Deutscher Direktmarketing Verband (Hrsg.): Direktmarketing ist Chefsache – Stellenwert und Positionierung des Direktmarketing im Unternehmen, April 2002)

[43] vgl. Mertgen/Rübartsch: Nackt im Netz – wie Online-Shops mit den Daten ihrer Kunden dealen, in: Focus Money, Nr. 31 (27.07.2000), 126

Die von ihnen in Listen zusammengefassten Adressen können dann von interessierten Unternehmen

- zur einmaligen Nutzung gemietet,
- zur mehrfachen Ansprache der gleichen Zielgruppe innerhalb eines festgelegten Zeitraums geleast,
- als Abonnement zur uneingeschränkten Nutzung mit regelmäßiger Aktualisierung der Listen bestellt, oder
- zur uneingeschränkten Nutzung gekauft werden.[44]

> Die *Schober Information Group* bietet beispielsweise über 50 Millionen Kundenadressen von Privatpersonen an, die je nach Bedarf des Unternehmens beispielsweise nach Geschlecht, Interessen, Alter und Kaufkraft in Listen erfasst und mit Zusatzinformationen wie Aussagen und Prognosen über das (bestehende und geplante) Konsumverhalten ergänzt, sowie Kundentypologien (wie Bank-, Telekommunikations- und Versicherungskunden oder auch KfZ-Fahrer) zugeteilt werden.[45]

Über sog. Listbroker können die betreffenden Unternehmen sich auch Adressen von anderen Unternehmen kaufen, bzw. für vorher genau festgelegte Werbekampagnen mieten. So bieten beispielsweise die *Deutsche Telekom AG*, aber auch diverse Versandhändler[46] sowie (Fach-) Zeitschriften – gegen ein gewisses Entgelt, versteht sich – Adressen und Daten ihrer Kunden für interessierte Unternehmen an. Sogar von Kreditkartenfirmen und der *Schufa* können Unternehmen Informationen in Form von Bonitätsdaten über deren Kunden bekommen.[47]

---

[44] vgl. Deutscher Direktmarketing-Verband e.V.: Wie kommen Unternehmen an Adressen?, http://www.ddv.de, 16.09.2002

[45] vgl. Schober Information Group, http://www.adressverlag.de, 17.09.2002

[46] Die Versandhäuser *Quelle*, *Otto* und *Neckermann* sowie beispielsweise auch die *Beate Uhse AG* bieten trotz Zusicherung des vertraulichen Umgangs mit Kundendaten und der Versicherung in den Allgemeinen Geschäftsbedingungen über Datenschutz, diese nicht an Dritte weiterzugeben, ihre Daten anderen Unternehmen zu Marketingzwecken an (vgl. o.V.: Computerbild deckt Internet-Skandal auf: Versandhändler geben Kundendaten weiter, in: Computerbild, http://www.computerbild.de, 14.07.2002).

[47] vgl. Weichert: Datenschutz beim Online-Marketing, (01.02.2001), Unabhängiges Landeszentrum für Datenschutz Schleswig-Holstein, http://www.datenschutzzentrum.de, 13.09.2002

Im September 2000 war die *Deutsche Telekom AG* in diesem Zusammenhang in einen Skandal verwickelt: sie hatte „versehentlich“ Geheimnummern an vier andere Unternehmen zur Herstellung von Telefonnummern-CD-ROMs verkauft. Angeblich hatte Mitarbeiter der *Telekom* bei Vertragsänderungen (etwa bedingt durch Umzug oder Umstellung des Anschlusses von analog auf ISDN) „vergessen, an den entscheidenden Stellen Kreuze zu machen“. So wurden in den zum Verkauf stehenden Datensätzen auch die Kunden erfasst, die gar nicht eingetragen werden wollten.[48]

Beispiel für die Erstellung eines Kundenprofils anhand allgemein zugänglicher, sowie einiger zugekaufter Daten (data mining):

Christian Berger wohnt in der Hochstraße 159, in der Gemeinde Semmering in einem Einfamilienhaus und ist Marketingleiter. Daraus lässt sich schließen, dass er zum oberen Management gehört. Seine Arbeitsstelle befindet sich in Wien. Er ist 39 Jahre alt (das Geburtsjahr 1963 wurde hinzugekauft). Auf seinen Namen sind zwei PKW gemeldet. Christian Berger gehört also zur Kaufkraftklasse eins. Er hat eine ausgeprägte Neigung zum Einkauf per Post, eine Information, die von Versandhäusern bezogen werden kann. Er hat Fax und Internet. Er ist verheiratet mit Evelyne Berger. Die beiden haben ein zweijähriges Kind. (Diese Information ist wiederum hinzugekauft worden von Firmen, die Kontakte zu werdenden oder jungen Müttern herstellen und sie mit Proben von Windeln, Babynahrung, Werbematerial und Gratis-Abos für einschlägige Zeitschriften versorgen.) Da die Bergers 1100 Meter über Meer wohnen, sind sie überdurchschnittlich interessant als potentielle Käufer von Winterbekleidung. Wahrscheinlich auch von Fahrzeugen mit Vierradantrieb. Hoch über Meer gelegene Gebiete sind meist auch etwas abgelegen, was die Bewohner zur idealen Zielgruppe für den Versandhandel macht.[49]

Fragebögen und Gewinnspiele

Wollen die Unternehmen selbst direkt Informationen über die Verbraucher sammeln und so ihre Adressdatenbanken mit wertvollen Informationen (zum eigenen Gebrauch oder zu Zwecken des Handels

[48] vgl. Jurran: Neues vom „Geheimnummern-Skandal“ der Telekom (26.10.2000), in: heise online, http.//www.heise.de, 03.07.2002

[49] vgl. o.V.: Direktmarketing – Oder: daheim kauft sich's am schönsten, WebSchool, http://castelligasse.at, 16.09.2002

mit diesen Informationen) anreichern, versenden sie beispielsweise auch Fragebögen an Konsumenten. Bei diesen Fragebögen handelt es sich dann aber nicht um klassische Markt- und Meinungsumfragen, deren Ziel eine anonyme Auswertung der Daten ist. Solche „Konsumentenbefragungen" dienen in diesem Fall nur der Sammlung von Adressen und persönlichen Daten (potentieller) Kunden, die dann zu Werbe- und Marketingzwecken eingesetzt werden. „Ziel ist es", so der *Deutsche Direktmarketing Verband e.V. (DDV)*, „mittels dieser Daten Werbemaßnahmen so zu planen, dass die Befragten keine Werbung erhalten, die sie nicht interessiert."[50] Nicht selten werden diese Daten jedoch auch zu Zwecken erhoben, die weniger edel sind.

> Die *Claritas Deutschland Data + Services GmbH* und die *Lifestyle AG* versuchen immer wieder auf diesem Wege, aus dem großen Wert von Kundendaten Gewinn zu schlagen und verschicken als „zu Zwecken der Marktforschung" getarnte Fragebögen namens „Große Haushaltsumfrage in Deutschland" bzw. „Nationale Verbraucherbefragung". In beiden Fällen wurden die von den Verbrauchern gemachten Angaben zusammen mit ihren Adressen von den Firmen an interessierte Unternehmen weiterverkauft.[51]

In ähnlicher Manier können auch aus Gewinnspielen durchaus wertvolle Informationen gewonnen werden. Von Adressdaten über den Bezug bestimmter Zeitschriften bis hin zu gewissen Gewohnheiten. „Wer sich an Preisausschreiben beteiligt, ist in der Regel auch bereit, sich irgendetwas per Post oder online zu bestellen"[52], so Günther

---

[50] Deutscher Direktmarketing Verband e.V.: Werbebriefe, Verbraucherinformation, http://www.direktmarketing-info.de, 10.07.2002

[51] Der Verwendung ihrer Daten mussten die Teilnehmer durch ihre Unterschrift auf den „Fragebögen" zustimmen, ebenso wie sie auch um die Angabe ihrer vollständigen Namen und Adressen gebeten wurden, was jedoch nicht den Grundprinzipien der Marktforschung entspricht, nach welchen die Anonymität der befragten Personen gewahrt bleiben soll. (vgl. Arbeitskreis Deutscher Markt- und Sozialforschungsinstitute e.V.: Adressenhandel ist keine Marktforschung, Pressemitteilung Nr. 39 (April 1998), http://www.adm-ev.de, 21.10.2002; Verbraucher-Zentrale des Saarlandes e.V.: Lifestyle durchleuchtet Privatsphäre (20.02.2001), http.//www.vz-saar.de, 16.09.2002; Rais: Haushaltsumfragen – jährlich neue Runde? (02.10.1998), in: Verbrauchernews, http://www.verbrauchernews.de, 16.09.2002)

[52] Göhring: Finger weg vom „Bäcker-Glück" (15.03.2003), in: Hamburger Abendblatt, http://www2.abendblatt.de, 23.04.2003

Hörmann, Geschäftsführer der *Verbraucher-Zentrale Hamburg*. Für Werbetreibende seien solche Kriterien einiges wert.

> Jüngstes Beispiel für solcherart gestaltete Gewinnspiele ist das Preisrätsel *„Bäcker-Glück“*. Per Postwurfsendung gelangten im März/April 2003 wieder zehntausende Rätselkarten in die Briefkästen im Raum Hamburg. Das Lösungswort („Brot“) sollte an eine Postfachadresse in Hamburg geschickt werden – in Verbindung mit vollständigem Namen, Adresse, Telefonnummer und Altersangabe des Absenders. Unvollständig ausgefüllte Karten würden nicht berücksichtigt, so *„Bäcker-Glück“*. Der erste Preis sollte ein nicht näher bezeichneter Pkw sein (abgebildet war ein Mercedes), an die Plätze zwei bis 22 würden Reisen verteilt (wobei hier ebenso keine näheren Angaben zu etwaigen Zielorten gemacht wurden) und auf den Plätzen 23 bis 55 würde immerhin noch „Bargeld“ ausgezahlt bekommen (wieviel, wurde jedoch gleichermaßen verschleiert).[53]

Rabattkarten

Eine weitere, immer populärer werdende Methode, Kundendaten zu sammeln, ist die der Bonus-Programme und Rabattkarten. Hierbei geht es meistens nicht nur darum, Kunden durch (vergleichsweise minimale) Rabatte und Prämien[54], die sie sich nach einer gewissen Zeit (bzw. ab einer gewissen Anzahl von Rabattpunkten[55]) auszahlen lassen können, an sich zu binden, sondern vor allem um die Erstellung umfassender Kundenprofile, dem sog. *data mining* (Wer kauft wann was wie wo in welchem Umfang und in welcher Regelmäßigkeit ein?). Der Verbraucher wird somit zum „Gläsernen Kunden“.

„Wer anonym einkauft, hinterlässt in einem Geschäft nichts als sein Geld“, meint Thilo Weichert, stellvertretender Datenschutzbeauftrag-

---

[53] vgl. Göhring: Finger weg vom „Bäcker-Glück“ (15.03.2003), in: Hamburger Abendblatt, http://www2.abendblatt.de, 23.04.2003

[54] Die Rabatte belaufen sich zumeist auf 1 bis 5 Prozent – d.h. für 1-5 Euro Umsatz erhält der Kunde 1-5 Rabattpunkte, die wiederum allerdings nur 0,01-0,05 Euro wert sind. (vgl. Schmitt: Mehr als Meilen sammeln (06.08.2002), in: Der Tagesspiegel, http://www.tagesspiegel.de, 06.08.2002).

[55] Bei *Payback* (siehe Kasten unten) erhält der Teilnehmer 1 *Payback*-Rabattpunkt für jeden Euro Umsatz. Ab 1.500 Rabattpunkten kann er diese gegen „attraktive Prämien“ eintauschen, sich bar auszahlen (bzw. auf's Konto überweisen) lassen oder aber auch an *UNICEF* spenden. (vgl. http://www.payback.de, 16.09.2002)

ter von Schleswig-Holstein. „Daher wollen Unternehmen so viel persönliche Daten wie möglich ergattern. Der Köder dafür ist der Rabatt."[56] Daneben werden die Kunden mit zusätzlichen Anreizen (Incentives) geködert: sie bekommen etwa des öfteren kleinere „Treue-Geschenke", Eintrittskarten zu bestimmten (gering frequentierten) Veranstaltungen, Coupons zu Sonderaktionen, für die sie zusätzliche Rabatte bekommen, bessere Parkmöglichkeiten in den angeschlossenen Tiefgaragen oder können sich an der Kasse an gesonderten (kürzeren) Schlangen anstellen. Bei der *Lufthansa AG* haben Vielflieger beispielsweise die Möglichkeit, in bestimmte Ränge (wie etwa den des „Senators") aufzusteigen und genießen dadurch viele zusätzliche Sonderrechte. So erhalten sie etwa bei Spät- oder Umbuchungen als erste noch freie Plätze oder können die langen Schlangen beim Einchecken oder am Zoll umgehen.[57]

Auf diese Weise beugen die Unternehmen einem Preisvergleich der Kunden mit anderen Unternehmen (Konkurrenten) vor. Denn, ist ein Kunde erst einmal in solch einem Rabattprogramm integriert, wird er natürlich auch vorrangig bei dem/den jeweils beteiligten Unternehmen einkaufen – in der Hoffnung auf möglichst viele Rabatt(punkt)e, Einsparungen und Prämien.

Über die Rabattkarten erlangen die Unternehmen nicht nur die „Basisdaten" ihrer Kunden[58], sondern darüber hinaus zusätzliche, für sie sehr wertvolle, Informationen zum Kaufverhalten der jeweiligen Rabattkarteninhaber. Dadurch wird das jeweilige Unternehmen in die Lage versetzt, entsprechend der analysierten Bedürfnisse den Kunden in Werbebriefen direkt anzusprechen und ihm beispielsweise neue Produkte vorzustellen, die nach dem bisherigen Konsumverhalten des Kunden für diesen besonders interessant sein könnten. Gerade etwa bei Bargeldgeschäften, die im Normalfall keinerlei Datenspuren hin-

---

[56] Lischka: Spione mit kleinen Geschenken, in: die tageszeitung Nr. 6797 (11.07.2002), 11

[57] vgl. Berliner Beauftragter für Datenschutz und Informationsfreiheit (Hrsg.): Jahresbericht 2001, 31.12.2001

[58] Name, Anschrift, Telefonnummer, Alter, Geschlecht etc. müssen bei der Antragstellung angegeben werden

terlassen würden, ermöglichen es Rabattsysteme, das Kundenverhalten optimal zu analysieren.[59]

Je mehr Unternehmen an dem jeweiligen Rabattprogramm beteiligt sind, desto mehr Möglichkeiten bieten sich den Verbrauchern, Rabattpunkte zu sammeln – und desto umfangreicher gestalten sich die von ihnen erstellten Kundenprofile. „Der tatsächliche Vorteil der Kundenkarten für den Verbraucher steht in keinem Verhältnis zu den umfangreichen personenbezogenen Daten über das Einkaufsverhalten, die die Unternehmen gewinnen“[60], so Prof. Dr. Edda Müller, Vorstand des *Verbraucherzentrale Bundesverband (vzbv)*.[61]

Was mit der *Bahncard* der *Deutschen Bahn AG* und dem *Miles&More*-Programm der *Lufthansa AG* anfing, erstreckt sich mittlerweile branchenübergreifend auf immer mehr Unternehmen und Handelskonzerne jeglicher Couleur. Ob beim Einkauf im Supermarkt, im Kaufhaus oder bei der Bestellung vom Versandhändler, beim Tanken, Verreisen oder Surfen im Internet – überall können Verbraucher (so sie es denn wollen), mittlerweile Rabattpunkte sammeln. Das Angebot reicht von *Payback*[62]-Rabattpunkten (*Loyalty Partner GmbH*) und *Happy Digits*[63] (*Deutsche Telekom AG, KarstadtQuelle, Kaiser's Tengelmann AG, Neckermann Versand*) über gemeinsame Rabattpunkte diverser Onlineanbieter wie *Webmiles*[64] und *Ebuxx* (*E-Collect*[65]), bis hin zu den An-

---

59 vgl. Berliner Beauftragter für Datenschutz und Informationsfreiheit (Hrsg.): Jahresbericht 2001, 31.12.2001

60 Arbeitsgemeinschaft der Verbraucherverbände e.V.: Kundenkarten führen zu gläsernem Verbraucher (25.04. 2002), http://www.agv.de, 14.05.2002

61 siehe dazu auch: Institut für Angewandte Verbraucherforschung e.V. (Hrsg.): Preisnachlässe und Kundenbindung nach dem Wegfall des Rabattgesetzes – Eine Untersuchung im Auftrag des Verbraucherzentrale Bundesverband (vzbv), April 2002

62 http://www.payback.de; Hinter *Payback* stehen die *Lufthansa Commercial Holding GmbH* (50,6 Prozent), der *Metro*-Handelskonzern (25,1 Prozent), *Loyalty Partner*-Chef Alexander Rittweger (16,8 Prozent) sowie der Unternehmensberater Roland Berger (7,5 Prozent) (vgl. o.V.: Deutsche lieben Bonusprogramme (18.02.2003), in: Wirtschaftswoche, http://www.wiwo.de, 21.02.2003).

63 http://www.happydigits.de

64 http://www.webmiles.de

65 http://www.ecollect.de

fang des Jahres 2003 eingeführten Telefon-Freiminuten[66], genannt *Pipps* (*Dumont&Dearest GmbH*), um nur einige wenige zu nennen.

Bsp. Payback

Das in Deutschland bislang erfolgreichste Bonuspunkte-Programm ist das des „*Payback*" von *Loyalty Partner Gesellschaft für Kundenbindungssysteme mbH, München*, mit derzeit, eigenen Angaben zufolge, 21,5 Millionen Teilnehmern. *Payback*-Partnerunternehmen gibt es mittlerweile in nahezu allen Bereichen des täglichen Lebens. So gehören Unternehmen wie u.a. die Supermarktkette *real*, der *dm-Drogeriemarkt*, *Galeria Kaufhof*, der Onlinedienst *AOL*, *Apollo-Optik*, *UFA* Kinos, *DEA* Tankstellen, der Autoverleih *Europcar*, das Strumpf- und Wäscheunternehmen *Palmers*, der Baumarkt-Riese *OBI*, die Sportkette *Sportarena*, der Online-Broker *Consors* sowie die Online-Versicherungsagentur *einsurance* dem Kundenbindungssystem von *Payback* an.[67] Seit Mitte Februar 2002 bietet Loyalty Partners die *Payback*-Rabattpunkte sogar in Verbindung mit der Nutzung der *VISA-Card*[68] an. Dies wird von Datenschützern allerdings heftigst kritisiert. Denn über die Informationen des Kreditkartenunternehmens erhält *Loyalty Partner* noch aussagekräftigere Informationen über das Kaufverhalten seiner Teilnehmer – auch von Käufen bei Unternehmen, die nicht Partnerunternehmen von *Payback* sind.[69] Und darüber hinaus startete *Loyalty Partner* am 1. November 2002 eine Marketingkooperation mit *Lufthansa Miles&More*, durch welche gesammelte *Payback*-Rabatt-Punkte in Prämienmeilen bei der *Lufthansa AG* umgeschrieben werden können.[70]

Das Unternehmen bestreitet nicht, dass es bei *Payback* in erster Linie darum geht, mehr über die Kunden zu erfahren, um sie mit zielgerichteter Werbung an sich zu binden. Kritiker werfen *Loyalty Partner* jedoch vor, mit der Rabattkarte „personalisierte Daten zum Kaufverhalten von Tausen-

[66] vgl. o.V.: Pipps will etablierten Rabattsystemen Paroli bieten (05.02.2003), in: Handelsblatt, http://www.handelsblatt.com, 09.02.2003

[67] vgl.: http://www.payback.de, 16.09.2002

[68] für monatliche Umsätze mit der *Visa-Card* bekommen die Teilnehmer ebenfalls Rabattpunkte gutgeschrieben

[69] vgl. Schulzki-Haddouti: Der Visa-Payback-Deal – Bielefelder Datenschützer befürchten den Datenschutz-GAU mit der neuen Rabatt-Kreditkarte (04.02.2002), in: heise online, http://www.heise.de, 13.09.2002

[70] vgl. EuroHandelsinstitut: Payback-Punkte für Miles & More (12.11.2002), http://www.ehi.org, 10.02.2003

den von Verbraucherinnen und Verbrauchern zu gewinnen und kommerziell zu nutzen, ohne dass diese darüber [ausreichend] informiert werden."[71]

Während traditionelle Rabattmarkenhefte nur Auskunft darüber gaben, für welchen Betrag der Kunde im Laufe der Zeit eingekauft hatte und die Auszahlung des Gegenwertes der gesammelten Rabattmarken anonym erfolgte, ist mit dem modernen Rabattsystem der Transfer einer ungeheuren Datenmenge verbunden. So werden bei der Anmeldung auch Daten wie Geburtsdatum (angeblich um festzustellen, ob der Kunde auch geschäftsfähig sei) und E-Mail-Adresse erhoben, die für die eigentliche Rabattgewährung genau genommen gar nicht benötigt werden. Auch sog. „freiwillige Angaben" wie Telefon- und Mobiltelefonnummer, Titel, sogar Angaben zu Familienverhältnissen und Einkommen, an deren Bekanntgabe die Teilnahme an einem Preisausschreiben gebunden ist, werden von den Kunden erbeten – und versprechen für Marketingzwecke höchst wertvolle Aussagen. Ebenso wie beispielsweise alle beim Warenkauf anfallenden – und gespeicherten – Daten wie Ort, Datum, Uhrzeit, die genaue Auflistung der gekauften Waren und Angaben über die Zahlungsweise (gegebenenfalls auch noch Bankverbindung oder Kreditkartennummer).[72]

Kunden, die bestimmte persönliche Daten nicht angeben wollen, werden von bestimmten Zusatz-Rabatt-Aktionen oder Gewinnspielen ausgeschlossen. Auch gegen die Verwendung ihrer Daten und der damit verbundenen Zusendung von Werbematerial, sowie sogar Werbeanrufen, konnten sie sich bislang nicht so einfach wehren. Denn mit ihrer Registrierung als *Payback*-Kunde geben sie automatisch ihre Zustimmung zur Aus- (und Ver-) wertung ihrer Daten zu Werbe- und Marketingzwecken. *Loyalty Partners* versprach jedoch Besserung für Ende des Jahres 2002. Dann sollte allen *Payback*-Teilnehmern die Möglichkeit eingeräumt werden, ihre „aktive Zu-

[71] Aus diesem Grund verlieh der Bielefelder *Verein zur Förderung des öffentlichen bewegten und unbewegten Datenverkehrs (FoeBuD) e.V. Loyalty Partner* den „Negativ-Preis für Datenschutzsünder", den sog. *Big Brother Award 2000* in der Kategorie „Business und Finanzen" – unter anderem „für das Verschweigen ihres eigentlichen Geschäftszweckes, nämlich die Gewinnung von personalisierten Kundenprofilen und deren Vermarktung zu Werbe-, Marketing- und Marktforschungszwecken." (Big Brother Awards, http://www.bigbrotherawards.de, 13.09.2002)

[72] vgl. Weichert: Datenschutz beim Online-Marketing (01.02.2001), Unabhängiges Landeszentrum für Datenschutz Schleswig-Holstein, http://www.datenschutzzentrum.de, 13.09.2002; siehe auch: Big Brother Awards, http://www.bigbrotherawards.de, 13.09.2002

stimmung" zur Verwendung ihrer Daten geben zu können – oder eben auch nicht.[73] Bis zum Mai 2003 war eine solche Änderung bei *Payback* jedoch noch nicht zu vernehmen.

Auch wenn *Loyalty Partners* die gesammelten Daten nicht an Dritte verkauft (denn das widerspräche zum einen den Vorschriften des Datenschutzgesetzes und zum anderen auch der Wettbewerbslogik) und auch innerhalb des Systems nicht alle Unternehmen Zugriff auf die bei anderen Unternehmen angefallenen Kundendaten haben: „Das System ist in jedem Fall geeignet, für die jeweilige Firma ein präzises, produktbezogenes Kauf- bzw. Konsumprofil zu erstellen"[74], meint der stellvertretende Datenschutzbeauftragte für Schleswig-Holstein, Thilo Weichert. Bundesdatenschutzbeauftragter Joachim Jacobs ergänzt: „Sie können Abfragen nach bestimmten Segmentierungskriterien in Auftrag geben. Die sich hieraus ergebenden Adresslisten werden einem Treuhänder übermittelt, der diese Adressen mit den Mailings der Partnerunternehmen zusammenführt. Zusätzlich können die Partnerunternehmen Auswertungen in aggregierter Form anfordern."[75]

Die Verwendung der gesammelten Daten erstreckt sich demnach nicht nur auf persönlich adressierte Werbebriefe und (sogar auch) Telefonanrufe. Auch sog. „Reaktivierungsversuche" sind durchaus denkbar – und laut Auskunft von *Loyalty Partners* wohl auch schon erfolgreich erprobt: Wenn ein Kunde also in einem bestimmten *Payback*-Partnerunternehmen seit einer gewissen Zeit nicht mehr eingekauft hat (er im Normalfall aber als „guter Kunde", sprich umsatzstark oder zumindest potentiell attraktiv, angesehen wird), dann würde ihm möglicherweise „ein netter Brief samt Rabattangebot" zugesandt werden.[76]

Darüber hinaus agiert *Loyalty Partner* auch als Listbroker. Die gesammelten und gespeicherten Daten werden zwar nicht an andere Unternehmen außerhalb des *Payback*-Verbundes weiterverkauft, das Unternehmen erarbeitet als

---

[73] vgl. Lischka: Spione mit kleinen Geschenken, in: die tageszeitung (Nr. 6797 vom 11.07.2002), 11

[74] ebd.

[75] ebd.

[76] *Payback*-Angaben zufolge haben solche Couponaktionen „Erfolgsraten von bis zu 60 Prozent" – weit weniger Streuverlust als bei herkömmlicher Werbung (vgl. Lischka: Bei Payback wird nicht nur gepunktet, in: Süddeutsche Zeitung (09.07.2002), http://www.sueddeutsche.de, 11.07.2002).

Dienstleister jedoch auch Werbekampagnen für andere, nicht an *Payback* beteiligte Firmen und greift dabei auf den eigenen Daten-Pool zu.[77]

Es bleibt abzuwarten, wie sich *Payback* weiterhin entwickeln wird, sollten die Teilnehmer um ihre „aktive Zustimmung" zur Verwendung ihrer Daten gebeten werden – und wissen, was mit ihren Daten geschieht.

2.1.3 Adressenhandel und „web mining" im Internet

Das Internet, und somit auch das E-Mail-Marketing, gewinnt zunehmend an Bedeutung für die Unternehmen. Einer Untersuchung des Marktforschungsunternehmens *Nielsen//NetRatings* zufolge nutzten Ende 2002 41,8 Millionen Deutsche über 16 Jahren das Internet[78]; nahezu jeder von ihnen ist gleichfalls über E-Mail erreichbar. Demzufolge erfreut sich nicht nur die Versendung persönlich adressierter Werbebriefe, sondern zunehmend auch die Versendung von Werbe-E-Mails bei Direktmarketing-Unternehmen immer größerer Beliebtheit –und der Handel mit E-Mail-Adressen der Verbraucher blüht ebenso, sehr zum Ärgernis der betroffenen Verbraucher, deren E-Mail-Adressen im Netz „(auf)gesammelt" und für Werbezwecke „missbraucht" werden, ohne die Einwilligung der Verbraucher vorher eingeholt zu haben.

Harvester und Test-E-Mails

Rund acht Millionen Verbraucher sind nach Angaben des *Verbandes der deutschen Internetwirtschaft (eco Electronic Commerce Forum)* bereits in den Adressdatenbanken von E-Mail-Adresshändlern verzeichnet – mit dem Vermerk, sie seien „offen für Werbung", obgleich die meisten Verbraucher dem niemals zugestimmt haben.[79]

---

[77] vgl. o.V.: Mit Rabattkarte 20 Prozent teurer – Rabatte per Payback-Karte nur gegen persönliche Daten (11.02.2003), in: NGO-online, http://www.ngo-online.de, 11.02.2003

[78] vgl. Hupprich/Bumatay: Global Internet Population Grows An Average of Four Percent Year-Over-Year (20.02.2003), Nielsen//NetRatings, http://www.nielsen-netratings.com, 23.02.2003

[79] vgl. o.V.: E-Mail-Marketing wird durch Schwarze Schafe zunehmend in Misskredit gebracht (14.05.2002), Electronic Commerce Forum, http://www.eco.de, 18.09.2002

Viele Adresshändler verwenden auf der Suche nach E-Mail-Adressen im Internet beispielsweise sog. *Harvester* („Erntemaschinen“), die nach Wörtern suchen, zwischen denen ein „@“ steht – also potentielle E-Mail-Adressen.[80] Oder aber sie „basteln“ sich selbst E-Mail-Adressen gängiger Namen und Anbieter. Um diese Adressen auf ihre Richtigkeit zu überprüfen versenden sie dann Phantasie-E-Mails mit dem (natürlich völlig unzutreffenden) Hinweis, die Empfänger hätten der E-Mail selbst zugestimmt. Wer sich daraufhin in einer Antwortmail über die Zusendung beschwert, bestätigt damit unfreiwillig die Gültigkeit seiner E-Mail-Adresse „und landet dadurch erst recht auf immer und ewig in den Adressdatenbanken“[81], so der *eco*-Verband. Adresshändler, denen dies alles noch zu aufwendig ist, versenden sogar computergeneriert an alle Benutzer gängiger Internet- und E-Mail-Dienstleister wie *T-Online*, *Web.de* oder *GMX* solche E-Mails.

> Ein anonymes Unternehmen machte sich sogar die unerwünschte Zusendung von Werbe-SMS zunutze, um Adressen zu sammeln. Nachdem nicht wenige Verbraucher folgende Nachricht auf ihrem Handy erhielten: „Hi, jemand den du kennst steht auf Dich. Finde heraus wer es ist und ruf zurück 0190824308!“, fanden sie in ihrem E-Mail-Postkasten eine scheinbar nützliche Nachricht, die in Bezug auf die SMS eine Internet-Adresse (*www.stopsms.net*) nannte, unter der sich die Betroffenen eintragen könnten, um künftig vor solchen SMS geschützt zu sein. Diese Liste diente jedoch nicht so sehr dem Schutz vor ungewollter SMS-Werbung, als vielmehr dem großangelegten Sammeln von Adressen.[82]
>
> Andere Unbekannte gaben sich sogar als „Kundendienstmitarbeiter“ von *GMX* aus und versuchten, auf die folgende Weise an die Zugangsdaten von *GMX*-Usern heranzukommen: sie versendeten Ende März 2003 angeblich von *GMX* stammende E-Mails, in denen von einem „Wasserrohrbruch im Rechenzentrum von *GMX*“ die Rede war, aufgrund dessen die Kundendatenbank beschädigt worden sei. Die Angeschriebenen wurden nun aufgefordert, binnen der nächsten sechs Stunden Kundennum-

[80] vgl. Florenske: Der Handel mit E-Mail-Adressen, Verbrauchertipp (06.08.2002), in: Deutschlandfunk, http://www.dradio.de/dlf, 23.08.2002
[81] o.V.: E-Mail-Marketing wird durch Schwarze Schafe zunehmend in Misskredit gebracht (14.05.2002), Electronic Commerce Forum, http://www.eco.de, 18.09.2002
[82] vgl. Verbraucher-Zentrale Sachsen e.V.: Stopp SMS – aber nicht über die Website www.stopsms.met! (02.07.2002), http://www.vzs.de, 03.07.2002

mer und Passwort an *Kunden-Betreuung@gmx.de* zu senden; andernfalls würde der Account gelöscht. Auf diese Weise bekamen die Urheber der E-Mails nicht nur gültige E-Mail-Adressen von *GMX*-Kunden, sondern erhielten gleichzeitig Zugriff auf persönliche Informationen wie die Daten aus dem Adressbuch oder auch Informationen über eingehende E-Mails – also wiederum neue Adressen.[83]

Kettenbriefe und Gewinnspiele

Eine andere Variante, an neue E-Mail-Adressen zu gelangen, ist die Versendung von Kettenbriefen bzw. -Mails, die nach dem Schneeball- bzw. Pyramidensystem funktionieren. Dabei werden zumeist E-Mails an eine Reihe von Personen versendet, die dazu aufgefordert werden, diese E-Mails an eine gewisse Anzahl von Personen (meistens 10 oder 20) weiterzuleiten, um sie vor einem Virus zu warnen oder ihnen Glück zu bringen oder viel Geld zu verdienen. Die Kettenbriefe enthalten nicht selten aber auch „Geheimtipps" über Gratis-Geschenk-Aktionen von namhaften Herstellern, „tolle neue Websites", die man sich unbedingt anschauen müsse, oder aber auch die Möglichkeit zur Teilnahme an einem Gewinnspiel oder Preisausschreiben – welches ebenfalls der Sammlung von E-Mail-Adressen und Kundendaten dient.[84]

In diesem Fall erhält man beispielsweise von einer bekannten Person per E-Mail die Mitteilung, dass man von dieser für die Teilnahme an einem Preisausschreiben vorgeschlagen wurde. Nun solle man seinerseits eine bestimmte Internet-Seite öffnen (unter Angabe einer persönlichen Geheimnummer – damit ein gewisser Anschein von Datenschutz gewahrt bleibt) und in die dafür vorgesehenen (20 oder mehr) Felder die E-Mail-Adressen von Freunden und Bekannten eingeben, um sie auch für die Teilnahme an dem (vermeintlichen) Preisausschreiben vorzuschlagen.[85]

---

[83] *GMX* reagierte prompt, deaktivierte das genannte E-Mail-Konto und leitete rechtliche Schritte gegen die Urheber der E-Mail-Aktion ein. Wieviele Kunden jedoch bereits auf die falsche E-Mail hereingefallen waren, lässt sich derzeit noch nicht nachprüfen. (vgl. Mansmann: Spammer wollten GMX-Accounts ausspähen (27.03.2003), in: heise online, http://www.heise.de, 03.04.2003)

[84] vgl. Computer Incident Advisory Capability: CIAC Hoax Cathegories, hoaxbusters, http://www.hoaxbusters.ciac.org, 18.09.2002

[85] vgl. Seidler: Viren die keine sind – Hoaxes, Online-Lexikon der Datenkommunikation, http://www.uni-kassel.de. 23.08.2002

> Auch die Nachricht, dass *Microsoft* ein neues System entwickelt habe, das jede weitergeleitete Mail registrieren könne (das sog. „Microsoft E-Mail Tracking System"), und dass dieses gerade getestet würde und man für die Weiterleitung der Nachricht eine Belohnung bekommen würde, die man auf einer gewissen Internet-Seite bzw. durch zurücksenden der E-Mail einfordern könne, ist nichts anderes als ein kommerzieller Kettenbrief.[86]

Durch das Versenden solcher Kettenbriefe kann der ursprüngliche Absender, so er denn die Adressaten beispielsweise auf eine bestimmte Internet-Seite locken oder aber sie zum Schreiben einer E-Mail an eine bestimmte Adresse animieren kann, mit verhältnismäßig geringem Aufwand viele E-Mail-Adressen potentieller Kunden sammeln und erspart sich selbst die aufwendige Suche. Da die jeweiligen E-Mails dann auch von Freunden und Bekannten kommen, lässt sich der eigentliche Absender meistens nicht (oder nur schwer) zurückverfolgen und kann sich demnach einer gewissen Anonymität erfreuen. Zudem macht er sich die Tatsache zunutze, dass sog. Freundschaftswerbung in den meisten Fällen wesentlich mehr Aufmerksamkeit erfährt als klar erkennbare Werbemails.

Die Aussicht auf (kleine) Vergünstigungen lässt nicht wenige Verbraucher unvorsichtiger mit ihren persönlichen Daten umgehen. Wenn Verbraucher so beispielsweise an einem Online-Gewinnspiel teilnehmen (und hier oftmals schon mehr Informationen als unbedingt nötig über sich preisgeben), wird ihnen möglicherweise suggeriert, sie könnten ihre Gewinnchance durch die Angabe zusätzlicher Daten erhöhen; oder aber sie könnten, je nach Interessenlage, zwischen mehreren Preisen wählen. So können unseriöse Unternehmen über die Verbindung von solchen Vergünstigungen mit der Angabe bestimmter zusätzlicher Daten zusätzliche Informationen über potentielle Kunden erlangen.[87]

Voraussetzung dabei ist zwar, dass sie der Verwendung ihrer Daten zu Werbezwecken zustimmten. Der Hinweis darauf – bzw. das Feld, in welchem die Betroffenen ihren Widerspruch gegen die Verwendung

---

[86] vgl. Ziemann: Über Computer-Viren, die keine sind (sog. Hoaxes) – Kettenbriefe, Hoax-Info Service der TU Berlin, http://www.tu-berlin.de, 18.09.2002

[87] Zusätzlich erhalten sie die Information, dass diese Verbraucher durch Icentives leicht zu beeinflussen sind – eine weitere, nicht zu unterschätzende Information.

ihrer Daten einlegen können – befindet sich jedoch zumeist ganz klein irgendwo am unteren Bildschirmrand, sodass er von den meisten Betroffenen einfach übersehen wird.

Cookies

Da jeder Surfer schier Unmengen von Daten während seines Besuches im Netz hinterlässt, deren Spur sich verhältnismäßig leicht nach- bzw. zurückverfolgen lässt, ist die Erstellung eines Kundenprofils im Internet sogar oftmals noch einfacher als „Offline".

Allein anhand der Zugangsdaten lassen sich schon wichtige Basisdaten über den Internet-Nutzer erfahren: die übermittelte IP-Adresse des benutzten Computers verrät das Herkunftsland, den Provider[88], in manchen Fällen sogar den Arbeitgeber oder gar die Person selbst. Auch das verwendete Betriebssystem, der genutzte Browser und die Website, die der Surfer zuletzt besucht hat, werden auf dem jeweiligen Server gespeichert.[89]

Tauschbörsen oder auch Gewinnspiele im Internet, bei denen die Nutzer um die Angabe persönlicher Daten gebeten werden (und deren Interessen aus ihrer jeweiligen Teilnahme ersichtlich werden), bieten ideale Basen zum Sammeln von wertvollen Informationen. Daneben verwenden viele Online-Anbieter sog. *Cookies* – kleine Textdateien, die auf der Festplatte des Surfers gespeichert werden und es dem Anbieter ermöglichen, den Besucher seiner Internet-Seite eindeutig zu identifizieren, seine Handlungen auf der Seite zu verfolgen und zu registrieren und somit auch noch interessante Daten über seine Interessen und Vorlieben anhand zu erlangen.

Beim „Shoppen" in einem Online-Shop sind solche *Cookies* von großem Vorteil, wenn man beispielsweise mehrere Artikel anschaut und

[88] Viele Provider bewahren die Zugangsdaten ihrer Kunden bis zu mehrere Tage lang auf – T-Online sogar ganze 80 Tage lang. (vgl. Persson: Anonymität im Netz oft eine Illusion (08.09.2002), in: heise online, http://www.heise.de, 11.09.2002)

[89] vgl. Hamburgischer Datenschutzbeauftragter: Was bei der Gestaltung von Webseiten zu berücksichtigen ist – Orientierungshilfe Tele- und Mediendienste (01.07.2002), http://www.datenschutz.hamburg.de, 18.09.2002

einige von ihnen bestellen möchte. Dann wird bei jeder Markierung eines Bestellwunsches ein *Cookie* auf der Festplatte hinterlegt, wodurch sich der Browser „merkt", welche Produkte am Ende bestellt werden sollen. Diese werden dann automatisch auf der Bestellseite des Anbieters aufgelistet, ohne dass der Kunde jeden Artikel neu eintragen muss. Er braucht den Bestellauftrag dann nur noch zu bestätigen.

Manche dieser *Cookies* werden beim Schließen des Browsers automatisch gelöscht. Vielen ist allerdings auch einen Lebensdauer von mehreren Tagen bis Wochen gegeben. Dies ermöglicht den Anbietern, darüber Buch zu führen, wie oft und wann der Surfer die Website besucht. Vor allem aber ermöglicht es ihnen, bestimmte Vorlieben des Surfers zu erfassen und auszuwerten.

> So registriert beispielsweise *www.amazon.de*, ob ein Kunde etwa nach Fachbüchern zu bestimmten Themen, nach Prosa oder Bildbänden sucht, ob er häufiger Bücher, Musik oder Computerzubehör ansieht bzw. kauft.

Die Anbieter rechtfertigen dies damit, dass es ihnen somit möglich sei, den jeweiligen Nutzer beim nächsten Besuch eindeutig zu identifizieren und so ihr Angebot besser auf ihn zuzuschneiden, ihm beispielsweise bestimmte Produkte seines Interessengebietes zu empfehlen, oder gar auch die Startseite insgesamt nach seinen Wünschen gestalten zu können (wie z.B. bei „*My Yahoo*"[90]).[91]

Tatsache bleibt jedoch, dass die Anbieter mit der Zeit über eine erhebliche Zahl an Informationen über den Nutzer verfügen, die sie in Verbindung mit der Analyse des Kundenverhaltens im Internet, dem sog. „*web mining*"[92] – nicht immer aber auch im Sinne des Kunden –, für ihre Werbezwecke verwerten können. Kombiniert man all die im Netz gesammelten Daten, erhält man perfekte Kundenprofile – von Kunden, die eigentlich gar keine Kunden sein wollen, geschweige

[90] siehe: http://my.yahoo.com

[91] vgl. o.V.: Cookies im Internet, Online-Glossar, http://www.glossar.de, 10.07.2002

[92] vgl. dazu auch Lehrstuhl für ABWL und Wirtschaftsinformatik, Katholische Universität Eichstätt-Ingolstadt (Hrsg.): Web-Mining – Informationen für das E-Business, 2002

denn damit einverstanden wären, dass von ihnen solche Profile erstellt, verkauft und verwertet werden.[93]

2.2 Produktpolitik

Die Produktpolitik ist sozusagen das „Herz des Marketings“. Denn letztendlich steht oder fällt ein Unternehmen mit seinen Produkten und deren Vermarktung.[94]

Laut Kotler/Bliemel ist ein Produkt etwas, das „einem Markt angeboten werden kann, um es zu betrachten und zu beachten, zu erwerben, zu gebrauchen oder zu verbrauchen und somit einen Wunsch oder ein Bedürfnis zu erfüllen.“[95]

Ausgangspunkt der Produktpolitik bilden demzufolge die Wünsche und Bedürfnisse der potentiellen Käufer. Nur, wenn die Produkte bei einer möglichst breiten Masse (oder auch einer möglichst kaufkräftigen Elite) und über einen möglichst langen Zeitraum bei den Konsumenten Anklang finden, ist ein Unternehmen – vor dem Hintergrund gesättigter Märkte – nachhaltig überlebensfähig.

Neben der Entwicklung und Gestaltung von Produkten umfasst die Produktpolitik somit auch Entscheidungen über deren Markteinführung, Kontrolle und Variation bereits am Markt befindlicher Produkte sowie Entscheidungen über die Eliminierung von Produkten, deren Produktionskosten die im Verkauf erzielten Erlöse übersteigen, bzw. die sich im letzten Stadium des Produktlebenszyklus befinden.[96]

Im folgenden sollen jedoch hauptsächlich irreführende oder vorgetäuschte Produkteigenschaften sowie die Positionierung der Produkte auf dem Markt im Mittelpunkt der Betrachtungen stehen.

---

[93] Gegen den Gebrauch von *Cookies* kann man sich zwar verwehren, indem man seinen Browser so einstellt, dass er automatisch alle *Cookies* abweist. Aber da manche Internet-Seiten sich nur dann aufbauen, wenn *Cookies* hinterlegt werden können, bleibt der Besuch dieser Seiten dem Betroffenen dann auch oftmals verwehrt.

[94] vgl. Strunz/Dorsch: Internationale Märkte, 2001, 102

[95] Kotler/Meffert: Marketing Management – Analyse, Planung und Verwirklichung, 2001, 716

[96] vgl. Strunz/Dorsch: Internationale Märkte, 2001, 102f.

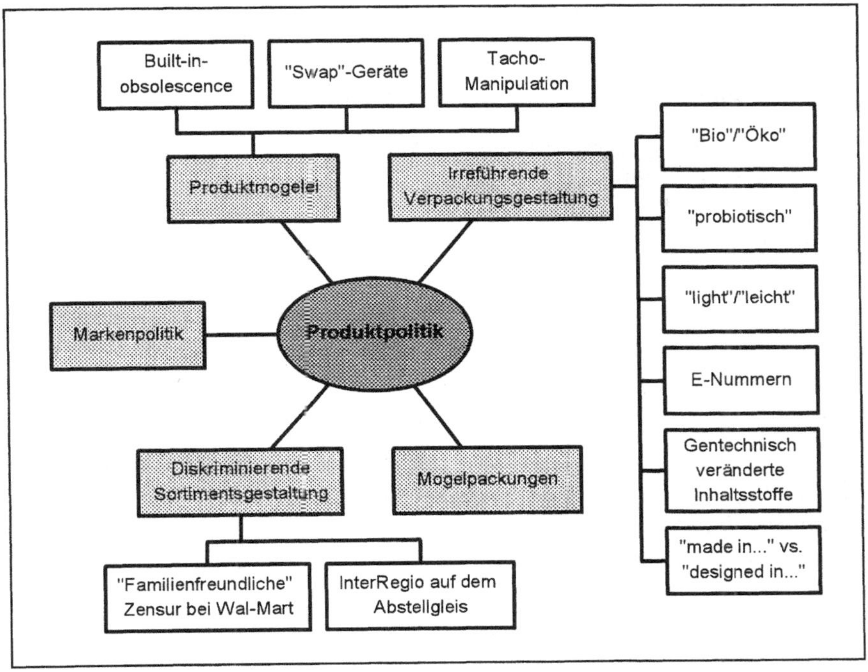

Abbildung 2.2-1 *Produktpolitik – Überblick*

2.2.1 Produktmogelei

Built-in-obsolescence

„Die Mode ist das wichtigste Mittel der Textilindustrie im Kampf gegen die zunehmende Haltbarkeit der Stoffe."

Emilio Schuberth, italienischer Modeschöpfer[97]

Built-in-obsolescence („künstliche Obsoleszenz"), bezeichnet die bewusste Reduktion der Nutzungsdauer von Produkten durch absatzpolitische Maßnahmen.[98] So werden beispielsweise immer mehr sog.

---

[97] entnommen aus: Aphorismen, http://www.aphorismen.de, 02.02.2003

[98] vgl. Meffert: Marketing – Grundlagen marktorientierter Unternehmensführung, 2000, 470

„Wegwerfprodukte“ hergestellt, die man in der Regel nur einmal benutzt (bzw. benutzen sollte) – was natürlich deren Verkaufszahlen erheblich steigert. Beste Beispiele hierfür sind Wegwerfrasierer und -kameras.[99]

Wohl bestes Beispiel für eine ganze Branche, in der geplante Obsoleszenz Gang und Gäbe ist, ist die Modebranche. Jährlich werden neue Trends proklamiert und verschiedenste Kollektionen auf den Markt gebracht, die die jeweils vorherigen als „out“ (sprich: „absolut untragbar“) herabstufen. So müssen trendbewusste VerbraucherInnen, um „in“ zu sein (und dies zu bleiben), sich in relativ kurzem Abstand immer wieder neue Kleidungsstücke und Accessoires zulegen – und das, obwohl die „alten“ Stücke noch gar nicht abgetragen sind.

Im folgenden sei der Blick aber auf die technische Seite der künstlichen Obsoleszenz gerichtet. Denn in Sachen Mode können die Verbraucher im Grunde immer noch selbst bestimmen, ob sie einem bestimmten Trend folgen oder nicht. Ist die (vorzeitige) Produktalterung jedoch vom Hersteller vorbestimmt, haben sie keinerlei Handhabe dagegen.

> So programmiert(e) die Firma *Canon* in ihre Tintenstrahldrucker (z.B. in die Druckerserie *BJ600*) eine Art „Verfallsdatum“ ein: nach etwa 15.000 Ausdrucken meldeten die Drucker, dass die Tintenauffangbehälter voll seien, und schalteten sich automatisch ab – ein „Störungszustand“, der nur durch den Kundendienst der *Canon*-Zentralwerkstatt behoben werden könne. Bei einer Überprüfung der betroffenen Geräte stellte sich jedoch heraus, dass die Tintenauffangbehälter noch so gut wie leer waren. Die Drucker druckten jedoch ob der Fehlermeldung partout nicht mehr, sodass den Betroffenen nur noch der Weg zum Kundendienst oder zum Händler blieb – wobei sich beide „Alternativen“ im Preis kaum voneinander unterschieden.[100]

---

[99] vgl. de Graaf/Wann/Naylor: Affluenza – Zeitkrankheit Konsum, 2001, 240f.

[100] Das ZDF-Ratgebermagazin *WISO* gibt Tipps, wie man die Drucker selbst „überlisten“ und sich so den teuren Weg zum Kundendienst bzw. Händler sparen kann. (vgl. Alt: Canon Bubble Jet 600, Faxabruf, WISO-Extra, 16.08.2000)

„Swap"-Geräte

Im Einzelhandel ist es allgemein üblich, dass, wenn der Kunde mit einem Produkt nicht zufrieden ist, oder dieses technische Mängel aufweist, er das Produkt innerhalb vorher bestimmter Parameter dem Händler wieder zurückgeben kann und entweder den Kaufpreis zurück- oder im Austausch dafür ein entsprechendes neues Produkt bekommt.

Was mit diesen zurückgegebenen Produkten geschieht, weiß so recht niemand. Handelt es sich um ein technisches Produkt, wird es wohl gegebenenfalls repariert und – deklariert als „Swap-", sprich „Second-hand"-Gerät – wieder auf den Markt gebracht. Oder?

Der Begriff des „swap" ist vor allem im Devisenhandel ein sehr geläufiger. Hierbei versteht man unter einem Swapgeschäft – im Sinne eines Tauschgeschäftes – die Verbindung eines Kassageschäftes mit einem Termingeschäft – also entweder den Kauf einer Währung per Kasse und ihren gleichzeitigen Verkauf per Termin oder den Verkauf einer Währung per Kasse und ihren Rückkauf per Termin.

Die Praxis zeigt jedoch, dass reklamierte Geräte oftmals wieder als Neugeräte angepriesen und somit auch zum Neupreis wieder verkauft werden.

Vor allem auf dem Handy-Markt mussten Verbraucher dies verstärkt feststellen – anhand schon vorhandener und nicht wieder gelöschter Einträge im Telefonbuch beispielsweise. Gerade Handys werden nach Angaben der Händler überdurchschnittlich schnell – auch oftmals einfach wegen Missgefallens oder erst später entdeckter umständlicher Handhabung – reklamiert und zurückgegeben.

> So auch bei Europas größten Elektrofachmarkt *Media Markt* – wie das MDR-Magazin *Fakt* Anfang September 2002 berichtete.[101] In einem angeführten Beispiel warb *Media Markt* für ein Handy der Marke *Swatch Cordless* mit 7 Stunden Gesprächszeit, 80 Stunden stand-by und modernem Design für knapp 50 Prozent unter dem Neupreis. Ein einmaliges Sonderangebot – dachte sich auch eine *Media Markt*-Kundin und griff zu. Nachdem sie das Handy zu Hause aufgeladen hatte, musste sie allerdings fest-

---

[101] vgl. Fromm: Gebrauchtes Handy – Neues Handy? (02.09.2002), Fakt/MDR, http://www.mdr.de/fakt, 04.09.2002

> stellen, dass das Gerät schon einmal in Gebrauch gewesen sein musste, da im Telefonbuch bereits etwa 20 Einträge vorhanden waren, die eindeutig nicht zur Basisprogrammierung des Handys gehörten. Sie hatte das Handy allerdings in dem Glauben gekauft, ein neues Gerät zu bekommen, da auf der Verpackung des Handys in keinster Weise etwas anderes, wie beispielsweise „Secondhand-Gerät" oder ähnliches, vermerkt worden war.[102]

Ein vom MDR-Magazin *Fakt* befragter Händler gab zu, dass zumeist nur die Platinen, seltener das komplette Innenleben der Geräte, ausgewechselt werden, und die Geräte dann nur neue Außenhüllen bekommen, um als „neue" Geräte wieder verkauft zu werden.

Abgesehen davon, dass die Verbraucher auf diese Weise ganz klar getäuscht werden, wenn schon einmal in Gebrauch gewesene Handys, Digitalkameras etc. als neuwertig verkauft werden, besteht bei gebrauchten Handys beispielsweise zudem durchaus auch die Gefahr, dass nicht ausgetauschte Akkus vom vorherigen Besitzer über- oder zu stark entladen wurden, sodass diese nach relativ kurzer (Zweit-) Gebrauchszeit schon nicht mehr funktionieren.[103]

Es sollte jedem Kunden selbst überlassen werden, sich für oder gegen den Kauf eines solchen „Swap"-Gerätes zu entscheiden. Egal, ob das Gerät vorher wegen „Nicht-Gefallens" schon nach ein paar Stunden oder wenigen Tagen oder wegen Funktionsstörungen zurückgegeben worden war – die Kennzeichnungspflicht als gebrauchtes Gerät darf nicht missachtet werden.[104]

---

[102] In Reaktion auf diesen Beitrag bekam das Magazin viele Zuschriften von geprellten *Media Markt*-Kunden (aber auch Kunden anderer Elektrogeschäfte) aus ganz Deutschland über gekaufte Handys, Digitalkameras und Computer, die, neu gekauft, schon einmal benutzt worden waren (vgl. Fromm: Gebrauchte Neugeräte (15.10.2002), Fakt/MDR, http://www.mdr.de/fakt, 24.10.2002). So berichtete das Magazin Mitte Oktober 2002 exemplarisch ebenso von einem ähnlichen Fall, bei dem ein *Media Markt*-Kunde auf einer neu (und zum Originalpreis) gekauften *Compact Flash Card* (zum Speichern digitaler Bilder) bereits 78 Privatphotos eines unbekannten Vorbesitzers vorfand.

[103] vgl. Fromm: Gebrauchtes Handy – Neues Handy? (02.09.2002), Umschau/MDR, http://www.mdr.de/umschau, 04.09.2002

[104] siehe dazu auch: Schrader: Doppelter Umtausch – Ein neues Handy erweist sich als gebrauchte Ware (28.01.2003), in: Süddeutsche Zeitung, http://www.sueddeutsche.de, 28.01.2003

Tacho-Manipulation

In nahezu ähnlicher Manier werden im Grunde auch Käufer von Gebrauchtwagen nicht selten getäuscht. Vor allem Fahrzeuge der Baujahre 2000 und älter werden des öfteren durch Manipulation des Kilometerzählerstandes „auf jung getrimmt", vermutet der *ADAC*.[105]

Mancher Verbraucher mag davon ausgehen, dass elektronische Kilometerzähler nicht so leicht zu manipulieren seien, wie die manuellen „von früher". Doch mittels eines Laptop und der entsprechenden Software könne in weniger als 15 Minuten der Kilometerstand je nach Geschmack nach unten verändert werden, so der *ADAC*. „Die Dunkelziffer in diesem Bereich ist hoch. Es ist jedoch davon auszugehen, dass bei etwa einem Drittel der Gebrauchtfahrzeuge mit elektronischem Tacho manipuliert wurde"[106], meint auch Jörg Ahlgrimm, Leiter der Verkehrsunfallanalyse der Sachverständigen-Organisation *Dekra* in Stuttgart.

Mittlerweile bieten viele Unternehmen, die solche Justierungen anbieten, diese sogar auch öffentlich im Internet an; sie nennen sich „Service-Rücksteller", „Tacho-Justierer" oder auch „Eicher".

> Die Firma *DigaTec* preist beispielsweise ihre Dienste auf diesem Wege an. Auf ihrer Homepage *www.tachoprogrammierung.de* heißt es: „Wir stellen Ihren Tacho, egal ob mechanisch oder elektronisch, auf jeden gewünschten Kilometerstand ein. Sie können entweder unseren Service in Fulda in Anspruch nehmen, oder uns Ihren ausgebauten Tacho mit der Post zusenden." Zudem bietet das Unternehmen ein *„DIGA-Consult Komplettsystem zur Tachojustierung – Edition 2002"* an. Zu diesem Gerät erhält der Käufer dann auch noch ein 300 Seiten dickes Handbuch, in dem „für jedes Modell Anweisungen, Bilder, Tipps und Tricks" zur Tachojustierung enthalten sind, sowie regelmäßige Software-Updates kostenlos per E-Mail oder Diskette.[107]

---

[105] vgl. Teufel: Tatort Tacho – Augen auf beim Gebrauchtwarenkauf (20.09.2002), in: Capital, http://www.capital.de, 29.09.2002

[106] o.V.: Manipulation – Wenn der Tacho rückwärts zählt, in: Spiegel Online, http://www.spiegel.de, 29.09.2002

[107] http://www.tachoprogrammierung.de, 29.09.2002

Und ihr „Service“ ist im Grunde nicht einmal wirklich strafbar, da nur der Verkauf eines Fahrzeugs mit manipuliertem Tachostand strafbar ist, nicht jedoch die Manipulation an sich. So kostet eine solche „Tacho-Einstellung“ je nach Modell zwischen 80 Euro (z.B. für einen *Opel Vectra*) und bis zu 500 Euro (bei einem *Mercedes SL-Klasse*).[108] Für die Händler eine geringfügige Summe, da sie auf diesem Wege einen zusätzlichen Gewinn von bis zu 10.000 Euro durch die „Verjüngung“ des Fahrzeugs für sich verbuchen können.[109] Erst die neueren Fahrzeuge enthalten nach und nach manipulationssichere Kilometerzähler und/oder die Möglichkeit einer „elektronischen Mehrfachspeicherung“ des Kilometerstandes, beispielsweise in der Motorelektronik oder im ABS-System.[110] Es bleibt abzuwarten, ab wann es den „Tacho-Service-Unternehmen“ möglich sein wird, auch diese (momentane) Hürde zu meistern und diese Systeme ebenfalls zu umgehen.

2.2.2 Irreführende Verpackungsgestaltung

„Verhüllung ist Verheißung.“
Christo, bulgarischer Verhüllungskünstler[111]

Die Verpackung eines Produktes dient in erster Linie zwar dem Schutz desselben vor physischer Beschädigung. Darüber hinaus wird ihr allerdings ein immer größerer Stellenwert in der Verkaufsförderung zugeschrieben – vor allem bei Produkten, die auf Selbstbedienungsbasis angeboten werden (wie z.B. Lebensmittel im Supermarkt).

Denn neben dem Preis entscheidet an zweiter Stelle auch die Gestaltung der eines Produktes über dessen Kauf oder Nicht-Kauf. Über die richtige und gekonnte Verpackung kann sich ein Produkt aus der Masse der übrigen Konkurrenzprodukte hervorheben. Sie kommuni-

[108] vgl. o.V.: Manipulation – Wenn der Tacho rückwärts zählt, in: Spiegel Online, http://www.spiegel.de, 29.09.2002
[109] vgl. Teufel: Tatort Tacho – Augen auf beim Gebrauchtwarenkauf (20.09.2002), in: Capital, http://www.capital.de, 29.09.2002
[110] vgl. o.V.: Manipulation – Wenn der Tacho rückwärts zählt, in: Spiegel Online, http://www.spiegel.de, 29.09.2002
[111] entnommen aus: Die Zitatebank, http://www.komma-net.de/zitate, 13.11.2002

ziert nicht nur die Eigenschaften des Produktes, sondern soll auch und vor allem die Aufmerksamkeit der Konsumenten wecken und insgesamt einen positiven Gesamteindruck über das Produkt vermitteln.[112]

Nicht wenige Verbraucher schließen häufig automatisch von der Gestaltung der Verpackung auf bestimmte Eigenschaften des Produktes. D.h. das, was ihnen über die Verpackung suggeriert wird (sei es Seriosität, gute Verträglichkeit, gute Qualität, Umweltfreundlichkeit o.ä.) übertragen sie auf die Produkte – und treffen so ihre Wahl dahingehend, welches Produkt sie kaufen. Die Gestaltung der Verpackung wird somit zu einem wichtigen kommunikativen Marketing-Instrument, um das (vor allem spontane) Kaufverhalten der Verbraucher zu beeinflussen.

Dabei kommt auch der Etikettierung der Produkte eine nicht unerhebliche Bedeutung zu. Das Etikett stellt eine wichtige Informationsquelle für den Verbraucher dar, durch welche er notwendige Informationen über die Eigenschaften des Produktes bekommt – als Ergänzung zu der (tendenziell wohl eher irreführenden) Gestaltung der Produktverpackung. Es sollte Angaben zur Herstellung des Produktes, zu dessen Inhalt(-sstoffen) sowie zu anderen qualitativen Merkmalen wie beispielsweise Güteklassen umfassen und über den Verwendungszweck und den richtigen Gebrauch des Produktes informieren.

Die Verbraucher werden allerdings häufig nicht nur über das Design der Verpackung, sondern auch über irreführende Angaben auf den Etiketten getäuscht, wie die nachfolgenden Beispiele verdeutlichen sollen.

> So hatte beispielsweise die *Rewe*-Handelsgruppe während er *BSE*-Krise in Deutschland Angaben Berliner Lebensmittelämter zufolge bis zu 30 Tonnen Rindfleisch eingefroren, im April und Mai 2001 dieses Fleisch wieder aufgetaut und in Hessen und Rheinland-Pfalz als „Frischfleisch" deklariert wieder verkauft.[113]

---

[112] vgl. Kotler/Bliemel: Marketing-Management: Analyse, Planung und Verwirklichung, 2001, 764f.; siehe dazu auch: Hansen: Verpackung und Konsumentenverhalten – Aktuelle Tendenzen, in: Hansen (Hrsg.): Verbraucher- und umweltorientiertes Marketing – Spurensuche einer dialogischen Marketingethik, 1995, 335ff.

[113] vgl. o.V.: Täuschung nicht nachweisbar – Falsch deklariertes Fleisch: Geldstrafen für Rewe-Mitarbeiter (19.07.2002), in: Frankfurter Rundschau Online, http://www.fr-aktuell.de, 24.07.2002

„Bio"/„Öko"

Viele Verbraucher achten beim Lebensmittelkauf zunehmend darauf, dass die Produkte aus artgerechter Tierhaltung und ökologischem Anbau stammen und sind Umfragen und Studien[114] zufolge auch bereit, höhere Preise dafür zu zahlen. Dies machen sich auch Hersteller und Handel zunutze und suggerieren nicht nur in der Werbung, sondern auch auf der Verpackung der Produkte ländliche Idylle: „glückliche" Kühe auf saftigen Weiden, „zufrieden grunzende" und sich im (Bio-) Schlamm suhlende Schweine sowie fröhlich gackernde, Körner pickende Hühner in Gemeinschaft auf weitläufigem, ländlichem Gebiet sind beliebte Motive auf Milch-, Fleisch- und Eier-Packungen.

Mit der Realität haben diese Bilder allerdings häufig recht wenig gemein. Die meisten so umworbenen Produkte mit wohlklingenden Namen und idyllischen Bildern auf der Verpackung entsprechen in ihrer Produktion nur den gesetzlichen Minimalstandards für den Tierschutz.

„Alle Umfragen bestätigen, dass der Verbraucher mit artgerechter Haltung eben nicht Schweine oder Rinder in engen Boxen ohne Einstreu, Hühner in Käfigen und Mastgeflügel in drangvoller Enge in Verbindung bringt"[115], bekräftigt Wolfgang Apel, Präsident des *Deutschen Tierschutzbundes*. „Auch den Produzenten ist klar", so Apel weiter, „dass die Mindestbestimmungen des Tierschutzgesetzes nichts mit einer artgerechten Tierhaltung zu tun haben. Wenn sie mit solchen Redewendungen werben, kann dies nur als absichtliche Verbrauchertäuschung bezeichnet werden."

---

[114] z.B.: Institut für Angewandte Verbraucherforschung e.V.: Produktassoziationen beim Kauf von Lebensmitteln, Eine Untersuchung im Auftrag des vzbv, September 2001; EMNID: Aktuelles Ökobarometer, kontinuierliche Verbraucherbefragung auf Initiative des *Bundesverbraucherministeriums* im Rahmen des Bundesprogramms *Ökologischer Landbau*

[115] Verbraucher-Zentrale Schleswig-Holstein e.V.: Werbung mit „glücklichen Hühnern" ... Verbraucherverbände sowie Tier- und Umweltschützer wollen Verbrauchertäuschung mit ländlicher Idylle nicht länger hinnehmen, http://www.verbraucherzentrale-sh.de, 10.07.2002

Werbung mit „glücklichen" Hühnern

Bilder von glücklichen Hühnern auf Eierpackungen und dazu Bezeichnungen wie „aus kontrollierter/tiergerechter Aufzucht", „aus bäuerlicher Bodenhaltung" oder „vom heimischen Bauernhof" – nur wenige Verbraucher würden wohl darauf schließen (wollen), dass es sich bei diesen Eiern nicht um Erzeugnisse von Hühnern in Freilandhaltung, sondern um Eier von Legebatterie-Hennen handelt.

Der Phantasie der Hersteller hinsichtlich klangvoller Bezeichnungen auf ihren Etiketten scheinen kaum Grenzen gesetzt zu sein, wenn es darum geht, die eigentlichen Produktionsbedingungen zu verschleiern. Rechtlich erlaubt sind nach Auffassung des *Verbraucherzentrale Bundesverbandes (vzbv)* im Grunde nur folgende Bezeichnungen: „Extensive Bodenhaltung", „Auslaufhaltung", „Bäuerliche Auslaufhaltung" und „Bäuerliche Freilandhaltung", um zu kennzeichnen, dass die Tiere nicht in Legebatterien gehalten werden.[116]

Doch welcher Verbraucher kauft schon gerne Produkte, die auf eine tierquälerische Haltung der Tiere schließen lassen. Auch wenn die Eier aus den Legebatterien billiger sind, als die „Öko-Eier", und bei näherer Betrachtung der Preise die Unterschiede jedem auffallen müssten, lassen sich viele Verbraucher trotzdem von dem Äußeren der Verpackungen leiten und kaufen die preiswerteren Produkte, da auf denen ebenso „glückliche" Tiere abgebildet sind. Wären auf den Verpackungen die wahren Zustände in den Produktionsbetrieben und Legebatterien abgebildet, würden wohl wesentlich weniger Verbraucher diese Produkte noch kaufen.[117]

---

[116] vgl. o.V.: Verpackungen ... der eingewickelte Verbraucher, http://www.was-dahinter-steckt.de, 14.05.2002

[117] Zum „Welt-Ei-Tag" am 11.10.2002 wurde in Deutschland eine neue Kennzeichnungspflicht für Eier eingeführt: mit der Bezeichnung DE für das Herkunftsland Deutschland, sowie Kennziffern, die zur Identifizierung des Erzeugers und somit auch zur Haltungsform (0 = Öko-,1 = Freiland-, 2 = Boden, 3 = Käfighaltung) dienen. Ab dem 01.01.2004 wird die Kennzeichnung der Eierverpackungen mit Haltungsform und Herkunftsort EU-weit Pflicht. Es bleibt jedoch fraglich, ob die Eierproduzenten die Gestaltung der Eierverpackungen den Haltungsform-Angaben in Kennziffern auch anpassen. Erst ab 2004 muss deutlich sichtbar auch auf der Verpackung der Hinweis „Eier aus Freiland-/Boden-/Käfighaltung" angebracht sein. (vgl. Bundesministerium für Verbraucherschutz, Ernährung und Landwirtschaft: Augen auf beim Eierkauf – neue Eierkennzeichnung bietet Klarheit (18.10.2002), http://www.verbraucherministerium.de, 16.11.2002)

Eine Untersuchung des *Instituts für Angewandte Verbraucherforschung (IFAV)* zufolge bringen viele Verbraucher über die Produktverpackung bestimmte Vorstellungen mit dem Produkt in Verbindung, die allerdings mit der Produktrealität oft wenig oder gar nichts gemeinsam haben.[118] Sie assoziieren unweigerlich Aspekte, die durch die Verpackung kommuniziert werden: so werden Eier aus Käfighaltung zu Freilandeiern und auf engstem Raum gehaltenen und industriell gefütterten Tieren wird ein Leben auf der Wiese mit Heu- und Grasfütterung aus hofeigenem Anbau zugeschrieben.[119]

Hier einige Beispiele für Bezeichnungen, die „Bio"-Assoziationen bei Geflügelfleisch wecken[120]:

„aus bäuerlicher Aufzucht" (Fa. *Heidegold*)

„aus bäuerlicher Bodenhaltung" (*Privathof*)

„tiergerechte Aufzucht" (Fa. *Stolle*)

„Qualität vom Lande ... kontrollierte Aufzucht (*Vitasi*)

„eigene Aufzucht, Fütterung und Verarbeitung" (Fa. *Steinfelder*)

„Deutsches Hähnchen ... kontrollierte Aufzucht (*Goldbroiler*)

„von Landhöfen unserer Erzeugergemeinschaft" (Fa. *Putenland*)

„vom heimischen Bauernhof"

„Kontrollierte Aufzucht" oder auch „tiergerechte Aufzucht" etwa bedeutet nicht zwangsläufig, dass kontrolliert wird, ob (und dass) die Tiere artgerecht gehalten werden. Auch Prädikate wie „von ausgesuchten Land-/Bauernhöfen"

---

[118] vgl. Institut für Angewandte Verbraucherforschung e.V.: Produktassoziationen beim Kauf von Lebensmitteln, Eine Untersuchung im Auftrag des vzbv, September 2001

[119] Der *Verbraucherzentrale Bundesverband (vzbv)* hat in diesem Zusammenhang einen ersten Erfolg erzielt: am 28.11.2002 entschied das *Oberlandesgericht Frankfurt/Main* (Az. 6 U 85/02) zugunsten des *vzbv* und verurteilte den Handelskonzern *Rewe* (quasi stellvertretend für die gesamte Branche) auf Unterlassung. Auf den Eierverpackungen des Konzerns war eine idyllische Bauernlandschaft mit Fachwerkgehöft in grüner Hügellandschaft abgebildet. Die so beworbenen „10 frische[n] Eier" stammten jedoch aus einer Legebatterie. Das Gericht stellte klar, dass die kleinbäuerliche Idylle auf der Verpackung irreführend sei, sodass auch ein „verständiger" Verbraucher „auf die falsche Fährte gelockt" werde (vgl. o.V.: Verbraucherschützer erfolgreich – Käfig-Eier bei Rewe künftig ohne Bauernhof-Idylle (29.11.2002), in: NGO-online, http://www.ngo-online.de, 04.12.2002).

[120] vgl. o.V.: Verpackungen ... der eingewickelte Verbraucher, http://www.was-dahinter-steckt.de, 14.05.2002

oder „tierärztlich überwacht“ können ebenso für Tiere aus Intensivmast verwendet werden. Gleichsam ist die Angabe „aus Bodenhaltung“ in ihrer Form ebenso als irreführend zu bewerten. Denn in einigen Fällen lässt sich zwar darauf schließen, dass die Tiere beispielsweise nicht in Legebatterien gehalten werden, jedoch auch wird Mastgeflügel in unterschiedlichen Formen der Bodenhaltung gehalten. „Extensive Bodenhaltung“ beispielsweise bedeutet noch lange nicht, dass die Tiere draußen im Grünen Auslauf haben, sondern nur, dass höchstens zwölf Tiere auf einem Quadratmeter untergebracht sind. Die Bezeichnung „Auslaufhaltung“ besagt, dass die Tiere zumindest für die Hälfte ihres Lebens tagsüber Auslauf im Freien haben, wobei jedem Hähnchen ein Quadratmeter zusteht. Bei „bäuerlicher Auslaufhaltung“ müssen die Tiere von sechs Wochen an tagsüber ständigen Auslauf zu deutlich größeren Freiluftflächen haben, bei „bäuerlicher Freilandhaltung“ haben die Tiere tagsüber unbegrenzt Auslauf. Erst Geflügel aus ökologischer Landwirtschaft müssen mindestens vier Quadratmeter Platz pro Tier zur Verfügung stehen.[121]

In ähnlicher Art und Weise lassen sich diese irreführenden Bezeichnungen gleichfalls bei Obst und Gemüse aus vermeintlich biologischem Anbau finden. Die nachstehende Tabelle gibt einen Überblick über Bezeichnungen, bei denen man auf ökologischen Landbau vertrauen kann und dem gegenüber Bezeichnungen, die fälschlicherweise die Assoziation eines biologisch einwandfreien Anbaus wecken.

Ökologischer Landbau	Vortäuschung ökologischen Landbaus
„bio“, „biologisch“, „biologisch-dynamisch“	„umweltverträglich“, „naturnahe Verfahren beim Umweltschutz“
„kontrolliert ökologischer Anbau“, „kontrolliert biologischer Anbau“	„kontrollierter Anbau“, „aus umweltschonendem Anbau“
„Bio-Anbau“, „ökologische Agrarwirtschaft“, „ökologischer Landbau“	„auf Gründünger gewachsen“, „naturgedüngt“, „biologische Schädlingsbekämpfung“
„ökologisch“, „ökologischer Landbau („EG-Kontrollsystem)“	„gewachsen ohne Chemie“ „nicht chemisch behandelt“, „unbehandelt“, „ungespritzt“
„organisch“, „organic“, „organisch-biologisch“	„ohne Kunstdünger“, „alternativ“

***Tabelle 2.2-1** Zulässige und irreführende Bezeichnungen hinsichtlich ökologischen Landbaus (vgl. o.V.: Das neue Biosiegel, Escher/MDR, http://www.mdr.de/escher, 15.05.2002)*

121 vgl. o.V.: Keine glücklichen Hühner – Die Kennzeichnung von Geflügel ist oft irreführend (23.01.2003), in: Stuttgarter Zeitung, http://www.stuttgarter-zeitung.de, 24.01.2003

Es gibt in Deutschland eine Fülle von Siegeln, Prüf- und Gütezeichen für ökologischen Landbau verschiedener Anbauverbände. Denn die meisten Verbände haben ihre eigenen, in gewissem Maße von einander abweichenden, Richtlinien für ökologische Mindeststandards. Nur wenige Verbraucher kennen auch nur einige von ihnen, geschweige denn alle. Insgesamt gibt es wohl über 100 verschiedene Ökosiegel allein in Deutschland. Hinzu kommen noch diverse Ökolabels anderer Staaten, deren Produkte in Deutschland angeboten werden.

Die nachfolgende Tabelle gibt einen kleinen Überblick über die in Deutschland gebräuchlichsten (und am ehesten bekannten) Prüfsiegel und Gütezeichen.[122]

Siegel	Träger	Siegel	Träger
	Bundesministerium für Verbraucherschutz, Ernährung & Landwirtschaft		AGÖL – Arbeitsgemeinschaft ökologischer Landbau (Mitglieder: *)
	ANOG* – Arbeitsgemeinschaft für naturnahen Obst-, Gemüse- & Feldfruchtanbau		Biofach
	Biokreis e.V.* Verband für ökologischen Landbau		Bioland Bundesverband

[122] Um der Vielzahl verschiedenster Labels beizukommen, wurde in Deutschland Ende des Jahres 2001 ein bundesweites Bio-Siegel nach den Bestimmungen der Öko-Verordnung der *Europäischen Gemeinschaft* über den ökologischen Landbau und die entsprechende Kennzeichnung der landwirtschaftlichen Erzeugnisse und Lebensmittel eingeführt (vgl. http://www.biosiegel.de). Kritiker bemängeln jedoch, dass die dem Siegel zugrundeliegenden EU-Bestimmungen nicht so streng ausfallen als die deutscher Anbauverbände, sodass auch kostengünstigere Importe aus Ländern mit niedrigeren Anforderungen und Standards das Siegel tragen können. Zudem ist die Benutzung des Siegels freiwillig und die Anbauverbände und privaten Händler bzw. Hersteller können auch weiterhin (zusätzlich zum EU-Bio-Siegel) ihre eigenen Verbandszeichen und Eigenmarken verwenden. (vgl. Verbraucher-Zentrale Sachsen e.V.: Eines für alle (10.09.2001), http://www.vzs.de, 15.05.2002)

BIOPARK	Biopark	demeter	Demeter Bund
ECOVIN	ECOVIN – Bundesverband ökologischer Weinbau e.V.*	EURO BIO KORN	Euro Bio Korn
GÄA	GÄA* – Vereinigung ökologischer Landbau	LEBENSBAUM	Lebensbaum & Bioveda
Naturland	Naturland* – Verband für naturgemäßen Landbau	ÖkoBund	ÖkoBund – Verband für ökologische Landwirtschaft e.V.
Ökosiegel	Ökosiegel*		SÖL – Stiftung Ökologie und Landbau

***Tabelle 2.2-2** In Deutschland geläufige Prüfzeichen ökologischen Landbaus (erstellt nach: Europäisches Verbraucherzentrum Kiel: Ökolabel in Deutschland http://www.evz.de, 04.09.2002)*

Angesichts dieser verwirrenden Anzahl verschiedenster Biosiegel, Prüf- und Gütezeichen ist es durchaus nicht abwegig zu behaupten, dass sich auch Hersteller von Produkten, die nicht den Richtlinien des ökologischen Landbaus entsprechen, als solche ausgeben und sich ihr eigenes Label kreieren.

Auch in der Namensgebung wird viel getrickst. Ein gutes Beispiel hierfür ist der „*Landliebe*“-Quark der Firma *Campina*. Auf der Verpackung heißt es: „*Landliebe Landquark, nach der Landliebe Qualitätsgarantie aus frischer Milch von ausgewählten Bauernhöfen sorgfältig hergestellt*“. Auch wenn die Milch von „ausgewählten Bauernhöfen“ bezogen wird, sagt dies noch lange nichts darüber aus, ob diese Bauernhöfe auch nach ökologischen Richtlinien arbeiten. Die Tatsache, dass der Quark ein industriell gefertigtes Massenprodukt ist, wird hierbei – wohl aus guten Gründen – ebenso außen vor gelassen. Nichts soll den Eindruck eines nach ökologischen Grundsätzen „mit viel Liebe“ hergestellten Produktes trüben.

„probiotisch“

Dies lässt sich gleichfalls auch auf sog. „probiotischen“ Milchprodukte übertragen, mit denen die Hersteller eine gesundheitsfördernde Wirkung in Verbindung bringen. Ob Quark- oder Joghurt-Produkte mit probiotischen Bakterien wirklich gesünder sind als herkömmliche Produkte, darüber streiten sich derzeit noch die Experten. Die Hersteller allerdings werben fleißig für ihre Produkte – mit jedoch nur recht vagen Aussagen wie „beeinflusst die Darmflora“ oder „Einfluss auf Immunsystem und Abwehrkräfte“. Auch die Namen und Bezeichnungen der angeblichen gesundheitsförderlichen Bakterien unterscheiden sich zumeist erheblich. Einer Untersuchung der *Arbeitsgemeinschaft der Verbraucherverbände (AgV)* zufolge fanden sich bei 55 der 60 überprüften Milchprodukte über 20 verschiedene Bakteriennamen. Häufig geben die Hersteller nur allgemein die Gattung, die Art oder auch die „Gruppe“ der Milchsäurebakterien auf den Verpackungen an (oder sie beschränken sich auf Bezeichnungen wie „aus probiotischen Kulturen“). Für eine Beurteilung der eventuellen Wirkung der eingesetzten Bakterien ist es aber laut *AgV* notwendig, klare Informationen zum eingesetzten Milchsäurebakterien-Stamm zu bekommen. Denn bei weitem nicht jedem Stamm kann eine eventuelle gesundheitsfördernde oder gar eine heilende Wirkung gegen bestimmte Krankheiten nachgesagt werden – im Gegenteil.[123]

„light“/„leicht“

In einer Zeit, in der immer mehr Verbraucher auf eine gesunde (und möglichst fettarme) Ernährung achten, haben phantasievolle Produktnamen (wie beispielsweise *„Du darfst“*), die auf eine „leichte“ Ernährung schließen lassen (könnten), Hochkonjunktur. Dabei ist lebensmittelrechtlich gar nicht klar definiert, unter welchen Vorausset-

[123] vgl. Arbeitsgemeinschaft der Verbraucherverbände e.V.: Probiotische Milchprodukte: Was ist drin, was ist dran? – Marktcheck der Verbraucherverbände deckt Kennzeichnungsmängel auf (12.07.2000), http://www.agv.de, 14.05.2002; Verbraucher-Zentrale Nordrhein-Westfalen e.V.: Probiotische Joghurts (12.07. 2002), http://www.vz-nrw.de, 17.07.2002

zungen bestimmte Produkte mit den Bezeichnungen „leicht“ oder „light“ betitelt werden dürfen. So finden sich zum Beispiel mögliche Auslegungen hinsichtlich: mit wenig oder ohne Zucker, leicht verdaulich, leicht bekömmlich, mit weniger Fett oder mit weniger Alkohol...

> So vertreibt beispielsweise das britische Handelsunternehmen *ASDA* u.a. Pflanzenöl mit dem Prädikat „light“. Dieses „light“ bezieht sich jedoch nicht, wie von vielen Verbrauchern angenommen, auf den Kalorien- oder Fettgehalt des Öls, sondern auf dessen Farbe.[124]

Für den Verbraucher ist zumeist nicht klar erkennbar, auf welche Produkteigenschaft sich der Zusatz „leicht“ bzw. „light“ bezieht – aber es klingt zumindest „gesund“, und das ist wohl die Hauptsache. Dadurch, dass dass die Verbraucher gern auch ein wenig mehr für gesunde Ernährung ausgeben, getreu dem Ausspruch: „Für meine Gesundheit ist mir nichts zu teuer“, freuen sich auch Hersteller und Händler, da sie demnach gleich auch ein wenig mehr für diese Produkte verlangen können.

E-Nummern

Lebensmittelzusatzstoffe, also Stoffe, die Lebensmitteln zugesetzt werden, um deren Beschaffenheit zu ändern oder bestimmte Eigenschaften oder Wirkungen zu erzielen[125], werden europaweit einheitlich mit sog. E-Nummern gekennzeichnet, wobei das „E“ dabei für „Europa“, vorrangig jedoch für „essbar“ („eatible“) steht. Diese Kennzeichnung erlaubt länder- und vor allem sprachübergreifend einheitliche Bezeichnungen chemischer Stoffe, die bei der Herstellung von Lebensmitteln, aber auch von beispielsweise medizinischen Produkten, verwandt werden.[126] Einige Beispiele dieser E-Nummern sind in der nachfolgenden Tabelle aufgelistet:

---

[124] vgl. Mitchell/Papavassiliou: Market causes and implications of consumer confusion, in: Journal of Product & Brand Management, Vol.8 No. 4 (1999), 322

[125] vgl. § 2 des Lebensmittel- und Bedarfsgegenständegesetz (LMBG): Zusatzstoffe (Begriffsbestimmung)

[126] vgl. Verbraucherschutzinformationssystem Bayern: Die E-Nummern auf Lebensmitteln – Was bedeuten sie?, http://www.vis-ernaehrung.bayern.de, 03.09.2002

E-Nummern	Zusatzstoffe	Beispiele
E 100 – E 180	Farbstoffe	E 140: Chlorophyll, E 160: Carotin, E 162: Betanin
E 200 – E 297	Konservierungsmittel	E 200: Sorbinsäure, E 251: Natriumnitrat, E 290: Kohlendioxid
E 300 – E 321	Antioxidationsmittel	E 300: L-Ascorbinsäure (synthetisches Vitamin C)
E 322 – E 375	Emulgatoren, Stabilisatoren & Säuerungsmittel	E 322 Lecithin, E 330: Zitronensäure, E 338: Phosphorsäure
E 400 – E 419	Verdickungs- & Geliermittel	E 406: Agar-Agar, E 412: Guarkernmehl, E 414: Gummi arabicum
E 420 – E 1518	verschiedene Zusatzstoffe	E 500: Natriumkarbonat (Backtreibemittel), E 621: Natriumglutamat (Geschmacksverstärker), E 948: Sauerstoff (Treibgas)

***Tabelle 2.2-3** Deklaration ausgewählter Zusatzstoffe (vgl. Rebmann: E-Nummern (17.08.2002), http://www.gifte.de, 03.09.2002, sowie: Pro Terra Verein für umweltfreundliches und soziales Leben: Was bedeuten die E-Nummern?, http://www.proterra.at, 03.09.2002)*

Die Zusatzstoffe durchlaufen vor ihrer Kennzeichnung und Zulassung ein Untersuchungsverfahren des *Wissenschaftlichen Lebensmittelausschusses (SCF)*, in welchem ihre gesundheitliche Unbedenklichkeit und ihre technologische Notwendigkeit geprüft werden.

Doch obwohl die gesundheitliche Unbedenklichkeit anhand des sog. *ADI*-Wertes (*„acceptable daily intake"*), also der Dosis, die ohne gesundheitliche Schäden täglich ein Leben lang eingenommen werden könnte, überprüft wird, besteht durchaus das Risiko, auf bestimmte Zusatzstoffe beispielsweise allergisch (asthmatisch) zu reagieren bzw. Kopfschmerzen und Migräneattacken zu erleiden[127] – zumal die Tendenz dahingehend ist, immer mehr Additive (Zusatzstoffe) in der (industriellen) Produktion von Lebensmitteln einzusetzen.[128]

---

127 vgl. Felix: E-Nummern – Vermixt und zugesetzt, in: Focus Online, http://www.focus.de, 03.09.2002

128 Vor allem bei Kindern können (ob ihres geringen Körpergewichts) die Zusatzstoffe in den Lebensmitteln schwere gesundheitliche Folgen haben: von Zahnschäden und Übergewicht bis hin zu Knochenschwund und Darmschäden, auch Verhaltensauffälligkeiten und Hyperaktivität können durchaus auf eine verstärkte Einnahme von Additiven zurückzuführen sein. (vgl. Grimm: Chemiealarm auf dem Kinderteller (06.11.2002), in: Stern Online, http://www.stern.de, 16.11.2002)

Ende März 2003 meldete „Öko-Test", dass in 18 von 30 getesteten Eier ein Farbstoff namens *Canthaxanthin* (E 161g) gefunden wurde, der das Dotter gelber mache, jedoch nachweislich auch Sehstörungen auslösen kann. Für Bräunungspillen ist die Zugabe des Farbstoffs bereits verboten und auch für Futtermittel hat die EU die zulässigen Höchstgehalte bereits drastisch reduziert. Die Begründung der Eierproduzenten, die diesen Farbstoff trotzdem weiter verwendeten, lautete nach Angaben von „Öko-Test": die Verbraucher verlangten nach kräftig gefärbtem Ei-Dotter.[129]

In den meisten Fällen wissen die Verbraucher gar nicht, welche Stoffe sich hinter welchen E-Nummern verbergen, geschweige denn, was diese für Auswirkungen auf ihre Gesundheit haben können.[130]

Darüber hinaus brauchen nicht wirklich alle Zusatzstoffe auf der Verpackung ausgewiesen werden. Oder aber sie finden sich nur in allgemeinen Bezeichnungen wie z.B. „Fruchtzubereitung" in Fruchtjoghurts anstelle der ausführlichen Angabe von Gelatine, Konservierungsmitteln und Farbstoffen.

Alkohol in Lebensmitteln – Prost Mahlzeit

Für bestimmte Produkte, die etwa nur aus einer Haupt-Zutat bestehen, wie z.B. Honig, Zucker, Kakaoerzeugnisse, Kaffee-Extrakte, Aromen oder auch alkoholische Getränke mit einem Alkoholgehalt von mehr als 1,2% Alkohol (Wein, Likör etc.) gelten gar keine Kennzeichnungspflichten.[131]

Auch die Angaben darüber, in welchem Ausmaße beispielsweise Alkohol in bestimmten Lebensmitteln vorhanden ist, lassen in den meisten Fällen sehr zu wünschen übrig (auch dank der laschen gesetzlichen Bestimmungen). So ist in vielen Lebensmitteln Alkohol enthalten, auch wenn der Verbraucher davon in der Regel nichts weiß: sogar in Kinderlebensmitteln und

[129] vgl. o.V.: Fiese Substanz im Ei-Dotter (31.03.2003), in: Focus Online, http://focus.msn.de, 03.04.2003

[130] In der Europäischen Union sind mittlerweile über 300 Lebensmittelzusatzstoffe zugelassen. Um dieser unglaublichen Anzahl anheim zu kommen, hat die *Verbraucher Initiative e.V.* eine Internet-Datenbank (*www.zusatzstoffe-online.de*) erstellt, die weitreichende Informationen zu den Zusatzstoffen, deren Eigenschaften, Herstellung, Zulassung, Verwendung und Sicherheit gibt.

[131] vgl. Pro Terra Verein für umweltfreundliches und soziales Leben: Was bedeuten die E-Nummern?, http://www.proterra.at, 03.09.2002

Süßwaren wie Weingummi oder Marzipan sind kleine Mengen Alkohol enthalten. In kleinen Verpackungen (bzw. geringen Mengen – also auch in alkoholfreiem Bier) braucht der Alkohol nämlich nicht deklariert werden – ebensowenig wie in Speisen im Restaurant oder in der Kantine. Und wer weiß schon, dass beispielsweise mit „natürlichen Aromen“ Alkohol gemeint sein kann? Nicht nur für Kinder, auch für geheilte Alkoholkranke, die bereits durch kleinste Mengen Alkohol einen Rückfall erleiden können, bedeuten diese laxen Bestimmungen und Handhabungen der Kennzeichnungspflicht durchaus eine gewisse Gefahr.[132]

Gentechnisch veränderte Inhaltsstoffe

Für die meisten Hersteller bieten gentechnisch veränderte Organismen (*GVO*) die Möglichkeit, bessere Erträge zu erzielen, die Pflanzen gegen bestimmte Schädlinge resistent zu machen oder aber auch größere (bzw. wohlschmeckendere) Früchte ernten zu können. Acht von zehn Verbraucher wollen allerdings einer Umfrage der *Verbraucher-Zentrale Niedersachsen* zufolge keine gentechnisch behandelten Produkte kaufen. Es ist für diese Verbraucher jedoch derzeit äußerst schwer, den Kauf genmanipulierter Produkte zu vermeiden. Denn auf den Etiketten findet sich zumeist kein Vermerk über den Einsatz von gentechnisch veränderten Organismen.

Grundsätzlich müssen EU-weit seit Mai 1997 gentechnisch hergestellte Lebensmittel gekennzeichnet werden. Seit April 2000 muss außerdem eigens darauf hingewiesen werden, wenn das Produkt Zusatzstoffe und Aromen aus gentechnisch manipulierten Pflanzen enthält. Diese Kennzeichnungspflicht gilt allerdings nur, wenn die gentechnische Veränderung auch im Endprodukt noch nachgewiesen werden kann. So kann sich beispielsweise in Schokolade Lecithin aus gentechnisch veränderten Sojabohnen befinden, ohne dass dies kenntlich gemacht werden müsste.

Darüber hinaus gibt es bislang noch keine einheitlichen Vorschriften zu Form, Platzierung und Wortlaut der Kennzeichnung. Nur bei deklarierten Mais- und Soja-Produkten beispielsweise muss in der Zutatenliste die Angabe „aus genetisch verändertem Mais/Soja“ stehen. Dieser Zusatz

[132] vgl. Verbraucher-Zentrale Sachsen e.V.: Alkohol in Lebensmitteln – Prost allerseits? (04.04.2002), http://www.vzs.de, 15.05.2002

darf jedoch sogar als Fußnote unter der Zutatenliste abgedruckt sein. Derart Kleingedrucktes ist für den Verbraucher beim Griff ins Ladenregel nur schwerlich zu entdecken. Ein einheitliches, quasi ins Auge springendes, Symbol für gentechnisch veränderte Lebens-mittel bzw. Lebensmittel mit gentechnisch veränderten Zutaten gibt es bislang nicht.[133]

Und auch auf Anfragen bei den Firmen direkt erhalten die Verbraucher meist nur ungenügende Antworten. Auf eine Befragung der *Verbraucher-Zentralen* in Verbindung mit *Greenpeace*, *Stiftung Warentest* und *Ökotest* hinsichtlich gentechnisch veränderter Zutaten in Lebensmitteln antworteten etwa zwei Drittel der 450 befragten Lebensmittelhersteller überhaupt nicht. Insgesamt 77 Hersteller gaben an, grundsätzlich keine Gentechnik einzusetzen (diese Hersteller waren allerdings auch vorwiegend aus dem Öko-Landbau), 65 Firmen antworteten mit nur unklaren Stellungnahmen oder verwiesen die Fragenden an die Unternehmensverbände. Nur 12 Betriebe bekannten sich offen zum Einsatz von Gentechnik.[134]

Nach Auffassung von Verbraucherschützern sollte es jedoch den Verbrauchern selbst überlassen sein, sich für oder gegen den Kauf von Lebensmitteln, die auch nur Spuren gentechnisch veränderter Inhaltsstoffe enthalten, zu entscheiden. „Die Wahlfreiheit für Verbraucher muss garantiert werden", forderte auch Verbraucherministerin Renate Künast in Brüssel bei einer Sitzung der Agrarminister der Europäischen Union Ende November 2002.[135]

---

133 vgl. o.V.: Kennzeichnung von GV-Zutaten ist löchrig (03.09.2002), Vereinigte Wirtschaftsdienste, http://www.vwd.de, 04.09.2002

134 vgl. Verbraucher-Zentrale Niedersachsen e.V.: Gentechnik-Liste der Verbraucherzentralen (30.07.2002), http://www.vzniedersachsen.de, 03.09.2002

135 Die Agrarminister hatten sich bei dieser Sitzung auf verschärfte Regeln für die Kennzeichnung gentechnisch veränderter Lebens- und Futtermittel geeinigt: zukünftig müssten danach Nahrungsmittel als Gen-Lebensmittel gekennzeichnet werden, wenn sie zu mindestens 0,9 Prozent aus *GOVs* bestehen. Das Europäische Parlament hatte sich zuvor in erster Lesung für einen Grenzwert von 0,5 Prozent ausgesprochen, während die Industrie weiterhin solch einen Schwellenwert an sich größtenteils ablehnt. (vgl. o.V.: Einheitliche Kennzeichnung für Gen-Produkte in Europa (29.11.2002), in: Der Tagesspiegel, http://www.tagesspiegel.de, 04.12.2002)

Die Label-Datenbank

Wer bewusst einkaufen will, ist auf glaubwürdige Informationen von Seiten der Hersteller angewiesen. Produkt-Etikettierungen und -label können (bzw. sollten) den Verbrauchern eine gewisse Hilfestellung beim Einkauf bieten. Sie sind wichtige Marktinformationsinstrumente. Doch die unüberschaubare Flut der Label und Bezeichnungen trägt eher zur Verunsicherung als zu Transparenz bei.

„Die Überfülle des Warenangebotes lässt heute keine schnelle Orientierung mehr zu“[136], bringt es Georg Abel, Bundesgeschäftsführer der *Verbraucher Initiative*, auf den Punkt. Eine unübersichtliche Zahl von Labeln und Siegeln verspräche den Verbrauchern zwar eine scheinbare Hilfe, doch diese Zeichen und Etiketten hätten oftmals mehr mit Werbung als mit tatsächlicher Verbraucherinformation zu tun, kritisiert er. Die Hintergründe (und Aussagekraft) der Kennzeichnung blieben den Konsumenten oft unklar.

Um endlich Licht in den Dschungel der Produktkennzeichnung zu bringen, hat die *Verbraucher Initiative* Anfang 2003 die Internet-Datenbank *www.label-online.de* ins Leben gerufen. Sie soll die Verbraucher in die Lage versetzen, eine sachgerechte und individuelle Kaufentscheidung treffen zu können. In der Datenbank können sie nach den entsprechenden Labels (nach Kategorien sortiert) suchen und erhalten neben dem Namen und Logo des Labels auch Informationen zu Vergabekriterien und -verfahren, eine Bewertung aus Verbrauchersicht, die Adresse des Zeichengebers und – wenn vorhanden – auch einen Link zu der entsprechenden Website. Zusätzlich wurde ein Forum eingerichtet, auf welchem sich die Verbraucher über einzelne Siegel austauschen können.

Markenartikel „made in...“/„designed in...“

Je nachdem, aus welchem Land ein bestimmtes Produkt kommt, wird ihm (beinahe automatisch) eine bestimmte – stereotype – Eigenschaft zugewiesen: Qualität „made in Germany“, Mode „made in Italy“, Unterhaltungselektronik und Hightech „made in Japan“ oder auch (Billig-)Kopien „made in China“. Viele Unternehmen machen sich

---

[136] zit. in: o.V.: www.label-online.de – Verbraucherinitiative startet Internet-Portal über Gütesiegel (11.02.2003), in: NGO-online, http://www.ngo-online.de, 11.02.2003

diese Ausstrahlungseffekte von Länderstereotypen auf das eigene Image, sowie auf das Image der hergestellten Produkte – den sog. „country-of-origin"-Effekt[137] – zunutze, indem sie beispielsweise die Endfertigung ihrer Produkte oder auch ihren Stammsitz in ein Land mit „gutem Image" verlagern – auch wenn die eigentlichen Produktionsstätten in anderen Ländern (z.B. in Ländern der Dritten Welt oder auch in Osteuropa) liegen.[138]

> Firmen wie *Wal-Mart*, *Tommy Hilfiger* oder *Sears* lassen beispielsweise ihre Kleidungsstücke in Sweatshops auf der Süd-Pazifik-Insel Saipan produzieren. Saipan ist eine Insel der Nördlichen Marianen, einer Inselgruppe, die offiziell dem Commonwealth der Vereinigten Staaten von Amerika angehört. Somit können die Kleidungsstücke als „Made in the USA" deklariert werden und nichts verweist mehr auf die „eigentliche" Herkunft der Waren aus einem Sweatshop.[139]

Immer häufiger verwenden die Unternehmen auch die Etikettierung „designed in ...", um auf den – westlichen – Ursprungsort des Produktes zu verweisen und von der eigentlichen Produktionsstelle (etwa in einem Dritte-Welt-Land, wo kritische Verbraucher – oftmals zurecht –die Produktion in einem Sweatshop vermuten könnten) abzulenken.

> So findet sich beispielsweise in den Basketballschuhen der Marke *Converse Allstars* anstelle des stolzen „made in USA" seit Ende der Neunziger Jahre das eher schlichte „designed in USA"-Etikett, da das Unternehmen die Produktion aus den Vereinigten Staaten nach Asien verlegt hatte.[140]

> Das Möbelhaus *IKEA*, das sich vor nicht allzu langer Zeit mit Vorwürfen der Kinderarbeit, sowie illegal geschlagener Tropenhölzer auseinandersetzen musste, verwendet zunehmend das Label „Swedish Design" zur

---

[137] vgl. Czinkota/Ronkainen: International Marketing, 2001, 324f.

[138] vgl. Abschnitt 2.6.1; siehe dazu auch: Kotler/Bliemel: Marketing Management – Analyse, Planung und Verwirklichung, 2001, 247f.

[139] vgl. National Labor Committee: Wal-Mart – Words Versus Reality (July 1999), http://www.nlcnet.org, 29.09.2002

[140] vgl. Höpfner: Wie find ich das? (05.04.2001), in: Die Zeit, http://www.zeit.de, 24.10.2002
Zur Etikettierung „made in USA" siehe auch: Federal Trade Commission: Complying with the Made in the USA Standard, http://www.ftc.gov, 24.10.2002

Etikettierung seiner Produkte, ohne für den Verbraucher klar erkennbar zu machen, wo die jeweiligen Produkte hergestellt wurden.

Und auch in Kleidungsstücken der Bekleidungskette *Hennes & Mauritz (H&M)* steht auf den (gut sichtbaren) Etiketten nur „specially made for H&M“.

Manche Unternehmen der Bekleidungsbranche, das muss zu ihrer „Ehrenrettung“ gesagt werden, wählen jedoch auch einen Mittelweg. Sie nähen das Etikett „designed in...“ gut sichtbar beispielsweise an den Kragen oder Hosenbund. Der Verweis auf den ursprünglichen Herstellungsort der Kleidungsstücke jedoch, der auf dem Etikett „made in...“ deutlich wird, wir an eine schwerer zu erkennende Stelle, wie etwa eine innere Seitennaht, genäht. Somit entsprechen sie den an sie gestellten Anforderungen, ohne jedoch zuviel preiszugeben, denn nur, wer Wert darauf legt und weiß, wo er suchen muss, findet die Verweise auf die Herstellungsorte der Kleidungsstücke.

Möbel aus Tropenhölzern

Gartenmöbel aus tropischen Hölzern – wie Teak, Meranti, Merbau, Kambala oder Nyatoh – sind bei vielen Verbrauchern ob ihrer Witterungsbeständigkeit und der ihnen eigenen warmen Farben sehr beliebt. Um sicherzustellen, dass die Hölzer auch aus nachhaltiger, umweltfreundlicher Plantagenwirtschaft stammen und kein Raubbau an der Natur, sprich an den Tropischen Regenwäldern, betrieben, sowie die Rechte der dortigen Ureinwohner beachtet wurden, werden die Verbraucher dazu angehalten, beim Möbelkauf auf das *FSC*-Siegel zu achten. Dieses Zertifikat des *Weltforstrates (Forest Stewardship Council)* signalisiert, dass bei der Abholzung sowohl hohe ökologische (sprich: nachhaltige) als auch soziale Mindeststandards eingehalten werden.

Ohne dieses Siegel könne man davon ausgehen, dass die Tropenhölzer zumeist nicht ökologisch korrekt abgeholzt wurden, meint Udo Sieverding, Umweltexperte der *Verbraucher-Zentrale Nordrhein-Westfalen*: „Es gibt einen Wildwuchs an selbstkreierten und wenig aussagefähigen Siegeln. Da steht dann beispielsweise drauf: ‚Holz aus Plantagenwirtschaft‘, ‚Holz aus nachhaltigem Plantagenanbau‘ oder ähnliches. Das sind keine glaubwürdigen

Siegel, sondern selbstkreierte Werbeformeln der Holzwirtschaft und dazu können wir nicht raten."[141]

Doch auch in ihrem Vertrauen auf das *FSC*-Siegel können die Verbraucher getäuscht werden. Denn das meiste Tropenholz, das derzeit in Deutschland verkauft wird, stammt aus Indonesien. Dessen größtem Produzenten, dem Holzkonzern *Perhum Perhutani*, hat der *Weltforstrat* im Oktober 2001 das Siegel jedoch entzogen, da dieser die reglementierten Mengenquoten um ein vielfaches überschritt, was einem Kahlschlag in den Plantagen ohne Rücksicht auf Verluste gleichkommt. Angeblich stamme das nun noch verkaufte Holz „aus Lagerbeständen", die vor dem Entzug des Siegels geschlagen worden waren, so der Konzern. Die *FSC*-Arbeitsgruppe Deutschland bezweifelt dies allerdings. Die Mitglieder der Gruppe vermuten vielmehr, dass das Siegel ohne Berechtigung auch weiterhin auf Tropenholz-Produkte geklebt wird.[142]

2.2.3 Mogelpackungen

Durch dickwandige Verpackungen, doppelte Böden, mit Luft aufgefüllte Beutel und ähnliches versuchen nicht wenige Hersteller immer wieder, mehr Inhalt vorzutäuschen und damit höhere Preise ihrer Produkte zu rechtfertigen. Oftmals verringern sie bei solchen Mogelpakkungen lediglich den Packungsinhalt, ohne dabei jedoch die Pakkungsgröße zu verändern – und ohne dies deutlich kenntlich zu machen. „Wir beobachten immer wieder", klagt auch Andreas Fritz von der baden-württembergischen Eichdirektion, „dass die Verpackung einfach mitgewogen wird."[143]

---

141 Bader: Gartenmöbel aus Tropenhölzern, Verbrauchertipp (01.06.2001), in: Deutschlandfunk, http://www.dradio.de/dlf, 27.08.2002

142 vgl. Günther: Ökosiegel führt auf den Holzweg (14.07.2002), in: Hannoversche Allgemeine, http://www.haz.de, 16.07.2002; Sachsenröder: Siegel soll Kahlschlag im Regenwald verhindern (23.04.2003), in: General-Anzeiger Online, http://www.general-anzeiger-bonn.de, 26.04.2003

143 Höfle: Mogelpackung strafbar – Hersteller können für falsche Produkte belangt werden (05.12.2002), in: Stuttgarter Zeitung, http://www.stuttgarter-zeitung.de, 05.12.2002

> So versuchte etwa der Süßwarenhersteller *Lindt& Sprüngli*, seine Kunden durch Mogelpackungen zu täuschen: zum Weihnachtsgeschäft 2000 bot er mit Pralinen gefüllte „Schatztruhen" an, deren Inhalt im Vergleich zur Verpackungsgröße um 30 Prozent zu gering war.[144]

Durch diese Mogelpackungen ist nach Schätzungen des *Verbraucherzentrale Bundesverbandes (vzbv)* den Verbrauchern im Jahre 2001 ein Schaden von insgesamt weit über einer Milliarde Euro entstanden.[145]

> *„Die systematische Unterfüllung von Fertigpackungen übervorteilt die Verbraucher und kommt einer verdeckten Preiserhöhung gleich."*
> Hans-Jürgen Billigmann, *vzbv*[146]

Derzeit gilt bei der Abfüllung von Fertigpackungen das sog. Mittelwertprinzip, nach dem einzelne Packungen sogar weniger Inhalt als die deklarierte „Nennfüllmenge" enthalten dürfen, solange insgesamt der Mittelwert eingehalten wird. Neben dieser Mittelwertregelung müssen die Abfüllbetriebe bestimmte Untergrenzen einhalten: danach darf beispielsweise eine mit 100 Gramm gekennzeichnete Packung nicht unter 91 Gramm Inhalt haben.[147] Doch selbst diese Mindestfüllmengen werden von nicht wenigen Herstellern noch unterschritten:

Den Kontrollberichten der Mess- und Eichbehörden der Länder zufolge wurden die Verbraucher im Jahre 2001 bei durchschnittlich jedem zehnten der 27.473 geprüften Produkte geprellt: Im Schnitt wurden in zwölf Prozent der Fälle bei Nicht-Lebensmitteln wie Waschpulver, Kosmetika oder Tabak, sowie bei jedem fünften Kauf von Obst und Gemüse in offenen Verpackungen zu geringe Füllmengen ermittelt. Bei nicht-flüssigen Lebensmitteln wie etwa Konserven, Gewürzen,

---

[144] Daraufhin wurde *Lindt&Sprüngli* am 22.11.2002 vom Amtgericht Berlin-Tiergarten zu einer Strafe von 33.000 Euro wegen Missachtung des Eichgesetzes verurteilt (vgl. Höfle: Mogelpackung strafbar – Hersteller können für falsche Produkte belangt werden (05.12.2002), in: Stuttgarter Zeitung, http://www.stuttgarter-zeitung.de, 05.12.2002; o.V.: Urteil – Schoko-Mogelpackung kostet Lindt 33.000 Euro Strafe (22.11.2002), in: NGO-online, http://www.ngo-online.de, 23.11.2002).

[145] vgl. ebd.

[146] zit. in: Arbeitsgemeinschaft der Verbraucherverbände e.V.: Fertigpackungen – Zu wenig Fülle in der Hülle (07.11.2001), http://www.agv.de, 14.05.2002

[147] vgl. ebd.; Arbeitsgemeinschaft Mess- und Eichwesen (Hrsg.): Die Eichbehörden informieren: Verbraucherschutz durch Fertigpackungskontrollen (Juli 2002)

Schokolade oder Wurst entsprachen 9,5 Prozent der überprüften Abpackungen nicht den Herstellerangaben; bei Arzneimittel-Packungen waren es 4,7 Prozent. Bei Getränken und anderen flüssigen Lebensmitteln wie etwa Essig oder Öl stellten die Prüfer in 9,2 Prozent der Fälle zu geringe Füllmengen fest; bei (teuren) alkoholischen Getränke und Spirituosen wie Sekt oder Schnaps wurden die Mindestfüllmengen sogar in durchschnittlich 15,3 Prozent der Fälle unterschritten.[148]

2.2.4 Diskriminierende Sortimentsgestaltung

Ziel sortimentspolitischer Entscheidungen ist es, das Angebot den Unternehmensinteressen entsprechend optimal zu gestalten.[149] Vor allem im Falle der Beschränkung des Sortiments – sei es aus absatzpolitischem Interesse oder auch beispielsweise unternehmensphilosophischen Grundsätzen – ist den jeweiligen Unternehmen bzw. Händlern ein starkes Machtinstrument gegeben. Vor allem im Falle eines Monopolisten (wie beispielsweise der *Deutschen Bahn AG* – siehe unten) hat die Sortimentsbeschränkung einen großen Einfluss auf den Markt, also auch auf die Verbraucher, da sich ihnen zu dem Angebot des Monopolisten nur sehr wenige bzw. gar keine Alternativen bieten und sie nicht so einfach auf das Angebot eines Mitbewerbers umsteigen können. Aber auch beispielsweise die Weigerung eines Händlers, der eine gewisse Marktposition innehat, bestimmte Produkte nicht in

---

148 vgl. o.V.: Geprellte Verbraucher – In jeder zehnten Verpackung ist weniger drin (27.11.2002), in: Spiegel Online, http://www.spiegel.de, 10.12.2002
Doch da der Kontrollumfang permanent sinkt und auch die drohenden Bußgelder oftmals in einem krassen Missverhältnis zu den durch falsche Abfüllung erwirtschafteten Gewinnen in Millionenhöhe stehen, ist sowohl die Gefahr, als „Mogler" tappt zu werden, als auch die Abschreckungswirkung der angedrohten Strafen relativ gering (vgl. Arbeitsgemeinschaft der Verbraucherverbände e.V.: Fertigpackungen – Zu wenig Fülle in der Hülle (07.11.2001), http://www.agv.de, 14.05.2002). „Wenn man bedenkt, dass ein einziger Supermarkt 8000 verschiedene Produkte und Hunderttausende von Packungen in den Regalen hat, dann sind rund 27.000 Kontrollen in ganz Deutschland einfach lächerlich", kritisiert *vzbv*-Chefin Edda Müller (o.V.: Geprellte Verbraucher – In jeder zehnten Verpackung ist weniger drin (27.11.2002), in: Spiegel Online, http://www.spiegel.de, 10.12.2002).

149 vgl. Strunz/Dorsch: Internationale Märkte, 2001, 114

sein Sortiment aufzunehmen, bzw. dies nur unter ganz bestimmten Voraussetzungen, wirkt sich nachteilig auf den Markt – sowohl auf den betreffenden Hersteller, als auch auf die Verbraucher – aus und soll an dieser Stelle seine Erwähnung finden.

InterRegio auf dem Abstellgleis

Der *InterRegio* verdankte seine hohe Beliebtheit bei vielen Bahnkunden vor allem der Tatsache, dass er ein wichtiges Verbindungsglied zwischen Nah- und Fernverkehr darstellte. Auch wenn er grundsätzlich als Fernverkehrszug gehandelt wurde, wurde er von einem Großteil der Fahrgäste eher auch für Nahverkehrsverbindungen genutzt, da er eine große Anzahl direkter Verbindung zwischen vielen großen und auch kleineren Bahnhöfen ermöglichte.[150] Zudem bot er wesentlich mehr Komfort als die Regional-Züge und war im Fernverkehr preiswerter als *InterCity (IC)* und *InterCityExpress (ICE)*, für die die *Deutsche Bahn AG* Fahrtkostenzuschläge verlangt.

Doch seit etwa 3 Jahren versucht die *Deutsche Bahn AG* mit allen Mitteln, den bei den Kunden sehr beliebten *InterRegio* zugunsten einer verstärkten Nutzung des *ICE* abzusetzen. Den Interessen von etwa zwei Drittel aller Bahnkunden zum Trotz, die vor allem einfach, direkt und preiswert reisen wollen, und für die der Preis das ausschlaggebende Kriterium bei der Wahl des Verkehrsmittels ist (gefolgt von dem Wunsch nach Direktverbindungen und erst dann dem nach Tempo), konzentriert sich die Bahn zusehends immer mehr auf den zeitsensiblen, aber marginalen, Geschäftsverkehr zugunsten des zwar schnelleren, aber auch teureren *ICE*.[151] „Die Kommunikation für das *InterRegio*-Angebot wurde merklich reduziert, das Produktmanagement abge-

[150] vgl. o.V.: Interregio – Abschied auf Raten, in: WDR Online, http://www.wdr.de, 30.09.2002
Ohne die Verbindungen des *InterRegio* sind viele Regionen, in denen sonst nur Nahverkehrszüge fahren, vom Schienenfernverkehr abgeschnitten (Hauber/Wolf: Der ausgebremste Erfolgszug – Ein Plädoyer für den InterRegio (03.04.2001), in: Frankfurter Rundschau Online, http://www.fr-aktuell.de, 30.09.2002).

[151] vgl. o.V.: Einen Zug vor, drei Züge zurück, Bürgerbahn statt Börsenbahn, http://www.buergerbahn-statt-boersenbahn.de, 30.09.2002

schafft und die Produktpflege und Weiterentwicklung eingestellt"[152], beklagt Karl-Dieter Bodack, der als Verantwortlicher für das Design-Zentrum der *Deutschen Bundesbahn* maßgeblich zur Entwicklung des *InterRegio* beigetragen hatte. Anstatt in den Erhalt und die Modernisierung der *InterRegio*-Fahrzeuge zu investieren, wurden zunehmend einfach alte *D-Zug*- und ehemalige *Reichsbahn*-Wagen, *InterCity*-Wagen und andere nicht-konforme Fahrzeuge, wie auch *RegionalExpress*-Wagen, den Zügen angehängt. Zudem wurde der Service in den Wagen merklich verschlechtert: die bis dato üblichen *Bistro-Cafés* beispielsweise, die frisch zubereitete Speisen und Getränke anboten, wurden nach und nach entweder durch „Snack-Points" genannte Automaten ersetzt oder ganz gestrichen. Auch wurde die Software der Fahrplanauskunft der *Deutschen Bahn AG* dahingehend geändert, dass bevorzugt *ICE*-Verbindungen angeboten werden, auch wenn diese für den jeweiligen Fahrgast im Hinblick auf günstigere *InterRegio*-Verbindungen nachteilig sind und fahrplanmäßig besser mit dem *InterRegio* oder unter Einbindung eines *InterRegio*-Fahrtabschnittes hätten realisiert werden können. Und darüber hinaus wurden immer mehr *InterRegio*-Linien gestrichen – auch solche mit guter Auslastung – und manche Fahrpläne und Linienführungen so verschlechtert, dass Anschlüsse nicht mehr realisiert werden konnten.[153]

Im Sinne der *Deutschen Bahn AG* soll das Angebot an *InterRegio*-Verbindungen insoweit beschnitten werden, als dass die Zugreisenden im Fernverkehr auf das (teurere) *ICE*-Angebot umsteigen und, wo dies nicht möglich ist, *RegionalExpress* oder vorzugsweise *InterCity* (gleichfalls mit Aufschlag) fahren. Allerdings: „wo es heute keinen InterCity gibt, wird auch in Zukunft keiner fahren"[154], schränkt *Deutsche-Bahn*-Sprecher Günter Reinartz ein. Was bedeutet: wenn die Alternativ-Züge nicht schon früher die selben Bahnhöfe angefahren haben wie

---

[152] Bodack: Fahrpläne und Zugangebote im Fernverkehr der DB, Bürgerbahn statt Börsenbahn, http://www.buergerbahn-statt-boersenbahn.de, 30.09.2002

[153] vgl. Hauber/Wolf: Der ausgebremste Erfolgszug – Ein Plädoyer für den InterRegio (03.04.2001), in: Frankfurter Rundschau Online, http://www.fr-aktuell.de, 30.09.2002

[154] o.V.: Interregio – Abschied auf Raten, WDR Online, http://www.wdr.de, 30.09.2002

der *InterRegio*, werden diese Verbindungen zunächst erst einmal – niemand weiß, für wie lange – ersatzlos gestrichen.

Wo vormals Direktverbindungen durch den *InterRegio* bestanden, müssen die Fahrgäste nun häufiger umsteigen – so sie denn eine Möglichkeit haben, andere Züge zu benutzen. Dadurch erhöht sich jedoch auch das Risiko, etwaige Anschlusszüge zu verpassen oder längere Wartezeiten in Kauf nehmen zu müssen.

> *„Die beliebten InterRegios boten vielen Bahnfahrerinnen und Bahnfahrern die Möglichkeit, auf kürzeren und mittleren Strecken bei einem guten Preis-Leistungsverhältnis zügig und ohne Umsteigen von A nach B zu gelangen. Mit den ICs werden diese Fahrten jetzt deutlich teurer, aber nicht unbedingt besser. So bleibt den Reisenden nur die zweifelhafte Wahl: Entweder tiefer in die Tasche greifen für den IC oder deutlich länger unterwegs sein mit dem Nahverkehr.“*
>
> Carsten Westerholt, *Verkehrsclub Deutschland*[155]

Neben der verhältnismäßig schlechten Auslastung des *ICE* liegt ein weiterer Grund für die Abkehr vom „menschlichen Zug“ in der Verkehrspolitik von *Deutscher Bahn AG* und Regierung. Die *Deutsche Bahn AG* ist für den Fernverkehr zuständig und die Bundesländer sind es für die Finanzierung des Nahverkehrs. Sie erhalten dafür vom Bund sog. „Regionalisierungsmittel“, mit deren Hilfe sie dann bei der *Deutschen Bahn AG* entsprechende Nahverkehrsleistungen bestellen. Fällt nun der *InterRegio* als quasi Nahverkehrszug weg, so müssten die Länder die Kosten für die Ersatz-Verbindungen von ihrem Etat bestreiten. Die *Deutsche Bahn AG* macht also doppelt „plus“: sie kann mehr Einnahmen aus der stärkeren Auslastung der (teureren) *IC*- und *ICE*-Verbindungen einstreichen und zudem bekommt sie (so hofft sie) auch von den Bundesländern mehr Geld zur Bereit- und Sicherstellung des Nahverkehrs.

---

155 zit. in: o.V.: Deutsche Bahn AG – Umstrittener neuer Bahnfahrplan und Tarife treten Sonntag in Kraft (13.12.2002), in: NGO-online, http://www.ngo-online.de, 14.12.2002

„Familienfreundliche" Zensur bei *Wal-Mart*

Die Supermarktkette *Wal-Mart* bezeichnet sich selbst als familienorientiertes Unternehmen mit einer starken Firmenethik, ohne Toleranz für Praktiken, die gegen die firmeneigene Ethik verstoßen. Dies zeigt sich beispielsweise deutlich im Medien-Angebot der Supermarkt-Kette: CDs und Zeitschriften, die nach Ansicht der Unternehmensleitung „jugendgefährdende Inhalte" aufweisen, gelangen nicht in das Sortiment der Super-Stores.

Unterstützung findet das Unternehmen hierbei unter anderem beim *Parents Music Resource Center (PMRC)*, das Musik-CDs mit dem Aufkleber *„Parental Advisory Explicit Lyrics"* versieht. CDs von Künstlern, die nach Ansicht des *PMRC* entweder jugendgefährdende Texte beinhalten oder deren Covers anstößig gestaltet sind, bekommen den Aufkleber nicht. – Und ohne diesen Aufkleber werden die CDs dann auch nicht bei *Wal-Mart* verkauft.[156]

> Als z.B. die amerikanische Band *Nirvana* 1993 ihr Album „In Utero" auf den Markt brachte (mit Abbildungen von Föten auf dem Cover) weigerte sich *Wal-Mart*, die Platte in das Sortiment aufzunehmen, bis das Cover umgestaltet und der Songtitel „Rape me" in „Waif me" verfremdet wurde.
>
> Dieser Zensur fielen beispielsweise auch schon die *Beatles* zum Opfer, die 1966 das legendäre „Butcher"-Cover ihrer LP „Yesterday and Today", welches die Gruppe inmitten von Teilen von Puppenkörpern zeigte, durch ein harmloses Gruppenbild ersetzen mussten, um ihre LP in den Regalen von *Wal-Mart* ausgestellt zu finden.[157]

Durch seine riesigen Zeitschriften- und Musikabteilungen kommt *Wal-Mart* eine nicht unbedeutende Position in der amerikanischen Unterhaltungsindustrie zu. (Etwa 10 Prozent des gesamten CD-Umsatzes in den Vereinigten Staaten werden in den Filialen der *Wal-Mart*-Kette verkauft.[158]) Sodass nicht nur Musik-Künstler, auch nam-

---

[156] siehe dazu auch: Nuzum: Parental Advisory: Music Censorship in America, 2001; http://www.ericnuzum.com, 11.06.2002

[157] vgl. Erb: Der musikalische Sell-Out bei Wal-Mart (15.06.2001), in: heise online, http://www.heise.de, 04.06.2002

[158] vgl. Emcke: Konsumtempel für Arme, in: Der Spiegel, 26/2001, 130

hafte Zeitschriften wie *Cosmopolitan* und *Vibe* mittlerweile vor dem „Zensurstift" von *Wal-Mart* zittern und angesichts möglicher drohender Verluste Vorabdrucke ihrer Titel der Konzernleitung zur Genehmigung vorlegen. „Wenn man sie nicht im Vorfeld informiert, streichen sie den Titel aus dem Sortiment und führen ihn nie mehr"[159], erklärt Dana Sacher, Vertriebsdirektorin des amerikanischen Musik-Magazins *Vibe*. „Auf diese Weise bringen sie dann eben eine Ausgabe nicht, aber vielleicht die Nächste."

2.2.5 Markenpolitik

Eine Marke, also ein Name, Begriff, Zeichen, Symbol und/oder eine Gestaltungsform, dient dem Anbieter bzw. einer Anbietergruppe zur (möglichst einheitlichen) Kennzeichnung seiner bzw. ihrer Produkte und Dienstleistungen und demzufolge auch zur Differenzierung gegenüber Konkurrenzangeboten. Sie signalisiert jedoch nicht nur die Herkunft des Produkts, sondern verspricht zudem eine konstante Qualität, einheitliche Verpackung und eine hohe Verkehrsgeltung der Produkte. Mit einer etablierten Marke verbinden Konsumenten automatisch bestimmte Produkteigenschaften, einen bestimmten – funktionalen oder emotionalen – Nutzen, bestimmte Werte oder eine bestimmte Kultur. Mit ihr können und wollen sich die Verbraucher identifizieren, ihr bleiben sie treu.[160]

Eine Marke ist ein „Versprechen, mit einem bekannten Namen auch Qualität, Wert und höhere Lebensfreude zu erwerben […]"[161] *„Kurzfristig helfen sie, Schokolade, Telefonverträge oder Autos zu verkaufen. Langfristig sind Marken Image-Markierungen im kollektiven Gedächtnis des Marktes – in den Köpfen der Verbraucher."*[162]

Eine erfolgreiche Marke stellt „ein Kapital im Markt dar, das sich als Markenbewusstsein, Markengeltung und Markenimage sowie ‚Corpo-

[159] Sacher, in: Wall Street Journal, 22. 10. 1997, zit. in: Klein: No Logo, 2001, 179

[160] vgl. Kotler/Bliemel: Marketing-Management – Analyse, Planung und Verwirklichung, 2001, 736f.

[161] o.V.: Glossar – Marke, in: brand eins (02/03), 104

[162] Grauel: Die Pein der Weisen, in: brand eins (02/03), 68

rate Image' wiederspiegelt."[163] Dieses Kapital übersteigt nicht selten die eigentlichen Unternehmenswerte um ein Vielfaches. So wird beispielsweise der Wert der Marke *Coca-Cola* allein auf rund 70 Milliarden Dollar geschätzt.[164]

Für die Unternehmen ist es demnach immens wichtig, eine möglichst einzigartige und aussagekräftige Marke zu führen, über die ein bestimmtes, konstantes Image kommuniziert wird.[165] Wie etwa Künstler ihre Bilder urheberrechtlich schützen lassen können, um zu verhindern, dass andere von ihren Bildern Kopien erstellen, so können auch die Unternehmen ihre Marken durch Eintragung beim Patentamt schützen lassen, um zu verhindern, dass andere ihre Marken unberechtigter Weise benutzen, mit ihnen „Schindluder" betreiben und deren unbezahlbares Image beschädigen.

Allerdings bestehen recht unterschiedliche Auffassungen darüber, inwieweit das Recht an der eigenen Marke durch andere verletzt werden könnte.

> Die Programmierer der *Alpenland GmbH* porträtierten jahrelang ihre Arbeit mit einem kleinen Photo auf ihrer Homepage, das sie Buttermilch der Marke *Müller* löffelnd bzw. trinkend zeigt. Als die Rechtsabteilung der *Molkerei Alois Müller GmbH & Co.* auf dieses Photo aufmerksam wurde, wurden die Programmierer prompt dazu aufgefordert, „den Icon" zu entfernen. Denn „eine Verwendung einer Abbildung der Müller Reine Buttermilch, insbesondere im Zusammenhang mit dem auf eine Zusammenarbeit hindeutenden Text, wurde [...] nie durch die Molkerei Alois Müller GmbH & Co. gestattet."[166] Eine Verbindung zwischen der Marke *Müller* und Softwareprogrammierern wurde wohl als geschäftsschädigend angesehen.

> Auch verklagte etwa der Spielzeughersteller *Mattel* die Musikgruppe *Aqua* wegen deren Song *„Barbie Girl"*. „Hier geht es ums Geschäft, nicht um

---

[163] Kotler/Bliemel: Marketing-Management – Analyse, Planung und Verwirklichung, 2001, 745

[164] vgl. Grauel: Die Pein der Weisen, in: brand eins (02/03), 66

[165] siehe dazu auch: Köhler/Majer/Wiezorek (Hrsg.): Erfolgsfaktor Marke. Neue Strategien des Markenmanagements, 2001

[166] ebd. Behr: Buttermilch ist keine Software (23.08.2001), in: heise online, http://www.heise.de, 03.07.2002

die Freiheit der Rede", erklärte ein Sprecher von *Mattel* gegenüber der Zeitschrift *Billboard*. „Das ist ein Zwei-Milliarden-Dollar-Unternehmen, und wir wollen nicht, dass damit herumgealbert wird, und Situationen wie diese führen allmählich zur Markenerosion."[167]

Einige Unternehmen gehen sogar so weit, dass sie zum Schutz vor möglichen Verwechslungen nicht nur ihre eigene(n) Marke(n) schützen lassen, sondern zudem gleich auch noch ähnliche Namen oder Zeichen.

In diesem Zusammenhang kommt immer wieder die Fast-Food-Kette *McDonald's* in die Schlagzeilen der Medien, da sie des öfteren Rechtsstreits mit Laden- und Restaurantbesitzern, zumeist schottischer Abstammung, führt, die die Vorsilbe „Mc" im Familiennamen führen: so verklagte das Unternehmen *McAllen's* Wurststände in Dänemark, *McMunchies* Sandwich-Laden in Buckinghamshire oder auch Elizabeth McCaugheys *McCoffee*-Shop in der *San Francisco Bay Area*. Zudem führte das Unternehmen über 26 Jahre lang einen Rechtsstreit gegen einen Mann namens Ronald McDonald, dessen *McDonald's* Familienrestaurant in einer kleinen Stadt im amerikanischen Illinois seit 1956 existiert.[168]

***Harry Potter*™**

Nachdem der Film „Harry Potter und der Stein der Weisen" in die internationalen Kinos kam, brach eine regelrechte „Pottermania" aus. Der Markt wurde mit Harry-Potter-Fanartikeln überschwemmt – welche sich auch eines reißenden Absatzes erfreu(t)en – und große Unternehmen stritten sich um die Promotion.[169]

Harry Potter™ ist seit 1999 markenrechtlich in den USA und in Europa geschütztes Eigentum der *Time Warner Entertainment Company*, die mit ihrer Tochterfirma *Warner Bros*. akribisch über das Markenimage von Harry Potter wacht. So sorgen sog. Style Guides für ein international einheitliches Erscheinungsbild der Figur Harry Potter und seines Namenszuges (anstelle der vormals 30 verschiedenen nationalen Versionen).[170]

---

[167] Fitzpatrick: „Lawsuit Doesn't Sink Aqua „Barbie Girl" Driving Album Sales", in: Billboard (27.09.1997), zit. in: Klein: No Logo, 2001, 190f.

[168] vgl. Klein: No Logo, 2001, 188

[169] *Coca-Cola* zahlte beispielsweise umgerechnet etwa 152,6 Millionen Euro für die Promotionsrechte (vgl. Hager/Kospach: Harrycane!, in: Profil (12.11.2001), 90).

[170] vgl. Falz: Potter und der liebe Schotter, in: Max (15.11.2001), 43

Zudem ließ sich *Warner Bros.* 107 Harry-Potter-Internetadressen wie beispielsweise *www.harrypotter.com* und *www.theharrypottermovie.com* von der *Weltorganisation für geistiges Eigentum (WIPO)* zusprechen. Alle Domaininhaber dieser 107, nun rechtlich geschützten, Internetadressen wurden von *Warner Bros.* abgemahnt, den Betrieb ihrer Seiten einzustellen. Aber nicht nur diese Seiten wurden automatisch mit der offiziellen Harry-Potter-Homepage von *Warner Bros.* (*http://harrypotter.warnerbros.com*) verlinkt. Das Unternehmen forderte darüber hinaus auch noch andere Domaininhaber, die sich auf ihren Homepages mit Harry Potter beschäftigten (also überwiegend minderjährige Harry-Potter-Fans ohne jegliches kommerzielle Interesse), in Abmahnbriefen unter Androhung rechtlicher Schritte dazu auf, ihre Seiten aufzugeben und die eingetragenen Domains *Warner Bros.* zu überschreiben.[171]

Desweiteren machte *Warner Bros.* seinen Einfluss als milliardenschweres Unternehmen geltend, um Bücher über Harry Potter, wie z.B. das Lexikon „Von Alraune bis Zentaur. Ein Harry Potter Lexikon" des *Albatros*-Verlags oder auch den Bestseller „Das ABC rund um Harry Potter. Ein Lexikon von Friedhelm Schneidewind" des *Lexikon Imprint* Verlages des Berliner Verlegers *Schwarzkopf & Schwarzkopf*, per einstweiliger Verfügung auf Unterlassung vom Markt verschwinden zu lassen. Einzig von *Warner Bros.* autorisierte und genehmigte Bücher über Harry Potter dürfen noch auf den Markt kommen. Alle anderen werden per einstweiliger Verfügung verboten und müssen wieder vom Markt genommen werden.

Freedom of Expression™

In Reaktion auf die vielen Namens-Patentanmeldungen großer Konzerne ließ sich Kembrew McLeod, Assistenzprofessor an der *University of Iowa*, den Begriff „Freedom of Expression" als Markenzeichen schützen.[172] Er wolle damit auf die Willkür und den Machtmissbrauch großer Unternehmen wie beispielsweise des Lebensmittelherstellers *Mrs. Smith's* aufmerksam machen, der sich den Begriff „home style" patentieren ließ. Denn zumeist seien es die großen Unternehmen, die durch die Patentierung im allgemeinen Sprachgebrauch gebräuchlicher (Rede-)Wendungen kleineren Konkurrenten (oder auch Privatpersonen) das Leben schwer machten, so McLeod.

---

[171] vgl. Weingand: Harry Potter: Verscheuchezauber im Internet, in: Korso (04/2001), http://www.korso.at, 23.05.2002

[172] vgl. (auch nachfolgend) Schüler: Meinungsfreiheit verstößt gegen das Copyright (29.01.2003), in: heise online, http://www.heise.de, 01.02.2003

Auch wenn er grundsätzlich diesem Patent (welches ihn immerhin 245 US-Dollar gekostet hat) den Status einer Posse zuschreibt und von vornherein erklärte, der Begriff „Freedom of Expression" dürfe von jedermann (zumindest jeder Privatperson) auch weiterhin ohne seine Genehmigung verwendet werden, so verklagte McLeod doch den US-amerikanischen Telekommunikations-Konzern *AT&T*, welcher in seinen an College-Studenten Werbeanzeigen in Verbindung mit dem Begriff „Freedom of Expression" für Telefon-Ferngespräche warb, auf Unterlassung. „I want AT&T to think twice the next time they try to use ‚Freedom of Expression' without my permission"[173], so McLeod.

Es ist pure Ironie, „Meinungsfreiheit" als Markenzeichen und demnach das Recht zu besitzen, anderen (zumindest theoretisch) die Verwendung des Begriffes zu untersagen. „But 99.999% of the time it is corporations that shut down individuals' Freedom of Expression, so it's satisfying that trademark law allows me to do the same to AT&T"[174], begründet Kembrew McLeod seine Entscheidung.

2.3 Preis- und Konditionenpolitik

Die Preis- bzw. Entgeltpolitik ist im Mix der Marketing-Instrumente jenes Instrument, mithilfe dessen ein Unternehmen am schnellsten und auch effizientesten auf die jeweiligen sich verändernden Marktsituationen reagieren kann.

Gerade in der jüngsten Zeit findet sich in den Medien immer wieder der Ausspruch, die Verbraucher seien zu wahren „Schnäppchen-" und „Rabatt-Jägern" geworden. Die preisliche Gestaltung eines Produktes sowie die Höhe möglicherweise gewährter Rabatte oder Sonderkonditionen haben einen wichtigen und nicht zu unterschätzenden Einfluss auf die Kaufentscheidung vieler Verbraucher. Neben den qualitativen Ansprüchen, die an bestimmte Produkte erhoben werden, rangieren die preislichen Aspekte auf nicht minder entscheidender Position. Denn der Preis fällt den Verbrauchern zumeist sofort ins Auge – vor allem Hinweise auf Preissenkungen, von denen sich manche Verbrau-

---

173 Ives: When Marketers trip over trademarks, the fun begins (23.01.2003), in: The New York Times, http://www.nytimes.com, 01.02.2003

174 ebd.

cher geradezu magisch angezogen fühlen und somit von eventuellen „Haken“ oder auch qualitativen Einbußen abgelenkt werden können.

Haben die Unternehmen dann erst einmal die Aufmerksamkeit der Kunden, versuchen sie so einiges, um diese möglichst langfristig an sich zu binden und mögliche Wettbewerber „auszustechen“. In diesem Kampf um Wettbewerbsvorteile kommt der Preispolitik auch im Hinblick auf den Wettbewerb behindernde bzw. schädigende Aktionen wie illegale Preisabsprachen und die Bildung von Preiskartellen sowie die Ausnutzung von Monopolstellungen im Markt, um neuen Anbietern den Eintritt in den Markt zu erschweren, eine nicht zu unterschätzende Bedeutung zu, welche in diesem Abschnitt ihre Erwähnung finden soll.

Aber nicht nur über den Preis und die Ausnutzung von Wettbewerbsvorteilen, sondern auch über die Gestaltung von Verträgen, welche oftmals zu Ungunsten der Kunden ausfallen, versuchen Unternehmen, ihre Kunden möglichst langfristig an sich zu binden. Sei es über – aus Sicht der Kunden – unlautere Methoden der Vertragsverlängerung oder auch über die Formulierung bestimmter Klauseln in den Allgemeinen Geschäftsbedingungen.

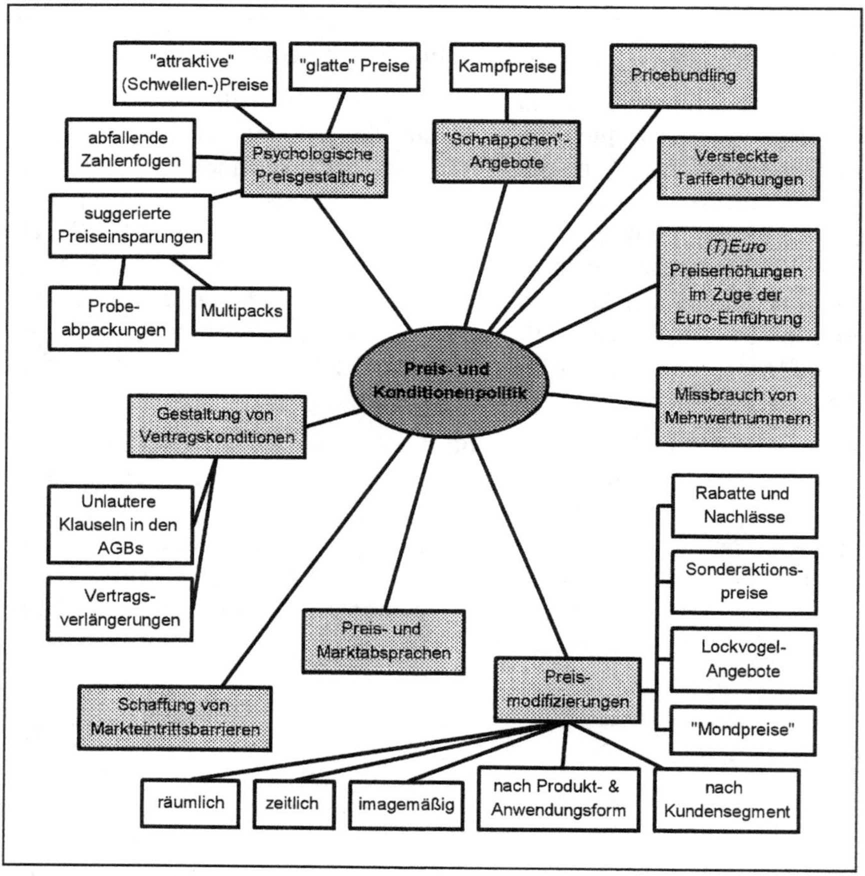

Abbildung 2.3-1 *Preis- und Konditionenpolitik – Überblick*

2.3.1 Psychologische Preisgestaltung

Die psychologische Preisgestaltung richtet sich an das subjektive Preisempfinden der Konsumenten. Ziel ist es, die Preise „attraktiv“ zu gestalten, d.h. so, dass sie den Verbrauchern als „niedrig“ erscheinen.[175]

[175] vgl. Strunz/Dorsch: Internationale Märkte, 2001, 246f.

Dies wird beispielsweise durch die Verwendung sog. gebrochener („attraktiver" oder auch „Schwellen-") Preise praktiziert: so erscheinen Preise, die auf 8 oder 9 enden (wie z.B. 4,98 oder auch 9,99 Euro) „spürbar" günstiger gegenüber sog. „glatten" Preisen (z.B. 5 oder 10 Euro).

So kosteten Probepackungen bestimmter Produkte beispielsweise oftmals 0,99 DM – ein Preis, der von vielen Konsumenten augenscheinlich als sehr preiswert betrachtet wurde, auch wenn die „Originalverpackungen" im Preis-Mengen-Verhältnis deutlich preiswerter gewesen waren.

Auch nutzen viele Anbieter die Tatsache aus, dass Multipacks, d.h. Abpackungen zweier oder dreier Produkte zusammen, im allgemeinen als preisgünstiger gegenüber den Einzelprodukten eingeschätzt werden; selbst wenn die Multipacks im Vergleich genauso viel kosten wie die Einzelprodukte, bzw. sogar noch mehr kosten als diese.

Ebenso werden häufig scheinbar fallende Zahlenfolgen – die zumeist auf 5 enden (wie beispielsweise 765 oder 9.875 Euro) – bei der Preisauszeichnung verwendet, da diese als „günstiger" angesehen werden; Unglückszahlen, wie die Zahl 13, werden bei der Preisangabe eher vermieden.

2.3.2 „Schnäppchen"-Angebote

Schon längst haben Schnäppchen-Angebote und sog. „No Name"-Produkte sich von ihrem vormals eher negativen, mit qualitativen Abstrichen verbundenen, Image lösen können. In Anlehnung an die eben erwähnte „Schnäppchen-Mentalität" deutscher Verbraucher versuchen nicht wenige Anbieter, durch anziehende „Schnäppchen"-Angebote, Verbraucher dahingehend zu ködern, spontan ihre Produkte zu kaufen (um sich diese „einmalige Möglichkeit" nicht entgehen zu lassen). Oftmals jedoch sind die angepriesenen „Schnäppchen" auch mit Folgekosten verbunden, die den Verbrauchern beim Kauf der Produkte nicht bewusst waren.

So zum Beispiel beim Kauf von Druckern.

Ersatzpatronen für Drucker der Firmen *Canon* und *Epson* sind verhältnismäßig preiswert, da sie nur die Tintentanks, nicht aber den für die

> Druckqualität verantwortlichen Druckkopf enthalten. Dieser muss allerdings nach einigen tausend Ausdrucken ebenfalls gewechselt werden. Der Druckkopf ist jedoch das teuerste Ersatzteil des gesamten Druckers und ist bei besonders preiswerten Druckern nicht selten genauso teuer wie der eigentliche Drucker.[176]
>
> Bei Druckern der Marken *Lexmark* und *Hewlett-Packard* hingegen sind Ersatzpatronen relativ teuer, sodass der Preis der Ersatzpatronen im Alltagsgebrauch unter Umständen schnell den Anschaffungspreis der eigentlichen „Schnäppchen"-Drucker überholt.[177]
>
> Häufig werben Hersteller von Druckern auch mit der „Fotoqualität" ihrer Geräte, selbst bei preiswerten Geräten. Diese Fotoqualität ist allerdings meist nur mit der entsprechenden (teuren) Foto-Tinte und dazugehörigem (teurem Photo-)Papier erreichbar[178] – eine Tatsache, die den potentiellen Käufern jedoch gern verschwiegen wird.

Beim Druckerkauf gilt somit in vielen Fällen: je preiswerter der Tintenstrahl-Drucker, desto höher die Folgekosten – insbesondere, wenn man den Farbdruck in die Berechnung miteinbezieht. Denn die Kosten für Farbpatronen übersteigen den Preis für rein schwarze Patronen oftmals um ein Vielfaches.

Dass „supergünstigen" „Schnäppchen"-Angeboten in der Regel mit Vorsicht zu begegnen ist, zeigt sich auch in der derzeitigen „Schnäppchen-Reise"-Welle. Denn die vermeintlichen Billigreisen entpuppen sich in den meisten Fällen als wahre Kostenfallen. Oftmals ist beispielsweise die Verpflegung (im hoteleigenen Restaurant) nicht im Preis mit inbegriffen. Oder aber es fallen diverse andere „Nebenkosten" an, die die Reise erheblich verteuern, sodass eine „normal" gebuchte Pauschalreise oftmals im Endeffekt die preiswertere Variante dargestellt hätte. Und auch die Vertragsgestaltung erweist sich zumeist als äußerst nachteilig für den Kunden; vor allem die Haftungsfrage (Wer ist zuständig für Mängel und Beschwerden über das Hotel

---

[176] vgl. o.V.: Billig Druck machen in Farbe (06.08.2001), WISO/ZDF, http://www.zdf.de/ratgeber/wiso, 25.06.02

[177] vgl. ebd.; Denker: Verbraucher sitzen in der Tinte (11.07.20002), in: Kölner Stadt-Anzeiger, http://www.ksta.de, 16.07.2002

[178] vgl. o.V.: Werbung mit „Fotoqualität" oft irreführend (06.08.2001), WISO/ ZDF, http://www.zdf.de/ratgeber/wiso, 25.06.2002

oder die Reise? Wer haftet, wenn der Anbieter der Reise in Konkurs geht? usw.).

> So wurde beispielsweise auf unter *www.billigweg.de* eine einwöchige Reise an die türkische Riviera inklusive Flug für nur 9,90 Euro angeboten. Das Angebot galt nur für Abreisetermine zwischen Anfang Dezember 2002 und Ende Januar 2003. Auf den ersten Blick ein wahres Schnäppchen. Allerdings kamen zu dem Preis von 9,90 Euro je nach Abflugtermin und -flughafen zwischen fünf und zehn Euro „Flugzuschläge" dazu. Weiterhin wurden 40 Euro „Steuern" berechnet. Und wenn ein Einzelzimmer anstelle des angebotenen Doppelzimmers oder gar Halbpension gewünscht wurde, erhöhte sich der Preis um weitere 21 bzw. 75 Euro – pro Person und Tag.[179]

Preiskampf der Discounter

Die Affinität der Verbraucher zu Schnäppchen- und Spar-Angeboten nutzend, versuchen sich immer mehr Discounter auf dem Markt der Einzelhändler zu etablieren – mit Erfolg. Ihr unbestreitbarer Marktvorteil: sie werben nicht nur mit temporären Preisrabatten auf diverse Produkte, sondern verlangen konstant niedrige(re) Preise.

Die amerikanische Supermarktkette *Wal-Mart* prägte in diesem Zusammenhang den Begriff des „Every Day Low Pricing".[180] Dieser Strategie liegt der Ansatz des sog. *Value-Pricing* (Preisvorteilsverfahren) zugrunde, nach dem sich ein Unternehmen durch einen Preisvorteil gegenüber dem übrigen Konkurrenzangebot abzuheben versucht. Viele Unternehmen setzen besonders vorteilhafte Preise vorübergehend zur Einführung von Produkten oder aber auch zur Verkaufsförderung ein. Einige haben jedoch, laut Kotler/Bliemel „den dauerhaften Preisvorteil zu einer strategischen Position erhoben."[181]

Im Rahmen sog. „Roll back"-Kampagnen versuchte *Wal-Mart*, sich als Preisbrecher auch auf dem deutschen Markt zu etablieren, und senkte auf

---

[179] vgl. o.V.: Vorsicht! Billigurlaub ab 9,99 Euro – Verbraucherschützer warnen vor undurchsichtigen Nebenkosten (03.09.2002), in: Stuttgarter Nachrichten, http://www.stuttgarter-nachrichten.de, 04.09.2002

[180] vgl. Kotler/Bliemel: Marketing-Management – Analyse, Planung und Gestaltung, 2001, 844

[181] Kotler/Bliemel: Marketing-Management – Analyse, Planung und Gestaltung, 2001, 843

einen Schlag dauerhaft die Preise von Tausenden Artikeln – sehr zur Freude der Verbraucher. Vor allem, da Discounter wie *Lidl* und *Aldi-Nord* (unmittelbare Konkurrenten von *Wal-Mart*) in den Preiskampf mit einstiegen und – sehr zum Erstaunen *Wal-Marts* – ebenso ihre Preise senkten. Dies hatte allerdings zur Folge, dass die Gewinnmargen der Händler drastisch abnahmen und durchschnittlich auf 1 Prozent sanken und dass Markenware in Sonderaktionen weit unter ihrem eigentlichen Preis „verschleudert" wurde. Nicht nur kleinere Händler, die bei diesem Preiskampf nicht mithalten konnten, sahen sich teilweise zur Geschäftsaufgabe gezwungen.

Letztendlich setzte das Bundeskartellamt dem für alle Beteiligten ruinösen Preiskampf ein Ende und mahnte im Herbst 2000 *Wal-Mart*, *Lidl* und *Aldi Nord* ob des Verkaufs von Lebensmitteln unter Einstandspreis ab;[182] nicht zuletzt auch aus dem Blickwinkel heraus, dass sich dieser Preiskampf durchaus auch dahingehend nachteilig für die Verbraucher auswirken kann, dass etwa die Erzeuger von Nahrungsmitteln zu einem bestimmten Preis produzieren müssen, um eine gewisse Qualität und Sicherheit ihrer Produkte gewährleisten zu können. Werden sie von den Händlern im Preiskampf dazu gezwungen, selbst auch die Preise ihrer Produkte zu verringern, so wirkt sich dies unter Umständen negativ auf die Qualität der Waren aus (edle Zutaten werden gegen billigere eingetauscht, Kontrollen werden vernachlässigt, Tiere werden auf zu engem Raum und unter Mastbedingungen gehalten etc.).[183]

2.3.3 Pricebundling

Ziel des Pricebundling ist es, die Konsumentenrente besser abzuschöpfen, indem zwei oder mehrere verschiedene Produkte eines Unternehmens zu einem Paket zusammengefasst und zu einem Gesamtpreis angeboten werden.[184] Oftmals werden so beispielsweise verhältnismäßig unattraktive Produkte in Kombination mit attraktiven Produkten angeboten. Daneben besteht ein unbestreitbarer Vorteil für die Unternehmen darin, dass ein Gesamtpreis für mehrere Produkte bei vielen Verbrau-

---

[182] vgl. Wieking: Angst vor Uncle Sam, in: W&V Werben und Verkaufen (29.09. 2000), 54f.; Hirn: Kein guter Einkauf, in: Manager Magazin (1/2002), 58ff.

[183] vgl. Knuf: Dumping schadet dem Verbraucher (13.11.2002), in: Berliner Zeitung, http://www.berlinonline.de, 19.11.2002

[184] vgl. Meffert: Marketing – Grundlagen marktorientierter Unternehmensführung, 2000, 557

chern den Eindruck erweckt, sie würden beim Kauf des Pakets gegenüber dem Kauf der einzelnen Produkte etwas einsparen können.

Vor allem in der Automobilindustrie ist die Strategie des Pricebundling eine weit verbreitete – in Form von Ausstattungspaketen oder auch Sondermodellen. Die verschiedenen Ausstattungspakete (z.B. Business-, Sport-, Sommer- oder Winterpaket) bieten als Ganzes zwar Preisvorteile, jedoch sind sie in ihren Ausstattungsmerkmalen und -komponenten nicht veränderbar. Der Kunde muss sich demnach für (oder gegen) das gesamte Paket entscheiden, wobei oftmals stark nachgefragte, attraktive Komponenten (wie beispielsweise Klimaanlage, DVD-Navigationssystem oder ein teures Soundsystem) mit weniger nachgefragten, schlecht verkäuflichen Komponenten kombiniert werden.

Die attraktiven Komponenten des Pakets bieten dem Kunden wirklich Preisvorteile gegenüber dem Einzelkauf – jedoch gekoppelt an weniger attraktive Komponenten stellt sich die Frage, ob der Kunde all die Einzelkomponenten des Pakets auch von sich aus gekauft hätte, oder ob er sie nur aufgrund des „Preisvorteils“ bei den attraktiven Komponenten „mit in Kauf nimmt“. Einen wirklichen Kostenvorteil erlangt er nur, wenn er auch alle oder zumindest fast alle Produkte des Pakets wirklich kaufen wollte.

Allerdings gibt es einige – attraktive – Komponenten auch nur im Paket, wodurch die Kunden erst recht zum Kauf eines solchen Pakets angeregt werden. Wollen sie einen bestimmten Komponenten, müssen sie das gesamte Paket kaufen – sie haben gar keine andere Wahl.

2.3.4 Versteckte Tariferhöhungen

Viele Internet-by-Call-Anbieter werben mit wahren Dumpingpreisen für ihre Dienste. Da sie keine Grundgebühren verlangen, sondern nur die jeweiligen Surfzeiten in Rechnung stellen, sind sie für Gelegenheitssurfer ein preiswerter Weg ins Netz. Diese Variante des Internet-Zugangs kann sich aber durchaus auch als eine sehr kostspielige erweisen; dann nämlich, wenn die Anbieter in unerwarteter Weise ihre Tarife erhöhen.

Da sie ihre aktuellen Preise jedoch nur auf ihren jeweiligen Websites veröffentlichen müssen, nicht jedoch verpflichtet sind, die einzelnen Nutzer explizit über die Preiserhöhungen zu informieren, ist dies zwar eine legale, aber doch dubiose Methode, den Nutzern das Geld aus der Tasche zu ziehen. Denn wer sich als Nutzer nicht regelmäßig auf den Seiten der Anbieter über die derzeit geltenden Preise informiert, wird unter Umständen bei Erhalt der nächsten Telefonrechnung (womöglich aber auch erst nach einigen Monaten, da die Rechnungen der Internet-by-Call-Anbieter in der Regel einige Zeit auf sich warten lassen) sein „blaues Wunder" erleben.

> So hatten z.B. *Talkline*, *Avisgo* und *Callero* mit Dumpingpreisen um einen Cent pro Online-Minute geworben, dann aber (stillschweigend) nach kurzer Zeit die Preise um bis zu 400 Prozent erhöht.[185]

Aus rechtlicher Sicht ist der private Surfer bei solchen Preistrickserei-en in der schwächeren Position und kann sich gegen die unerwartet hohen Forderungen der Anbieter kaum zur Wehr setzen. Denn jede erneute Einwahl ins Internet gilt bei dem Internet-by-Call-Verfahren als Abschluss eines neuen Nutzungsvertrages, was bedeutet, dass der Nutzer den (möglicherweise geänderten) Nutzungsbedingungen jedesmal neu zustimmt.

> Auch der Internet-Anbieter *Tiscali* versuchte im April 2002, seine Kunden zu prellen: er stellte zahlreiche seiner Tarife von Sekunden- auf Minutentakt um, machte dies jedoch nicht einmal auf den Tarifinformationsseiten im Internet, sondern nur in seinen Allgemeinen Geschäftsbedingungen unter § 4 Satz 6 deutlich: „Berechnungsgrundlage ist die Erfassung der Verbindungsdaten[...]. Diese Erfassung erfolgt minutengenau." Vor allem die Surfer, die per Shorthold nur kurze Verbindungen ins Internet aufbauten, um Geld zu sparen, mussten dank der zumeist unbemerkten Tarifänderung ein Mehrfaches der erwarteten Rechnungssumme bezahlen – und das für die Monate April und Mai, da *Tiscali* die Rechnungen für diese beiden mit einem Monat Verspätung stellte, sodass

---

[185] vgl. Mansmann: Preistrickserei bei Internet-by-Call-Tarifen (30.06.2002), in: heise online, http://www.heise.de, 03.07.2002

die Kunden die Änderung auch erst mit großer Verzögerung bemerkten, ohne dass sie gleich entsprechend darauf hätten reagieren zu können.[186]

Auch die *Deutsche Telekom AG* trickst mit ihren Tarifen – so zum Beispiel bei der Erhöhung ihrer Grundgebühren:

Den Allgemeinen Geschäftsbedingungen der *Telekom* zufolge wird bei einer Änderung der Grundgebühr während eines Monats für jeden Tag ein Dreißigstel des Monatsgrundpreises verrechnet. Statt nun die fällige Tarifumstellung bei den Kunden zum Monatswechsel vorzunehmen, erfolgt die Umstellung jedoch erst zum Zweiten oder Dritten des folgenden Monats. Dadurch fallen dem Kunden unbemerkt höhere Kosten an.

Ein fiktives Rechenbeispiel zur Verdeutlichung: Wird die Grundgebühr in einem Monat mit 31 Tagen von 15 auf 16 Euro angehoben und wird diese Umstellung jedoch erst zum Zweiten dieses Monats abgerechnet, so werden für den Zeitraum vom 2. bis 31. des Monats für diese 30 Tage jeweils ein Dreißigstel von 16 Euro, mithin der volle Betrag, berechnet. Für den Ersten dieses Monats berechnet die *Telekom* dann jedoch zusätzlich noch ein Dreißigstel der vormals 15 Euro, sodass der Kunde insgesamt in jenem Monat 16,50 Euro anstatt 16 Euro zahlt.

Bei teureren DSL-Anschlüssen macht diese Berechnungsmethode einen Unterschied von mehr als einem Euro pro Umstellung aus – und ist in den meisten Fällen zum Vorteil der *Telekom*: in sieben Monaten im Jahr würden die Kunden bei einer Tarifumstellung draufzahlen, in vier Monaten würde korrekt abgerechnet und nur in einem Monat (Februar) wären die Kunden im Vorteil. Dies gilt auch für Tarifsenkungen und Vertragsänderungen. Bei derzeit rund 40 Millionen Telefonanschlüssen und entsprechend vielen Vertrags- und Tarifänderungen kann die *Telekom* somit Jahr für Jahr vermutlich Millionenbeträge einstreichen.[187]

[186] vgl. Mansmann/Bleich: Tiscali stellt auf Minutentakt um (05.07.2002), in: heise online, http://www.heise.de, 10.07.2002

[187] vgl. Mansmann: Telekom trickst mit Grundgebühr (21.03.2003), in: heise online, http://www.heise.de, 25.03.2003

2.3.5 *(T)Euro* – Preiserhöhungen im Zuge der Währungsumstellung

Die neue Europäische Einheitswährung *EURO* wurde, getragen von der Europäischen Zentralbank, am 9. Mai 2002 mit dem *Internationalen Karlspreis zu Aachen* ausgezeichnet. Diese Auszeichnung würdigte die Einführung des Euro als „eine Maßnahme [...], die wie kein anderer Integrationsschritt zuvor die Identifikation mit Europa befördert und damit einen entscheidenden, epochemachenden Beitrag zum Zusammenwachsen der Völkerfamilie leistet."[188] Seit seiner Einführung im Jahre 1999 habe der Euro bereits „als ein sehr frühreifes Kind bewiesen", so Willem Frederik Duisenberg, Präsident der *Europäischen Zentralbank (EZB)*, „dass er Preisstabilität, Markttransparenz und Handel über nationale Grenzen ermöglicht."[189]

> *„Skeptiker fürchten, mit dem Euro-Bargeld steigen die Preise. Ich bin anderer Meinung: Auf Grund der neuen Schwellenpreise gibt es eher Preissenkungen."*
>
> Finanzminister Hans Eichel im Mai 2001[190]

Auch wenn die Europäische Einheitswährung den inner-europäischen Handel und internationale Preisvergleiche vereinfacht, so hat sich der Euro doch in den Augen vieler Verbraucher im Hinblick auf die angepriesene Preisstabilität zum „Teuro" entwickelt. Selbst wenn Romano Prodi, Präsident der EU-Kommission, noch im Januar 2002 beteuerte: „Der Euro senkt die Preise"[191]; so bestätigen doch diverse Studien[192],

---

[188] Internationaler Karlspreis zu Aachen: Begründung des Direktoriums der Gesellschaft für die Verleihung des Internationalen Karlspreises zu Aachen an den EURO – getragen durch die Europäische Zentralbank, http://www.karlspreis.de, 10.09.2002

[189] o.V.: Große Stunde für die europäische Solidarität – Die Eurozone begrüßt die Einführung der neuen Gemeinschaftswährung, in: Das Parlament – Zeitschrift des Deutschen Bundestages (Nr. 01-02/2002, 4./11. Januar 2002), http://www.das-parlament.de, 10.09.2002

[190] zit. in: Beutler et al.: Euro-Schocks an der Kasse: Deutschland zürnt über Preistreibereien mit der Währungsumstellung – und wehrt sich mit Käuferstreik und neuen Spartricks, in: Focus (21/2002), 204

[191] ebd., 204ff.

dass im Zuge der Währungsumstellung zum Jahreswechsel 2001/2002 viele Händler und Unternehmer ihre Preise für Waren und Dienstleistungen angezogen haben.

> *„Wir haben uns zu sehr auf die Selbstverpflichtung des Handels verlassen, und das war möglicherweise ein Fehler."*
> Finanzminister Hans Eichel im Mai 2002[193]

Entgegen der *„Freiwilligen Selbstverpflichtung des deutschen Einzelhandels gegenüber den Verbrauchern im Zusammenhang mit der Einführung des Euro"*[194] zum Grundsatz der „Preisklarheit und Preiswahrheit" mussten die Verbraucher vor allem im Fach- und Einzelhandel aber auch im Gastronomiegewerbe und im allgemeinen Dienstleistungssektor teilweise rapide Preisveränderungen feststellen – in den meisten Fällen zu ihren Ungunsten.

In der nachfolgenden Tabelle sind exemplarisch einige Beispiele für die Veränderung der Endkundenpreise im Zuge der Euro-Einführung aufgelistet.

Produkt/Dienstleistung	Mai 2001	Mai 2002	Preisänderung
Cocktailtomaten, 1 Kilo	4,67	7,66	+ 64 %
Zwiebeln, 1 Kilo	0,81	1,27	+ 57%
Kartoffeln, 1 Kilo	0,72	0,99	+ 38 %
Tasse Kaffee, im In-Pub im Stadt-Zentrum	1,99	2,42	+ 22 %
Räucherlachs, 100 Gramm	1,31	1,56	+ 19 %
Taxi, Grundpreis Innenstadt	2,04	2,37	+ 16 %
Flug Berlin-New York-Berlin, Economy Class	2942,23	3370,43	+ 15 %
Mars Schokoriegel, 58 Gramm	0,63	0,68	+ 8 %
Gummi-Besohlung von Herrenschuhen	23,72	25,73	+ 8 %

---

[192] Auf die wichtigsten Studien – beispielsweise des *Statistischen Bundesamtes*, der *Deutschen Bundesbank* und des *Instituts für Angewandte Verbraucherforschung (IFAV)* – wird im folgenden eingegangen.

[193] zit. in: Beutler et al.: Euro-Schocks an der Kasse: Deutschland zürnt über Preistreibereien mit der Währungsumstellung – und wehrt sich mit Käuferstreik und neuen Spartricks, in: Focus (21/2002), 204

[194] zu finden unter: http://www.einzelhandel.de, 10.09.2002

Festnetztelefonat in Nachbarländer, 1 Minute	0,12	0,13	+ 8 %
Glas Pepsi, 0,5 Liter (im „Pizza Hut")	2,42	2,60	+ 7 %
Pizza Margherita, im Restaurant	4,21	4,43	+ 5 %
Eintrittskarte Kino	6,19	6,53	+ 5 %
Bohnenkaffee, 500 Gramm	3,98	3,80	- 5 %
Glas Bier, 1 Liter, In-Pub	7,60	7,13	- 6 %
Brathuhn, 1 Kilo	4,21	3,88	- 8 %
Lachsfilet, 1 Kilo	18,05	16,60	- 8 %
Coca-Cola, 1,5-Liter-Flasche	1,50	1,27	- 15 %
Auberginen, 1 Kilo	3,10	2,16	- 30 %

Tabelle 2.3-1 *Veränderung der Endkundenpreise in Deutschland; in Euro (erstellt nach: Institut Empirica Delasasse für Focus-Euro-Test, in: Beutler et al.: Euro-Schocks an der Kasse: Deutschland zürnt über Preistreibereien mit der Währungsumstellung – und wehrt sich mit Käuferstreik und neuen Spartricks, in: Focus (21/2002), 204ff.)*

Einzelhandel

Der Einzelhandel verpflichtete sich verhältnismäßig früh zur doppelten Preisauszeichnung seiner Produkte, um den Verbrauchern die Möglichkeit einzuräumen, sich langsam an die neuen – ungewohnten – Preise zu gewöhnen. Abrupte Preisveränderungen zum Jahreswechsel 2001/2001 wären den Verbrauchern somit aber auch leichter aufgefallen.[195] Um dies zu vermeiden und trotzdem die Preise langfristig erhöhen zu können, wurden vielfach die Preise zahlreicher Produkte bereits im Laufe des Jahres 2001 erhöht, um dadurch dem Einzelhandel gewisse Spielräume zu schaffen, zur Euro-Einführung „großzügige" Preissenkungen vornehmen zu können. Diese Preissenkungen fielen dann wohl aber geringer aus als die vorherigen Preiserhöhungen, sodass sich insgesamt ein vergleichsweise höheres Preisniveau ergab – ohne dass es den Verbrauchern sofort aufgefallen wäre.[196]

[195] Erst ab dem 1. März 2002 wurden die Preise nur noch ausschließlich in Euro ausgezeichnet.

[196] vgl. Institut für Angewandte Verbraucherforschung e.V. (Hrsg.): Preisbeobachtungen vor und während der Einführung des EURO (Abschlussbericht) – Eine Untersuchung im Auftrag des Verbraucherzentrale Bundesverband (vzbv), März 2002

Im Einzelhandel, vor allem bei Lebensmitteln sowie Drogerie- und Kosmetikartikeln, sind „attraktive" Preise, vor allem die sog. „Schwellenpreise", sehr beliebt. Da mit der Währungsumstellung diese gewohnten Preise erst einmal ob einer exakten Umrechnung entfielen, wurden beispielsweise Produkte, die einst 1,69 DM kosteten, im Laufe des Jahres 2001 um 0,30 DM auf 1,99 DM (1,02 Euro) verteuert, um deren Preis dann zum Jahreswechsel scheinbar großzügig auf 0,99 Euro herabzusetzen.

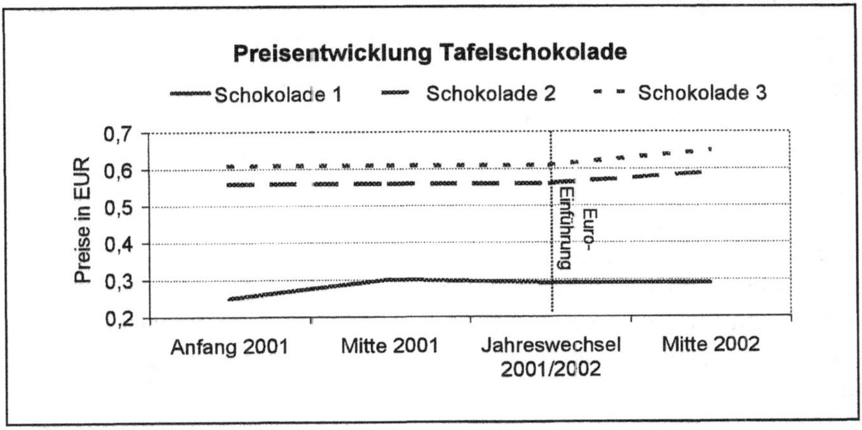

***Abbildung 2.3-2** Preisentwicklung Tafelschokolade (vgl. Statistisches Bundesamt (Hrsg.): Sechs Monate Euro – Eine Zwischenbilanz der amtlichen Preisstatistik, Juli 2002, 23)*

Häufig wurde so auch, wie in der obigen Abbildung dargestellt, zum Beispiel der Preis für eine Tafel Vollmilchschokolade im unteren Preisbereich zunächst Mitte des Jahres 2001 von 0,49 DM (0,25 Euro) auf 0,59 DM (0,30 Euro) angehoben, um dann mit der Währungsumstellung wieder auf 0,29 Euro gesenkt zu werden.[197] Viele Preise wurden aber auch erst noch nach der Währungsumstellung – zugunsten von neuen Schwellenpreisen – angehoben. Um beim Beispiel Schokolade zu bleiben: während noch im Januar 2002 die häufigsten Preise

[197] Und da gerade im Zuge der Währungsumstellung und der damit verbundenen Unsicherheit ob der neuen Währung die Kunden verstärkt auf die Etiketten „Preissenkung im Zuge der Euro-Umstellung" schauten, konnte der Einzelhandel durch diese langfristig-strategische Preispolitik zusätzliche Umsätze verbuchen.

für eine Tafel Schokolade 0,56 Euro und 0,61 Euro waren, wurden diese Preise im Laufe der nächsten Monate auf 0,59 Euro bzw. 0,65 Euro aufgerundet.[198]

> *„Wir haben unseren Kaffee im Januar um durchschnittlich fünf Prozent verteuert, weil wir mit höheren Preisen auf beste Qualität verweisen wollen.“*
>
> Sebastian Seiguer, *San Francisco Coffee Company*[199]
>
> *„Hohe Investitionen in Produktweiterentwicklungen sowie gestiegene Personal- und Energiekosten machen eine Preiserhöhung unumgänglich.“*
>
> Alois Hönigman, *SCA Deutschland (Zewa Toilettenpapier)*[200]

Dem *Statistischen Bundesamt* zufolge waren etwa knapp ein Viertel aller vor dem Jahreswechsel 2001/2002 im Einzelhandel vorgenommenen Preisänderungen Euro-induziert, d.h. es wurden „attraktive“ DM-Preise in „attraktive“ Euro-Preise umgewandelt. Zum Jahreswechsel (zur Währungsumstellung) erhöhte sich der Anteil dieser Euro-induzierten Preisänderungen auf gut die Hälfte (53 Prozent) aller vorgenommenen Preisänderungen, wobei sich zwei Drittel dieser Euro-induzierten Preisänderungen als Preissteigerungen von durchschnittlich 6,8 Prozent niederschlugen.[201] Und auch nach der Währungsumstellung hielt dieser Trend noch an: etwa ein Drittel aller zwischen Februar und

---

[198] Das *Statistische Bundesamt* stellte zudem fest, dass bis zum Juli 2002 bei 25 der 35 untersuchten Produktgruppen „attraktive“ Euro-Preise die vormaligen „attraktiven“ DM-Preise abgelöst hatten. (vgl. Statistisches Bundesamt (Hrsg.): Zum Einfluss der Euro-Bargeldeinführung auf die Preisentwicklung, März 2002; Statistisches Bundesamt (Hrsg.): Sechs Monate Euro – Eine Zwischenbilanz der amtlichen Preisstatistik, Juli 2002)

[199] zit. in: Beutler et al.: Euro-Schocks an der Kasse: Deutschland zürnt über Preistreibereien mit der Währungsumstellung – und wehrt sich mit Käuferstreik und neuen Spartricks, in: Focus (21/2002), 210

[200] zit. in: ebd., 211

[201] Im Bereich der Lebensmittel beobachtete das *Statistische Bundesamt* Verteuerungen um 7,2 bis 18,3 Prozent. Ein Liter H-Milch verteuerte sich beispielsweise um 14,2 Prozent. In Einzelfällen lagen die Preissteigerungen sogar noch weit über dieser Teuerungsrate (Bsp. Blumenkohl +79%). (vgl. Statistisches Bundesamt (Hrsg.): Zum Einfluss der Euro-Bargeldeinführung auf die Preisentwicklung, März 2002)

Mai 2002 vorgenommenen Preisänderungen waren dem *Statistischen Bundesamt* zufolge Euro-induziert, gut die Hälfte davon (58 Prozent) Preissteigerungen von immer noch 5,7 Prozent.[202]

Das *Institut für Angewandte Verbraucherforschung (IFAV)* beobachtete in einer Untersuchungsreihe von 7 Erhebungen über einen Zeitraum von 8 Monaten (Juni/Juli 2001 bis Februar 2002) die Preise von 822 Produkten[203] in 100 Fachgeschäften unterschiedlicher Branchen bzw. Fachabteilungen von Kaufhäusern und kam zu einem ähnlichen Schluss: Zwischen der ersten und der letzten Erhebung gab es insgesamt 492 Preisveränderungen, wobei die Preise von 263 Produkten erhöht wurden – um bis zu 39 Prozent.[204] Bei der Erhöhung der Preise von 212 Produkten könne man einen direkten Zusammenhang zur Angleichung an einen Euro-Schwellenwert vermuten, so das Institut. In den übrigen 51 Fällen, in denen die Preise erhöht wurden, ließ sich nach Einschätzung des Instituts ein solcher Zusammenhang nicht finden. Was bedeutet, dass diese Preiserhöhungen entweder andere (nachweisbare) Ursachen haben, oder aber dass die Preise dieser Produkte zeitgleich mit der Währungsumstellung ohne einen offensichtlich erkennbaren Grund angehoben worden waren – in der Hoffnung, die Verbraucher würden es nicht bemerken.[205]

In nicht wenigen Einzelfällen wurden die ursprünglichen DM-Preise 1:1 in Euro-Preise übertragen oder sogar darüber hinaus noch verteuert.

> Einer Leser-Umfrage des Wirtschaftsmagazins *Focus*, der sog. „Teuro-Denkzettel-Aktion“[206], zufolge, bei der mehr als 600 Beschwerden bei

---

[202] vgl. Statistisches Bundesamt (Hrsg.): Sechs Monate Euro – Eine Zwischenbilanz der amtlichen Preisstatistik, Juli 2002

[203] Ursprünglich waren 1151 Produkte gelistet, 330 dieser Produkte konnten bei der letzten Untersuchung im Februar 2002 jedoch nicht wiedergefunden werden.

[204] Das Institut beobachtete ebenso, dass die 2001 vorgenommenen Preiserhöhungen vielfach auch wieder leicht – innerhalb des geschaffenen Spielraumes – zurückgenommen wurden. Dies verdeutlicht gleichermaßen, dass Preise der Produkte oftmals schon vor der Währungsumstellung angehoben worden waren.

[205] vgl. Institut für Angewandte Verbraucherforschung e.V. (Hrsg.): Preisbeobachtungen vor und während der Einführung des EURO (Abschlussbericht) – Eine Untersuchung im Auftrag des Verbraucherzentrale Bundesverband (vzbv), März 2002

[206] Der Teuro-Denkzettel, in: Focus 21/2002, 222

der Redaktion eingingen, kostete der halbe Liter Milch an manchen *Aral*-Tankstellen nicht mehr 2,30 DM, sondern 2,30 Euro; für ein Kilo Tomaten, das vor der Währungsumstellung in dem Berliner Supermarkt *Reichelt* noch 3,99 DM kostete, mussten Kunden im Januar 2002 3,99 Euro bezahlen; der Preis für einen Kopf Weißkraut stieg bei *Edeka* in Kirchdorf von 2,50 DM auf 5,50 Euro[207]; und der Dresdner Zoo verlangte für ein *Cornetto*-Eis statt 1 DM nun sogar 2 Euro.[208]

Gastronomie und Dienstleistungsgewerbe

Im Gastronomie- und Dienstleistungsgewerbe sahen sich viele Verbraucher mit ebenso drastischen, wenn nicht gar noch extremeren Preisänderungen, d.h. vorwiegend Preissteigerungen, konfrontiert. Die meisten Gaststätten und Dienstleister wie beispielsweise Friseure, KfZ-Handwerksbetriebe oder chemische Reiniger unterwarfen sich nicht einer freiwilligen Selbstverpflichtung zur doppelten Preisauszeichnung, wie dies der Handel tat. Sie gaben ihre Preise bis zum Ende des Jahres 2001 größtenteils in DM und ab dem 1. Januar 2002 ausschließlich in Euro an. Viele nutzten demnach die Euro-Einführung zu einer völligen Überarbeitung ihrer Preiskalkulation, mit dem Ergebnis, dass im großen Stile Preiserhöhungen zu beobachten waren.[209] Anders als im Handel, wo die Preise schon im Laufe des Jahres 2001 langsam angehoben worden waren, verteuerten sich die Dienstleistungsangebote sozusagen über Nacht auf einen Schlag – vorwiegend auf „glatte" Euro-Preise.

Während in der Regel in diesen Branchen monatlich etwa 1 bis 6 Prozent aller Preise geändert werden, beobachtete das *Statistische Bundesamt* zum Jahreswechsel bei knapp 68 Prozent der überprüften

---

[207] Auch wenn der Einzelhandel den Kälteeinbruch in Südeuropa für die gestiegenen Preise für Obst und Gemüse verantwortlich macht, sind Preiserhöhungen wie diese, zumal bei einheimischem Gemüse, doch äußerst fragwürdig.

[208] vgl. Borst et al.: Dem Teuro auf der Spur, in: Focus (22/2002), 210ff.; o.V.: Die übelsten Abzockversuche, in: Focus Online, http://finanzen.focus.de, 06.08.2002

[209] vgl. Institut für Angewandte Verbraucherforschung e.V. (Hrsg.): Preisbeobachtungen vor und während der Einführung des EURO (Abschlussbericht) – Eine Untersuchung im Auftrag des Verbraucherzentrale Bundesverband (vzbv), März 2002

Dienstleistungen Preisänderungen.[210] Das *Institut für Angewandte Verbraucherforschung* kam bei seinen Untersuchungen sogar auf über 80 Prozent Preisveränderungen, von denen wiederum über 80 Prozent als Preissteigerungen (um bis zu 48 Prozent) zugunsten „glatter" Euro-Preise zu verzeichnen waren.[211]

Dienstleistung	Preis vor Währungsumstellung	Preis nach Währungsumstellung	Preiserhöhung um
Hafenrundfahrt in Hamburg	15 DM	9 Euro	15 %
„Schönes-Wochenende-Ticket" der *Deutschen Bahn AG*	40 DM	28 Euro	23 %
1000er Kopierkarte bei *Office World*, z.B. in Essen	59,99 DM	40 Euro	23 %
Öffentliche Dusche der Firma *McClean* (Münchner Hauptbahnhof)	10 DM	7 Euro	37 %
1 Glas Apfelsaftschorle auf der Insel Reichenau	5 DM	4,20 Euro	39 %
Schuhbesohlung bei *Mister Minit*, München	21,95 DM	16,40 Euro	46 %
Tageskarte Stuttgarter Messeparkhaus	6 DM	6 Euro	96 %
Parkgebühr Frankfurter Flughafen, Pkw für 1 Woche	105 DM	105 Euro	96 %

***Tabelle 2.3-2** Beispiele für Preiserhöhungen im Gastronomie- und Dienstleistungsgewerbe (erstellt nach: „Teuro-Denkzettel-Aktion", in: Focus 21/2002, 204ff., sowie in: Focus 22/2002, 210ff.)*

Einige Unternehmer haben im Zuge der Währungsumstellung allerdings auch überdimensional ihre Preise erhöht: So soll ein Kuchenstück auf Sylt bis zu 3,50 Euro gekostet haben, ein Berliner Imbiss-Inhaber soll für eine Flasche Mineralwasser 6 Euro[212] und *Karstadt* in der Hamburger Innenstadt für zweieinhalb Stunden Parkzeit nun 9,90 Euro verlangt haben.[213]

---

[210] vgl. Statistisches Bundesamt (Hrsg.): Zum Einfluss der Euro-Bargeldeinführung auf die Preisentwicklung, März 2002

[211] vgl. Institut für Angewandte Verbraucherforschung e.V. (Hrsg.): Preisbeobachtungen vor und während der Einführung des EURO (Abschlussbericht) – Eine Untersuchung im Auftrag des Verbraucherzentrale Bundesverband (vzbv), März 2002

[212] im Supermarkt nebenan für nur 49 Cent erhältlich

[213] vgl. Teuro-Denkzettel-Aktion", in: Focus 21/2002, 204ff., sowie in: Focus 22/2002, 210ff.; o.V.: Die übelsten Abzockversuche, Focus Online, http://finanzen.focus.de, 06.08.2002

Im Gegensatz zum Einzelhandel, der infolge gestiegener Proteste und einer zunehmenden Kaufunlust in einigen Fällen wieder geringfügige Preissenkungen vorgenommen hat, sind im Dienstleistungsgewerbe keine Preisrückgänge erkennbar. Eher das Gegenteil scheint der Fall zu sein: Offenbar wähnen sich viele Anbieter in dem Glauben, auf der allgemeinen Verteuerungswelle „mitschwimmen" zu können, und erhöhen ihre Preise auch nach der Währungsumstellung noch weiter.[214]

> Im Allgemeinen scheinen die Preise für bestimmte Dienstleistungen allerdings schon im Januar festgelegt worden zu sein. So pendelten sich für einen Herrenhaarschnitt beispielsweise glatte Euro-Beträge von 15 bis 18 Euro ein, wo die Kunden vormals 30, 32 oder 35 DM zahlten; und während eine Kino-Karte 2001 noch durchschnittlich 11 bis 12 DM kostete, verlangen die Besitzer nun im Durchschnitt 6 Euro.[215] Gleiches lässt sich bei den Preisen für einen chemische Reinigung erkennen: lagen diese 2001 häufig bei 8,90 DM oder 9,50 DM, wurden sie zum Jahreswechsel durchschnittlich auf 5 bzw. 6 Euro angehoben.[216]

Grundsätzlich lässt sich erkennen, dass die Einführung des Euro gleichwohl von Seiten der Anbieter durchaus dazu genutzt wurde, in der allgemeinen Verwirrung und Unsicherheit der Verbraucher ob des völlig neuen Preisbildes, eingeschränkter Transparenz und mangelnder unmittelbarer Vergleichsmöglichkeiten vor allem im Dienstleistungssektor, aber auch im Einzelhandel, besondere Preissteigerungen durchführen,[217] auch wenn sowohl der *Deutsche Einzelhandelsverband* als auch der *Hotel- und Gaststättenverband* dem wiedersprechen mögen, bzw. die Preisveränderungen unter Berufung auf die vom *Statistischen Bundesamt* für das erste Quartal 2002 errechnete Inflationsrate von nur 1,9 Prozent gegenüber dem Vorjahreszeitraum gering zu

---

[214] vgl. Institut für Angewandte Verbraucherforschung e.V.: (Hrsg.): Preisbeobachtungen nach der Umstellung auf den EURO – Eine Untersuchung im Auftrag des Westdeutschen Rundfunks (WDR), Redaktion ARD-aktuell, Mai 2002

[215] vgl. Statistisches Bundesamt (Hrsg.): Sechs Monate Euro – Eine Zwischenbilanz der amtlichen Preisstatistik, Juli 2002

[216] vgl. Statistisches Bundesamt (Hrsg.): Zum Einfluss der Euro-Bargeldeinführung auf die Preisentwicklung, März 2002

[217] vgl. Deutsche Bundesbank (Hrsg.): Die Verbraucherpreise bei Übergang von der D-Mark auf den Euro – Monatsbericht Juli 2002

reden versuchen.[218] Auch Studien wie z.B. die der *Zentralen Markt- und Preisberichtsstelle für Erzeugnisse der Land-, Forst- und Ernährungswirtschaft (ZMP)*[219], die den Preissteigerungen andere Ursachen wie etwa Angebotsengpässe zuschreiben, können nicht über die sog. „gefühlte Inflation“ der Verbraucher hinwegtäuschen.

Produkt/Dienstleistung	Verteuerung um		Produkt/Dienstleistung	Verteuerung um
Gemüse	14,3 %	⇨ Gefühlte Inflation: 4,8% ⇦	Fleisch	4,1 %
Flugreisen	11,4 %		Reparaturen von IuK-Gütern[220]	4,1 %
Molkereiprodukte, Bier	7,0 %		Versicherungsdienste	4,0 %
Fisch	6,7 %		Reparaturen von Haushaltsgeräten	3,9 %
Tabakwaren	6,3 %		Sonst. Personenbeförderung	3,8 %
Obst	6,2 %		Hotel, Gaststätten	3,6 %
Schuhreparatur	5,8 %		Bildungsdienste	3,4 %
Finanzdienste	5,1 %		Teppiche	3,3 %
Busreisen	4,9 %		Bücher	3,1 %
Zeitungen, Zeitschriften	4,8 %		Musikinstrumente	3,1 %
Friseurdienste	4,7 %		Glaswaren, Tafelgeschirr	2,9 %
Sport- & Kulturdienstleistungen	4,1 %		Autoreparatur	2,8 %
Brot	4,1 %		Körperpflegeartikel	2,5 %

***Tabelle 2.3-3** Anstieg des Preisindex für die Lebenserhaltung aller privaten Haushalte im 1. Quartal 2002 gegenüber dem Vorjahreszeitraum (erstellt nach: Institut der deutschen Wirtschaft Köln: Gefühlte Inflation – Teuerung ist kein Hirngespinst, http://www.iwkoeln.de, 26.09.2002)*

[218] Diese Inflationsrate bezieht sich auf den sog. „Preisindex für die Lebenshaltung aller privaten Haushalte“, aus den Preisbeobachtungen von 750 Waren und Dienstleistungen (dem sog. „statistischen Warenkorb“) in 190 deutschen Städten und Gemeinden ermittelt wird. Dabei machen die Waren und Dienstleistungen des täglichen Bedarfs, also die Produkte und Dienstleistungen, bei den die Verbraucher Preisanstiege beobachteten, tatsächlich nur einen Bruchteil des Warenkorbes aus.

[219] vgl. o.V.: Neue Studie bestreitet Teuro-Effekt bei Lebensmitteln (28.05.2002), in: Financial Times Deutschland, http://www.ftd.de, 11.06.2002

[220] Informations- und Kommunikationsgüter

Die *Gesellschaft für deutsche Sprache (GfdS)* wählte den Begriff des „Teuro" zum Wort des Jahres 2002 – zum „verbalen Leitfossil". Die Jury begründete dies damit, dass die „kreative und zugleich prägnante Wortschöpfung" aus „teuer" und „Euro" die Gefühle vieler Menschen nach der Euro-Einführung zum Ausdruck bringe, dass angeblich alles teurer geworden sei. „Der ‚Teuro' hat in diesem Jahr maßgeblich die öffentliche Diskussion geprägt", erklärte Joachim Heise von der *GfdS*.[221]

Die Verbraucher reagier(t)en auf diese (es sei nun dahingestellt, ob „gefühlte" oder „echte") Preissteigerungen mit einer zunehmenden Kaufzurückhaltung. 84 Prozent der Verbraucher boykottierten Geschäfte und Gaststätten, in denen sich die Preise ihrer Meinung nach stark erhöht hätten, ergab eine Umfrage des Meinungsforschungsinstituts *polis* im Auftrag der Deutschen Presse Agentur.[222] Etwa ein Drittel der Befragten gaben sogar an, das Geschäft oder Restaurant aus Protest wieder verlassen zu haben.

Dies macht vor allem dem Lebensmittel-Einzelhandel schwer zu schaffen. Denn immer mehr Verbraucher schränken ihren Konsum nicht nur ein, sie verzichten beim Kauf von Lebensmitteln auch auf bekannte Markennamen zugunsten von Handelsmarken, sog. No-Name-Artikeln, und kaufen vorzugsweise in Discountern wie *Aldi* oder *Lidl* ein. Während diese ihren Umsatz im ersten Halbjahr des Jahres 2002 um durchschnittlich 7,4 Prozent erhöhen konnten, musste der Lebensmittel-Einzelhandel einen Umsatzrückgang von 6,4 Prozent verbuchen.[223]

---

[221] vgl. o.V.: „Teuro" ist das Wort des Jahres 2002 (21.12.2002), in: Die Welt, http://www.welt.de, 07.01.2003; o.V.: Wort des Jahres 2002 – Teuro schlägt Jahrtausendflut (20.12.2002), in: Spiegel Online, http://www.spiegel.de, 07.01.2003

[222] vgl. o.V.: Verbraucher boykottieren Preistreiber (01.06.2002), in: Kölner Stadt-Anzeiger, http://www.ksta.de, 10.07.2002

[223] vgl. Thiede: Konsumflaute setzt Industrie unter Druck – Markenartikel-Hersteller planen Großoffensive, in: Süddeutsche Zeitung (26.08.2002), http://www.sueddeutsche.de, 27.08.2002

Einer Verbraucher-Analyse[224] des *Axel Springer Verlags* und der *Bauer Verlagsgruppe* zufolge kauften im Jahr 2002 76,4 Prozent der Verbraucher bei *Aldi* und 43,2 Prozent bei *Lidl* ein, wesentlich weniger jedoch bei *Spar* (12,7%), *Globus* (8,5%), *Tengelmann* (5,4%) oder gar *Coop* (3,4%).

Aber nicht nur die Lebensmittel-Einzelhändler sind von den sinkenden Einnahmen ob der Kaufzurückhaltung bzw. Kaufverlagerung der Verbraucher (hin zu Discountern) betroffen, sondern auch Textilketten, Schuhhändler, Möbelhäuser und Baumärkte. „Die Konsumzurückhaltung hat uns mit voller Wucht getroffen“[225], meint Kurt Lindemann, Chef der *Edeka*-Tochter *AVA*. Allein im ersten Halbjahr 2002 musste der Einzelhandel rund 22.000 Stellen streichen. Bis Jahresende werden weitere 10.000 Stellenstreichungen erwartet.[226]

2.3.6 Missbrauch von Mehrwert-Nummern

Mehrwertnummern, auch Service- oder Premium-Rate-Nummern genannt, werden in Deutschland von der *Regulierungsbehörde für Telekommunikation und Post (RegTP)* verwaltet und an Netzbetreiber wie die *Deutsche Telekom AG*, *Hansenet AG* oder auch *Talkline* weitergegeben, welche diese wiederum entweder selbst vermarkten oder an andere Dienstleister weitervermieten.[227]

Nicht nur die Auskunft der *Deutschen Telekom AG*, auch Billiganbieter (wie beispielsweise Call-by-Call-Anbieter) und Anbieter teurer

---

[224] Wilfried/Weser: VerbraucherAnalyse 2002: Discounter auf dem Vormarsch/ Aber: Chancen für Markenartikler (September 2002), http://www.mediapilot.de sowie http://www.bauermedia.com, 26.09.2002

[225] Ronke: Einzelhandel: Warten auf Kundschaft, in: Financial Times Deutschland (28.08.2002), http://www.ftd.de, 29.08.2002

[226] Hierfür ist natürlich nicht nur die Kaufzurückhaltung der Verbraucher ob des Ärgers über Preiserhöhungen Schuld. Auch die hohe Arbeitslosigkeit und schlechte Konjunkturaussichten tun ihr übriges, um die Kauflaune der Verbraucher zu drücken. (vgl. o.V.: Einzelhandel klagt über schlechte Geschäfte (05.09.2002), in: Financial Times Deutschland, http://www.ftd.de, 17.09.2002)

[227] vgl. Jahr-Weidauer: Behörde warnt vor 0190er-Schwindel (06.02.2003), in: Die Welt, http://www.welt.de, 07.02.2003

Sex-Service-Nummern erfreuen sich der Verwendung von Mehrwert-Nummern wie z.B. 0190, 0180, 0800, 0900 oder 118xx. Immer mehr (dubiose) Unternehmen haben diese Vorwahl-Nummern – vor allem die 0190er Nummern –, als zum Teil wahre Goldgruben für sich entdeckt. Und die Verbraucher zahlen doppelt drauf. Zum einen müssen sie häufig mehr zahlen, da sich die Entgelte aus der eigentlichen Übertragungsleistung des Netzbetreibers und der „Informationsleistung" des jeweiligen Dienste-Anbieters zusammensetzen.[228] Darüber hinaus können die Entgelte für 0190-0...-Verbindungen von den jeweiligen Anbietern frei bestimmt und flexibel gestaltet werden: Es gibt weder vorgeschriebene Unter- noch Obergrenzen der Tarife, noch eine Regelung der Tarifierung selbst, so dass die Verbindungen sowohl zeitbezogen (im Sekunden- oder Minutentakt) als auch pauschal (als Einmaltarif) oder auch wechselnd (z.B. im Minutentakt für die ersten zwei Minuten und ab der dritten Minute eine Pauschale) abgerechnet werden können.[229]

Damit sind unseriösen Anbietern kaum Grenzen gesetzt – mit für die betroffenen Verbraucher durchaus sehr kostenintensiven Folgen.

via Telefon

Eine in erschreckendem Maße weit verbreitete Methode, unter dem Deckmantel der Seriosität ahnungslosen Verbrauchern mittels 0190er Nummern das Geld aus der Tasche zu ziehen, ist die, in Örtlichen Telefonbüchern Informationsdienste wie etwa „Einwohnermeldeamtsinfo"[230], „Kfz-Zulassung/Info", „Stadtinfo" und sogar „Amtsgerichte

---

[228] für Verbindungen mit den Rufnummern 0190-1... bis 0190-9... fallen von der *Regulierungsbehörde für Telekommunikation und Post (RegTP)* festgelegte Verbindungsentgelte zwischen 0,44 Euro und 1,86 Euro an (vgl. Regulierungsbehörde für Telekommunikation und Post: Informationen zu (0)190-0-Dialer, http://www.regtp.de, 23.07.2002)

[229] vgl. Freiwillige Selbstkontrolle Telefonmehrwertdienste e.V.: Verbraucherinformationen zu 0190-0, http://www.fst-ev.org, 23.07.2002

[230] In Örtlichen Telefonbüchern finden sich bundesweit falsche „Einwohnermeldeamtsinfo"-Einträge in mittlerweile über 200, „Kfz-Zulassung/Info"-Einträge sogar in über 600 Städten und Gemeinden. (vgl. Mansmann: Abzocke mit irreführ-

Zentrale 24 Stunden“ zu schalten. Dabei wird zunächst eine „normale“ Telefonnummer des jeweiligen Ortsnetzes angegeben, unter welcher die Anrufenden dann lediglich eine Tonbandansage hören, die auf eine Mehrwertnummer (zumeist 0190-8 für 1,68 Euro pro Minute) verweist. Wählen sie diese, so müssen sie sich oftmals durch weitere langatmige Bandansagen (von bis zu 5 Minuten) oder in Endlosschleifen durch verschiedene Menüpunkte quälen, in der Hoffnung, irgendwann mit einem (bzw. dem richtigen) Ansprechpartner verbunden zu werden – eine Hoffnung, die sich selbstredend in den wenigsten Fällen erfüllen wird.[231]

> Speziell zur (Vor-)Weihnachtszeit 2002/2003 kursierten im Raum Hamburg als Paketbenachrichtigungen aufgemachte Postwurfsendungen einer angeblich Londoner Firma, die sich *„Internationaler Paketservice/CMS“* nennt. In Farbe und Aufmachung ähnelten diese „Paketbenachrichtigungen“ denen der *Deutschen Post AG* – sogar inklusive Stempelaufdruck – den Empfänger auffordernd, die (0190-8...) Nummer eines Service-Telefons „zur Terminabstimmung“ anzurufen, da die Aufbewahrungs- und Lieferfrist des betreffenden Pakets nur 5 Tage betrüge. Nach einer mehrminütigen Bandansage mit allgemeinen Informationen zu Zustelldiensten und den Diensten von *CMS* sowie endlosen Warteschleifen („Alle Annahmestellen sind besetzt, bitte bleiben Sie dran...“) wurd der Anrufer dann gebeten, eine weitere Nummer zu wählen: eine „versteckte“ 0190-0...-Nummer für 2,55 Euro pro Minute. Mithilfe dieser Telefonnummer erreicht der Anrufer dann zwar auch endlich einen Mitarbeiter, dieser gab jedoch in den meisten Fällen nur die betrübliche Auskunft darüber, dass das betreffende Paket aufgrund abgelaufener Fristen bereits leider wieder an den vermeintlichen Versender (mit Postfachadresse – al-

---

rendem Telefonbucheintrag gestoppt (28.01.2003), in: heise online, http://www.heise.de, 07.01.2003; siehe dazu auch: Wood: 0190-Abzocke mit Amtsnummern (31.03.2003), in: Hamburger Abendblatt, http://www.abendblatt.de, 02.04.2003

[231] vgl. Jahr-Weidauer: Behörde warnt vor 0190er-Schwindel – Verbraucherzentrale und Senatsverwaltung zeigen sich machtlos (06.02.2003), in: Die Welt, http://www.welt.de, 07.02.2003; o.V.: Die Nummer vom Amt, in: test 5/2002, 11; o.V.: Kummer mit der Service-Nummer – Irreführende Telefonbucheinträge sind getarnte 0190er Nummern (05.08.2002), in: Oberpfalznetz, http://www.oberpfalznetz.de, 08.08.2002

so nicht nachprüfbar) zurückgegangen sei.[232] Eine wenig erbauliche – aber vorhersehbare – Auskunft für Telefonkosten von bis zu 10 Euro.

Eine andere Form der Täuschung ist die Verwendung verschleierter bzw. „versteckter“ Nummern. Hierbei wird beispielsweise die Vorwahl der *Deutschen Telekom AG* (01033), welche bei Benutzung eines Festnetzanschlusses der *Deutschen Telekom AG* eigentlich nicht mitgewählt werden muss, der Nummer vorangestellt. So verbirgt sich hinter der Nummer 0103-301-908-... ebenfalls die 0190-8...[233]

Selbst die aus den USA bekannte Methode der R-Gespräche, bei denen nicht der Anrufer, sondern der Angerufene die Gesprächsgebühren zahlt, wissen dubiose Anbieter von Mehrwertnummern mittlerweile für sich zu nutzen: So erhalten nichtsahnende Verbraucher einen Anruf, bei dem sie beispielsweise aufgefordert werden, einen angeblichen Gewinn über eine kostenlose 0800-Nummer anzufordern. Tun sie dies, werden sie gebeten, ihre Telefonnummer für einen Rückruf (in Form eines R-Gesprächs) zu hinterlassen. Dieser Rückruf ist jedoch beileibe nicht ebenso kostenlos, wie der eben getätigte Anruf, sondern wird über eine teure 0190er Nummer bei dem Angerufenen abgerechnet.[234]

---

[232] vgl. Goldbach: Paketbenachrichtigungskarte als Telefonkosten-Falle (29.12. 2002), in: heise online, http://www.heise.de, 07.01.2003; Meyer-Odewald: Falsche Pakete, hohe Telefonrechnungen (02.12.2002), in: Hamburger Abendblatt, http://www.abendblatt.de, 04.12.2002

[233] vgl. Verbraucher-Zentrale Thüringen e.V.: Telefonieren im Festnetz: Tricks und Fallen, http://www.vzth.de, 15.05.2002; Verbraucher-Zentrale Sachsen e.V.: Neue Abzockerei mit 0190-Telefonnummern (08.10.2001), http://www.vzs.de, 15.05.2002

[234] vgl. Hammer: Abzockerei mit 0190-Nummern (29.01.2003), in: Süddeutsche Zeitung, http://www.sueddeutsche.de, 29.01.2003
Immer mehr Anbieter von R-Gesprächen richten sich mit den Slogan „kostenlos telefonieren“ vor allem an 12- bis 15-jährige – eine leicht verführbare und unerfahrene Klientel –, die die „einmalige Chance“ nutzen wollen, mit ihren Freunden und Internetbekanntschaften „kostenlos“ zu telefonieren – stundenlang. Erst bei Erhalt der nächsten Telefonrechnung erfahren sie ihren fatalen Irrtum. Verbraucherschützern bleibt in diesem Fall jedoch keine andere Handhabe als die Aufklärung. Denn mit der Annahme des Gesprächs erklärt sich der Angerufene rechtmäßig bereit, die Kosten für das Telefonat zu übernehmen. (vgl. o.V.: Beim Telefo-

In einigen Fällen wird der Verbraucher beim Anruf einer 0800-Nummer auch dazu aufgefordert, eine bestimmte Nummerntaste seines Telefons zu drücken, um aus der Kundendatei gelöscht zu werden. Sobald er dies jedoch tut, wird er unbemerkt an eine 0190er Nummer weitergeleitet. „Uns ist sogar bekannt, dass auch ohne Tastendruck zur teuren Verbindung weitergeschaltet wurde“[235], warnt die Telekommunikationsexpertin der *Verbraucher-Zentrale Baden-Württemberg* Brigitte Sievering-Wichers. Dagegen hilft auch eine Rufnummernsperre, wie sie etwa die *Telekom AG* anbietet, nichts, da diese den Telefonanschluss in der Regel nur für abgehende Rufnummern sperrt.

Vor allem Handykunden fallen immer häufiger auch der Methode des „Anrufs in Abwesenheit“ zum Opfer: Per Wahlcomputer werden ihnen diverse 0190-8-Nummern an ihr Handy übermittelt. Die eingeschaltete Rufnummernanzeige veranlasst die Betroffenen in vielen Fällen dazu, zurückzurufen, um zu erfahren, wer versucht hatte, sie anzurufen.

In einigen Fällen hörten sie plötzlich ein vermeintliches Telefongespräch zweier Unbekannter – zumeist Frauen, die sich über ihre diversen sexuellen Vorlieben unterhielten – die Neugier des vermeintlich „heimlichen Lauschers“ ausnutzend.[236]

In anderen Fällen wurden sie mit dem „Freizeichen-Trick“ getäuscht: Hierbei täuscht der Anbieter nach dem Verbindungsaufbau ein Freizeichen vor und während der Anrufer noch darauf wartet, dass die Verbindung endlich zustande kommt, wird er schon zur Kasse gebeten, denn der Gebührenzähler des Anbieters tickt bereits.[237] Besonders

---

nieren ist meist nichts umsonst (01.04.2003), in: Kölner Stadt-Anzeiger, http://www.ksta.de, 03.04.2003)

[235] ebd.

[236] Erscheint auf dem Display jedoch keine (versteckte) Mehrwertnummer, sondern gar etwa ein Nummer, die mit 00686 beginnt, werden die Betroffenen richtig zur Kasse gebeten – mit Gebühren für ein Ferngespräch auf die pazifische Inselrepublik Kiribati. (vgl. Wunder: Der neue 0190-Betrug (12.08.2002), in: Hamburger Morgenpost, http://www.mopo.de, 14.08.2002)

[237] vgl. o.V.: Handy-Tricks: Ausgefeilt und unverschämt (15.08.2002), in: Wirtschaftswoche, http://www.wiwo.de, 23.08.2002

teuer wird es für den Getäuschten dann, wenn der Anbieter sich sogenannter Blocktarife bemächtigt, die nicht nach Zeiteinheiten, sondern pauschal pro Anruf berechnet werden.[238]

Auch Televoting-Nummern (also Nummern, die vornehmlich von Fernsehsendern für Gewinnspiele oder Zuschauer-Abstimmungen genutzt werden, wie beispielsweise die 0137 – leicht zu verwechseln mit der Mobilfunknetz-Vorwahl 0173) kommen bei solchen Betrügereien immer häufiger zum Einsatz, da die Gesprächsgebühren pauschal pro Anruf erhoben werden.[239]

> In diesem Zusammenhang ermittelt seit April 2003 die Staatsanwaltschaft München gegen den Münchner TV-Sender *Neun Live*. Der Verdacht: Betrug. Der Fernsehsender berechnet 49 Cent pro Anruf, und versucht, die Zuschauer mit denkbar simplen Quiz-Fragen zu wiederholten Anrufen zu animieren.[240] Dabei erlagen nicht wenige Verbraucher dem, wie sich herausstellte, offensichtlichen Irrglauben, für einen Anruf, bei dem nur ein Besetztzeichen ertönte, auch nicht zahlen zu müssen. Falsch gedacht. Bei der nächsten Telefonrechnung mussten nicht wenige aufmerksame Verbraucher feststellen, dass sie auch für Gespräche, die gar nicht zustande gekommen waren, Gebühren von 49 Cent pro Anruf zahlen sollten.[241]
>
> Auch die Kriminalpolizei Augsburg ermittelt seit Ende März 2003 gegen die mutmaßlichen Verantwortlichen einer groß angelegten Handy-Abzocke mit 0137-Nummern. Dabei setzten die Betrüger auf die Methode des „Anrufs in Abwesenheit“ und spielten ihre teure Rückrufnummer

238 vgl. Rintelmann: Die jüngste Masche: „Anruf in Abwesenheit“ (27.01.2003), in: General-Anzeiger Online, http://www.general-anzeiger-bonn.de, 01.02.2003

239 vgl. Mansmann: Strafanzeige gegen Handy-Abzocker (22.01.2003), in: heise online, http://www.heise.de, 24.01.2003; Rais: Warnung vor 0137-Rückrufnummer (03.02.2003), in: Verbrauchernews, http://www.verbrauchernews.de, 03.02.2003

240 Allein im Jahr 2002 sollen 173 Millionen Anrufe bei Neun Life getätigt worden sein und so mehr als 14 Millionen Euro Gewinn in die Kassen des Senders gespült haben. (vgl. Rais: Staatsanwaltschaft: Neun Live Geschädigte sollten Strafanzeige erstatten (14.04.2003), in: Verbrauchernews, http://www.verbrauchernews.de, 23.04.2003)

241 vgl. Pfister: Bezahlen trotz Besetztzeichen? – Staatsanwaltschaft ermittelt gegen Neun Live (08.04.2003), in: Stuttgarter Nachrichten, http://www.stuttgarter-nachrichten.de, 11.04.2003

auf die Handys der Betroffenen. Riefen diese die angezeigte Nummer an, so hörten sie nur eine kurze Ansage oder ein Rauschen, und die Verbindung wurde nach wenigen Sekunden wieder getrennt. Diese wenigen Sekunden kosteten die Anrufer allerdings auch bis zu zwei Euro.[242]

Nachdem sich das Handy auch als ein regelrechtes Statussymbol für Jugendliche etabliert hat,[243] versuchen immer mehr Anbieter auch hier, sich ihr Stückchen vom großen Kuchen zu sichern: sie bieten Klingeltöne und individuelle Logos an, die sich die Jugendlichen aus dem Internet herunterladen oder aber auch per Telefon bestellen können – zu Tarifen von bis zu 1,86 Euro pro Minute und Übertragungszeiten von mitunter mehreren Minuten.

Darüber hinaus warben vor allem Mitte des Jahres 2002 zahlreiche Anbieter vor allem in Jugendzeitschriften für sog. „Fun Call"-Angebote. Hierbei rufen die Unternehmen im Auftrag der Jugendlichen Dritte an, um diese zu foppen oder auszuhorchen. Das Angebot reicht vom „Polizeioberwachtmeister", der bei einem Lehrer während der Prüfung anruft und ihm mitteilt, bei ihm zu Hause sei eingebrochen worden, über eine angebliche schwangere Geliebte oder einem Treuetest bei der Freundin bis hin zu sexueller Belästigung. Einzelne Firmen werben auch damit, dass sich die „Auftraggeber" sogar selbst in das Gespräch mit einschalten könnten. Grenzen gibt es für die zahlreichen Anbieter scheinbar keine. Dabei werden teilweise sogar nur Tonbänder abgespielt, oder aber zunächst lange Vorgespräche, die Einzelheiten des Gesprächs betreffend, vor den jeweiligen Anruf geschaltet. Bei einem sol-

---

[242] vgl. Stieler: Polizei ermittelt mutmaßliche Verursacher von 0137-Abzocke (29.03.2003), in: heise online, http://www.heise.de, 03.04.2003

[243] Einer Anfang Februar 2003 veröffentlichten Studie („Handy-Träume der Kids") des Marktforschungsinstituts *IRNA* zufolge, besitzt jedes fünfte Kind zwischen 6 und 13 Jahren mittlerweile ein Handy; 45 Prozent der 12 bis 13-Jährigen sind mobil erreichbar (vgl. o.V.: Jedes fünfte Kind hat ein Handy (04.02.2003), in: NGO-online, http://www.ngo-online.de, 05.02.2003). Und einer Studie des Münchner *Instituts für Jugendforschung* zufolge sind bereits zwölf Prozent der 13- bis 24-Jährigen mit durchschnittlich 1810 Euro verschuldet. Das Handy steht dabei hinter dem eigenen PKW sowie Ausgaben für Partys etc. und Kleidung an vierter Stelle für Gründe, einen Kredit aufzunehmen (vgl. o.V.: Per SMS in die Miesen (16.03.2003), in: Märkische Oderzeitung, http://www.moz.de, 25.03.2003).

chen Testanruf der *Verbraucher-Zentrale Nordrhein-Westfalen* wurden so immerhin stolze 42,60 Euro fällig.[244]

Und auch Anbieter von sog. „Premium SMS" wenden sich an Jugendliche. „Premium SMS" sind Kurzmitteilungen, über die die Kunden durch Senden einer SMS an eine meist vier- bis fünfstellige Nummer beginnend mit 7 oder 8 kostenpflichtige Dienste wie etwa Sport- oder Börsennachrichten, Flugdaten oder Mietwagenangebote auf ihrem Handydisplay in Anspruch nehmen können. Dabei sind den Tarifen für diese Dienste jedoch keinerlei Grenzen nach oben gesetzt.[245] So wird auch den Jugendlichen in Premium-SMS-„Flirtlines" oder „Chat-Communities" das Geld gnadenlos aus der Tasche gezogen. Denn die meisten sind sich der anfallenden Kosten, die ein Vielfaches der üblichen Kosten für SMS ausmachen können, gar nicht bewusst.

via Telefax

Aber nicht nur unter Telefondienste-Anbietern, auch unter Versendern von Faxabrufen erfreuen sich die 0190er Nummern immer größerer Beliebtheit, wie die nachfolgenden Beispiele exemplarisch verdeutlichen sollen:

> Unter dem Deckmantel einer „Verbraucher-Info" wurden von einer anonymen Firma, die sich hinter *„Ein Service von MAS"* versteckte, im April des Jahres 2002 unzählige Werbefaxe an Verbraucher in Sachsen und Schleswig-Holstein gesendet, verschiedene kostenpflichtige Informationen aus den Bereichen Wirtschaft, Finanzen und Soziales per Faxabruf anpreisend. Dabei handelte es sich in den Augen der zuständigen

---

[244] Die *Verbraucher-Zentrale Nordrhein-Westfalen* will Strafanzeige gegen einige der Anbieter erstatten, da die Anrufe in vielen Fällen „einen gravierenden Eingriff ins Persönlichkeitsrecht" der Angerufenen darstellen, und die Anbieter abmahnen, „weil sie bewusst zur Verletzung von Persönlichkeitsrechten aufrufen und deshalb sittenwidrig handeln" (Verbraucher-Zentrale Nordrhein-Westfalen e.V.: Fun-Calls zum Mithören – Dreiste 0190 Angriffe auf die Privatsphäre der Teenies (06.08.2002), Pressemitteilung, http://www.vz-nrw.de, 07.08.2002).

[245] vgl. o.V.: Mit Premium SMS wird Handy-Besitzer abgezockt (18.03.2003), in: Westfalenpost, http://www.westfalenpost.de, 25.03.2003

Verbraucher-Zentralen um einen „lupenreinen Faxbetrug“[246]. Denn nicht nur, dass bei den Verbrauchern der Eindruck erweckt wurde, es handele sich bei den Faxen um einen Service der Verbraucher-Zentralen; die Firma verwendete zudem noch den teuersten, festgesetzten Telefontarif 0190-8 zu 6,18 Cent pro 2 Sekunden (1,854 Euro pro Minute) für den – 11 Seiten langen – Faxabruf, der für Faxabruftexte gar nicht zulässig ist, und manipulierte zudem das Schriftstück so, dass es extrem langsam durch das Faxgerät lief.[247]

Als „Gipfel der Geschmacklosigkeit“[248] bezeichnete der *Verbraucherzentrale Bundesverband (vzbv)* die dubiosen Machenschaften einer in den USA ansässigen Firma, die in Zusammenhang mit den Geschehnissen des 11. September 2001 versuchte, Geld zu machen: Sie versendete kurze Zeit nach den Anschlägen Werbefaxe, die die Empfänger dazu animieren sollten, an Meinungsumfragen zum Thema Terror und Gewalt (unter Zuhilfenahme kostenaufwendiger 0190er Nummern) teilzunehmen.

Ungleich skrupelloser agierte ein angeblicher „*Interessenverband zur Bekämpfung von Fax-Werbung*“, der, wie dessen Faxsendungen Mitte des Jahres 2001 zu entnehmen war, in Zusammenarbeit mit diversen Verbraucherschützern eine Sammelklage gegen unerwünschte Faxwerbung vorbereite. Dazu wurden die betreffenden Verbraucher aufgefordert, die sie störende Faxwerbung an den „Interessenverband“ per Fax zu übermitteln. Worüber die Verbraucher allerdings nicht informiert wurden, war die Tatsache, dass die Faxabruf-Nummer, an die empörte und von Faxwerbung belästigte Verbraucher ihre Faxe schicken sollten, ebenfalls eine 0190er Nummer war. In Verbindung mit einer (gesteuert) langsamen Übertragungsgeschwindigkeit wurden die betroffenen Verbraucher so ebenfalls um nicht weniger als 6 Euro „erleichtert“.[249]

---

[246] Verbraucher-Zentrale Sachsen e.V.: „Verbraucher Info“ als Faxabzockerei (23.04.2002), http://www.vzs.de, 15.05.2002; Europäisches Verbraucherzentrum Kiel: „Verbraucher-Info“ als Faxabzocke (16.04.2002), http://www.evz.de, 15.05.2002

[247] vgl. Baale: Verbraucherschutz – Dubiose Firmen und Vereine drängen in das Geschäft mit der Rechtsberatung (27.02.2002), in: Deutschlandfunk, http://www.dradio/dlf.de, 15.05.2002

[248] Arbeitsgemeinschaft der Verbraucherverbände e.V.: Skrupellose Faxwerbung: Verbraucherzentrale Bundesverband warnt Verbraucher und fordert vorbeugende Regelungen (17.09.2001), http://www.agv.de, 14.05.2002

[249] vgl. Opitz: Fax-Betrüger als Verbraucherschützer getarnt (11.07.2001), in: heise online, http://www.heise.de, 03.07.2002; Balle: Abzocke per Fax, Handy und

Und gleich doppelt getäuscht wurden die Verbraucher durch eine Anzeige, die für Nebenverdiensttätigkeiten wie folgt warb: „1.500,-- DM/mtl. als Samenspender! [...] Tel.: 01908... oder Fax-Abr.: 109008... (3,63 DM/min.)...". Interessierte Anrufer erhielten jedoch keine konkreten Informationen zu den Verdienstmöglichkeiten, sondern nur allgemein gehaltene Informationen. Erst am Ende eines längeren Gesprächs wurde ihnen dann die Möglichkeit aufgezeigt, bei der Firma eine Broschüre (per Faxabruf) anzufordern. Dieser Faxabruf war 11 Seiten lang und verursachte bei den Betroffenen Kosten in Höhe von 55,45 DM.[250]

Dies ist jedoch nichts im Vergleich zu den Machenschaften einer Firma namens „*Media Star*", die per Fax für Castings zu Filmaufnahmen, Kino- und TV-Produktionen etc. warb. „Talente jeglichen Typs und Alters" sollten sich dazu unter einer 0190-0-Telefonnummer für 93 Cent pro Minute melden. Wer diese Telefonnummer anwählte, den erwartete allerdings nur eine Bandansage – und eine Telefonrechnung von 55,80 Euro für dieses Gespräch, da „Media Star" im Stundentakt abrechnete.[251]

via Internet-Dialer

Die Variante, die den Verbraucher wohl am teuersten zu stehen kommt, ist die Verwendung sog. 0190-Dialer-Programme.

Die Möglichkeit, im Internet in Anspruch genommene Dienstleistungen über die Telefonrechnung zu bezahlen, war ursprünglich als einfache und bequeme Zahlungsweise gedacht, bei der der Nutzer – im seriösen Falle – vorher über die finanziellen Folgen informiert wurde.[252] So nutzen beispielsweise die *Stiftung Warentest*, Verbraucherschutzorganisa-

---

Internet – Geschäftemacher stört 0190er Verordnung wenig (05.12.2002), in: Neues Deutschland, http://www.nd-online.de, 05.12.2002

[250] Das Unternehmen wurde vom Landesgericht Darmstadt am 28.09.2000 (Az: 4 O 197/00) auf Unterlassung verurteilt, da *„die Vortäuschung einer konkret beworbenen Verdienstmöglichkeit mit Hinweis auf die Telefonnummer 01908... bzw. Faxabrufnummer 01908... (3,63 DM/min) [...] aus dem Gesichtspunkt des Kundenfangs durch Täuschung wettbewerbswidrig i.S.v. §§ 1,3 UWG"* sei. (Verbraucherschutzverein e.V.: VSV-Info 4/2000, 5ff.)

[251] vgl. Verbraucher-Zentrale Hamburg e.V.: Fax-Betrug: Ein Anruf Euro 55,80! (31.07.2002), http://www.vzhh.de, 01.08.2002

[252] vgl. Verbraucher-Zentrale Schleswig-Holstein e.V.: Dialer: Kleine Programme – Großer Ärger (25.04.2002), http://www.verbraucherzentrale-sh.de, 10.07.2002

tionen sowie Nachrichten- und Wetterdienste diese Programme zur Abrechnung kostenpflichtiger Informationen, die vom Netz heruntergeladen werden können. Häufig werden diese 0190-Dialer auch für den Besuch kostenpflichtiger Internetseiten, wie z.B. denjenigen von Erotikdiensten, verwendet.

Immer mehr unseriöse Anbieter bedienen sich ob der „unendlichen Möglichkeiten“ dieser Methode: Sie locken mit Programmen für „Hakker Tools“, „High-Speed-Surfen“, mit „kostenlose Zugangssoftware“, Software-Updates, harmlose Browsererweiterungen oder ähnlichen Software-Downloads. Ihre Dialer verstecken sich hinter scheinbar harmlosen PopUps (vgl. Abschnitt 2.4.8.), hinter Werbebannern oder auch auf Seiten, die auf den ersten Blick absolut seriös erscheinen. Und während diese Programme auf den Computer heruntergeladen werden, installiert sich automatisch und unbemerkt ein Dialer-Programm auf dem Computer.[253] Ist der Dialer einmal auf dem Computer geladen, trennt er die aktuelle Internetverbindung und baut einen Zugang über die wesentlich teurere 0190er Verbindung auf. So kann es passieren, dass bei jeder Einwahl ins Internet der Zugang über die teure 0190-er Verbindung aufgebaut wird – ohne, dass der jeweilige Nutzer etwas davon bemerkt (bis zum Erhalt seiner Telefonrechung).[254]

---

[253] siehe dazu auch: Dialer-Informationsseiten des *IfKom (Ingenieure für Kommunikation) Landesverbandes Hessen*, unter: www.ifkom.lv-hessen.de.tt, 24.08.2002

[254] Der bislang spektakulärste Fall ist der einer Berlinerin, deren minderjähriger Sohn sich eine Gratissoftware für komfortableres Spielen im Netz herunterlud und so unbemerkt ebenfalls ein 0190-Dialer installiert wurde. Daraufhin erhielt die Frau von dem Berliner Telefonie-Carrier *Berlikomm* eine (erste) Telefonrechnung über 9200 Euro – mit knapp dreimonatiger Verspätung. Die Frau wurde in erster Instanz vom Landgericht Berlin tatsächlich dazu verurteilt, diese Gebühren (sowie auch die noch folgenden Telefonrechnungen) zu entrichten. In der Berufungsverhandlung vor dem Kammergericht Berlin wurde das Urteil des Landgerichts jedoch aufgehoben – woraufhin *Berlikomm* ankündigte, die Klage bis an den Bundesgerichtshof bringen zu wollen. (vgl. Lütge: Eine ziemlich schräge Nummer, in: Die Zeit (33/2002), http://www.zeit.de, 08.08.2002; Bleich: Einwahl von betrügerischem Dialer muss nicht bezahlt werden (28.01.2003), in: heise online, http://www.heise.de, 01.02.2003; o.V.: Unbemerkt entstandene Kosten müssen nicht bezahlt werden (29.04.2003), in: Ostsee-Zeitung, http://www.ostsee-zeitung.de, 30.04.2003)

Dabei werden die Verbindungen allerdings nicht nur über Nummern von 0190-1... bis 0190-9... hergestellt, sondern vor allem über die frei tarifierbaren 0190-0...-Nummern, so dass es auch schon Fälle gegeben hat, in denen Betroffene für 80 Euro pro Minute im Netz surften oder für Internetverbindungen von nur wenigen Sekunden pauschal 300 Euro berechnet wurden.[255]

> So wurden beispielsweise Verbraucher, die sich über die *CeBIT* informieren wollten, Opfer einer Täuschung: Die Seite *www.cebit-2002.de* gehört mitnichten der für die CeBIT zuständigen Messe AG, sondern einem Anbieter aus dem Rotlicht-Milieu, der auf verschiedenste Weisen versucht, die Benutzer dazu anzuhalten, sich 0190-Dialer herunterzuladen, wobei die wohl perfideste Variante als „Update der Verbindungs-Software" getarnt war. Der teuerste der Dialer berechnete sage und schreibe 300 Euro pro Verbindungsaufbau.[256]

Es gibt jedoch auch Dialer-Programme, die sich über 0193er Nummern einwählen – um mögliche 0190-Sperren zu umgehen. Ein *heise online* vorliegender Dialer dieser Sorte berechnete so stolze 20 Euro pro Einwahl plus weitere 2 Euro pro Minute, sodass eine Stunde Surfen im Internet auch stolze 140 Euro kosten kann. Und das ganz ohne 0190-er Nummern.[257]

In jüngster Zeit häufen sich auch die Fälle, in denen Webdialer zu Tausenden per Email versandt werden – oft genug mit dem gefälschten Absender eines renommierten Unternehmens wie *T-Online* oder *Microsoft*. Der Mail-Anhang ist dann jedoch nicht die versprochene Antiviren-Software oder das Software-Update, sondern ein teures Mehrwertnummern-Wählprogramm.[258]

---

[255] vgl. Verbraucher-Zentrale Baden-Württemberg/Nordrhein-Westfalen e.V.: Dialer-Programme – Damit der Internetanschluss nicht zur Kostenfalle wird, Verbraucherinformation, http://www.vz-nrw.de, 26.05.2002

[256] vgl. Bager: Der 300-Euro-Dialer (19.02.2002), in: heise online, http://www.heise.de, 06.05. 2002; Bilke: 0190 – Vier Zahlen, die teuer werden können (23.05. 2002), ServiceZeitGeld/WDR, http://www.wdr.de/tv/service/geld, 26.05.2002

[257] vgl. Mansmann: Gefahr durch Dialer mit 0193-Einwahlnummer (25.03.2003), in: heise online, http://www.heise.de, 04.04.2003

[258] vgl. o.V.: Dialer, Winload-Special, http://www.winload.de, 24.08.2002; o.V.: Vorsicht, Finger weg: Warnmeldungen und Rückrufaktionen – Abgezockt (01.08. 2002), Quintessenz/WDR 2, http://www.wdr.de/radio/wdr2/quintessenz, 23.08.2002

> Ein anderer Anbieter versendete via E-Mail Warnungen vor 0190-Dialern und Viren und verwies dabei auf die Seite *antivirus.5xx.net*. Folgten die Angeschriebenen diesem Link, wurden sie alsbald von einer „Systemwarnung“ (Text: „Eine Hintergrundanwendung versucht gerade, Ihre Festplatte zu lesen“) alarmiert. Doch wer diese anklickte, um näheres über die Warnung zu erfahren, lud sich automatisch einen Dialer herunter.[259]

Den derzeitigen Gipfel des Betrugs bilden solche Dialer, die nicht nur automatisch Internetverbindungen herstellen, sondern sogar noch darauf ausgelegt sind, anschließend alle Spuren des Betrugs zu verwischen, d.h. die Dateien automatisch löschen, die womöglich Rückschlüsse auf die Herkunft des Dialers geben könnten.[260]

Auf der Suche nach dem Schuldigen

Meistens ist es verhältnismäßig schwer für betroffene Verbraucher, die betreffenden Betreiber der 0190-er Nummern ausfindig zu machen.

Die Redaktion des *c't – magazin für computertechnik* versuchte im Juni 2002 exemplarisch, „einem besonders dreisten Spam-Versender exemplarisch das Handwerk zu legen.“[261] Dieser versendete unzählige E-Mails mit Betreffzeilen wie „Wann kann ich Dich treffen?“ oder „Wir sahen uns im Supermarkt...“.

Auf der Suche nach dem Betreiber der 0190er Nummern, mit denen geworben wurde, stießen die Redakteure nach eigenen Angaben zunächst auf eine „Mauer des Schweigens“; fündig wurden sie erst bei der *Regulierungsbehörde für Telekommunikation und Post (RegTP)*, bei welcher die Nummern auf die Hamburger Firma *HanseNet* registriert waren. Nach einer ergebnis-

---

[259] vgl. Meyer: 0190-Dialer gegen 0190-Dialer (14.08.2002), in: heise online, http://www.heise.de, 15.08.2002

[260] vgl. Wilkens: Neue Betrugswelle mit 0190-Dialern (18.08.2002), in: heise online, http://www.heise.de, 19.08.2002
Viele seriöse Unternehmen haben allerdings mittlerweile auf die 0190-Dialer-Beschwerden reagiert und bieten diverse Warnfunktionen für 0190-Dialer an. Das bedeutet, der Surfer wird vor dem (unbewussten) Herunterladen eines 0190-Dialers gewarnt und gefragt, ob er diesen wirklich herunterladen möchte. Auf den Seiten *www.dialerschutz.de*, *www.dialerhilfe.de* und *www.trojanerinfo.de* kann man sich beispielsweise solche Schutzprogramme gegen 0190-Dialer herunterladen.

[261] (auch nachfolgend) Kuri: Wenig Chancen gegen Spam-Flut und 0190-Abzockerei (16.06. 2002), in: heise online, http://www.heise.de, 03.07.2002

losen privaten Anfrage reagierte die Firma erst auf eine offizielle Anfrage der Redaktion bei der Pressestelle von *HanseNet*: die Nummer sei weitervermietet worden, hieß es dort. Die Spur führte weiter „... von Hamburg über Großbritannien nach Dänemark und verlor sich in der Karibik." Die beteiligten Firmen traten hierbei jedoch alle nur als Zwischenhändler der Nummern auf – mit einer entsprechenden Umsatzbeteiligung in Form von „Vermittlungs-" bzw. „Mietgebühren".

„Kein Wunder also, dass keiner die goldene Gans am Ende der fragwürdigen Wertschöpfungskette ans Messer liefern will"[262], so das Fazit der *c't*-Redaktion. Damit hat der Kunde jedoch „kaum eine Chance, die eigentlichen Verursacher der Spam-Flut zur Rechenschaft zu ziehen."

2.3.7 Diskriminierende Preismodifizierung

Preismodifizierungen dienen im allgemeinen der Verkaufsförderung und können unterschiedlichster Art sein: in Form von Rabatten (Skonto, Mengen-, Funktions-, Saisonrabatte) und (Sonder)Nachlässen etwa, um die Kunden durch eine Verringerung des Grundpreises zu bestimmten Handlungen (wie z.B. frühzeitiger Zahlung, Barzahlung, Kauf größerer Mengen oder außerhalb der Saison) zu animieren. Zur Förderung des Absatzes sind beispielsweise neben Sonderaktionspreisen (bei Schluss-, Aus- und Räumungsverkäufen), Barrückvergütungen (beim Kauf eines bestimmten Produktes gegen Einsendung eines Coupons oder Antrags), zinsgünstigen Finanzierungsangeboten oder auch langen Zahlungsfristen gleichfalls diverse Garantieleistungsversprechen und Wartungsverträge, die das Vertrauen der Kunden in Produkt und Hersteller stärken sollen (und unter Umständen dank der – suggerierten – höheren Qualität der Produkte einen höheren Preis rechtfertigen sollen) weit verbreitet. Auch sog. Lockvogelangebote, bei denen bekannte Markenartikel zu stark gesenkten Preisen (gegebenenfalls sogar unter Einstandspreis) angeboten werden, in der Hoffnung, von einem regeren Kundenverkehr insgesamt zu profitieren, ebenso wie sog. „Mondpreis"-Werbung, bei der

[262] Kossel: Im 0190-Sumpf – Die mühsame Suche nach Schuldigen, in: c't – magazin für computertechnik (13/2002), 92f.

für ein bestimmtes Produkt ein – zumeist überhöhter – Vergleichspreis angegeben und das Produkt dann erheblich „preisreduziert“ zum Verkauf angeboten wird, sind beliebte Methoden der Händler, ihren Absatz zu steigern.[263]

Diskriminierend werden diese Preismodifizierungen dann, wenn ein Unternehmen ein und das selbe Produkt (respektive eine Dienstleistung) zu unterschiedlichen Preisen anbietet, ohne dass dabei ein erkennbarer Kostenbezug besteht.

Beispiele für solcherart diskriminierende Preisgestaltung sind etwa:[264]

- **Preismodifizierungen nach Kundensegmenten** – wenn ein Anbieter von unterschiedlichen Kundenschichten (differenziert z.B. nach Alter, Geschlecht, Einkommen, Beruf) unterschiedliche Preise für ein und dasselbe Produkt (respektive Dienstleistung) verlangt

  Reduzierte Eintrittspreise für Senioren und Studenten in Museen sind dabei weniger Stein des Anstoßes, als vielmehr beispielsweise vergleichsweise hohe Arztrechnungen für Privatpatienten im Vergleich zu den Arztrechnungen von Kassenpatienten – für ein und dieselbe Leistung.

  In ähnlicher Manier versendet beispielsweise auch der amerikanische Versandhändler *Victoria's Secret* in verschiedene Regionen der USA verschiedene Kataloge, in denen identische Waren zu unterschiedlichen Preisen angeboten werden – je nach dem, ob den Einwohnern eines bestimmten Postleitzahlenbereichs eine durchschnittlich hohe oder eher niedrigere Kaufkraft zugeschrieben wird.

- **Preismodifizierungen nach Produkt- oder Anwendungsformen** – auch wenn nur geringfügige Herstellungsunterschiede bestehen

  So kosten etwa Metallic-Lackierungen für Automobile durchschnittlich 500 bis 1000 Euro mehr als Normallackierungen, obwohl die reinen Herstellungskosten nur unwesentlich höher sind.

---

[263] vgl. Kotler/Bliemel: Marketing-Management – Analyse, Planung und Verwirklichung, 2001, 854ff.

[264] vgl. (auch nachfolgend) ebd., 857f.

Ein weiteres, noch drastischeres Beispiel für solcherart modifizierte Preise bietet der Mineralwasseranbieter *Evian*, der beispielsweise in den USA eine ¼-Liter-Flasche natürliches Mineralwasser für unter zwei US-Dollar anbietet, dagegen jedoch das selbe Wasser als Befeuchtungsspray für das Gesicht in einer stilvollen (Parfum-)Kleinpackung für etwa sechs US-Dollar vertreibt.

- **Imagemäßige Preismodifizierungen** – wenn für ein und dasselbe Produkt, je nach angestrebtem Ansehen, unterschiedliche Preise festgesetzt werden

Solcherart Preismodifizierung besteht zum Beispiel dann, wenn etwa ein Parfum-Hersteller ein Parfum unter einer bestimmten Marke – mit „normalem" Image – für 20 Euro und im gleichen Atemzug dasselbe Parfum unter einer anderen Marke – mit höherem Prestige-Wert und mit einer optisch aufwendigeren Verpackung – für 60 Euro anbietet.

Gleiches gilt beispielsweise auch für einen Limonadenhersteller, der den Zucker in seiner Limonade durch Süßstoff ersetzt und dieses Getränk dann zum einen als preiswerte Brause, zum anderen aber auch als hochpreisiges (da „kalorienreduziertes") Diätgetränk verkauft.

- **Zeitliche Preismodifizierungen** – wenn etwa je nach Jahres- oder Tageszeit für bestimmte Dienstleistungen unterschiedliche Preise erhoben werden

So etwa bei den unterschiedlichen Telefontarifen, die abhängig von der jeweiligen Tageszeit sowie davon, ob Werktag oder Wochenende ist, festgelegt werden.

Hierbei spielt auch das Konzept des *„Yield-Pricing"* eine Rolle: so verlangen beispielsweise Hotels und Fluglinien entsprechend bestimmter (festgelegter) Saisonzeiten unterschiedliche Preise; ebenso wie sie auch etwa die Preise für „Frühbucher" oder „Last-Minute-Angebote" modifizieren.

- **Räumliche Preismodifizierungen** – wenn auf geographisch abgegrenzten Teilmärkten (Länder, Regionen, Städte, Stadtteile etc.) unterschiedliche Preise gefordert werden

Als Beispiele hierfür seien die unterschiedlichen Eintrittspreise für Theaterveranstaltungen je nach Sitzplatzpräferenz des Publikums oder aber auch die unterschiedlichen Preise einzelner Bauplätze eines Baugrundstückes (bei eigentlich lageunabhängigen Erschließungskosten) genannt.

Nachfolgend werden drei Beispiele unterschiedlicher Arten diskriminierender Preisgestaltung eingehender beleuchtet: die *Deutsche Telekom AG* als Beispiel für Preismodifizierung nach Kundensegment (zu Lasten der Kunden mit analogem Telefonanschluss), *Ikea* als Beispiel länderübergreifender Preisgestaltung (räumliche Preismodifizierung) sowie das neue Preissystem „plan&spar" der *Deutschen Bahn AG*, welches bei weiten Teilen der Bevölkerung auf Kritik stößt.

Diskriminierende Preismodifizierungen der *Deutschen Telekom AG*

Die *Deutsche Telekom AG* gerät immer wieder in den Focus öffentliche Kritik für preisdiskriminierende Methoden ihrerseits gegenüber ihren Kunden – speziell den Kunden mit Analog-Anschlüssen. Diese werden, so hat es den Anschein, beinahe kontinuierlich schlechter gestellt als ISDN-Kunden – in der offensichtlichen Absicht, Kunden von Analog-Anschlüssen zu einem Wechsel zum vergleichsweise teureren ISDN-Anschluss zu bewegen und für Neukunden sogleich ISDN-Anschlüsse „attraktiver" zu machen.

So sind viele Gesprächsgebühren etwa im Standarttarif für Analog-Anschlüsse höher als bei ISDN-Anschlüssen und auch einige Sondertarife, wie beispielsweise der „XXL-Tarif", werden nur für ISDN-Anschlüsse beworben. Dass es diese Tarife auf Anfrage auch für Analog-Anschluss-Kunden gibt, verschweigt der Konzern.

Seit dem 1. Juli 2002 erhalten *Telekom*-Kunden mit einem Analog-Anschluss für ihre monatliche Grundgebühr auch keine Rabattpunkte, sog. „Happy Digits", mehr. Eine Erklärung dazu, warum künftig nur noch ISDN-Kunden die Rabattpunkte bekommen, gibt es jedoch nicht.[265]

Darüber hinaus kündigte die *Deutsche Telekom AG* zum Jahreswechsel an, bei der Neu-Verlegung von analogen Telefonanschlüssen anstelle der bislang verlangten Pauschale von 44,45 Euro nun alle Arbeiten, vom

---

[265] vgl. Mansmann: Keine Telekom-Rabattpunkte für den Analoganschluss (09.08.2002), in: heise online, http://www.heise.de, 15.08.2002

Verlegen der Leitung bis zur Montage der Telefonsteckdose, separat in Rechnung zu stellen – was in Summe zu einem höheren Endbetrag im Vergleich zur vormaligen Pauschale geführt hätte.[266] So wollte das Unternehmen für eine Einrichtungspauschale von 51,57 Euro nur noch „Grundarbeiten" durchführen; jede weitere Leistung hätte der Kunde extra bezahlen sollen (20,76 Euro Montagekosten pro Viertelstunde für die Verlegung von Leitungen in der Wohnung sowie weitere 47,45 Euro „Anfahrtskosten" pro Arbeitstag der Techniker).[267]

Auch sollten zum 1. Februar 2003 die monatlichen Grundgebühren für analoge Telefonanschlüsse von bislang 13,33 Euro auf 14,48 Euro angehoben werden – während die Grundentgelte für ISDN-Anschlüsse unverändert blieben.[268]

Länderübergreifende Preisgestaltung bei *IKEA*

Mit der Einführung der europäischen Einheitswährung Euro sind Preisvergleiche zwischen Deutschland und dem europäischen Ausland wesentlich einfacher geworden. Dies ermöglicht es den Verbrauchern somit auch, eine Variante der räumlichen Preisdiskriminierung besser zu erkennen: die unterschiedliche Preisgestaltung der Produkte eines Unternehmens bzw. Händlers innerhalb verschiedener Länder.

---

[266] vgl. Riedel: Telekom will Kunden zur Kasse bitten (24.09.2002), in: Handelsblatt, http://www.handelsblatt.de, 27.09.2002; Stieler: Telekom plant Preiserhöhung für neue Analog-Anschlüsse (25.09.2002), in: heise online, http://www.heise.de, 27.09.2002

[267] Die *Regulierungsbehörde für Telekommunikation und Post (RegTP)*, das staatliche Kontrollorgan der beiden ehemaligen Monopolisten (vgl. Abschnitt 4.4), untersagte der *Deutschen Telekom AG* jedoch – diesmal – diese Gebührenerhöhung – zum Schutz der Kunden vor „Preishöhenmissbrauch". Nur einheitliche Pauschaltarife stellten sicher, so die Begründung der Regulierungsbehörde, dass die Kunden nicht noch nachträglich überraschend viel für die Einrichtung ihres Analog-Anschlusses zahlen müssten. (vgl. o.V.: Neuanschlüsse – Regulierer stoppt Erhöhung von Telekom-Tarifen (29.11.2002), in: Spiegel Online, http://www.spiegel.de, 04.12.2002)

[268] Diese Erhöhung um 1,15 Euro wurde von der Regulierungsbehörde jedoch nicht genehmigt – die zulässige Erhöhung wurde allerdings auf immerhin noch 38 Cent festgelegt. (vgl. Wilkens: Telekom will Grundgebühr erhöhen (11.11.2002), in: heise online, http://www.heise.de, 12.11.2002; Mansmann: RegTP lehnt höhere Telekom-Preise weitgehend ab (20.12.2002), in: heise online, http://www.heise.de, 07.01.2003)

Obwohl das Angebot der Einrichtungshäuser von *IKEA* europaweit nahezu identisch ist, trifft dies nicht auch auf die jeweiligen Preise zu. Das *Europäische Verbraucherzentrum Düsseldorf* untersuchte Anfang des Jahres 2002 insgesamt 35 Produkte der Einrichtungshäuser der Möbelkette *IKEA* in den Niederlanden, in Belgien, Deutschland, Österreich, Spanien, Frankreich, Finnland, England und Schweden und kam zu dem Ergebnis, dass die Preise für *IKEA*-Möbel in den Niederlanden (bei 12 von 35 Produkten) die niedrigsten, die in England dagegen am höchsten waren.

> Während zum Beispiel die Eckbank *„Strömstad"* in Österreich 689 Euro kostete, mussten britische Verbraucher dafür umgerechnet 1.420,64 Euro zahlen. Und auch *„Sultan Mansken"* Federkernmatratze wurden in England umgerechnet 126,98 Euro, in Deutschland jedoch nur 49 Euro verlangt.[269]

„plan&spar" – Das neue Tarifsystem der *Deutschen Bahn AG*[270]

Zum 15. Dezember 2002 beabsichtigte die *Deutsche Bahn AG*, das vormalige Preissystem, welches nach Aussagen der *Deutschen Bahn AG*

---

[269] vgl. Europäisches Verbraucherzentrum Kiel: Ikea-Preisvergleich – Preisunterschiede bis zu 100%, http://www.verbraucher.euregio.de, 08.05.2002

[270] vgl. (auch nachfolgend) Deutsche Bahn AG (Hrsg.): Das neue Preissystem der Bahn, 05.07.2001, http://www.probahn-nrw.de, 30.09.2002; Pro Bahn e.V. (Hrsg.): PEP-Positionspapier – Ein neues DB-Preissystem nur mit BahnCard 50, Oktober 2001, http://www.probahn-nrw.de, 01.10.2002; Wolf: Neues Bahnpreis-System – Bahnfahren wird teurer, komplizierter und stammkundenfeindlich, Bürgerbahn statt Börsenbahn, http://www.buergerbahn-statt-boersenbahn, 30.09.2002; PDS im Bundestag: Verkehrspolitik – Bahnfahren einfach und preiswert machen! (18.07. 2002), http://www.pds-im-bundestag.de, 30.09.2002; Verkehrsclub Deutschland: Bahnbrechend – Sparen auf Biegen und Brechen mit dem neuen Preissystem, http://www.bahncard50.de, 30.09.2002; o.V.: Frühbucher reisen künftig billiger mit der Bahn, in: Frankfurter Allgemeine Zeitung (07.10.2002), 13; Klinner/Hofwiler/ Reimer: Die Bahn wähnt sich beflügelt (10.10.2002), in: die tageszeitung Nr. 6874 (10.10.2002) 3; Balsen: Gefragt – der aktive Kunde (10.10.2002), in: Frankfurter Rundschau Online, http://www.fr-aktuell.de, (11.10.2002; o.V.: Bahn stellt neues Tarifsystem vor – Vorteile für Frühbucher (10.10.2002), in: NGO-online, http://www.ngo-online.de, 10.10.2002; Läsker: Wer nicht fragt, fährt teuer (07.04.2003), in: Süddeutsche Zeitung, http://www.sueddeutsche.de, 11.04.2003

von vielen (potentiellen Neu-)Kunden als zu unübersichtlich und zu teuer eingeschätzt wurde, durch ein neues, *PEP (Preis- und Erlösmanagement Personenverkehr)* genanntes, zu ersetzen. Mit Hilfe dieses neuen Systems sollte Bahnfahren „für Millionen Menschen billiger"[271] werden, so *Deutsche Bahn*-Vorstandschef Hartmut Mehdorn. Es sei zudem transparent und übersichtlich, familienfreundlich, flexibel und serviceorientiert, auslastungssteuernd und fair im Nahverkehr.[272] Verbraucherschützer und Fahrgastverbände bestreiten dies jedoch vehement.

In Zukunft soll das bisher gültige Fahrtpreis-Berechnungssystem (Kilometerpreis mal Entfernung, gegebenenfalls minus 50 Prozent *Bahn-Card*-Rabatt, plus *ICE*-Zuschlag o.ä.) durch verschiedene „Grundpreise" („A" für *ICE*-Verbindungen, „B" für *IC/EC*, *Nacht*- oder *D-Zug*-Verbindungen und „C" für *IR*-, *RE*-, *RB*- und *S-Bahn*-Verbindungen) sowie sog. „Loco-Preise" für Verbindungen von Ort zu Ort und sog. „Eckpreise" in verkehrsschwachen Zeiten (und für schlecht ausgelastete Züge) ersetzt werden. Zu diesen Grundpreisen, die auf längeren Distanzen (ab 143 Kilometer) um bis zu 25 Prozent sinken sollen, kommen drei Kategorien „Sonderpreise", für die die Kunden, je nach dem, inwieweit sie im Voraus ihre Tickets gekauft haben, zusätzliche Ermäßigungen bekommen können: Sonderpreis 1 gewährt 10 Prozent Rabatt, wenn das Ticket 1 Tag vor Reiseantritt gekauft wurde; Sonderpreis 2 ermöglicht einen 25-prozentigen Rabatt auf den Grundpreis, wenn das Ticket bis 3 Tage vor Antritt der Reise gekauft wurde; und wenn die Reisenden ihr Ticket 7 Tage vor Reisebeginn kaufen, bekommen sie 40 Prozent Rabatt. Diese Sonderpreise sind jedoch an bestimmte, „zuggenau gebuchte", Zugverbindungen gebunden. Die Sonderpreise 2 und 3 gelten zudem nur dann, wenn sowohl Hin- als auch Rückfahrt „zuggenau" gebucht werden; im letzteren Fall muss zwischen Hin- und Rückfahrt zudem ein Wochenende liegen. Die Kapazität der Sonderpreis-Plätze in den einzelnen Zügen ist jedoch begrenzt („so lange der Vorrat reicht") und sollten die Reisenden die ge-

---

[271] Kirnich: Preis-Rabatt bis zu 66 Prozent möglich (05.07.2001), in: Berliner Zeitung, http://www.berlinonline.de, 30.09.2002

[272] vgl. Deutsche Bahn AG (Hrsg.): Das neue Preissystem der Bahn, 05.07.2001, http://www.probahn-nrw.de, 30.09.2002

buchte Zugfahrt dann doch nicht antreten können, müssen sie Storno-Gebühren zwischen 15 Euro (bis zum Ende der Vorverkaufsfrist) und 30 Euro (bis zum ersten Geltungstag) zahlen. Sollten sie den gebuchten Zug verpassen sind bis zu 45 Euro (am Reisetag – zuzüglich der Differenz zum Normalpreis) fällig. (Die Bahn rechtfertigt diese hohen Storno-Gebühren damit, dass verhindert werden soll, dass Großunternehmen Rabattkontingente komplett aufkaufen, diese dann aber nicht nutzen und kurz vor Reiseantritt wieder stornieren.)

Die *BahnCard*, auf die bisher 50 Prozent Rabatt gewährt wurde, ermöglicht nach dem neuen System nur noch einen Rabatt von 25 Prozent. Sie ist dementsprechend zwar auch preiswerter als die „alte" *BahnCard*, indes Sonderkonditionen für Studenten oder Rentner wird es jedoch nicht mehr geben. Auch entfallen eine Vielzahl besonders preiswerter Tickets wie das *Guten-Abend-Ticket*, das *Twen-Ticket*, das *Stadt-Ticket* sowie die *(Super)Sparpreise ICE/Fernverkehr/Europa*, *Rail&Fly* und Monatskarten ersatzlos. Einzig die Tickets, die sich auf den Nahverkehr beziehen, wie die einzelnen *Ländertickets* oder das *Schönes-Wochenende-Ticket*, sollen erhalten werden.

Die *Deutsche Bahn AG* hält dem entgegen dass die neue *BahnCard* nun allerdings auch für die Sonderpreise gilt. Somit können Frühbucher, die 7 Tage im Voraus ihre Reise buchen, nun 65 Prozent Rabatt auf den Fahrpreis erhalten. Für einen Großteil der Reisenden verringern sich jedoch die gewährten Rabatte erheblich. Besonders betroffen von der „Entwertung" der *BahnCard* sind dabei Pendler, Vielfahrer oder Spontanreisende, die im Nahverkehr reisen oder nicht im Voraus buchen können oder wollen. Sie genießen zwar den zweifelhaften Vorteil, jeden Zug, ohne Zugbindung, kurzfristig buchen zu können, jedoch nur zu dem höheren Grundpreis mit der Hälfte des vormals üblichen Rabattes.

Das neue Preissystem ist für den Fernverkehr entwickelt worden, was bedeutet, dass für den Nahverkehr das alte System weiterhin gelten wird – allerdings mit der neuen *BahnCard*. Im Nahverkehr kann nicht im Voraus gebucht werden (und somit Preisnachlässe erlangt werden) und die Kunden müssen zudem mit Preiserhöhungen von bis zu 10 Prozent rechnen (wohingegen die Fernverkehrs-Grundpreise – ab 140

Kilometer – um einen bestimmten Prozentsatz je Kilometer sinken werden – um bis zu 25 Prozent).

Die einzigen, die von dem neuen System in gewisser Hinsicht profitieren können, sind Familien (mit Kindern unter 14 Jahren) und Gruppenreisende, für die diverse Sondertarife gelten. So erhalten Ehepartner und Kinder (bis 17 Jahre) ihre *BahnCard* beispielsweise für nur 5 Euro; Kinder bis einschließlich 14 Jahren (vormals 12) fahren in Begleitung ihrer Eltern oder Großeltern kostenlos und bis zu 4 Mitfahrer zahlen nur die Hälfte des Fahrpreises.[273] Für die Mehrzahl der Kunden der *Deutschen Bahn AG* wird Bahnfahren jedoch deutlich teurer und auch unflexibler. Sie werden vor die Wahl gestellt: entweder teuer reisen, oder aber unflexibel auf eine einzige Reiseverbindung schon weit im Voraus festgelegt sein[274] – in der Hoffnung, dass die Rabattkontingente noch nicht ausgeschöpft sind. Dies gilt jedoch, wie oben erwähnt, nur für Reisende im Fernverkehr. Reisende im Nah- und Regional- sowie im Pendlerverkehr kommen nicht in den Genuss der Rabattmöglichkeiten.

Die *Stiftung Warentest* testete 800 Bahnverbindungen quer durch Deutschland – mit neuen und alten Bahnverbindungspreisen. Ihr Fazit: „Wer alleine

[273] Vor diesem Hintergrund hatten Verbraucher speziell im Internet (teilweise schon vor dem Start des neuen Preissystems) diverse „Mitbahnzentralen", z.B. unter *www.billigbahnfahren.info*, *www.ticket-teilen.de*, *www.ticket-mitfahrer.de* oder *www.mitbahnen.de*, eingerichtet, um Bahnreisende untereinander in Reisegruppen bzw. Fahrgemeinschaften zu vermitteln, um Kosten zu sparen. In Reaktion auf diese „Mitbahnzentralen", gegen die sich die *Deutsche Bahn AG* zunächst prinzipiell gewehrt hatte, kündigte das Unternehmen jedoch noch im Dezember 2002 an, mit den „Mitbahnzentralen" kooperieren und selbst Mitfahrerzentralen einrichten zu wollen – zunächst am Bahnhof Zoo Berlin sowie am Bahnhof Dresden Neustadt. (vgl. Wilkens: Bahn will Mitfahrer (nicht nur) im Internet verkuppeln (12.12.2002), in: heise online, http://www.heise.de, 17.12.2002)

[274] Die Freiburger *Zeitung zum Sonntag* kommentierte dazu: „Mit der Tarifreform wird die Bahn ihr Ziel vor allem deshalb nicht errechen, weil sie von ihren Kunden verlangt, was sie selbst nicht zu leisten vermag: auf die Minute genau zu planen." (Zeitung zum Sonntag vom 08.07.2001, zit. in: Wolf: Neues Bahnpreis-System – Bahnfahren wird teurer, komplizierter und stammkundenfeindlich, Bürgerbahn statt Börsenbahn, http://www.buergerbahn-statt-boersenbahn, 30.09.2002)

reist, zahlt in Zukunft oft mehr. Auch Familien mit Kindern über 14 Jahren müssen tiefer in die Tasche greifen – vor allem auf Fernstrecken."[275]

„Wir können das System nur mit der Note ausreichend bis befriedigend beurteilen"[276], so Hubertus Primus, Bereichsleiter der *Stiftung Warentest*. Er bemängelte: familienunfreundliche Preisvarianten, der gekappte *Bahncard*-Rabatt, zu starke Reglementierungen für Rabatt- und Sparangebote sowie hohe Stornogebühren. Auch dass die *InterRegios* einfach in teurere *InterCity*-Züge „umbenannt" wurden, sei nicht gerade kundenfreundlich, kritisierte die *Stiftung Warentest* und forderte Nachbesserungen.

Nun wurde die *Deutsche Bahn AG* offiziell sogar von der Regierung, speziell vom Bundesverkehrsministerium und dem Verbraucherministerium zur Überarbeitung ihrer Preissystems aufgefordert. Gemeinsam mit dem *vzbv* und dem *Pro-Bahn-Landesverband Mitteldeutschland* wurden entsprechende Vorschläge erarbeitet, die unter anderem eine *Bahncard*-Ermäßigung im Nah- und Regionalverkehr von 50 Prozent sowie eine „Entschärfung" der Stornogebühren und klare Haftungsregeln bei „mangelhaften Leistungen" der Bahn vorsehen.[277] Die Bahn äußerte daraufhin nach längerem hin und her, das Preissystem bis Ende des Jahres 2003 noch einmal überprüfen zu wollen, lehnte jedoch eine Haftung für Verspätung, Zugausfall oder Anschlussversäumnis ebenso wie die Änderung der Stornogebühren kategorisch ab.[278]

2.3.8 Illegale Preis- und Marktabsprachen

Preisabsprachen zwischen Anbietern oder auch Herstellern einer Branche sind nach europäischem Kartellrecht verboten, da sie den Wettbewerb behindern bzw. auszuschalten suchen und zu überhöhten

[275] Stiftung Warentest: Neue Bahnpreise – Viele fahren schlechter, Online-Test (12/2002), http://www.warentest.de, 22.11.2002

[276] Gersdorff: Bahntickets sind oft zu teuer (28.03.2003), in: Die Welt, http://www.welt.de, 03.04.2003

[277] vgl. o.V.: Bahn AG soll ihr Tarifsystem überarbeiten (17.03.2003), in: Leipziger Volkszeitung, http://www.lvz-online.de, 25.03.2003; o.V.: Grüne wollen Änderungen an Preissystem der Bahn (22.03.2003), in: Freie Presse Online, http://www.freiepresse.de, 25.03.2003; Wüpper: Anerkennung für Bemühungen der Bahn (11.04.2003), in: Kölner Stadt-Anzeiger, http://www.ksta.de, 23.04.2003

[278] vgl. o.V.: Bahn erwägt Änderung am Preissystem (06.05.2003), in: Stuttgarter Nachrichten, http://www.stuttgarter-nachrichten.de, 06.05.2003

Preisen für die Kunden führen. Doch trotz des offensichtlichen Verbots, über dessen Einhaltung das Bundeskartellamt bzw. dessen europäisches Pendant wacht, versuchen immer wieder diverse Unternehmen, auf illegalem Wege Preise untereinander abzusprechen und Marktsegmente untereinander aufzuteilen, um Markt- und Preisvorteile zu erlangen.

So erhoben Anfang August des Jahres 2000 28 US-amerikanische Bundesstaaten Schadenersatz-Klage gegen 5 große Plattenfirmen (*Warner Music Group*, *Sony Music Entertainment*, *Universal Music Group*, *Bertelsmanns BMG* und die *EMI Group*) und drei Musikketten (*Music Stores Corp.*, *Tower Records* und *Trans World Entertainment Corp.*) wegen illegaler Preisabsprachen. Im Zentrum der Kritik stand dabei die von den Unternehmen verfolgte Strategie des *„Minimum Advertising Pricing“ (MAP)*, mit der sie auf die in den USA weit verbreiteten und ob ihrer preiswerteren CDs immer beliebteren Discount-Musikläden reagierten: Die Musikkonzerne erklären sich vertraglich dazu bereit, sich an den Werbekosten der Einzelhändler prozentual zu beteiligen, wenn diese ihrerseits sich dazu verpflichten, den von den Konzernen festgelegten Minimalpreis für CDs nicht zu unterschreiten. Die Konzerne werden von den Klägern jedoch beschuldigt, die Einzelhändler auch dann von der Senkung ihrer Preise abgehalten zu haben, wenn diese selbst für die gesamte Werbung aufkamen. Als Folge dieser resoluten *MAP*-Strategie wurden überhöhte Preise künstlich stabilisiert. Die Verbraucher mussten so pro CD etwa 2 US-Dollar mehr bezahlen, was den Unternehmen nach Schätzung der *Federal Trade Commission* in den Jahren 1999 und 2000 einen Mehr-Umsatz von 480 Millionen US-Dollar einbrachte.[279]

Preiskartelle gibt es in fast allen Branchen. In der Bau-Branche ...

[279] Nach einem etwa 2 Jahre dauernden Gerichtsverfahren erklärten sich die beschuldigten Unternehmen in Absprache mit der *Federal Trade Commission* bereit, eine Strafe von 67,4 Millionen Dollar zu zahlen – allerdings nur um weitere Gerichtskosten zu sparen, heißt es in amerikanischen Medien. Schuld wollten die Musikfirmen nicht eingestehen. (vgl. o.V.: U.S. states sue music firms – Coalition seeks damages from major record labels, retailers for price-fixing (09.08.2000), in: CNNmoney, http://money.cnn.com, 24.08.2002; Wilkens: US-Plattenfirmen zahlen Strafe wegen Preismanipulation bei CDs (01.10.2002), in: heise online, http://www.heise.de, 07.10.2002)

Seit Anfang Juli 2002 läuft derzeit ein Untersuchungsverfahren des Bundeskartellamtes bei etwa 30 deutschen Zement-Herstellern, die in Verdacht stehen, sie hätten seit den 70er Jahren Preise abgesprochen und sich über festgelegte Absatzquoten den Markt praktisch aufgeteilt sowie ausländischen Zementherstellern den Markteintritt in Deutschland verwehrt. Das vorläufige Ergebnis: Im April 2003 verhängte das Kartellamt Bußgeldstrafen in Höhe von insgesamt 660,5 Millionen Euro gegen die 6 führenden Zementhersteller. Gegen 13 weitere Unternehmen aus dem Mittelstand laufen die Verfahren noch (Stand: Mai 2003). Die höchste Strafe ging dabei an den Branchenführer *HeidelbergCement AG*, der als „Kartellführer" 251,5 Millionen Euro Strafe zahlen soll. Die *Schwenk Zement KG* soll 142 Millionen Euro Strafe zahlen, *Dykerhoff AG*, das zweitstärkste Unternehmen der Branche, wurde zu 95 Millionen Euro verurteilt, *Lafarge Zement GmbH* zu 86 Millionen Euro, die Hamburger *Alsen AG* zu 74 Millionen und die *Ratinger Readymix AG* zu 12 Millionen Euro.[280]

Knapp 3 Jahre zuvor war die Baustoffbranche schon einmal von einem Kartellverfahren betroffen. Im November 1999 hatte das Bundeskartellamt ein Transportbeton-Kartell aufgedeckt und Bußgelder von mehr als 370 Millionen Euro gegen fünfzig Unternehmen verhängt; darunter auch

---

[280] vgl. o.V.: Kartellamt verhängt 660 Millionen Euro Bußgeld gegen Zementkartell (14.04.2003), in: Frankfurter Allgemeine Zeitung, http://www.faz.net, 30.04.2003; o.V.: Bußgelder lassen Zement-Aktien nicht brökeln (14.04.2003), in: Frankfurter Allgemeine Zeitung, http://www.faz.net, 30.04.2003; Seidlitz: Zementkartell muss 661 Millionen Euro zahlen (15.04.2003), in: Die Welt, http://www.welt.de, 23.04.2003
Opfer dieser Kartellbildung finden sich in allen Bereichen der Gesellschaft: ob Eigentumsbesitzer, Firmeninhaber oder gar der Staat – alle, die in den letzten 30 Jahren gebaut haben, mussten draufzahlen. Und der entstandene gesamtwirtschaftliche Schaden beläuft sich in Milliardenhöhe. Diejenigen, die jedoch unter dem Urteil des Kartellamtes am meisten zu leiden haben werden, sind die Mitarbeiter der Zementhersteller. Denn nur durch die Aufrechterhaltung des Kartells, welches den Unternehmen stabile Absatzmengen und Preise sicherte, konnten sich so viele Unternehmen, die teilweise so gar nicht über eine wettbewerbsfähige Größe verfügen, trotz der Baukrise über Wasser halten. In Folge der Bußgeld-Verhängung drohen der Branche nun zahlreiche Insolvenzen und Übernahmen, die mit drastischen Massenentlassungen einhergehen werden (vgl. Seidlitz: Die harte Strafe für die Zementbranche ist gerecht (15.04.2003), in: Die Welt, http://www.welt.de, 23.04.2003).

gegen *Ratinger Readymix AG*, welche als Führer des Preiskartells nahezu ein Drittel des Bußgeldes allein aufbringen musste.[281]

... in der Unterhaltungsbranche ...

Am 30.10.2002 verhängte die EU-Wettbewerbskommission Kartellbußen in Höhe von insgesamt 168 Millionen Euro gegen den japanischen Computerspielehersteller *Nintendo* und sieben seiner europäischen Vertriebshändler. Laut EU-Wettbewerbskommissar Mario Monti hatten die Unternehmen ihren lokalen Händlern verboten, Computerspiele ins europäische Ausland zu liefern. Händler, die dennoch ins Ausland verkauften, wurden von *Nintendo* zum Teil nicht mehr beliefert. Durch diese Praxis kosteten im Jahre 1996 Nintendo-Produkte in Deutschland bis zu 65 Prozent mehr als in Großbritannien.[282]

... in der Futtermittelbranche ...

Ende 2000 stießen die Ermittler der EU-Wettbewerbsaufsicht auf illegale Preisabsprachen zwischen fünf weltweit operierenden, in den USA, Japan und Südkorea ansässigen, Futtermittelkonzernen. Im November 2001 verhängten sie das mit 850 Millionen Euro bisher höchste Bußgeld aller Zeiten gegen acht weltweit tätige Vitamin-Hersteller (unter ihnen auch *BASF* und *Merck* sowie der Schweizer Marktführer *Hoffmann La Roche*), deren Absprachen die betreffenden, zum Teil lebenswichtigen, Vitamine (nicht nur in Tierfutter, sondern auch in Nahrungsmitteln für den Menschen) künstlich verteuert hatten.

Und auch im letzten Jahr (2002) enthüllte die EU-Wettbewerbsaufsicht ein weiteres weltweit operierendes Preiskartell zwischen der deutschen *Degussa AG*, der japanischen *Nippon Soda Company* und dem französischen *Aventis*-Konzern und verhängte Geldbußen von jeweils 118 Millionen Euro (gegen die deutsche *Degussa AG*) und 9 Millionen Euro (gegen die japanische *Nippon Soda Company*). Der französische Konzern blieb straffrei, da er das Kartell in Brüssel angezeigt und so den Ermittlern entscheidende Hinweise geliefert hatte. Die Konzerne sprachen be-

---

281 vgl. o.V.: Zementkartell im Visier der Wettbewerbshüter (08.07.2002), in: Frankfurter Allgemeine Zeitung, http://www.faz.net, 10.07.2003; o.V.: Illegale Preisabsprachen? (09.07.2002), in: Kölner Stadt-Anzeiger, http://www.ksta.de, 10.07.2002

282 vgl. Schellenberger: EU verhängt Kartellstrafen gegen Nintendo und Sotherby's (30.10.2002), in: Berliner Zeitung, http://www.berlinonline.de, 31.10.2002

reits seit 1968 ihre Preise für *Methionin*[283] illegal ab und setzten gemeinsam Preiserhöhungen durch. Infolgedessen erhöhten sich auch die Mischfutterpreise, sodass die Schweine- und Geflügelfleischproduzenten sich praktisch gezwungen sahen, ihre überhöhten Produktionskosten über höhere Endverbraucher-Preise wieder auszugleichen.[284]

... und auch in der Mobilfunkbranche.

Ende 2002 verurteilte die Niederländische Kartellbehörde (NMa) fünf Mobilfunkunternehmen – die aus der niederländischen Postverwaltung entstandene *KPN*, die britische Gesellschaft *Vodavone*, das zur *Deutschen Telekom AG* gehörende Unternehmen *Ben*, *Dutchtone (France Telekom)* und *O2* – wegen unerlaubter Preisabsprachen zu Bußgeldern von insgesamt 88 Millionen Euro. Die Mobilfunkbetreiber sollen laut Angabe der Behörde Vergütungen für Unternehmen vereinbart haben, die Telefonabonnements für Handys verkauften und damit die von den Verbrauchern zu zahlenden Tarife künstlich hoch gehalten haben. Die höchste Buße sollte *KPN* mit 31 Millionen Euro zahlen. *Vodafone* und *Ben* wurden als höchstwahrscheinliche Initiatoren der Absprachen zu 24 Millionen Euro bzw. zu 15,2 Millionen Euro verurteilt; *Dutchtone* und *O2* sollten jeweils 11,5 Millionen Euro bzw. 6 Millionen Euro Bußgeld zahlen.[285]

Desweiteren ermittelt die EU-Wettbewerbskommission bereits seit Ende des Jahres 2000 unter europäischen Mobilfunkanbietern wegen zu hoher Roaming-Gebühren, sprich den Tarifen, die die Anbieter für das Weiterleiten eines Gesprächs in andere in- oder (vor allem) ausländische Mobilfunknetze berechnen. Die Wettbewerbshüter um Mario Monti vermuten verbotene Preisabsprachen unter den Anbieter, welche die Preise künstlich in der Höhe hielten. Für die Mobilfunkanbieter ein einträgliches Geschäft, da sie doch bis zu einem Drittel ihres Umsatzes mit Roaming-Gebühren sowie den Gebühren, die sie für die Vermittlung zwischen Fest- und Mobilfunknetz einstreichen, erzielen. Laut einem Bericht der *Financial Times Deutschland* ist es vor allem dem mangelnden Fortschritt in den Untersuchungen der britischen und deutschen Mobil-

---

[283] *Methionin* gehört zu den weltweit wichtigsten Aminosäuren für die Herstellung von Tierfutter, speziell Geflügel- und Schweinefutter.

[284] vgl. Walter: EU: Verdeckte Abzocke bestraft – Schwere Bußgelder für unlautere Lebensmittelkonzerne (12.08.2002), in: Neues Deutschland, http://www.nd-online.de, 14.08.2002

[285] vgl. o.V.: Mobilfunk: 88 Millionen Euro Buße wegen Preisabsprachen (30.12.2002), in: heise online, http://www.heise.de, 04.02.2003

funkanbieter zu verdanken, dass ein Ergebnis der Ermittlungen frühestens Ende August 2003 erwartet werden kann.[286]

2.3.9 Ausnutzung von Marktmonopolen zur Schaffung von Markteintrittsbarrieren

Mit der Ende der 90er Jahre beginnenden Liberalisierung vormals staatlicher Monopol-Märkte, wie dem Telekommunikations- und dem Energiemarkt, Bahn und Post, erhofften sich viele Verbraucher, von dem nun einsetzenden gesteigerten Wettbewerb durch günstigere Konditionen, sprich niedrigere Preise, profitieren zu können. Diese Hoffnung hat sich jedoch bislang nicht bzw. nur ansatzweise erfüllt[287]:

- Im Telekommunikationssektor hat es noch kein alternativer Anbieter geschafft, wirklich Gewinne zu erwirtschaften, da der Markt nur schrittweise – mit erheblichen Verzögerungen – für andere Anbieter geöffnet wurde;
- nur wenige neue Stromanbieter konnten sich am Markt etablieren, haben jedoch nur geringe bis gar keine Chancen gegen die ehemals staatlichen Betriebe – mit einer Ausnahme: *Yello Strom*, doch auch dieser Anbieter ist nicht besonders erfolgreich;
- für den Gasmarkt konstatiert die Monopolkommission: „Ein ‚Gas-zu-Gas-Wettbewerb' findet nicht statt"[288];
- auf der Schiene hat der Wettbewerb noch gar nicht begonnen, da sich noch immer Regierung und *Deutsche Bahn AG* über die Re-

[286] vgl. Mansmann: Weiteres Kartellverfahren gegen die Telekom (29.01.2003), in: heise online, http://www.heise.de, 04.02.2003; Raupp: Billiges Handy – teures Gespräch: Urlauber und Geschäftsreisende bezahlen zu viel (14.04.2003), in: Süddeutsche Zeitung, http://www.sueddeutsche.de, 23.04.2003; Löding: EU-Feldzug gegen hohe Roaming-Gebühren dauert länger (22.04.2003), in: heise online, http://www.heise.de, 23.04.2003

[287] vgl. (auch nachfolgend) Riedel: Anfangseuphorie der Liberalisierung ist der Enttäuschung gewichen – Wettbewerbspolitik vor dem Neustart (17.03.2003), in: Handelsblatt, http://www.handelsblatt.com, 25.03.2003

[288] ebd.

geln, nach denen Wettbewerber das Schienennetz der *Deutschen Bahn AG* mitbenutzen dürfen, streiten;

- die *Deutsche Post AG* musste zwar ihr Paket-Monopol offiziell aufgeben, ist jedoch immer noch unantastbarer Marktführer, und das Brief-Monopol auf Briefe weniger als 50 Gramm – das sind etwa zwei Drittel aller versendeten Briefe – obliegt ihr immer noch – zumindest noch bis zum Jahre 2007[289].

Gerade auf dem Gebiet der sog. Netzmonopole[290] ist es für neue Anbieter sehr schwer, sich auf dem Markt zu etablieren. Denn sie sind auf die bereits vorhandenen (Versorgungs-)Netze der etablierten – vormals staatlichen – Betreiber angewiesen, welche sich wiederum in der bevorzugten Position befinden, die Netznutzungs- bzw. Netzzugangsentgelte verhältnismäßig frei bestimmen zu können. Vielen neuen Anbietern wurde so von Anfang an der Markteintritt erschwert, wenn nicht gar verhindert, mit dem Ergebnis, dass sie weniger konkurrenzfähig waren als erhofft.

Telekommunikationsmarkt

Bei der Deregulierung des Telekommunikationsmarktes konnte zunächst nur die Öffnung des Marktes für Auslands- und Ferngespräche durchgesetzt werden. Mit dem Ergebnis, dass alle Konkurrenten der *Deutschen Telekom AG* zusammen in den nunmehr 5 Jahren seit der Liberalisierung erst etwa 30 Prozent des Geschäfts der *Telekom* übernehmen konnten.[291]

Die *Deutsche Telekom AG* geriet nun in die Kritik, ihre marktbeherrschende Stellung als Netzanbieter dahingehend auszunutzen, von Wettbewerbern höhere Entgelte für den Zugang zum eigenen Telefon-Ortsnetz zu verlangen als von den eigenen Endkunden. Seit Anfang 2002

---

[289] vgl. Granzow: Postliberalisierung kostet Monopolisten kaum Marktanteile – Privaten Brief-Zustellern bleibt nur die Nische (19.03.2003), in: Handelsblatt, http://www.handelsblatt.com, 25.03.2003

[290] sprich: alle oben genannten Märkte, mit Ausnahme des Postmarktes

[291] vgl. o.V.: Im Ortsnetz werden die Karten neu gemischt (24.04.2003), in: Die Welt, http://www.welt.de, 24.04.2003

prüft die Europäische Wettbewerbskommission die dahingehenden Vorwürfe von *Mannesmann-Arcor* und zahlreichen anderen regional tätigen deutschen Betreibern. Der Abschluss des Kartellverfahrens wird für Juni/Juli 2003 erwartet.[292]

Erst nachdem die EU-Wettbewerbsbehörde eine Klage gegen die Bundesregierung vor dem Europäischen Gerichtshof wegen der Aussetzung von Call-by-Call-Gesprächen im Ortsnetz eingereicht hatte[293] und auch rechtliche Schritte gegen die *Deutsche Telekom AG* wegen Verzögerungen beim Wettbewerb im Telefon-Ortsnetz androhte[294], wurde Ende April 2003 schließlich auch das De-facto-Monopol der *Telekom* auf Ortsgespräche gefällt. Dies bedeutet für die Verbraucher zunächst Ortsgespräche via Call-by-Call, wie sie für Ferngespräche schon längere Zeit möglich sind, sowie voraussichtlich ab Anfang Juli 2003 auch die Möglichkeit der Preselection, bei der sich der Kunde

---

292 vgl. Vertretung der Europäischen Kommission in Deutschland: Die Kommission verdächtigt Deutsche Telekom, wettbewerbswidrige Preise für den Zugang zum Ortsnetz zu erheben (08.05.2002), Pressenachrichten, http://www.eu-kommission.de, 15.05.2002); Kuri: EU-Bußgeld gegen Deutsche Telekom möglich (23.04.2003), in: heise online, http://www.heise.de, 24.04.2003
Einem Gesetzentwurf des Wirtschaftsministeriums zufolge soll die *Deutsche Telekom AG* künftig Strafe zahlen, wenn sie ihre marktbeherrschende Stellung in Deutschland missbraucht. Zudem sieht der Gesetzentwurf eine Abschöpfung der missbräuchlich erwirtschafteten Gewinne vor. Dies alles sei notwendig, so das Ministerium, da die *Regulierungsbehörde für Telekommunikation und Post* bis dato keine Möglichkeit hat, Missbräuche zu bestrafen. Da das Kartellamt, das Monopolmissbräuche bestrafen kann, nicht für den Telekommunikationssektor zuständig ist, hatte die *Deutsche Telekom AG* bislang nichts zu befürchten (vgl. Virtel/Ottomeier: Telekom drohen Strafen bei Monopolmissbrauch (20.02.2003), in: Financial Times Deutschland, http://www.ftd.de, 21.02.2003).

293 vgl. Wilkens: EU verklagt Deutschland wegen Call-by-Call im Ortsnetz (05.12.2002), in: heise online, http://www.heise.de, 10.12.2002

294 vgl. Kuri: EU-Bußgeld gegen Deutsche Telekom möglich (23.04.2003), in: heise online, http://www.heise.de, 24.04.2003
Anfang Mai 2003 hieß es aus Kreisen der EU-Wettbewerbskommission, die Kommission würde ein Bußgeld in zweistelliger Millionenhöhe gegen die *Deutsche Telekom AG* verhängen wollen. Eine offizielle Entscheidung wird zum 28. Mai 2003 erwartet (vgl. o.V.: Rosa Riese wird zur Kasse gebeten (05.05.2003), in: Focus Online, http://focus.msn.de, 06.05.2003).

vertraglich an ein Telekommunikationsunternehmen seiner Wahl binden kann.[295]

Die zu erwartenden Preisabschläge werden jedoch bei weitem nicht so hoch ausfallen, wie bei der Einführung des Call-by-Call für Ferngespräche, da das Tarifniveau generell schon gesunken ist.[296] Somit geht es wohl eher um Ersparnisse von zehntel oder gar hundertstel Cent im Vergleich der Anbieter. Ob sich dadurch auf längere Sicht die neuen Anbieter auf dem Markt erfolgreich werden positionieren können, bleibt demnach abzuwarten.[297]

Hinzu kommt, dass die *Deutsche Telekom AG* durch die sog. Interconnection-Tarife – das sind von der *Regulierungsbehörde für Telekommunikation und Post (RegTP)* festegelegte Gebühren, die die Anbieter an die *Telekom* für die Netzzusammenschaltung zahlen müssen, – an jedem der Gespräche ihrer Konkurrenten mitverdient. Bislang verlangte die *Telekom* 1,1 Cent pro Minute. Zur Freigabe des Telefonortsnetzes stellte die *Telekom* jedoch zusätzlich einen Antrag bei der Regulierungsbehörde, den Tarif um weitere 0,6 Cent erhöhen zu dürfen, unter Berufung auf eine Änderung im Telekommunikationsgesetz, welche Fremdanbieter verpflichtet, sich an den Netzkosten zu beteiligen.[298] Und entgegen aller Prognosen entschied die Regulierungsbehörde zugunsten der *Telekom* und erhöhte den Tarif um weitere 0,4 Cent pro Minute ab dem 1. Juli 2003.

Damit wurde der beginnende Wettbewerb im Telefonortsnetz bereits im Keime wieder so gut wie erstickt. Denn durch die durchschnittlich 1,5 Cent pro Minute, welche die *Telekom*-Konkurrenten an den Kon-

---

[295] vgl. Kuri: Angeblich mehr als 20 Telekom-Konkurrenten im Ortsnetz (20.04.2003), in: heise online, http://www.heise.de, 23.04.2003

[296] Anno 1998 mussten Frankfurter für ein Telefonat mit Verwandten in Hamburg noch 60 Pfennig pro Minute zahlen. Inzwischen sind es durchschnittlich etwa zwei Cent.

[297] vgl. Wenzel: Bei der Schnäppchenjagd geht es um zehntel Cent (23.04.2003), in: Frankfurter Rundschau Online, http://www.fr-aktuell.de, 24.04.2003

[298] vgl. o.V.: Preisschlacht um Telefonkunden im Ortsnetz eröffnet (24.04.2003), in: Financial Times Deutschland, http://www.ftd.de, 26.04.2003; Kuri: Konkurrenz belebt das Geschäft – hoffentlich auch im Ortsnetz (24.04.2003), in: heise online, http://www.heise.de, 24.04.2003

zern zahlen müssen, ist es ihnen nahezu unmöglich, attraktive Telefontarife anbieten zu können, die unter den Preisen der *Telekom* liegen. Die vor den Call-by-Call-Start angekündigten Dumping-Preise vor allem in der Nebenzeit werden sie so in keinster Weise halten können; im Gegenteil, sie werden diese wieder anheben müssen– unter Umständen sogar über die Preise der *Telekom*.

Es bleibt abzuwarten, inwieweit sich die anfangs 19 Call-by-Call-Anbieter nach dieser Entscheidung für oder gegen den Versuch, gegen die *Telekom* anzukommen, entscheiden werden. Sicher ist jedoch, dass sich der Wettbewerb, wenn überhaupt, dann nur über eine geschickte Taktung sowie bestimmte Tarife zu ganz bestimmten Tageszeiten entscheiden wird – für die Telefonkunden ein neuer, nur schwer durchschaubarer Tarifdschungel. Und wer triumphiert? Die *Deutsche Telekom AG*, denn die neuen Konkurrenten können ihr nicht wirklich schaden und durch die Erhöhung des Interconnection-Tarifs kann sie sogar auf Kosten der Konkurrenz eventuell drohende Verluste im Ortsnetz kompensieren.[299]

Energiemarkt

Auch auf dem Strom- und Gasmarkt hat sich nicht wie erhofft ein echter Wettbewerb entwickeln können.

Dank missbräuchlich überzogener Nutzungsentgelte, welche die Stromnetzbetreiber als Monopolisten ihren Konkurrenten in Rechnung stellten, „[...] ist es für neue Wettbewerber kaum möglich, Strom zu konkurrenzfähigen Preisen anzubieten“[300], kritisiert Prof. Dr. Edda Müller, Vorstand des *Verbraucherzentrale Bundesverbandes (vzbv)*. „Die von

[299] vgl. Ziegler: „Harter Schlag“ für Telefonanbieter im Ortsnetz (30.04.2003), in: heise online, http://www.heise.de, 03.05.2003; o.V.: Wenig Wettbewerb bei Ortsnetz-Gesprächen gefürchtet (02.05.2003), in: Freie Presse Online, http://www.freiepresse.de, 03.05.2003; Wenzel: Auf den Takt kommt es an (02.05.2003), in: Frankfurter Rundschau Online, http://www.fr-aktuell.de, 03.05.2003; o.V.: Die Preise für Call-by-Call könnten im Ortsnetz bald wieder steigen (03.05.2003), in: Kölner Stadt-Anzeiger, http://www.ksta.de, 05.05.2003

[300] o.V.: Strommarktliberalisierung: Industrie profitiert – Verbraucher zahlen drauf (21.02.2003), in: NGO-online, http://www.ngo-online.de, 22.02.2003

den Netzbetreibern erhobenen Nutzungsentgelte machen bis zu 70 Prozent des Strompreises für private Haushalte aus. Gleichzeitig verwenden die Versorgungsunternehmen die Einnahmen aus den überhöhten Netznutzungsentgelten zur Quersubventionierung ihres eigenen Stroms und verfälschen damit den Wettbewerb." Von dieser Quersubventionierung profitiert zwar die Industrie – aber zu Lasten der Verbraucher.

Im Gegensatz zum Telekommunikationssektor, für den die Regulierungsbehörde die Entgelte festlegt, welche die alternativen Anbieter an die *Deutsche Telekom AG* zu entrichten haben, wurden die Preise für die Nutzung der Stromleitungen in diversen Verbändevereinbarungen festgelegt. In den Verbänden wiederum saßen (bzw. sitzen) die Vertreter der alten Stromkonzerne, die die Preise so hoch festsetzten, dass es für alternative Carrier kaum möglich war, den Kunden gute Angebote machen zu können.[301]

> Seit Januar 2002 läuft gegen 10 deutsche Energieversorger dahingehend ein Missbrauchsverfahren beim Bundeskartellamt.[302] Als erste wurde die *Thüringer Energie Ag (Teag)* im Februar 2003 zur sofortigen Senkung ihrer Nutzungsentgelte aufgefordert. In ihrer Verbändevereinbarung *II plus* hatten sich die Stromkonzerne darauf geeinigt, die Kosten für Aufbau und Unterhalt der Stromnetze zur Grundlage ihrer Preiskalkulation zu machen. Die *Teag*, die zu 75 Prozent zu *Eon-Energie* gehört, habe bei der Berechnung der Entgelte jedoch auch noch einen Wagniszuschlag und Werbekosten miteinkalkuliert, ließ das Kartellamt verlauten. Die geforderte Senkung werde zu einer Erlösminderung von zehn Prozent führen.[303] Im April 2003 wurde dann auch die *Mainzer Stadtwerke AG* zur sofortigen Senkung ihrer missbräuchlich überhöhten Nutzungsentgelte

---

[301] vgl. Sommer: Monopoly light, in: brand eins (02/2003), 78ff.

[302] Nach dem Vorverfahren Ende 2001 hatten bereits 12 der ursprünglich 22 angeklagten Stromanbieter „gezwungenermaßen freiwillig" ihre Nutzungsentgelte gesenkt. (vgl. o.V.: Kartellamt mahnt Stadtwerke Mainz ab (27.08.2002), Vereinigte Wirtschaftsdienste, http://www.vwd.de, 28.08.2002)

[303] vgl. o.V.: Kartellamt greift Stromanbieter an – Eon-Tochter muss Nutzungsentgelte senken (20.02.2003), in: Süddeutsche Zeitung, http://www.sueddeutsche.de, 21.02.2003

um insgesamt knapp 20 Prozent aufgefordert.[304] Die Verfahren gegen die anderen Energieversorger laufen derzeit (Stand: Mai 2003) noch.

Die Nutzungsentgelte, welche alternative Anbieter den Betreibern der Stromnetze zahlen müssen, machen derzeit bis zu 70 Prozent des Strompreises aus.[305] Damit hat Deutschland europaweit die höchsten Durchleitungsgebühren für Strom – sie liegen laut dem *Bund der Energieverbraucher* für die Haushalte derzeit um fast das Doppelte über dem EU-Durchschnitt.[306] „Für die Neuen sind da keine Margen mehr drin“[307], sodass immer mehr alternative Anbieter in den Konkurs gedrängt worden waren. „Im Haushaltskunden-Segment ist der Wettbewerb tot“[308], konstatiert Dr. Henning Borchers, Geschäftsführer des *Bundesverbandes Neuer Energieanbieter (bne)*. Zumal sich die alten, großen, etablierten Stromkonzerne sukzessive zusammengeschlossen haben (zu *E.on*, *RWE*, *EnBW* und *Vattenfall* und Beteiligungen an Stadtwerken) und somit kleinere, alternative Anbieter noch schwerer gegen diese „Übermacht“ ankommen. Sie konnten sich nicht wirklich etablieren.

Nach Angaben der deutschen Energiewirtschaft haben seit der Liberalisierung des Strommarktes nur etwa fünf Prozent der Privatkunden

---

304 vgl. Bundeskartellamt: Bundeskartellamt erlässt Missbrauchsverfügung wegen überhöhter Nutzungsentgelte gegen Stadtwerke Mainz (17.04.2003), Pressemeldung, http://www.bundeskartellamt.de, 30.04.2003

305 Die dadurch – auf Kosten der alternativen Anbieter sowie der Privatkunden – erzielten Gewinnüberschüsse werden laut Verbraucherschützern dazu genutzt, um die Kosten für die Industriekunden zu senken. So hätten seit 1998 nur knapp fünf Prozent der Privathaushalte den Anbieter gewechselt; demgegenüber wechselten 32 Prozent der Industriekunden und die restlichen 86 Prozent der Industriekunden erhielten günstigere Verträge (vgl. Hummel: Die alten Monopole halten (16.04.2003), in: Süddeutsche Zeitung, http://www.sueddeutsche.de, 23.04.2003; Thiede: Eine Behörde soll Strom und Gas billiger machen (25.03.2003), in: General-Anzeiger Online, http://www.general-anzeiger-bonn.de, 04.04.2003).

306 vgl. o.V.: Bilanz von fünf Jahren Stromwettbewerb: Verbraucher sind betrogen worden (29.04.2003), in: NGO-online, http://www.ngo-online.de, 30.04.2003

307 Hummel: Die alten Monopole halten (16.04.2003), in: Süddeutsche Zeitung, http://www.sueddeutsche.de, 23.04.2003

308 Usbeck: Wenn der Regulierer kommt (14.04.2003), in: Märkische Allgemeine, http://www.maerkischeallgemeine.de, 23.04.2003

den Stromversorger gewechselt.[309] Die Gründe dafür liegen zum einen in den oben genannten Ausführungen. Zum anderen sind die „alteingesessenen“ Konzerne den Kunden bekannt. Und im Gegensatz zum Call-by-Call im Telefonnetz haben die Kunden beim Strom nicht die Möglichkeit des Austestens anderer Anbieter. Entweder sie wechseln auf längere Zeit den Anbieter, oder eben auch nicht. Und viele Verbraucher scheuen diesen Wechsel – vor allem das vermeintliche Risiko, im schlimmsten Falle gar keinen Strom zu bekommen.[310] Dieses würden sie nur eingehen, wenn sich für sie aus dem Wechsel wirklich spürbare (Preis-)Vorteile ergäben, was wiederum die alternativen Anbieter jedoch aus o.g. Gründen (noch) nicht gewährleisten können.[311]

Doch während die (Privat-)Kunden beim Strom wenigstens theoretisch die Möglichkeit eines Anbieterwechsels haben, wird ihnen beim Gas ein Anbieterwechsel nach wie vor schlichtweg verwehrt. Denn die immer wieder monatelangen Verhandlungen zwischen Gaswirtschaft und Industriekunden über eine freiwillige Öffnung des Netzes sind bis dato gescheitert, da sich die Parteien nicht auf eine freiwillige Verbändevereinbarung zum Netzzugang einigen konnten.[312]

---

[309] vgl. Usbeck: Wenn der Regulierer kommt (14.04.2003), in: Märkische Allgemeine, http://www.maerkischeallgemeine.de, 23.04.2003

[310] Der *Bund der Energieversorger* kritisiert, wechselwilligen Stromkunden seien „Schauergeschichten“ erzählt worden, sie seien „geängstigt“ worden, und in Einzelfällen hätten die Stromversorger ihnen sogar den Strom einfach abgestellt, den Wechsel schlicht verweigert oder die Zählerstände nicht weitergegeben und so die Zahl der Wechsler gering gehalten (vgl. o.V.: Bilanz von fünf Jahren Stromwettbewerb: Verbraucher sind betrogen worden (29.04.2003), in: NGO-online, http://www.ngo-online.de, 30.04.2003).

[311] Nach Ansicht des *vzbv* ist es „blauäugig zu glauben, dass die Netzbetreiber anderen Stromanbietern jemals faire Konditionen für die Stromdurchleitung einräumen, solange sie über diese Netze den eigenen Strom verkaufen wollen.“(o.V.: Strommarktliberalisierung: Industrie profitiert – Verbraucher zahlen drauf (21.02.2003), in: NGO-online, http://www.ngo-online.de, 22.02.2003; vgl. Sommer: Monopoly light, in: brand eins (02/2003), 80).

[312] vgl. o.V.: Gas-Wettbewerb – Freier Netzzugang muss vom Staat geregelt werden (10.04.2003), in: Frankfurter Rundschau Online, http://www.fr-aktuell.de, 23.04.2003

Regulierungsbehörde für den Energiemarkt?

Aufgrund der mehr oder weniger gescheiterten Liberalisierung im Energiemarkt in Form des „verhandelten Netzzugangs" hat sich die Regierung nun – nicht zuletzt auch auf Druck der EU-Wettbewerbskommission – auf die Einrichtung einer Regulierungsbehörde für den Gas- und gleichzeitig auch mit für den Strommarkt geeinigt. Diese, für Juli 2004 geplante, Regulierungsbehörde soll dafür sorgen, dass Strom- und Gasanbieter die Netze von den etablierten Betreibern zu fairen Preisen nutzen und Verbraucher problemlos zu anderen Anbietern wechseln können. Es bleibt jedoch abzuwarten, inwieweit sich die Befürworter der Behörde gegen Kritiker aus den eigenen Reihen und aus den Reihen der Energieversorger und der Industrie werden durchsetzen können und ein wirkungsvolles Instrumentarium für den Wettbewerb auf dem Energiemarkt werden schaffen können.[313]

2.3.10 Gestaltung von Vertragskonditionen

Vertragsverlängerungen

Um die Kunden möglichst langfristig an sich zu binden, und sie von einem Wechsel zu einem anderen Anbieter abzuhalten, lassen sich

---

313 vgl. dazu o.V.: Verbraucherschützer: Energie wird billiger (27.03.2003), in: Berliner Morgenpost, http://morgenpost.berlin1.de, 03.04.2003; Rothenberg: Regulierer wacht über Strom- und Gasnetze (01.04.2003), in: Westfälische Rundschau, http://www.westfälische-rundschau.de, 03.04.2003; o.V.: Regulierungsbehörde für Strom abgelehnt (02.04.2003), in: Berliner Morgenpost, http://morgenpost.berlin1.de, 03.04.2003; Thiede: Eine Behörde soll Strom und Gas billiger machen (25.03.2003), in: General-Anzeiger Online, http://www.general-anzeiger-bonn.de, 04.04.2003; Riedel: Anfangseuphorie der Liberalisierung ist der Enttäuschung gewichen – Wettbewerbspolitik vor dem Neustart (17.03.2003), in: Handelsblatt, http://www.handelsblatt.com, 25.03.2003; Usbeck: Wenn der Regulierer kommt (14.04.2003), in: Märkische Allgemeine, http://www.maerkischeallgemeine.de, 23.04.2003; Hummel: Die alten Monopole halten (16.04.2003), in: Süddeutsche Zeitung, http://www.sueddeutsche.de, 23.04.2003; o.V.: Gas-Wettbewerb – Freier Netzzugang muss vom Staat geregelt werden (10.04.2003), in: Frankfurter Rundschau Online, http://www.fr-aktuell.de, 23.04.2003; o.V.: „Die Verbraucher sind betrogen worden" (07.04.2003), in: Der Tagesspiegel, http://archiv.tagesspiegel.de, 11.04.2003

manche Anbieter so einiges einfallen – auch (oder gerade), wenn der Vertrag rechtsgültig eigentlich schon beendet ist

So zum Beispiel auf dem heiß umkämpften Mobilfunkmarkt.

Über die Erhebung sog. „Deaktivierungsgebühren", die bei einer Stilllegung der Anschlüsse bei Vertragsende von den Kunden zu zahlen seien, um zu einem anderen Anbieter wechseln zu können, versuchen sie, ihre Kunden von eben jenem Wechsel abzuhalten.

> *Talkline* verlangte beispielsweise bis Anfang des Jahres 2002 33,93 DM und *E-Plus* bis Anfang 1998 sogar 74,75DM.[314]

Im Allgemeinen wird die Erhebung dieser Gebühr als ungerechtfertigte Bereicherung gewertet, sodass a) die Unternehmen keinen Anspruch darauf geltend machen können und b) die Kunden, die bereits eine derartige Gebühr gezahlt haben, einen Anspruch auf Rückerstattung haben.[315]

Darüber hinaus versuchen manche Anbieter, ihre Kunden trotz fristgemäßer Kündigung nicht aus dem Vertrag zu entlassen.

> So geriet beispielsweise der Mobilfunkanbieter *O2* Anfang 2003 in die Kritik, „abwanderungswillige" Kunden anzurufen und sich nach deren Beweggründen zu erkundigen, sowie ihnen gegebenenfalls auch andere

---

[314] Der Bundesgerichtshof entschied im April 2002 (Az: III ZR 199/01) zugunsten einer Klage des *vzbv* und untersagte *Talkline* die Erhebung der Gebühr. Dies geschah möglicherweise auch in Anlehnung an das Urteil des Landgerichts Potsdam vom Februar 1998 (Az: 2 O 491/97), welches im Sinne des klagenden *Verbraucherschutzvereins* gegen den Anbieter *E-Plus* entschied, dass zum einen die Gebühr unangemessen hoch sei und zum anderen die Deaktivierungsgebührklausel an sich unwirksam, da sie den Kunden im Sinne des AGB-Gesetzes entschieden benachteilige. (vgl. Arbeitsgemeinschaft der Verbraucherverbände e.V.: Mobilfunk: „Deaktivierungsgebühren" unzulässig (25.04.2002), http://www.agv.de, 14.05.2002)

[315] Im Falle des Mobilfunkanbieters *MobilCom Communikationstechnik GmbH&Co. KG*, der sogar 78,20DM verlangte, entschied das Schleswig-Holsteinische Oberlandesgericht jedoch zugunsten des Mobilfunkanbieters, da die Gebühr dem Betrag entsprach, den der Mobilfunkanbieter an den Netzbetreiber zu richten hatte (Urteil vom 15.05.1997, Az: 2 U 37/96). (vgl. Arbeitsgemeinschaft der Verbraucherverbände e.V.: Mobilfunk: „Deaktivierungsgebühren" unzulässig (25.04.2002), http://www.agv.de, 14.05.02)

> Verträge zu etwas günstigeren Konditionen anzubieten. Sollten die Kunden dann immer noch nicht gewillt sein, ihren Vertrag mit *O2* zu verlängern, so bekämen sie trotz vertragsgemäß ordentlicher Kündigung ein Schreiben von *O2*, in dem es hieße, die Kündigung sei „einvernehmlich ausgesetzt" worden, bis die Kunden ein noch folgendes Verlängerungsangebot binnen 14 Tagen schriftlich abgelehnt hätten, sofern die Kunden die Fortsetzung des Vertrages wirklich nicht wünschten. Ignorierten die Kunden dies, so würde *O2* die Kündigung „vergessen" und der Vertrag um weitere 12 Monate verlängert.[316]

Viele Mobilfunkkunden hat auch immer wieder der Verlust der Rufnummer – und die damit verbundenen Kosten wie beispielsweise dem Druck neuer Visitenkarten oder der Information von Geschäftspartnern und Freunden – davon abgehalten, den Anbieter zu wechseln. Aus diesem Grunde hat die *Regulierungsbehörde für Telekommunikation und Post (RegTP)* eine Verordnung erlassen, gemäß derer es seit dem 1. November 2002 möglich ist, bei einem Wechsel des Mobilfunkanbieters die eigene Rufnummer „mitzunehmen", wie dies bis dato nur im Festnetzbereich möglich war.[317]

Dass „die Realisierung der ‚Netzbetreiberportalität'" den Wettbewerb zwischen den Mobilfunkanbietern stärken und nachhaltig die Interessen der Verbraucher fördern würde, zweifelten Verbraucherschützer aufgrund der daraufhin folgenden Ankündigungen der Mobilfunkbetreiber jedoch stark an. Diese sind nämlich berechtigt, durch den Wechsel und die Rufnummernmitnahme entstehende Kosten den Kunden in Rechnung zu stellen – einem Recht, von dem sie selbstredend auch Gebrauch machen; und zwar dahingehend, dass sie die Wechselgebühren (sprich die Gebühren für die Rufnummernmitnah-

---

[316] Nach Aussagen der *Verbraucher-Zentrale Niedersachsen* ist diese zusätzliche Ablehnung des Verlängerungsangebotes nach erfolgter fristgemäßer Kündigung jedoch nicht nötig und demnach als bloße Schikane zu bewerten. (vgl. o.V.: Kunde muss bei Handy-Kündigungen kein Verlängerungsangebot ablehnen (11.04.2003), in: Thüringer Landeszeitung, http://www.tlz.de, 23.04.2003; o.V.: Handy-Kunde muss nach Kündigung Verlängerungsangebot nicht wiedersprechen (11.04.2003), in: heise online, http://www.heise.de, 23.04.2003)

[317] vgl. Regulierungsbehörde für Telekommunikation und Post: Ab 1. November 2002 können Mobilfunknummern beim Anbieterwechsel mitgenommen werden (23.10.2002), http://www.regtp.de, 31.10.2002

me) (un)verhältnismäßig hoch ansetzen, um so die Kunden von einem solchen Wechsel trotzdem abzuhalten.[318]

> Marktführer *T-Mobile* etwa erhebt 24,95 Euro Wechselgebühren. Auch *Vodafone D2*, zweitgrößter Mobilfunkanbieter, der zuvor Kosten „zwischen 20 und 30 Euro" veranschlagt hatte, verlangt mittlerweile 24,95 Euro. Und selbst *E-Plus* und *O2*, die sich im Vorfeld noch für Kosten zwischen 5 und 10 Euro ausgesprochen hatten, haben diese schnell auf Gebühren von 24,95 Euro bzw. 22,50 Euro[319] angehoben.[320]

Da die Telefonnummern komplett mit Vorwahl übernommen werden, ist zudem eine eindeutige Zuordnung zu einem Mobilfunkbetreiber über die Netzvorwahl nicht mehr möglich. Es bleibt somit abzuwarten, inwieweit für den Anrufer erkennbar sein wird, bei welchem Anbieter der jeweilige Gesprächspartner unter Vertrag steht – d.h. zu welchen Konditionen er telefoniert und ob sich dies somit wirklich zum Vorteil der Kunden entwickeln wird – oder ob diese nicht doch

---

[318] vgl. Amann: Handy wechseln mit Gebühr (31.10.2002), in: die tageszeitung Nr. 6892 (31.10.2002), 10; Verbraucherzentrale Bundesverband e.V.: Netzbetreiber schrecken mit hohen Entgelten für die Mitnahme der Mobilfunknummer vor einem Wechsel ab (30.10.2002), http://www.vzbv.de, 31.10.2002
Die Regulierungsbehörde hofft jedoch darauf, dass die jeweiligen Anbieter, zu denen ein Kunde wechselt, die Gebühren ganz oder teilweise erstatten, sodass dem Kunden keine oder nur eine geringe finanzielle Belastung durch den Wechsel entstünde und der Wettbewerb somit nicht gehemmt würde. (vgl. Regulierungsbehörde für Telekommunikation und Post: Ab 1. November 2002 können Mobilfunknummern beim Anbieterwechsel mitgenommen werden (23.10.2002), http://www.regtp.de, 31.10.2002). Bislang werben vor allem *O2* und *E-Plus* recht erfolgreich für die Rufnummernmitnahme beim Anbieterwechsel – mit 50 Euro „Startguthaben" (vgl. Wilkens: O2 profitiert von der Rufnummern-Mitnahme (06.02.2003), in: heise online, http://www.heise.de, 07.02.2003).

[319] „Wir haben versucht, uns mit den großen Anbietern auf Wechselgebühren um die 10 Euro herum zu einigen. Die wollten nicht, und allein können wir das nicht durchsetzen", ließ *O2*-Sprecher Frank Wienstroth gegenüber der *Thüringischen Landeszeitung (TLZ)* vernehmen (o.V.: Mitnahme der Handynummer teuer (06.11.2002), in: Thüringische Landeszeitung, http://www.tlz.de, 20.11.2002).

[320] vgl.: Amann: Handy wechseln mit Gebühr (31.10.2002), in: die tageszeitung Nr. 6892 (31.10.2002), 10; Göbel: Saftige Preise bei Rufnummernmitnahme (28.11.2002), in: heise online, http://www.heise.de, 05.12.2002

bei ihrem „alten“ Anbieter bleiben, um trotzdem entstehende Verwirrungen zu vermeiden.

> Während bislang die Mobilfunkanbieter *T-Mobile*, *Vodafone* und *E-Plus* kostenlose Auskunftsdienste eingerichtet haben, um über die Gebühren zu bestimmten Rufnummern zu informieren und *O2* einen, ebenfalls kostenlosen, SMS-Abfragedienst geschaltet hat, bietet die *Deutsche Telekom AG* diesen (von der Regulierungsbehörde vorgeschriebenen) Auskunftsdienst unter der Nummer 01805/01133 – für 12 Cent pro Minute – an. „Mit den Einnahmen decken wir nur die Kosten für die auferlegte Informationspflicht“, rechtfertigte der Sprecher der *Deutschen Telekom AG*, Walter Genz.[321]

Einige Mobilfunk-Anbieter versuchen nun ebenfalls, auf die folgende, recht arglistige Art und Weise, ihre Kunden an sich zu binden: So berichtete das *WDR2*-Mittagsmagazin *Quintessenz* von diversen Fällen, in denen die Anbieter den Kunden, deren Verträge in den kommenden Monaten ausliefen, als „Dank für ihre Treue“ eine Gutschrift oder auch ein Handy als Geschenk anboten. Bei der Übergabe legten sie den Kunden dann eine „Urkunde“ zur Unterschrift vor, durch deren Unterschrift sich diese aber gleichzeitig zu einer Weiterführung des Vertrages verpflichteten. Dies wurde jedoch, wenn überhaupt, dann meist nur aus dem Kleingedruckten ersichtlich, also von den Unterschreibenden in nahezu allen Fällen unbemerkt.[322]

---

[321] Daraufhin hat der *Verbraucherzentrale Bundesverband* die Telekom abgemahnt und sie aufgefordert, gleichsam wie die anderen Mitwettbewerber ebenfalls keine Gebühren für Auskünfte über die Kosten eines Anrufs vom Festnetz in ein Mobilfunknetz zu verlangen. Verbraucherschützer fordern zudem eine automatische Gebührenansage vor Beginn des eigentlichen Gesprächs, wie dies auch bei den Call-by-Call-Anbietern im Festnetzbereich üblich ist, anstatt dass sich der Kunde selbst aktiv informieren muss (vgl. o.V.: Wenn schon das Preisschild Geld kostet (31.10. 2002), in: Kieler Nachrichten, http://www.kn-online.de, 31.10.2002; Verbraucherzentrale Bundesverband e.V.: Rufnummernmitnahme im Mobilfunk (11.11.2002), http://www.vzbv.de, 12.11.2002; Verbraucherzentrale Bundesver-band e.V.: Netzbetreiber schrecken mit hohen Entgelten für die Mitnahme der Mobilfunknummer vor einem Wechsel ab (30.10.2002), http://www.vzbv.de, 31.10.2002).

[322] vgl. o.V.: Vorsicht, Finger weg: Warnmeldungen und Rückrufaktionen – Abgezockt (01.08.2002), Quintessenz/WDR 2, http://www.wdr.de/radio/wdr2/quintessenz, 23.08.2002

Auch Anbieter von Flüssiggas lassen in der Regel nichts unversucht, um ihre Kunden möglichst langfristig an sich zu binden. Ihre Kunden werden nämlich – im Gegensatz zu Heizölkunden – von nur einer Firma komplett beliefert: Der Lieferant stellt (gegen einen Baukostenzuschuss von um die 1000 Euro) den Tank und die Zuleitungen und im Gegenzug verpflichtet sich der Verbraucher, sein Flüssiggas ausschließlich von dieser Firma zu beziehen. Für gewöhnlich baut der Lieferant eine Gasuhr in den Leitungsweg, sodass die Kunden jeweils monatlich eine Rechnung über das verbrauchte Gas bekommen und sich ansonsten um nichts kümmern müssen (im Gegensatz zum Heizölkunden, der selbst für „Nachschub“ sorgen muss, wenn ihm das Öl ausgeht).

Das klingt im Grunde nach einer für den Verbraucher ziemlich bequemen Art und Weise, sein Heizmaterial zu beziehen. Die Realität zeigt aber, dass die meisten Kunden in zehn- oder mehrjährigen Verträgen an ihre Flüssiggaslieferanten gebunden sind und sich somit auch nicht gegen die mehr oder weniger regelmäßigen Preiserhöhungen wehren können. Bekommen sie dann nach einigen Jahren neue Angebote ihres Lieferanten (mit so wohlklingenden Namen wie „Komfortpaket“ und dergleichen), fallen diese bei näherer Betrachtung meist noch ungünstiger aus als die ursprünglichen Verträge. Die meisten Kunden haben jedoch wenig Chancen, sich gegen diese neuen Vertragsbedingungen zu wehren. Oder aber die Anbieter versuchen, ihre Kunden damit an sich zu binden, dass sie ihnen hohe Investitionssummen aufzeigen, die bei einem Ausstieg aus dem Vertrag von den Kunden abgeschrieben werden müssten.

Die Möglichkeit, Tank und Zuleitungen zu leasen und sich seinen (freien) Flüssiggaslieferanten auch jedesmal, wenn der Tank leer ist, neu zu wählen, (wie es auch die Heizölkunden tun), wird den Kunden verschwiegen bzw. vorenthalten. Die Preise solcher Leasing-Anbieter liegen nämlich zumeist um 50 Prozent unter denen der Vertragsanbieter. „Es gilt nach wie vor: derjenige, der von Mal zu Mal wählen kann, der ist wirklich als Kunde König, der bekommt günstige Preise, der wird zuverlässig und höflich bedient“, konstatiert Matthias Wins, Jurist bei der *Verbraucher-Zentrale Mecklenburg-Vorpommern.*[323]

Einer weiteren Methode zur Kundenbindung bedienen sich auch – vor allem – Zeitschriften-Verlage. So ist es nahezu typisch für (Test-) Abonnements deutscher Zeitschriften, dass, auch wenn diese eigentlich auf einen bestimmten Zeitraum begrenzt, die jeweiligen Abonnenten trotzdem aufgefordert werden, vor Ablauf des Abonnements selbiges ordentlich schriftlich zu kündigen. Versäumen sie dies, so läuft ihr Abonnement auf unbegrenzte Zeit weiter.

Dies mag zwar eine recht bequeme Lösung für all diejenigen sein, die sich an den Erhalt der jeweiligen Zeitschriften gewöhnt haben und sie auch weiterhin im Abonnement lesen wollen. Wer jedoch auf eine automatische Beendigung des Vertrages baut, oder es versäumt, den Vertrag rechtzeitig zu kündigen, dem wird sie auch weiterhin zugestellt – zu möglicherweise auch neuen, veränderten Konditionen, ohne dass er darüber ausdrücklich in Kenntnis gesetzt wurde.

Nachfolgend einige Beispiele für solche Vertragsklauseln...:

> *Spiegel-Mini-Abo*: „Ich bekomme ab der nächsterreichbaren Ausgabe 13 Wochen lang den *Spiegel* [...]. Wenn ich den *Spiegel* danach weiterlesen möchte, brauche ich nichts tun: Ich herhalte dann automatisch den *Spiegel* und monatlichen den *KulturSpiegel* frei Haus. [...] Andernfalls melde ich mich nach Erhalt der 10. Ausgabe bei Ihnen.“[324]

> *Die Zeit-Probe-Abo*: “Schicken Sie mir bitte *Die Zeit* von der nächsterreichbaren Ausgabe probeweise für 6 Wochen [...] Wenn mir die Zeit gefällt, brauche ich nichts weiter zu tun. [...] Ansonsten kündige ich spätestens 2 Wochen vor Erhalt der letzten Probeausgabe.“[325]

> *Die Welt-Test-Abo*: „[ich] bestelle das Test-Abo für 4 Wochen [...] Danach beträgt der Abo-Preis [...]. Dieses Abonnement kann ich jederzeit monat-

---

[323] Baale/Wins: Altes Spiel, neue Tricks – Flüssiggasanbieter versuchen ihre Kunden langfristig zu binden, Verbrauchertipp (11.07.2002), in: Deutschlandfunk, http://www.dradio.de/dlf, 23.08.2002

[324] http://www.spiegel.de, 24.10.2002

[325] http://www.zeit.de, 24.10.2002

lich wieder beenden. [...] Wenn ich *Die Welt* nach Ablauf der 4 Wochen nicht weiterlesen möchte, genügt eine kurze Nachricht an [...]"[326]

Focus-Jahres-Abo: „Ich bestelle den *Focus* ab sofort für 1 Jahr zum Vorzugspreis [...] Ich kann *Focus* nach Ablauf eines Jahres jederzeit schriftlich kündigen."[327]

... sowie ein Beispiel für eine, „die Regel bestätigende", Ausnahme:

Financial Times Deutschland: „Ja, ich möchte die *Financial Times* Deutschland kennen lernen und erhalte sich für 4 Wochen zum Vorzugspreis [...] frei Haus. Bitte senden Sie mir folgende Zugabe an die unten stehende Adresse [...]"[328] Sind die vier Wochen vorbei, wird die Zusendung der Zeitung automatisch eingestellt.

Diese Methode der „stillschweigenden Vertragsverlängerung" ließe sich jedoch auch auf andere Branchen übertragen, in denen mit unlauteren Vertragsklauseln versucht wird, möglichst langfristig Kunden an sich zu binden.

So verwendete beispielsweise ein Stromversorgungsunternehmen im Raum Frankfurt/M. in seinem „Versorgungsvertrag für Wahltarif Strom" folgende Klausel: „Die Vertragslaufzeit beträgt 36 Monate und verlängert sich um jeweils 36 Monate, wenn der Vertrag nicht drei Monate vor Ablauf gekündigt wird."[329]

---

326 http://www.welt.de, 24.10.2002

327 http://www.focus.de, 24.10.2002

328 http://www.ftd.de, 24.10.2002

329 Diese Klausel wurde dem Unternehmen vom Landesgericht Frankfurt a.M. am 06.05.2000 (Az.: 2/2 O 128/99) untersagt. Nicht nur die 3-jährige Vertragszeit, sondern vor allem auch die Verlängerung des Vertrags um weitere 3 Jahre stellt eine erhebliche Benachteiligung des Kunden dar. Zudem sieht § 2 Abs. 2 Ziffer 3 der *Bundestarifordnung Elektrizität (BTOEltV)* zwar eine mögliche unbefristete Vertragslaufzeit für den fraglichen „Wahltarif" vor, allerdings mit einer freien Kündigungsmöglichkeit des Vertrages nach einem Jahr mit Kündigungsfrist zum Monatsende für den Folgemonat (vgl. Verbraucherschutzvereine.V.: 36-monatige Laufzeit sowie stillschweigende Verlängerung um weitere 36 Monate in Stromlieferungsvertrag unwirksam, VSV-Info 2/2000, http://www.verbraucherschutzverein.de, 23.08.2002).

Unlautere Klauseln in den Allgemeinen Geschäftsbedingungen

In nicht wenigen Verträgen finden sich Klauseln, die gegen geltendes deutsches Recht verstoßen und die die Verbraucher unrechtmäßig benachteiligen – ohne dass diese es wissen. Denn in den meisten Fällen werden solche Vertragsklauseln im „Kleingedruckten" versteckt, welches bekanntermaßen die wenigsten aufmerksam genug studieren, bevor sie einen Vertrag unterschreiben.

Beliebt ist in diesem Zusammenhang beispielsweise die Verwendung sog. „Überraschungsklauseln". Das sind Klauseln, die im Grunde den eigentlichen Vereinbarungen des Vertrages widersprechen bzw. diese entwerten oder gar negieren.[330]

> So fügte eine KfZ-Leasing-Gesellschaft im Raum Nürnberg in § 16 ihrer Allgemeinen Geschäftsbedingungen eine Klausel ein, die das Unternehmen berechtigen sollte, für den Fall, dass der Leasing-Kunde nach Ablauf der Leasingzeit den PKW nicht zu einem vorher vertraglich festgelegten „Restwert" kauft, und die Leasing-Firma selbigen PKW anderweitig – zu einem geringeren Preis – verkauft, diesen „Mindererlös" von dem Leasing-Kunden einfordern zu können. Auf der Vorderseite des Vertrages stand zwar im § 2 eine Klausel, dass der Kunde den PKW zu dem vereinbarten Restwert kauft, auch wenn dieser nach Leasingende einen geringeren als den kalkulierten Restwert haben sollte. Es fand sich jedoch nirgends ein Hinweis auf die Möglichkeit des Verkaufs des PKW an Dritte durch die Firma, geschweige denn auf die Rückerstattung des Mindererlöses. Diese Klausel war auf der Rückseite des Vertrages unscheinbar in eine Fülle anderer Klauseln eingebettet, deren optisches Erscheinungsbild dem Ausdruck „Kleingedrucktes" alle Ehre machte.[331]

---

[330] Einem Urteil des Oberlandesgerichts Nürnberg (vom 08.06.1999, Az: 1 U 480/99) zufolge ist die Verwendung solcher Klauseln ein Verstoß gegen das Gebot einer klaren und für den Kunden durchschaubaren Vertragsgestaltung und demnach unzulässig. Es gilt: „Was die Vorderseite im Fettdruck verheißt, darf das Kleingedruckte auf der Rückseite nicht entwerten." (Rechtsprechung des Oberlandesgerichts Nürnberg in Zivilsachen: Verbraucherrecht: Unwirksame Überraschungsklausel im Kleingedruckten (14.03.2000), Presseinformation, http://www.justiz.bayern.de/olgn/presse, 04.05.2003)

[331] vgl. Rechtsprechung des Oberlandesgerichts Nürnberg in Zivilsachen: Verbraucherrecht: Unwirksame Überraschungsklausel im Kleingedruckten (14.03.2000), Presseinformation, http://www.justiz.bayern.de/olgn/presse, 04.05.2003

Oder aber die Klauseln werden so umständlich formuliert, dass kein normaler Verbraucher ohne spezielle Rechtskenntnisse auch nur ahnt, was mit den Klauseln gemeint ist.

In vielen Fällen behalten sich die Anbieter zudem das Recht vor, nach eigenem Ermessen bestimmte Vertragsbedingungen oder -Leistungen zu ändern, auch wenn bereits ein Vertrag bzw. die schriftliche Zusage zu einer bestimmten Leistung besteht.

> Der Billig-Fluganbieter *Ryanair* behielt sich beispielsweise vor, die Preise bereits gebuchter Flüge zu erhöhen, von den auf den Tickets angegebenen Flugzeiten abzuweichen oder auch Zwischenlandeorte „wo erforderlich" zu verändern.[332]

> Auch der Mineralölkonzern *Esso* behielt sich bei seiner *Swop*-Bonuspunkte-Aktion[333] das Recht vor, sowohl die Anzahl der für die jeweiligen Prämien erforderlichen *Swops* als auch die Zuzahlungsbeträge pro Prämie nach eigenem Ermessen zu verändern, sowie „jederzeit die Aktion zu verändern oder sie zu beenden, ohne dass der Teilnehmer Einspruch erheben kann."[334]

Beliebt sind auch solche Klauseln, die bestimmte Pflichten der Unternehmen aufheben sollen. So zum Beispiel die Gewährung von Garantieleistungen auch auf Sonderangebote.[335]

---

332 Das Kölner Landgericht beschied nun, dass die Klauseln gegen deutsches Recht verstießen – und da Ryanair Flüge in Deutschland anbiete, unterliege das Unternehmen auch dem deutschen Recht (Az: 23 O 33/02) (vgl. Peichl: Unanständig – Ryanair muss Klauseln ändern (04.02.2003), in: Süddeutsche Zeitung, http://www.sueddeutsche.de, 05.02.2003).

333 vgl. Abschnitt 2.4.3 – Kasten „Verkaufsförderung im Zusammenhang mit dem Wegfall des Rabattgesetzes"

334 Esso Deutschland GmbH: Teilnahmebedingungen – Teilnahmebedingung 6.2, http://www.esso.de, 27.09.2002

335 Einem Urteil des Oberlandesgerichts Düsseldorf zufolge (Urteil vom 13.12. 1997, Az: 6 U 137/96) haben die Käufer jedoch auch bei Sonderangeboten oder Waren, die zu Discountpreisen verkauft werden, ein Recht auf Garantie. „Nach dem Gesetz zur Regelung der allgemeinen Geschäftsbestimmungen ist der Ausschluß jeglicher Gewährleistungsansprüche einschließlich etwaiger Nachbesserungs- und Ersatzlieferungsansprüche bei der Lieferung neu hergestellter Sachen unzulässig", begründeten die Richter ihr Urteil. Auch bei Sonderangeboten erwarte der Käufer

Diese sind ebenso unzulässig wie beispielsweise auch die Forderung nach sog. Deaktivierungsgebühren bei Beendigung eines Mobilfunkvertrages (vgl. Abschnitt 2.3.10 – Vertragsverlängerungen).

2.4 Kommunikationspolitik

„Advertising is the attempt to make people waste money they do not have to buy things they do not need in order to impress neighbours they do not like."
Aphorismus[336]

Grundsätzliches Ziel der Kommunikationspolitik ist die Beeinflussung der Verbraucher dahingehend, dass sie zum einen die Produkte des betreffenden Unternehmens kaufen bzw. dessen Dienstleistungen in Anspruch nehmen. Auf dem Wege der Werbung, unterstützt durch Maßnahmen der Verkaufsförderung, versuchen die Unternehmen, die Verbraucher „absichtlich und zwangsfrei"[337] in ihrem (Kauf-)Verhalten – zugunsten der Erfüllung ihrer Unternehmensziele – zu beeinflussen. Zum anderen ist es Ziel der Kommunikationspolitik, die Einstellungen und Meinungen der Öffentlichkeit in Bezug auf das Unternehmen positiv zu beeinflussen und ein positives Unternehmensimage aufzubauen und zu pflegen. Dies geschieht vor allem durch Öffentlichkeitsarbeit und Public Relations, wobei hierbei auch Sponsoring und Event-Marketing eine zunehmende Rolle spielen, ebenso wie auch die Präsentation auf Messen und Ausstellungen sowie auch die Kommunikation via Internet.[338]

---

volle Gebrauchstauglichkeit und Funktionsfähigkeit und habe demnach das Recht, fehlerhafte Ware zurückzugeben oder den Kaufpreis (nochmals) zu mindern (vgl. o.V.: Sonderangebote: Garantie gilt uneingeschränkt, in: Focus Money Online, http://focus.msn.de, 04.05.2003).

[336] entnommen aus: International Advertising – Zitatenschatz, http://viadrina.euv-frankfurt-o.de, 02.11.2002

[337] Meffert: Marketing – Grundlagen marktorientierter Unternehmensführung, 2000, 664

[338] vgl. Strunz/Dorsch: Internationale Märkte, 2001, 139; Meffert: Marketing – Grundlagen marktorientierter Unternehmensführung, 2000, 684f.

Auf den persönlichen Verkauf, der ebenso zur Kommunikationspolitik gehört, wird ob seiner zentralen Bedeutung für den Vertrieb von Produkten im Zusammenhang mit der Distributionspolitik (nachfolgender Abschnitt 2.5) eingegangen. Vielmehr sollen im Mittelpunkt der folgenden Betrachtungen kommunikationspolitischer Methoden die „klassische" Werbung sowie Methoden der Verkaufsförderung und auch der Öffentlichkeitsarbeit bzw. des Sponsorings stehen, wobei ein besonderes Augenmerk dabei zunächst auf die Werbung als dem bedeutendsten kommunikationspolitischen Instrument gelegt wird.

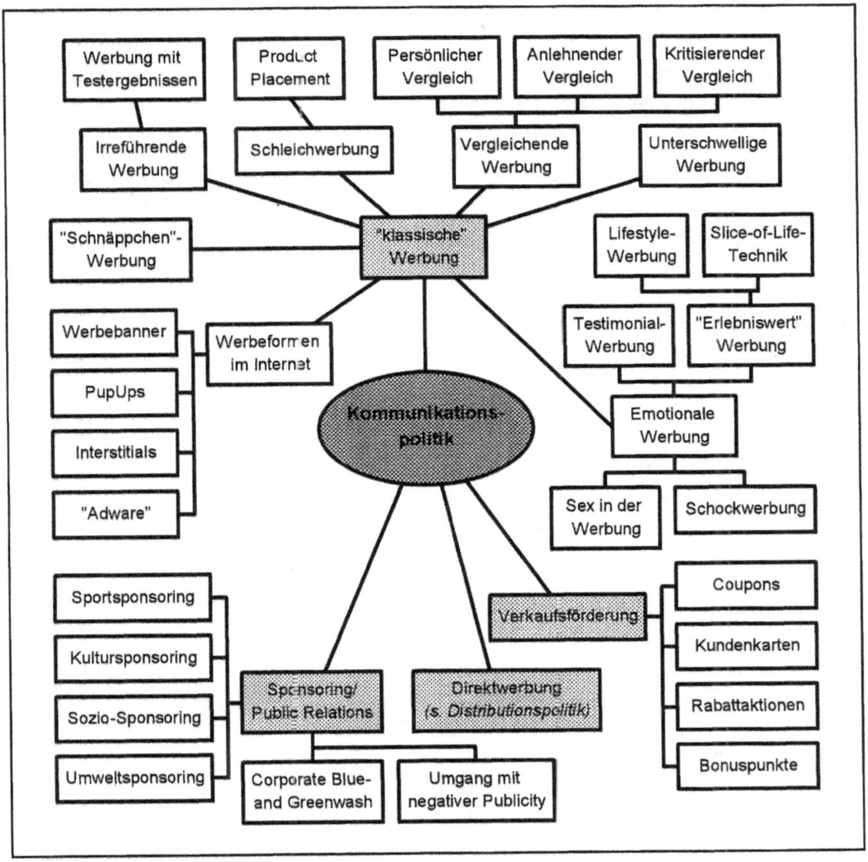

__Abbildung 2.4-1__ Kommunikationspolitik – Überblick

2.4.1 „Klassische" Werbung

„Es gibt 3 Arten von Werbung: laute, lautere und unlautere."
Werner Mitsch, deutscher Aphoristiker[339]

Der *Zentralverband der deutschen Werbewirtschaft (ZAW)* startete im Sommer 1999 zusammen mit anderen Verbänden und Unternehmen aus der Werbebranche eine „Informationsaktion Werbung". Ziel der Aktion war es, „öffentlich darüber aufzuklären, warum Werbung ein unverzichtbarer Teil für die Funktionsfähigkeit der Marktwirtschaft ist."[340] „Werbung schafft Wettbewerb (und reduziert Preise)", „Werbung sichert Arbeitsplätze" und „Ohne Werbung würde Ihre Zeitschrift ein Vermögen kosten" waren nur einige der Slogans der Aktion. Dem ist auch nichts entgegenzusetzen. Werbung vermindert das Kostenrisiko für die Produzenten, indem beispielsweise auf neue Produkte aufmerksam gemacht wird. Durch bestimmte Promotionsaktionen können neue Produkte auf deren Attraktivität und Bedarf hin auch schon vor deren Einführung getestet werden. Auch kann der Werbung ein nicht unerheblicher Einfluss auf den Wettbewerb dahingehend beschieden werden, dass sie die Markttransparenz für die Konsumenten erhöht und ihnen somit einen besseren Überblick über die Vielfalt der Angebote verschafft.

---

[339] entnommen aus: Aphorismen, http://www.aphorismen.de, 02.02.2003

[340] Zentralverband der deutschen Werbewirtschaft: Informationsaktion Werbung – Die Idee dahinter, http://www.interverband.com/u-img/184/zawhome.html, 25.07.2002; siehe dazu auch: Nickel: Mehrwert Werbung – Ökonomische und soziale Effekte von Marktkommunikation, Zentralverband der deutschen Werbewirtschaft (ZAW), 1999

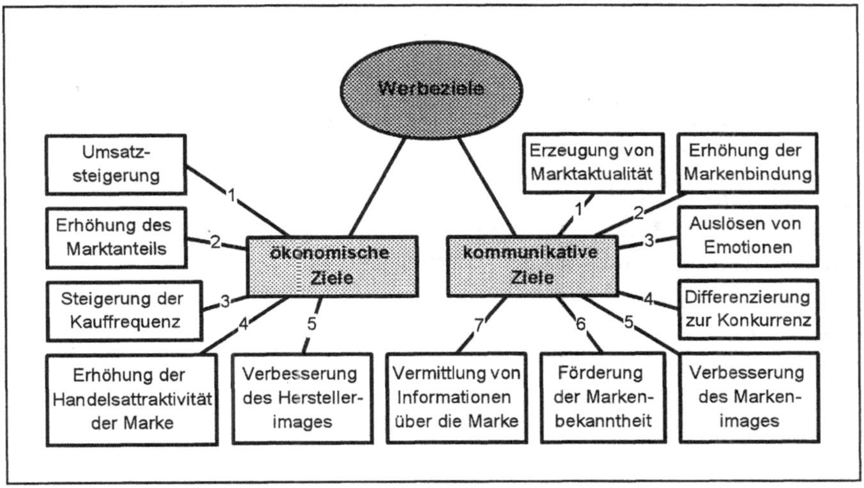

Abbildung 2.4-2 *Werbeziele; beziffert entsprechend der Rangfolge ihrer Bedeutung (erstellt nach: Hüttner/Pingel/Schwarting: Marketing-Management – Allgemein, Sektoral, International, 1994, 221)*

Verbrauchergerichtete Werbung dient (jedoch) vorrangig der bewussten und zielgerichteten Beeinflussung der Konsumenten dahingehend, dass bei diesen eine positive Einstellung zu dem umworbenen Produkt bzw. zu der umworbenen Dienstleistung erzeugt wird. „Mit Hilfe der Werbung sollen Ideen veröffentlicht, Interesse geweckt, Einstellungen begründet und Informationen verbreitet werden. Produkte sollen vorgestellt, deren Anwendungsmöglichkeiten erläutert, Unterschiede zu Konkurrenzprodukten herausgestellt und Präferenzen der Konsumenten aufgebaut werden."[341] Letztendliches Ziel der Werbung ist es aber, ein bestimmtes Produkt bzw. eine bestimmte Dienstleistung so anzupreisen, dass der Konsumenten zum Kauf „verführt" wird.

Kritiker und Verbraucherschützer argumentieren oftmals, dass Werbung irreführend sei, da die verbreiteten Informationen stets nur positiver Natur sind; sie schaffe Stereotypen und präge bestimmte Klischee-

[341] Strunz/Dorsch: Internationale Märkte, 2001, 148

vorstellungen. Zudem sei Werbung auch manipulativ, da sie nicht nur rein informative, sondern auch suggestive Elemente enthielte.[342]

Werbung für „Schnäppchen"

In Deutschland ist die Herausbildung einer gewissen „Schnäppchen-Mentalität" bei großen Teilen der Bevölkerung erkennbar. Der Grundsatz „Wer billig kauft, kauft zweimal" weicht nach und nach einem wahren „Run" auf „Schnäppchen" aller Art. Viele Unternehmen machen sich dies zunutze und werben mit sog. „Restposten-Ecken" und „Super-Schnäppchen" (vgl. Abschnitt 2.3.2) Unter der Prämisse, dass die Konsumenten allein von Worten wie „billig", „super-günstig" und „preisreduziert" nahezu magisch angezogen werden und sich diese „einmalige Chance" nicht entgehen lassen wollen, beim Kauf auch noch etwas (ein)sparen zu können, sind die meisten „Schnäppchen"-Angebote zudem zeitlich stark begrenzt, um zusätzlich zum Spontankauf zu animieren.

> Der Internet-Versandhändler *amazon.de* wirbt in seiner Restposten-Ecke für Schnäppchen aller Art. Allerdings musste des öfteren ein interessierter Besteller schon bald erfahren, dass zum Zeitpunkt seiner Bestellung der Vorrat an den angebotenen Produkten schon ausverkauft war. Jedoch beim nochmaligen Stöbern auf der Seite einige Tage später fanden sich diese Produkte dann „wie durch Zauberhand" wieder im regulären Sortiment – zu den üblichen Preisen ohne jeglichen Nachlass.[343]

Vor allem bei Bestellungen über das Internet finden sich immer wieder Verbraucher von dubiosen Firmen, die mit „einmaligen Schnäppchen"-Aktionen auf sich aufmerksam machen, geprellt.

> Mitte des Jahres 2000 warb die Firma *Fürst GPS Products* aus Zürich per E-Mail für eine Digitalkamera mit 16 Mio. Farben für nur 375 DM. Dieses „Einsteiger-Topmodell" namens *Oregon Scientific Digitalkamera DS3838*, so stellte sich heraus, wurde allerdings bereits im Einzelhandel

[342] vgl. Strunz/Clemens-Ziegler: Ethik im Marketing und Verbraucherpolitik, 2002, 31; siehe dazu auch: Schweiger/Schrattenecker: Werbung, 1992, 262ff.
[343] vgl. Kurzidim: Ärger mit Tiefpreis-Angeboten bei Amazon.de (12.07.2001), in: heise online, http://www.heise.de, 03.07.2002

als Spielzeugkamera für Kinder unter verschiedenen Namen und mit diversen Gehäusefarben (so z.B. auch als rosa-rote „Barbie-Cam") zu Preisen von deutlich unter 100 DM angeboten.[344]

Mitte des Jahres 2002 haben viele Verbraucher von einem angeblichen Weinversandhändler namens *Vinifera* aus Straubing eine E-Mail erhalten, in der dieser für einen Bordeaux-Wein von *Lafité-Rothschild* (Jahrgang 1999) zum Aktionspreis von nur 49,90 Euro warb. Viele Verbraucher ergriffen diese einmalige Gelegenheit, da der Preis für Kenner ausgesprochen gut ist. Allerdings hat bis dato noch keiner der betroffenen seine Bestellung erhalten – auch wenn alle schon dafür bezahlt haben.[345]

In gleicher Manier warb Ende des Jahres 2001 ein unbekannter Anbieter unter *www.hardwareimport.dr.ag* für Hardware, Hifi-Geräte, Handys und Spielkonsolen für bis zu 75 Prozent unter dem üblichen Preis. Die Bestellung sollte online und die Bezahlung per Nachnahme erfolgen. Als Lieferfristen wurden 2 bis 4 Wochen angegeben. Die Bestellungen sind allerdings niemals wirklich ausgeliefert worden.[346]

Irreführende Werbung

Ob eine Werbung als irreführend bezeichnet werden kann oder nicht, das entscheiden gemäß § 3 des *Gesetzes gegen den unlauteren Wettbewerb* letztendlich tatsächlich die Verbraucher (vgl. Abschnitt 3.4.2 – Gesetz gegen den unlauteren Wettbewerb). Zunächst einmal besagt § 3 UWG, dass eine Werbung verboten ist, wenn sie zu Wettbewerbszwe-

---

[344] vgl. Meyer: Vorsicht vor Digitalkamera-„Schnäppchen" (24.08.2000), in: heise online, http://www.heise.de, 03.07.2002

[345] vgl. Rais: Betrügerischer Weinversandhändler? (05.08.2002), in: Verbrauchernews, http://www.verbrauchernews.de, 06.08.2002

[346] Neben dem Risiko, nur „ein Paket Steine" anstelle der bestellten Waren zu erhalten, geht man mit der Bestellung bei anonymen Anbietern, die Waren deutlich unter dem Händlereinkaufspreis anbieten, noch weitere Risiken ein: Falls es sich nämlich um Diebesgut handelt, erwirbt man daran kein Eigentum. Stößt die Polizei bei ihren Ermittlungen gegen den Händler auf die Kunden, so müssen diese die erworbenen Waren zurückgeben. Ist der Preis jedoch so niedrig, dass das Angebot offensichtlich nicht auf legalem Wege zustande gekommen sein kann, macht sich der Kunde unter Umständen sogar selbst strafbar, denn er nimmt dann billigend in Kauf, Hehlerware zu erstehen (vgl. Kossel: Warnung vor Super-Schnäppchen (23.11.2001), in: heise online, http://www.heise.de, 03.07.2002).

cken im geschäftlichen Verkehr irreführende Aussagen beispielsweise über die Beschaffenheit, den Ursprung und die Herstellungsart sowie über die preisliche Gestaltung und das Vorhandensein eventueller Auszeichnungen (und Mengen) der beworbenen Waren und Dienstleistungen macht. Dabei kommt es jedoch nach Ansicht des Bundesgerichtshofes nicht darauf an, wie der Werbende selbst seine Aussage über das Produkt bzw. die Dienstleistung verstanden haben will. Entscheidend für die Prüfung, ob die Angaben in der Werbung geeignet sind, die Umworbenen irrezuführen, ist die Auffassung der sog. Verkehrskreise, also der jeweiligen (Ziel-)Gruppe, an die sich die Werbung richtet. Grundsätzlich wird jedoch davon ausgegangen, dass sich die Werbung an ein breites Publikum richtet, also von einem „flüchtigen Durchschnittsbeschauer bzw. -hörer“ ausgegangen werden muss, „der eine Werbebehauptung ungezwungen und unkritisch wahrnimmt.“[347]

> Mit dem verstärkten Aufkommen fernöstlicher Produkte auf dem einheimischen Markt versuchten dubiose Geschäftemacher im Jahre 1999, den chinesischen Pu-Erh-Tee als Schlankheitsmittel zu verkaufen. „Bei einem Preis bis zu 40 Mark für 100 Gramm Tee nutzt das chinesische Gebräu allerdings nur abgebrühten Händlern“[348], so das Fazit der *Verbraucher-Zentrale Hessen.*

Werbung gilt auch als irreführend, wenn sie bestimmte Fakten über das beworbene Produkt verschleiert. In diesem Zusammenhang ist beispielsweise die *Deutsche Telekom AG* bereits mehrmals in die Kritik geraten und hat diverse Werbespots ob ihres irreführenden Inhalts bzw. deren irreführender Gestaltung zurückziehen bzw. umgestalten müssen.

> So musste die *Telekom* im April 2001 aufgrund einer Einstweiligen Verfügung des Landgerichts Rostock ihren TV-Werbespot für den Tarif „Aktiv-Plus“ stoppen, da sowohl der Fließtext zur monatlichen Grundgebühr von 9,90 DM als auch die Mindestvertragslaufzeit von drei Monaten kaum lesbar waren – im Gegensatz zu den blickfangmäßig herausgestellten verschiedenen Minutenpreisen. Da die für den Verbraucher ent-

---

[347] Nickel: Werbung in Grenzen – Report über Werbekontrolle in Deutschland, Zentralverband der deutschen Werbewirtschaft (ZAW), 1994, 25ff.

[348] Verbraucher-Zentrale Hessen e.V.: 40 Jahre Verbraucherschutz in Hessen 1959-1999 – Geschäftsbericht 1999, 31

stehenden Kosten in dieser Art und Weise der Gestaltung des Werbe-Spots nicht hinreichend erkennbar waren, entstand nach Ansicht des Gerichts der Eindruck irreführender Werbung.[349]

Bereits im Juli 1999 wurde die *Telekom* schon einmal wegen der irreführenden Gestaltung eines TV-Werbespots für den „Aktiv-Plus"-Tarif dazu aufgefordert, den betreffenden Werbespot zu stoppen bzw. umzuändern: per einstweiliger Verfügung untersagte das Landgericht Köln dem Unternehmen, mit irreführenden Angaben wie „Wunschtarif ordern und bis zu 50 Prozent sparen" zu werben. In dem Werbespot wurde nämlich nicht darauf hingewiesen, dass nur bestimmte Kunden in den Genuss tatsächlicher Einsparungsvorteile kamen – für Wenigtelefonierer bot der monatliche Preisaufschlag von 9,90 DM zusätzlich zur normalen Grundgebühr keine wirklichen Preisvorteile und auch die Kunden mit ISDN-Anschlüssen kamen von vornherein nicht in den Genuss der beworbenen möglichen Kostensenkung.[350]

Zum Jahreswechsel 2001/2002 warben die *Telekom* und die *Deutsche Bahn AG* gemeinsam verstärkt für den Auskunftsservice (11833) der *Telekom*, durch welchen der Anrufende auf Wunsch direkt zum Auskunftssystem der Deutschen Bahn AG weitervermittelt würde („Jetzt mit Weitervermittlung zur Bahnauskunft"; „Die schnelle Verbindung zur Bahnauskunft"). Weder die *Deutsche Telekom AG* noch die *Deutsche Bahn AG* wiesen dabei aber auf die massiven Gebührenunterschiede bei der Vermittlung hin: So kostet eine einminütige Bahnauskunft über die Telekomeinwahl 11833 99 Cent pro Minute während eine Direktauskunft bei der *Deutschen Bahn AG* nur 12 Cent pro Minute kostet.[351]

---

[349] In der Urteilsbegründung hieß es: *„Die beteiligten Richter waren auch bei größter Aufmerksamkeit und sehr kurzer Entfernung zum Bildschirm kaum in der Lage, den Text überhaupt zu lesen, weil die Schrift zu klein ist und der Text schnell durch das Bild läuft. Der durchschnittliche, unvoreingenommene Verbraucher nimmt die Angaben in dem Fließtext erst recht nicht wahr."* (o.V.: Tele2 stoppt TV-Spot zum Aktiv-Plus-Tarif der Deutschen Telekom! (04.05.2001), in: Tele2 News, http://www.tele2.de, 10.07.2002)

[350] vgl. Klostermeier: Telekom unterliegt im Rechtsstreit mit Isis (15.07.1999), in: ZDNet Deutschland News, http://news.zdnet.de, 10.07.2002

[351] vgl. o.V.: Bahn und Telekom abgemahnt (18.02.2002), in: Stern Online, http://www.stern.de, 10.07.2002
Das Landgericht Bonn entschied nun in einem (nicht rechtskräftigen) Urteil vom 08.10.2002 (Az: 11 O 75/02) zugunsten einer Klage des *Verbraucherzentrale Bundesverbandes (vzbv)* und untersagte der *Telekom* „im Zusammenhang mit Te-

Im jüngsten Fall wurde es der *Telekom* im Februar 2003 per Einstweiliger Verfügung des Landgerichts Hamburg untersagt, weiterhin mit Aussagen wie „fast überall in Deutschland verfügbar“ oder „ca. 90 % aller Haushalte sind anschließbar“ für den terrestrischen T-DSL-Anschluss zu werben, da T-DSL bundesweit zumindest an rund einem Drittel der Telefonanschlüsse nicht verfügbar sei.[352]

Werbung mit Testergebnissen, wie beispielsweise mit denen der *Stiftung Warentest*, ist eine gute (und sichere) Methode für die Unternehmen, ein positives Produktimage zu vermitteln – wenn sie sich auf positive Testergebnisse berufen können. Dies weckt Vertrauen in das Unternehmen und das Produkt, da die *Stiftung Warentest* ein sehr hohes Ansehen bei den Verbrauchern ob ihrer Neutralität und Objektivität genießt (vgl. Abschnitt 3.2.2 – Stiftung Warentest).

Aus Verbrauchersicht als unlauter zu betrachten ist diese Form der Werbung jedoch dann, wenn mit veralteten Testergebnissen geworben wird, die das Unternehmen bzw. dessen Produkt besser darstellen, als es nach neueren Untersuchungen bewertet wurde. Oder auch wenn die Darstellung der Testresultate derart verzerrt und irreführend ist, dass der Eindruck erweckt wird, das entsprechende Produkt sei im Vergleich zu – ausgewählten – Konkurrenzprodukten günstiger, qualitativ besser, wirksamer etc.

So warb die Möbelkette *Höffner* im April 2002 in führenden ostdeutschen Tageszeitungen mit unvollständigen Testergebnissen eines Preisvergleichs, den das *MDR*-Wirtschafts- und Verbrauchermagazin *Umschau* unter diversen Möbelhäusern durchführte. Dabei erweckte die Darstellung der Testergebnisse den Eindruck, *Höffner* sei in sechs der insgesamt acht verschiedenen Testkategorien der günstigste Anbieter. Dies entsprach aber nicht dem eigentlichen Testergebnis: denn nur in drei der acht Testkategorien war die Möbelkette wirklich der günstigste An-

---

lefonauskünften [...] zu werben bzw. werben zu lassen, wenn in der Werbung nicht darauf hingewiesen wird, dass nach der Weitervermittlung ein verbraucherrelevant höherer Tarif berechnet wird als bei der Direkteinwahl der Bahnauskunft“ (Verbraucherzentrale Bundesverband e.V.: Telekom wegen irreführender Werbung für teure Bahnauskunft verurteilt (25.10.2002), http://www.vzbv.de, 31.10.2002).

352 vgl. Mansmann: Urteil gegen Werbung für T-DSL (11.02.2003), in: heise online, http://www.heise.de, 12.02.2003

bieter. Die Möbelkette verwendete zudem in ihrer Anzeige das *MDR*-Logo – ohne dessen Autorisierung –, sodass der Eindruck beim Leser entstand, der *MDR* selbst hätte die Anzeige geschaltet (oder zumindest seine Einwilligung dazu gegeben).[353]

Schleichwerbung

Im allgemeinen gilt in Deutschland für alle Medien der sog. „Trennungsgrundsatz". Nach diesem müssen redaktionelle Berichterstattung und Wirtschaftswerbung klar und eindeutig voneinander getrennt und unterscheidbar sein.[354] Unter Schleichwerbung versteht man demnach eine Form der „getarnten" Werbung, bei der der werbliche Charakter der Botschaft nicht (auf Anhieb) erkennbar ist.[355] Und da beispielsweise die unabhängige Berichterstattung in den Medien zumeist eine verhältnismäßig hohe Glaubwürdigkeit bei den Verbrauchern genießen, versuchen manche Werbetreibenden, unter dem Deckmantel des Journalismus zum Beispiel in Form redaktionell gestalteter Anzeigen Wirtschaftswerbung zu betreiben.[356]

Doch diese Form der Schleichwerbung geht nicht nur von den werbetreibenden Unternehmen aus. Gerade Medienunternehmen sind von den bei ihnen geschalteten Werbeanzeigen finanziell abhängig. Solange sie diese Anzeigen als „Werbung" deklarieren, bzw. diese eindeutig als

---

[353] *Möbel Höffner* wurde durch eine Unterlassungserklärung bei einer hohen Vertragsstrafe aufgefordert, die beanstandeten Werbeaussagen nicht zu wiederholen. Darüber hinaus prüft der MDR weitergehende rechtliche Schritte (vgl. o.V.: Detektivspiel – MDR wehr sich gegen irreführende Möbel-Höffner-Anzeige (16.04. 2002) , Umschau/MDR, http //www.mdr.de/umschau, 08.05.2002).

[354] vgl. Nickel: Schleichwerbung – ein musealer Begriff? Neue Aspekte für den Trennungsgrundsatz, Zentralverband der deutschen Werbewirtschaft (ZAW), 1999, 5; siehe dazu auch: Wolff: Schleichwerbung in Pressemedien, Zentralverband der deutschen Werbewirtschaft (ZAW), 1998

[355] vgl. Focus-Lexikon für Mediaplanung, Markt- und Mediaforschung: Schleichwerbung, http://medialine.focus.de, 04.11.2002

[356] Eine solche Schleichwerbung ist jedoch nach den Grundsätzen des Gesetzes gegen den unlauteren Wettbewerb (UWG) unzulässig, weil jede Werbemaßnahme so beschaffen sein muss, dass ihr werbender Charakter von den Angesprochenen erkannt werden kann.

Werbung erkannt werden können, ist dies auch aus Verbrauchersicht nicht zu beanstanden. In die Kritik der Verbraucherschützer und Wettbewerbshüter gerät diese Art der Werbung jedoch dann, wenn der Trennungsgrundsatz nicht mehr erfüllt scheint.[357]

So gibt etwa die *Los Angeles Times*[358] in ihrem Serviceteil im Internet bei der Suche nach Restaurants[359] zuvorderst Lokale an, die für diese Platzierung bezahlt haben. Auch auf der Tourismusseite von *CNN*[360] im Internet mischen sich Links auf Reiseartikel mit bezahlten Links auf Reisbüros und Reservationsdienste.[361]

Die in den Vereinigten Staaten scheinbar übliche Praxis der Buchhandelsketten, für die herausgehobene Platzierung bestimmter Bücher Geld zu verlangen, machte sich auch der amerikanische Internet-Buchhändler *amazon.com* zunutze und verlangte laut Angaben der *New York Times*[362] Beiträge von bis zu 10.000 US-Dollar, um ein Buch auf den Bestseller-Seiten (*„What we're reading"* oder *„Destined for greatness"*) zu präsentieren und beispielsweise Käufer früherer Bücher desselben Autors per E-Mail auf den neuen „Bestseller" aufmerksam zu machen.[363]

Im Internet finden sich etliche Portale, die dem Surfer scheinbar kostenlose Preisvergleiche von Produkten verschiedener Online-Händler anbieten.

---

[357] Die Einhaltung des Trennungsgrundsatzes (klare Trennung von redaktionellen Inhalten und werblichen Anzeigen) in den Printmedien wird (u.a.) vom *Deutschen Presserat*, dem Selbstkontrollorgan der Printmedien, überwacht. (Ziffer 7 des Pressekodex; Deutscher Presserat: Pressekodex, http://www.presserat.de, 13.11.2002)

[358] http://www.latimes.com

[359] http://www.calendarlive.com/dining

[360] http://www.cnn.com/TRAVEL

[361] vgl. o.V.: Schleichwerbung? – Nein Danke! (26.03.1999), in: Neue Züricher Zeitung Online, http://www.nzz.ch, 04.11.2002

[362] vgl. Carvajal: For Sale: On-Line Bookstore's Recommendations, in: New York Times (08.02.1999), 1

[363] Erst auf zunehmende Kritik von Seiten kleinerer Verlage, die sich solch hervorgehobene Positionierungen nicht leisten konnten, und vor allem von Seiten der Verbraucher, die sich durch solche gesponserte Buchempfehlungen getäuscht sahen, erklärte sich *amazon.com* zum 1. März 1999 bereit, die bezahlten Empfehlungen kenntlich zu machen, und es somit auch den Internet-Nutzern zu ermöglichen, zwischen Schleichwerbung und wirklichen redaktionellen Inhalten zu unterscheiden (vgl. Carvajal: For Sale: On-Line Bookstore's Recommendations, in: New York Times (08.02.1999), 1).

> Doch die gefundenen „Tiefstpreise“ sind keineswegs immer die wirklich niedrigsten Angebote. Denn die Preisvergleicher lassen sich von den Anbietern bezahlen – durch Buchungsgebühren und/oder Provisionen, die auf den Kaufpreis aufgeschlagen werden. Obendrein entpuppen sich manche Angebote von PC-Händlern bei genauerem Hinsehen als Import-Versionen in englischer Sprache, als Billigversionen oder gar nur als Updates, deren Nutzung den Kunden in eine zweifelhafte Rechtslage brächte.[364]
>
> Auch Suchmaschinen im Internet arbeiten nicht aus rein karitativ-selbstlosen Zwecken. Sie verdienen ihr Geld mit bezahlten Suchmaschinentreffern. Je weiter oben auf der Liste der Suchergebnisse eine Website platziert werden soll, desto mehr kostet es den jeweiligen Betreiber – zum Ärgernis vieler Internet-Nutzer, die auf der Suche nach bestimmten Informationen immer wieder auf kommerziellen Seiten landen.[365]

Solcher Art gestaltetes *Product Placement* ist auch und vor allem im Bereich des Mediums Fernsehen ein kontrovers diskutiertes Thema: die gezielte (und dafür bezahlte) Platzierung von Markenprodukten als Requisiten in einer Spielfilmhandlung.[366] Wohl bekanntestes Beispiel

---

[364] vgl. Schüler: Fischzüge im PC-Markt, in: c’t – magazin für computertechnik (14/2001), 84

[365] In den USA wurden im Juni 2002 acht Suchmaschinen-Betreiber von der US-amerikanischen Federal *Trade Commission (FTC)* auf Initiative der Bürgerrechtsbewegung *Commercial Alert* hin abgemahnt, die bezahlten Links kenntlich zu machen. Doch auch wenn diese nicht reagieren, brauchen sie keine Sanktionen zu fürchten, denn aus Sicht der Verbraucher scheint es zwar Betrug zu sein, doch es verstößt gegen kein Gesetz, die gezahlten Links nicht kenntlich zu machen. (vgl. Kurzidim: Gekaufte Suchmaschinentreffer (29.06.2002), in: heise online, http://www.heise.de, 03.07.2002; Schulzki-Haddouti: Die Suche nach Geld – Suchmaschinen: Platzierung gegen Bares, in: c’t – magazin für computertechnik (25/2001), 44)

[366] vgl. Meffert: Marketing – Grundlagen marktorientierter Unternehmensführung, 2000, 734
In Hollywood wurde mittlerweile sogar eine eigene Gebührenskala für Product Placement definiert: „Man verlangt 10 000 Dollar dafür, dass das Produkt im Film auftaucht, 30 000, wenn eine der Filmfiguren das Produkt in der Hand hält“, so Werbekritikerin Laurie Mazur in einem Interview; und fügt ein extremes Beispiel des Product Placement an: „In *Das Geld anderer Leute* hält Danny de Vito eine Schachtel Donuts der Marke *Dunkin’* in den Händen, dreht sich zur Kamera und sagt: ‚Wenn ich mich nicht auf Dunkin’ Donuts verlassen kann, worauf dann?‘“ (de Graaf/Wann/Naylor: Affluenza – Zeitkrankheit Konsum, 2001, 254)

für das *Product Placement* ist der Vertrag zwischen *BMW* und den Machern von *James Bond*.[367] Aber auch die Platzierung von bestimmten „angesagten“ Produkten beispielsweise in Teenie- und Vorabendserien hat Methode. Kritiker sehen darin jedoch eine Irreführung und Beeinflussung der Konsumenten sowie einen Verstoß gegen die Wettbewerbssitten.[368]

Vergleichende Werbung

Seit April 2000 ist vergleichende Werbung grundsätzlich erlaubt. Sie darf allerdings nicht irreführen oder Verwechslungen provozieren, muss objektiv sein, sich auf nachprüfbare, typische und vor allem vergleichbare Eigenschaften beziehen und darf den Wettbewerber nicht herabsetzen oder verunglimpfen.[369] „Die Ausnahmeregelungen sind so streng, dass sich zwar der Grundsatz, aber nicht das Ergebnis geändert hat“[370], meint jedoch der Rechtsanwalt Prof. Dr. Rolf Sack.

Hier einige Formen der vergleichenden Werbung[371]:

- Bei einem *Persönlichen Vergleich* richtet sich die Werbung anstelle an dessen Leistung direkt an (bzw. gegen) die Person des Konkurrenten, mit dem Ziel, diesen persönlich herabzusetzen.

  Als das Handelsunternehmen *Aldi* ankündigte, nicht mehr nur Lebensmittel, sondern beispielsweise nun auch Computer zu Discount-Preisen vertreiben zu wollen, schaltete der Computer-Händler *Schadt* die folgen-

[367] vgl. Peymani: Lizenz zum Verdienen, in: W&V Werben und Verkaufen (49/1999), 108

[368] vgl. Meffert: Marketing – Grundlagen marktorientierter Unternehmensführung, 2000, 734

[369] vgl. Kotler/Bliemel: Marketing-Management – Analyse, Planung und Verwirklichung, 2001, 936f.

[370] Dettweiler: Vergleichende Werbung ist eine juristische Sackgasse (12.02.2002), in: Frankfurter Allgemeine Zeitung, http://www.faz.net, 04.11.2002

[371] vgl. (nachfolgend) Lorenz/Röhr: Ich bin doch nicht blöd – Vergleichende Werbung, http://viadrina.euv-frankfurt-o.de, 04.11.2002

de Anzeige: „Computer kauft man beim Fachhandel und nicht beim Gemüsehändler.“[372]

- Ein *Anlehnender Vergleich* wird vor allem dazu verwendet, sich als Alternative zu einem bestimmten Konkurrenten hervorzutun. Dabei gleicht die Aufmachung der eigenen Werbung (Anzeige oder Werbespot) in auffallend ähnlicher Weise der des Konkurrenten.

  So warb beispielsweise der französische Automobilhersteller *Renault*, anlehnend an eine Werbekampagne von *Mercedes*, für sein multifunktionales Notrufsystem mit folgendem Wortlaut: „Gut, dass Mercedes an alles denkt. Gut, dass sie nicht die einzigen sind.“[373] (Dabei war die Anzeige genauso gestaltet, wie die betreffende Anzeige von *Mercedes*.)

  Auch als der Autovermieter *Europcar* 1999 seine neue Luxuswagen-Flotte vorstellte, tat es dies ganz in Stil und Farbe des Konkurrenten *Sixt*: Auf sieben ganzseitigen Anzeigen in überregionalen Tageszeitungen zeigte das Unternehmen teure Autos – im für *Sixt* typischen schwarz-orange (aber ohne *Sixt* beim Namen zu nennen). Darunter stand: „Mieten Sie dieses Auto bei Europcar. (Wir haben es leider nicht.)“[374]

- Der *Kritisierende Vergleich* dient vorrangig der Herabwürdigung des/der Konkurrenten.

  Vor allem der Autovermieter *Sixt* kommt immer wieder in die Schlagzeilen ob seines aggressiven und direkten Werbestils. So schaltete er beispielsweise in überregionalen Zeitungen und Zeitschriften eine Anzeige mit dem Slogan: „Hurra! Avis vermietet den Smart für 99 Mark am Tag." – und eine Seite weiter hieß es: „Haha! Für das Geld kriegen Sie bei Sixt einen Mercedes."[375]

  Auch das Nachrichtenmagazin *Focus* machte sich schon die vergleichende Werbung zunutze und griff mehr oder weniger offen das Konkur-

---

[372] Nickel: Vergleichende Werbung – Politische Ziele, Rechtliche Fallstricke, Reale Marktereignisse (12.10.2000), 10

[373] Lorenz/Röhr: Ich bin doch nicht blöd – Vergleichende Werbung, http://viadrina.euv-frankfurt-o.de, 04.11.2002

[374] Maier: Konjunktur für harte Bandagen (10.06.1999), in: Die Welt, http://www.welt.de, 04.11.2002

[375] o.V.: Vergleichende Werbung in Deutschland – die rechtliche Lage, Meinungen aus der Branche, Beispiele aus der Praxis..., InterMediaConsult, http://www.intermediaconsult.de, 04.11.2002

renzmagazin *Der Spiegel* an: „Aus Hamburg die Hiobs-Botschaften. Aus München die Fakten.“[376]

Auch wenn die vergleichende Werbung, die in einigen Branchen bzw. zwischen einigen Unternehmen (wie beispielsweise zwischen *Pepsi* und *Coca-Cola*, *Saturn* und *Media Markt*, *Burger King* und *McDonald's* sowie zwischen *Sixt* und den Konkurrenten *Hertz*, *Avis*, *Europcar*) in eine wahre Werbeschlacht ausgeartet ist, scheinbar hauptsächlich auf die Konkurrenten abzielt, und somit vor allem gegen die guten Sitten des Wettbewerbs verstößt (manches Mal zur Belustigung, ein anderes Mal zum Ärgernis der Betrachter), trägt sie doch in gewissem Maße zur Verunsicherung der Konsumenten bei – ganz zu schweigen davon, dass letztendlich das Geld, das die Unternehmen für Werbung ausgeben, über den (höheren) Kaufpreis von den Konsumenten wieder eingefordert wird, weswegen diese Form der Werbung hier ihre Erwähnung finden sollte.

Unterschwellige Werbung

Seit im Jahre 1957 der amerikanische Marktforscher James Vicary vorgab, herausgefunden zu haben, dass durch unterschwellige (sublimale) Botschaften, die beispielsweise bei Kinofilmen so kurz (weniger als 3 Millisekunden) eingeblendet werden, dass sie von den Zuschauern nicht bewusst (dafür aber unbewusst) wahrgenommen werden, deren Konsumverhalten verändert werden kann, hat die Angst der Verbraucher ob dieser möglichen Einflussnahme stark zugenommen. Auch die Tatsache, dass man später herausfand, dass das von Vicary beschriebene „Experiment“ nie hat stattgefunden hatte, sondern dass es sich dabei vielmehr eine Form der Eigenwerbung für dessen Werbeagentur handelte, konnte den Glauben an die Möglichkeiten unbewusster Beeinflussung durch unterschwellige Botschaften bei vielen Verbrauchern nicht zerstören. Viele befürchten, dass dies doch möglich sei, sodass sogar Regierungen Handlungsbedarf sahen und diverse

---

[376] Nickel, Volker: Vergleichende Werbung – Politische Ziele, Rechtliche Fallstricke, Reale Marktereignisse (12.10.2000), 10

Gesetze zum Schutz der Verbraucher gegen den Einsatz sublimaler Botschaften erließen.[377]

Emotionale Werbung

> *„Die Werbung geht unterschwellig auf unsere Wünsche ein mit einem Universum, das uns vorgaukelt, Jugend, Gesundheit, Männlichkeit wie Weiblichkeit hingen einzig davon ab, was wir kaufen."*
> Oliviero Toscani, italienischer Photograph[378]

Im Gegensatz zu informativer Werbung, bei der der Inhalt der Werbebotschaft aus objektiv prüfbaren Aussagen oder Tatsachen besteht (bzw. bestehen sollte), sucht die emotionale Werbung gezielt bestimmte Gefühle zu übermitteln und so bei den Betrachtern bestimmte Empfindungen auszulösen.

Dies geschieht zum einen dadurch, dass beispielsweise mit Persönlichkeiten des öffentlichen Lebens geworben wird, die ein bestimmtes Image oder einen „gewissen Ruf" besitzen, den die Werber hoffen, auf ihr Produkt übertragen zu können (*Testimonial-Werbung*). Oder aber es wird die emotionale Wirkung von Bildern, Farben, Worten und Musik genutzt, um Phantasiewelten aufzubauen und bestimmte (positive) „Erlebniswerte" wie Liebe, Glück, Jugend, Spaß, Übermut, Freiheit, Natur oder Entspannung zu vermitteln (*Lifestyle-Werbung* oder *Slice-of-Life-Technik*). Auch der Humor hat seinen unbestreitbaren Stellenwert in der Werbung.[379]

---

[377] In den deutschen Gesetzestexten finden sich beispielsweise im Mediendienstestaatsvertrag (MDStV) und im Gesetz zur Werbetätigkeit der Wirtschaft Verweise auf unterschwellige Werbung. (vgl. o.V.: Unterschwellige Beeinflussung: ein Mythos oder gibt es sie wirklich?, in: Werbepsychologie Online, http://www.werbepsychologie-online.de, 04.11.2002; siehe dazu auch: Brand: Unterschwellige Werbung – Neun Thesen, Zentralverband der deutschen Werbewirtschaft (ZAW), 1995)

[378] entnommen aus: International Advertising – Zitatenschatz, http://viadrina.euv-frankfurt-o.de, 02.11.2002

[379] vgl. Meffert: Marketing – Grundlagen marktorientierter Unternehmensführung, 2000, 807

Immer mehr Unternehmen entdecken zunehmend ebenso den Sex als Mittel zur Gestaltung einer Werbebotschaft für sich – um die Aufmerksamkeit des Betrachters auf sich zu lenken; sei es in der Nacktheit, in erotischen Szenen oder Sex in romantischer Form.[380] Getreu nach dem Motto: „Sex sells". Tabus scheinen dabei kaum noch zu existieren.

Noch umstrittener sind allerdings Werbebotschaften, in denen negative Erlebniswerte wie z.B. Schock, Entsetzen, Ekel, Abscheu oder Betroffenheit ihren Einzug gehalten haben. Getreu der Devise „Werbung fällt entweder auf oder durch" scheint die allgemeine Auffassung die zu sein, dass durch die sog. „Schockwerbung" ausgelöste Gefühle immer noch besser seien als gar keine Reaktion.[381]

Sex in der Werbung

Zumeist lässt sich bei solcherart gestalteter Werbung nicht einmal mehr ein Zusammenhang zwischen den verwendeten erotischen Darstellungen und dem beworbenen Produkt (wie dagegen beispielsweise bei Körperpflegemitteln, Dessous oder Parfüms) erkennen. „Ein Schuss Erotik dient hier häufig als krönende ‚Petersilie' auf der mehr oder weniger gelungenen Werbemahlzeit"[382], kritisiert Prof. Dr. Joachim Löffler, Professor für Wirtschaftsrecht, Marketingmanagement und Electronic Commerce an der Fachhochschule Heilbronn.

> In diesem Zusammenhang kommen beispielsweise die Werbespots für die Margarine *Lätta* immer wieder bei den Verbrauchern und auch in den Medien ins Gespräch, die auf pure (oder eher zweifelhafte) Erotik setzen. So auch in dem neuen Werbespot für *Lätta Hoch2*. Gezeigt wird eine junge Frau, die sich im Bett mit zwei jungen Männern vergnügt, dann aber (nackt) aufsteht und zum Kühlschrank geht, um sich mit der neuen *Lätta* die Wange zu kühlen.
>
> Getreu dem Motto „Sex sells" versuchte sich auch die Firma *ultrafilter international*, ein nordrhein-westfälisches Energieunternehmen, und

---

380 vgl. ebd.

381 vgl. Löffler: Geschmacklose und schockierende Werbung (25.01.2002), http://mitarbeiter.fh-heilbronn.de, 15.05.2002, 2

382 Löffler: Geschmacklose und schockierende Werbung (25.01.2002), http://mitarbeiter.fh-heilbronn.de, 15.05.2002, 4

schaltete im Jahr 2001 eine Werbeanzeige, auf der ein älterer Mann mit einer jungen Frau auf seinem Schoß in sehr eindeutiger Pose – beide sind nackt – abgebildet war. Der Werbetext dazu lautete: „Wer Energie verliert, verliert bald alles".[383]

Das eigentliche Problem bei der Verwendung von Erotik in der Werbung besteht jedoch darin, dass viele der Kampagnen oftmals die Grenze zur Frauenfeindlichkeit bzw. -diskriminierung überschreiten.

Das Dachdecker-Unternehmen *Holmann* warb beispielsweise mit einem Plakat, das einen Dachdecker zeigte, der eine nur mit einem Slip bekleidete Frau im Arm hält. Der dazugehörige Werbespruch: „Wir decken fast alles ab."[384]

Auch eine Anzeige der Schweizer Firma *Dorit* in der Fachzeitschrift „Die Fleischerei" lässt sich in diese Kategorie (eher misslungener Werbung) einordnen. Abgebildet war eine Maschine, mit der man Schinken rundformt und unmittelbar daneben ein nackter Frauen-Po. Darüber stand: „Best Ham – Jeder Schinken braucht die korrekte Behandlung."[385]

Das Münchner Fitness-Center *Sport Forum* warb mit Postwurfsendungen, auf denen die Rückenansicht von fünf knienden Frauen in Tanga-Slips abgebildet war – mit der darüber stehenden Aufforderung: „Suchen Sie sich eine(n) aus."[386]

Die Bierbar *Golden City* in Heilbronn warb mit ihren Prospekten mit „15 Gründe[n], warum Bier besser ist als eine Frau" – mit Erklärungen wie „ein Bier wird nicht schwanger, wenn Du nicht aufpasst" und „ein Bier musst Du nicht waschen, damit es gut schmeckt."[387]

---

[383] Das Unternehmen wurde 2002 vom Deutschen Werberat öffentlich für diese Anzeige gerügt, da sie als herabwürdigend und für ältere Menschen erniedrigend gewertet wurde, und musste die Anzeige daraufhin einstellen (vgl. Deutscher Werberat: Nur drei Rügen nötig, http://www.interverband.com:8080/u-img/69392, 15.05.2002).

[384] Nickel: Sex sells!? – Die nackte Wahrheit (11.04.2002)

[385] ebd.

[386] Das Fitness-Center wurde ebenfalls 2002 vom *Deutschen Werberat* öffentlich für diese Anzeige gerügt, da sie eine Herabwürdigung der Frauen darstellte, woraufhin die Postwurfsendungen nicht mehr verteilt werden durften (vgl. Deutscher Werberat: Nur drei Rügen nötig, http://www.interverband.com:8080/u-img/69392, 15.05.2002).

[387] Rust: Rüge für Billigreklame (23.03.2000), in: Die Welt, http://www.welt.de, 04.11.2002

„Die neue Herrenwäsche ist da" warb in gleicher Manier ein Betten- und Wäschehaus mit dem Abbild des Oberkörpers einer dunkelhäutigen Frau (vom Mund an abwärts), aus deren halb geöffnetem Mund Speichel floss.[388]

Die in diesem Zusammenhang wohl am kontroversesten diskutierten Werbekampagnen stammen von dem Bekleidungsunternehmen *Sisley* – einem Tochterunternehmen der (werbepolitisch ebenso umstrittenen) Bekleidungsgruppe *Benetton*.

Eine Anzeige zeigte beispielsweise ein verstört wirkendes junges Mädchen, das breitbeinig auf einem Stuhl sitzt (sodass ihr blutbeflecktes Höschen zu sehen ist), und ein weißes Lamm im Arm hält, dessen Maul rotgefärbt (von Blut?) ist.[389] Eine andere Anzeige (im Rahmen der „Jamaica"-Kampagne 2001) zeigte ein Pärchen (in Nahaufnahme) in eindeutiger, begrenzt jugendfreier Pose sowie hernach verschwitzt im Stroh. Oder es wurde eine junge Frau gezeigt (vom Kinn abwärts), die sich mit einer Hand zwischen die breit gespreizten Beine unter ihr Höschen fährt (im Rahmen der „Palm Spring"-Kampagne 2000).[390] Die Liste ließe sich beliebig fortführen. So war etwa auch auf einem Werbeplakat – für Schuhe, wohlgemerkt – ein zum größten Teil entblößter Po sowie die Beine einer Frau aus voyeuristischer Frosch-Perspektive zu sehen – ohne dass die Füße (mit den dazugehörigen beworbenen Schuhen) im Bild waren.[391]

Schockwerbung

„Die Werbung ist ein lächelndes Aas"
Oliviero Toscani[392]

In einer Zeit der Reizüberflutung, in der die Verbraucher, nach Ansicht vieler, nahezu abgestumpft sind, scheint es für die werbetreibende Industrie immer schwieriger, sich von der Konkurrenz abzuheben und die Aufmerksamkeit der Konsumenten auf sich zu lenken. Wer gesehen und gehört werden will, muss sich „etwas ganz besonderes, noch nie

---

388 vgl. Deutscher Werberat: Aktuelle Einzelfälle, http://www.interverband.com:8080/u-img/69392, 15.05.2002

389 vgl. Nickel: Sex sells!? – Die nackte Wahrheit (11.04.2002)

390 vgl. http://www.sisley.com

391 vgl. o.V.: Sisley wirbt mit Sex im Stall, Aviva Berlin, http://www.aviva-berlin.de, 04.11.2002

392 Toscani: Die Werbung ist ein lächelndes Aas, 1997

dagewesenes" einfallen lassen, oder er läuft Gefahr, im Meer der Anbieter unterzugehen. Dieser „Zugzwang" führt dann unter Umständen zur Entwicklung von Werbekampagnen, die sich die direkte Provokation, das „unzensierte Schockmoment", die offene Konfrontation auf die Fahnen geschrieben haben. Sie greifen bewusst tabuisierte Themen auf und brechen mit alten Normen. Denn: „normal sein ist out!"[393]

> So warb eine Handwerker-Vermittlungskette namens *Hol Harry* in Ballungszentren in Deutschland großflächig mit Plakaten, auf denen ein nacktes Gesäß zu sehen war, aus dem beispielsweise ein Heizkörper (oder etwa eine Waschmaschine) herausschaute. Darüber stand: „Heizung (respektive Waschmaschine) im Arsch – Hol Harry!"[394]
>
> Die in Delmenhorst ansässige Firma *WM Großhandels GmbH*, die unter anderem Freisprechanlagen für Autos anbietet, warb für ihren Service mit den Worten: „Unser Service macht Sie süchtig". Im Vordergrund der Anzeige war eine nackte, junge Frau zu sehen, die sich, in der Hocke sitzend, gerade Drogen injizierte.[395]
>
> Gleichermaßen einen Tabubruch beging auch *Die Auskunft AG (11-8-40).* Sie warb (allerdings aufgrund massiver Kritik nur kurzzeitig) mit dem leidenden Christus am Kreuz, wobei anstelle der traditionellen Buchstaben INRI die Nummer der Telefonauskunft im Kreuz eingraviert war. Daneben stand: „So merkt sich ein Messdiener die billige Nummer der Auskunft."[396]

Selbst vor dem Thema „Tod" machen die Werber nicht halt:

> So wirbt ein amerikanisches Bestattungsunternehmen mit folgendem Wortlaut: „Warum leben, wenn Sie schon für 10 Dollar beerdigt werden können?"[397]

---

[393] vgl. Niedzella: Auffallen um jeden Preis – die neue Werbestrategie, Power für creative Ideen GmbH, http://www.madebylo.com/power, 16.09.2002

[394] Nickel: Wie weit darf Werbung gehen? – Recht und Tabu (25.01.2002), 12

[395] vgl. ebd.

[396] Deutscher Werberat: Aktuelle Einzelfälle, http://www.interverband.com:8080/u-img/69392, 15.05.2002; o.V.: Vorsicht! Werbung – Gnade für Dummheit (22.04.2001), in: Tagesspiegel, http://www2.tagesspiegel.de, 15.05.2002

[397] Nickel: Wie weit darf Werbung gehen? – Recht und Tabu (25.01.2002), 7

Ein Werbespot der Firma *Microsoft* für die Spielkonsole *X-Box* beginnt mit der Darstellung einer Kindesgeburt, bei der das Neugeborene aus dem Kreissaal heraus auf eine Art Flugbahn katapultiert wird, in deren Verlauf das Kind (unter panischem Geschrei) binnen Sekunden erwachsen wird und zum Greis altert, um schließlich in einem offenen Grab aufzuschlagen. Die Werbebotschaft: „Life is short. Play more."[398]

In der Hamburger Innenstadt hingen Anfang des Jahres 2002 Riesenplakate, die die Fassade des World Trade Center am 11. September 2001 zeigten, aus dem sich drei Menschen in Todesangst aus 400 Metern Höhe in den sicheren Tod stürzen. „Dekade 11" steht an dem gut drei mal zwei Meter großen Plakat, und sonst nichts. Was keiner der Betrachter weiß: das Plakat soll für die vom 25. April bis 15. Mai im Hamburger Verlagshaus *Gruner & Jahr* stattfindende Ausstellung „World Press Photo 2002" werben.[399]

Der Tierschutzverein *Noah* ist bekannt für brutale Werbebotschaften. Eine Anzeige zeigt beispielsweise den Rücken eines gefesselten, gefangenen Soldaten, dem ein weiterer Soldat eine Pistole auf den Rücken drückt. Neben dem Photo steht: „Wie man sich kurz vor seiner Ermordung fühlt. Fragen Sie mal Ihr Schnitzel."[400]

Wirklich skrupellos erschien vielen britischen Verbrauchern auch die Werbung des Computerspieleherstellers *Acclaim*. Dessen britische Tochterfirma kündigte Anfang des Jahres 2002 an, man wolle das neue Spiel *„Shadow Man 2"* mit Werbetafeln auf Grabsteinen anpreisen. Vor allem für ärmere Familien solle dieses sog. „Deadvertising" attraktiv sein, da das Unternehmen einen Teil der Begräbniskosten übernehmen wolle.[401]

---

[398] Bei diesem Werbe-Spot scheiden sich die Geister: Als der Spot im britischen Fernsehen ausgestrahlt wurde, verbot die britische *Independent Television Commission (ITC)* aufgrund hunderter Protestbriefe und -anrufe aufgebrachter Fernsehzuschauer die weitere Ausstrahlung des Filmes im Fernsehen. Im Kino und im Internet – unter *http://download.playmore.com/champagne.mpg* – läuft der Spot jedoch weiter. Bei dem Werbefilm-Festival in Cannes wurde er zudem mit dem Goldenen Löwen für den „besten kreativen Film" ausgezeichnet (vgl. Schüler: Microsoft wirbt für die X-Box: Kurz-lebig (08.06.2002), in: heise online, http://www.heise.de, 03.07.2002; Schüler: Preisgekrönte Beerdigung (11.07.2002), in: heise online, http://www.heise.de, 16.07.2002).

[399] vgl. o.V.: Werbung mit dem Tod, freenet, http://www.freenet.de, 07.06.2002

[400] Nickel: Wie weit darf Werbung gehen? – Recht und Tabu (25.01.2002), 8f.

[401] vgl. Löding: Kontroverse um Spiele-Werbung auf Grabsteinen (19.03.2002), in: heise online, http://www.heise.de, 03.07.2002

Und sogar die Geschehnisse des 11. September 2001 fanden auf nahezu skrupellose Weise ihren Niederschlag in der Werbung:

> Die Firma *Standort-Chemische Analytik und Forschung GmbH & Co* machte sich die Panik nach den Ereignissen des 11. September 2001 zunutze, um für ihr Produkt „Anti-Terror-Security-Package-Ensure 1" zu werben. Dieses (289 DM teure) Sicherheitspaket, das eine Atemschutzmaske, Jodtabletten und einen Arztbrief zur Verschreibung von Antibiotika enthielt, wurde mit der folgenden Aussage angepriesen: „*[...] auch in Deutschland erwarten wir erste Terrorangriffe [...] Ein absolutes Horrorszenario: Terroristen planen Anschläge auf unsere Zivilisation. Mit Flugzeugen möchten sie offensichtlich Selbstmordattentate auf unsere Atomkraftwerke verüben. Sie züchten Milzbrand-, Pest- und Pockenerreger und wollen sie über unseren Städten abwerfen. Sie üben mit Chemiewaffen Anschläge auf unsere U-Bahnen [...] Mit dem Sicherheits-Package-Ensure 1 können Sie jetzt bei den wichtigsten terroristischen Bedrohungen selbst zur Vorsorge beitragen [...]*"[402]

Bei einigen Werbekampagnen scheint der Sinn für den Betrachter oftmals gar nicht zu entschlüsseln. Außer, dass das Unternehmen durch die bewusst Provokation schockieren will und sich somit im Gedächtnis der Betrachter festsetzt.

> In einer Zeitschriftenanzeige des italienischen Jeans-Herstellers *Diesel* ist ein Mann mit nacktem Oberkörper zu sehen, der (natürlich) eine *Diesel*-Jeans trägt – und gerade dabei ist, den Unterarm eines Menschen zu zersägen. Die Szene scheint sich in einem dunklen Raum mit offensichtlich blutverschmierten Wandfliesen abzuspielen – von der Decke baumeln Körperteile, aus einer Mülltonne ragen Gliedmaßen heraus ...[403]

Eine mögliche Definition von „Schockwerbung" gibt Ulrike Münnenberg: Schockwerbung ist „das Werben mit einer ‚gestellten' oder rea-

---

[402] Per einstweiliger Verfügung des Landgerichts Berlin wurde der Firma untersagt, weiterhin auf solche Art und Weise für ihr Produkt zu werben. „Unabhängig vom Wahrheitsgehalt der Aussagen ist es unzulässig und zudem moralisch verwerflich, die derzeitige weltpolitische Situation zum Anlass zu nehmen, Ängste des Verbrauchers zu schüren und damit Geschäfte zu machen", so Egbert Groote, Rechtsexperte des vzbv. (Arbeitsgemeinschaft der Verbraucherverbände e.V.: Panikmache und Werbung mit Terror verboten (02.11.2001), http://www.agv.de, 14.05.2002)
[403] vgl. Nickel: Wie weit darf Werbung gehen? – Recht und Tabu (25.01.2002), 13

listischen Bildaufnahme, die Not, Leid und Elend, aber auch religiöse oder politisch höchst sensible Themen zum Inhalt hat, keinerlei oder nur unzureichenden Sachbezug zu dem zu bewerbenden Produkt oder Unternehmen aufweist und lediglich bzw. dennoch mit dem Logo einer Firma oder eines Produkts verbunden ist, die aber aufgrund ihres unerwarteten Motivs geeignet ist, Reaktionen vielfältiger Art von heftigster Intensität hervorzurufen."[404]

Schockwerbung à la *Benetton*

Das wohl bekannteste – und am heftigsten umstrittene – Beispiel für solcherart gestaltete Werbung ist immer noch die italienische Bekleidungsfirma *Benetton*. Diese machte seit Anfang der 90er Jahre, unter Federführung des italienischen Photographen Oliviero Toscani, mit Plakat-Kampagnen zu gesellschaftspolitisch brisanten Themen (*Aids and Safer Sex*, *Cultures and Lives*, *Humanities*, *Peace and War*, *Race*, *Reality*) von sich reden.

Ziel der Kampagnen sei es, so Toscani, Dinge (Menschen und Situationen) in den Mittelpunkt zu rücken, „von denen die normale Werbung nichts wissen will."[405] Er wolle Kampagnen gestalten, „die nicht die Sprache der traditionellen Werbung [sprechen] und die nicht Elemente der normalen Werbung verwende[n]". Dem entgegen steht jedoch die Auffassung Luciano Benettons, der das vorrangige Ziel der Werbekampagnen darin sieht, „den Wettbewerb zu gewinnen und nicht den Kopf zu verlieren", wobei Proteste im Vorfeld erwartet worden und Teil der Strategie waren – von Anfang an.

Dabei gehörten das „Kuss-Photo" einer Nonne und eines Priesters („*A Kiss from God – Priest and Nun*", 1991) oder auch das Photo eines Neugeborenen, das noch mit Blut und Käseschmiere bedeckt und noch nicht abgenabelt war („*Scandalous Baby*", 1991), zu den „harmloseren" Bildern. Viel mehr Aufsehen erregte beispielsweise die „*H.I.V. positive*"-Kampagne im Jahre 1993, die verschiedene Körperteile eines (kerngesund erscheinenden) Mannes zeigte, die mit einem Stempel der „United Colors of Benetton" als „H.I.V. positive" quasi gebrandmarkt wurden. Den „Höhepunkt" (bzw. Be-

---

[404] Wünnenberg: Schockierende Werbung – Verstoß gegen §1UWG, 1996, 4; siehe dazu auch: Nickel: Schläge mit dem Werbehammer – Über die neue Qualität des Prinzips Provokation, 1998

[405] Kassebohm: Grenzen schockierender Werbung – Benetton-Werbung vor dem Hintergrund wirtschaftlicher Interessen und juristischer Beurteilung, 1995, 113

ginn) dieser AIDS-Kampagne bildete dabei das Bild des sterbenden AIDS-Aktivisten David Kirby im Kreise seiner (trauernden) Familie („*Pieta*", 1992). Auch das im Rahmen der „*Peace and War*"-Kampagne veröffentlichte Photo der zerschossenen und blutbefleckten Kleidung eines Soldaten, der im Jugoslavien-Krieg fiel („*Marinko Gagro – The Known Soldier*", 1994), sowie das von kleinen Kindern in der Dritten Welt, die schwer arbeitend beim Stapeln und Verladen von Ziegelsteinen zum Hausbau „mithelfen" müssen[406] („*Child Labor*", 1993/1994) und auch das einer ölverschmierten, auf einem Ölteppich schwimmenden Ente („*Bird*", 1993/1994) – um nur einige wenige zu nennen – erregten die öffentlichen Gemüter. Ebenso wie die im Januar 2000 gestartete Kampagne „*We, on death row*", die Portraitaufnahmen von in den USA zum Tode Verurteilten (mit persönlichen Angaben) zeigte.[407]

Kernpunkt der Kritik an den Werbekampagnen von *Benetton* ist aber nicht nur, dass *Benetton* mit zum Teil äußerst provozierenden, teilweise schockierenden Photos warb[408], sondern dass die Werbekampagnen in keinem Zusammenhang zu den von *Benetton* produzierten Produkten standen. *Benetton* greift in seinen Kampagnen gesellschaftskritische Themen wie Aids, Krieg und Rassismus auf; jedoch nur als Image- bzw. Aufmerksamkeitswerbung, mit dem Ziel, in der Diskussion um die umstrittenen Plakataktionen den eigenen Bekanntheitsgrad zu erhöhen; ohne dabei jedoch Informationen über das beworbene Produkt zu transportieren.[409]

---

406 Absurderweise brachte ein Reporter der italienischen Zeitung *Corriere della Sera* im Oktober 1998 ans Licht, dass in Fabriken in der Türkei Kinder illegal für Benetton arbeiten (vgl. Orizio: I earn $3.8 in my work-day sewing jeans, in: Corriere della Sera (12.10.1998), http://www.ricardoorizio.com, 14.11.2002).

407 vgl. United Colors of Benetton: United Colors Divided Opinions, http://www.benetton.com, 05.11.2002

408 Im Mai 2000 (in Folge der öffentlichen Diskussion um die Anti-Todesstrafe-Kampagne) trennte sich *Benetton* von Oliviero Toscani, der seit 1982 als Photograph für die schockierenden und provozierenden Plakate der Werbekampagnen sowie für das internationale Corporate Image von *Benetton* verantwortlich zeichnete. (vgl. o.V.: Oliviero Toscani, Marketingcliff, http://www.marketingcliff.de, 04.11.2002)

409 Einem Urteil des Bundesgerichtshofes zufolge ist diese Art der Werbung sittenwidrig, da nach Ansicht der Richter menschliche Gefühle als Vehikel für sachfremde kommerzielle (Wettbewerbs-)Zwecke ausgenutzt werden: „Der Vorwurf des sittenwidrigen Werbeverhaltens der Bekl. liegt im Kern darin begründet, daß sie mit der lediglich auf sie als publizierendes Unternehmen hinweisenden Darstellung

Mit Hilfe aggressiver Werbung – Werbung an der „moralischen Schmerzgrenze“[410] – kann zweifellos eine hohe Aufmerksamkeit bei den Betrachtern erzielt und dadurch, dass die Werbenden „ins Gespräch“ kommen, der Bekanntheitsgrad des Unternehmens erhöht werden. Sie muss jedoch nicht immer auf ungeteilte Akzeptanz in der Bevölkerung stoßen. Nicht selten teilt sich bei solcherart „werblichen Grenzüberschreitungen“ die Kundschaft in Befürworter und Gegner der werbepolitischen Anstrengungen des Unternehmens.[411] *Benettons* Werbekampagnen beispielsweise hatten nicht nur Protestaktionen, sondern auch einige Gerichtsverfahren zur Folge.[412]

---

des Elends einer geschundenen Kreatur [ölverschmutzte Ente] bei einem nicht unerheblichen Teil der Verbraucher starke Gefühle des Mitleids und der Ohmacht über die Umweltzerstörung weckt, sich dabei gleichermaßen betroffen darstellt und damit eine Solidarisierung der Einstellung solchermaßen berührter Verbraucher mit dem Namen und zugleich mit der Geschäftstätigkeit ihres Unternehmens herbeiführt.“ Bloße schockierende oder geschmacklose Werbung als solche ist jedoch nicht verboten (vgl. Löffler: Rechtliche Grenzen schockierender Werbung (25.01. 2002), http://mitarbeiter.fh-eilbronn.de, 15.05.2002; siehe dazu auch: Hinzen: Die UWG-rechtliche Bewertung von Imagewerbung am Beispiel Benetton, 2001).

[410] Hüttner/Pingel/Schwarting: Marketing-Management: Allgemein – Sektoral – International, 1994, 229

[411] vgl. Nickel: Wie weit darf Werbung gehen? – Recht und Tabu (25.01.2002), 14

[412] Für die Photos der Kinderarbeiter, der ölverschmierten Ente und des mit „H.I.V. positive“ gestempelten Gesäßes musste sich das Unternehmen in mehreren Gerichtsverhandlungen verantworten. Vor allem der Rechtsstreit um die „H.I.V. positiv“-Kampagne dauert an und geht in seinem zehnten Jahr in die sechste Runde. Der Wettbewerbssenat des Bundesgerichtshofes urteilte bereits 1995: „Wer Gefühle des Mitleids in so intensiver Weise wie in den beanstandeten Anzeigen zu kommerziellen Zwecken ausnutzt, handelt wettbewerbswidrig.“ (Hein: Benettons Blut verboten – Bundesgerichtshof untersagt die Schockwerbung des Konzerns (07.07.1995), in: Die Welt, http://www.welt.de, 05.11.2002) Das Bundesverfassungsgericht kam jedoch im Dezember 2000 zu dem Schluss, dass die Werbekampagne nicht sittenwidrig sei und hob damit das Urteil des Bundesgerichtshofes wieder auf (vgl. o.V.: Benetton Schock-Werbung nun doch nicht sittenwidrig, Cyberlaw, http://www.cyberlaw.de/werberecht/Benetton.htm, 14.11.2002; Palm: Wie viele Schocks verkraftet die Welt? (14.12.2000), in: telepolis, http://www.heise.de/tp, 05.11.2002). Die Richter des Bundesgerichtshofes beharrten jedoch auf ihrem Urteil von 1995 und verurteilten im Jahre 2001 die Werbekampagne erneut. Und auch diesmal (im März 2003) hob das Bundesverfassungsgericht das Urteil des Bundesgerichtshofes auf und wies den

Werbung sei jedoch „ein Spiegelbild unserer Gesellschaft“, so Joachim Löffler, „und diese Gesellschaft erhebt in weiten Bereichen den Bruch von Tabus zum Volkssport. Wir dürf(t)en uns daher nicht wundern, wenn auch Werbung immer lauter, schriller und schockierender wird.“[413]

2.4.2 Werbeformen im Internet

> *„Die Omnipräsenz verlockender Angebote mindert ihre Durchschlagskraft. Aus diesem Grund suchen Werber und Werbungstreibende dringend nach neuen Werbeträgern. Am liebsten sind ihnen solche, die sich weder abschalten noch umblättern oder sonstwie übersehen lassen. So darf die Menschheit davon ausgehen, dass ihr das nächste Jahrtausend eine ungeheure Flutwelle ungewollter Mitteilungen bescheren wird.“*
> Hanjo Seißler, deutscher Feuilletonist[414]

Das Internet als neues Informations- und Unterhaltungsmedium findet auch immer größeren Anklang bei den Unternehmen, da sie ihre Werbung dort gezielt(er) platzieren können. Im Gegensatz zu den eher klassischen bzw. traditionellen Werbeformen wie Plakat- oder Anzeigenwerbung in Zeitungen und Zeitschriften besteht für die Unternehmen im Internet die Möglichkeit, speziell einzelne Zielgruppen oder gar einzelne Verbraucher anzusprechen.

Den Ergebnissen monatlicher Werbeumsatzstatistiken der *Nielsen Media Research GmbH* zufolge erzielte die Online-Werbung, dem

---

Streitfall erneut dorthin zurück. Denn „allein der Werbezweck verwandle die Anzeige nicht in eine Botschaft, die Betroffene verhöhne und erniedrige. Sie benenne das Elend Aids-Kranker, überlasse die Interpretation aber dem Betrachter. Damit stünden sozialkritischer Inhalt und Werbezweck nicht zueinander im Widerspruch“, so das Urteil der Richter. Nun liegt der Streitfall wieder beim Bundesgerichtshof (vgl. o.V.: Verfassungsrichter kippen erneut Urteil zur Schockwerbung (02.04.2003), in: Handelsblatt, http://www.handelsblatt.com, 03.04.2003).

[413] Löffler: Geschmacklose und schockierende Werbung (25.01.2002), http://mitarbeiter.fh-heilbronn.de, 15.05.2002, 7; siehe dazu auch: Nickel: Werbung und Moral, Zentralverband der deutschen Werbewirtschaft (ZAW), 1997

[414] entnommen aus: Werbe-Welten – Zitate, http://viadrina.euv-frankfurt-o.de, 02.11.2002

allgemeinen Trend rückläufiger Werbeinvestitionen entgegen, im Jahre 2002 einen Zuwachs von 20,9 Prozent im Vergleich zum Vorjahr. Insgesamt investierten die Werbetreibenden demnach im Jahre 2002 255,9 Millionen Euro – 2001 lag die Gesamtsumme noch bei 211,6 Millionen Euro.[415]

Dem ist an sich nichts zu entgegnen, solange die jeweiligen Werbeformate so auf den Websites platziert sind, dass den Internetnutzern immer noch die Möglichkeit eingeräumt wird, diese Werbung umgehen bzw. ignorieren zu können.

Die „gewöhnlichste" Form der Internetwerbung ist die sog. Bannerwerbung, die häufig am oberen oder seitlichen Rand einer Website platziert ist.

> Dass auch diese Form der Werbung schon für manche Internetnutzer störend sein kann, zeigt sich beispielsweise für denjenigen, der nach 22 Uhr das *Freemail*-Angebot von *GMX* nutzen möchte: überall begegnen ihm Werbebanner mit Bildern und Graphiken eindeutiger, nicht unbedingt jugendfreier, Motive, gegen die er sich nur gegen ein entsprechendes monatliches Entgelt an *GMX* (zur Kompensation des Werbeeinnahmen-Ausfalls) wehren kann.[416]

Neben diesen „normalen" Bannern, die unterschiedliche Größen und Formate haben können, jedoch verhältnismäßig einfach ignoriert werden können –, werden die Surfer jedoch auch immer öfter mit Werbeformen konfrontiert, die eine zunehmende Belästigung darstellen.

Werbeform	Beschreibung
PopUp-Advertisement	baut sich beim Aufbau einer Webseite parallel in einem extra Fenster auf, das sich automatisch öffnet (vor allem bei Porno-Angeboten werden beim Besuch einer Seite ständig neue Fenster geöffnet)
Statisches Banner	z.B. getarnt als Windows-Systemmeldungs-Fenster, das jedoch nur teilweise auf dem Bildschirm zu sehen

[415] vgl. http://www.nielsen-media.de; Huneke: Online-Werbung wächst 2002 um mehr als 20 Prozent (20.01.2003), in: Deutscher Multimedia Verband e.V., http://www.dmmv.de, 27.01.2003

[416] vgl. Kossel: Freemail-Kunden müssen mit Erotik-Werbung leben (24.07.2002), in: heise online, http://www.heise.de, 25.07.2002

	ist; versucht der Surfer, das Fenster zu verschieben, so verursacht der Mausklick die Aktivierung des Banners bzw. des Links
Explosion/Confetti Banner	sobald der Mausanzeiger über das Banner bewegt wird, fliegen kleine Elemente des Banners bzw. bunte Partikel in alle Richtungen über den Bildschirm
Expanding Banner	sobald der Mausanzeiger über das Banner bewegt wird, klappt es großflächig aus
Courtain Banner	rollt sich beim Aufbau einer Webseite automatisch wie eine Jalousie aus; erst per Mausklick auf den Steuerungsknopf des Banners rollt es sich wieder ein
Bouncing Banner	gleitet über den Bildschirm und verhält sich wie ein Pingpong-Ball: es prallt bei seinem Weg über den Bildschirm immer wieder an den Rändern des Browserfensters ab – bis es sich zu seiner vordefinierten Endposition bewegt; es kann zwar per Mausklick auf den „Off"-Button ausgeblendet werden, dieser muss allerdings in der Bewegung des Banners erst einmal „getroffen" werden
Mouse-Move-Banner	reagiert auf die individuellen Benutzerbewegungen der Maus und bewegt sich mit diesen synchron
Sticky Ad (Freeze Screenposition Banner)	bleibt immer im Blickfeld des Internetnutzers, auch wenn der den Inhalt der Website nach unten (bzw. oben) scrollt; das Banner verdeckt damit immer etwaige Informationen der Seite
Interstitial	unterbricht den Nutzer beim Besuch einer Webseite unabhängig von seinem Verhalten und füllt im Extremfall (bei „reinen" Interstitials) den kompletten Bildschirm aus (ohne dass dies ein normal-verständiger Internetnutzer verhindern kann)

***Tabelle 2.4-1** (Aggressive) Werbeformen im Internet (erstellt nach: http://www.werbeformen.de, 01.11.2002)*

Zusätzlich zu diesen, in der obigen Tabelle aufgezeigten Werbebannern haben einige Anbieter noch eine andere Möglichkeit gefunden, Werbung zu schalten: die sog. „Adware". Diese ist häufig an eine kostenlose Software gekoppelt, die sich die Nutzer aus dem Internet herunterladen können. Jedes Mal, wenn der Betroffene die kostenlose Software benutzt, erscheint in PopUps oder Bannern dann eine entsprechende Werbung. In vielen Fällen wissen die betroffenen Downloader davon jedoch nichts – entweder wird der Reklamesoftware ein bestimmter Zusatznutzer zugeschrieben, um ihre eigentliche Funktion zu verschleiern, oder aber die Erklärungen zur Software sind alle umständlich (und langatmig) in Englisch verfasst, sodass sich kaum ein Nutzer beim Downloaden die Zeit nimmt, alles genau durchzulesen, bevor er sich zu den Download- und Nutzungsbedingungen einverstanden erklärt.

Eine besonders aggressive Form der „Adware" ist das Werbeprogramm *„Gator"*. Diese Software erweckt den Anschein, eine Hilfe beim Ausfüllen von Web-Formularen, wie sie beispielsweise beim Online-Shopping nötig sind, zu sein und ist häufig nicht nur an Freeware-Produkte gekoppelt, sonder versucht auch, sich beinahe selbständig über eine Internet-Seite auf dem Computer zu installieren. Im Gegensatz zu „normaler" Reklame-Software präsentiert sich die Werbung von *„Gator"* nicht nur in PopUps und Werbebannern beim Benutzen der kostenlosen Software-Produkte. *„Gator"* klinkt sich auch in den Surf-Prozess des Benutzers ein: besucht dieser eine bestimmte Webseite, präsentiert ihm *„Gator"* darauf zugeschnittene Werbebotschaften, die die Original-Inhalte der aktuellen Webseite durchaus auch so überlagern können, dass diese nicht mehr erkennbar bzw. lesbar sind.[417] Die Internetpräsenz des *United Parcel Service (UPS)* beispielsweise überlagert(e) *„Gator"* mit Werbeanzeigen des Konkurrenten *FedEx*.[418]

2.4.3 Verkaufsförderung

„Das Huhn, das ein Ei gelegt hat, gackert. Die Ente nicht. Der Erfolg ist, daß alle Welt Hühnereier ißt – Enteneier sind kaum gefragt."
Henry Ford, US-amerikanischer Konstrukteur und Industrieller[419]

---

[417] Im Juni 2002 haben zehn große US-Verlage (u.a. *New York Times*, *Washington Post*, *Tribune Interactive*, *Dow Jones*) Klage gegen „*Gator*" vor einem Bundesgericht in Virginia wegen Urheberrechtsverletzung und Diebstahl der Einnahmen eingereicht. Vorläufiges Ergebnis der Klage: ohne das Einverständnis der zehn Kläger darf „*Gator*" auf deren Internet-Seiten keine Werbe-PopUps mehr einblenden (auf anderen Internet-Seiten dagegen schon). „*Gator*" kündigte jedoch Berufung gegen dieses Urteil an (vgl. Schwan: Aus für aggressive „Adware" (15.07.2002), in: Netzeitung, http://www.netzeitung.de, 16.07.2002; siehe dazu auch: Saunders: Major Web Publishers Sue Gator (27.06.2002), in: Internetnews, http://www.internetnews.com, 16.07.2002; Saunders: Gator Fires Back at Pop-Up Lawsuit (28.06.2002), in: Internetnews, http://www.internetnews.com, 16.07.2002).

[418] vgl. Saunders: UPS Joins Anti-Gator Fray (02.10.2002), in: Internetnews, http://www.internetnews.com, 15.11.2002

[419] zit. in: Brückner: Nirgendwo ist Poenichen, 2000, 206

Verbrauchergerichtete Verkaufsförderungsmaßnahmen sind in der Regel kurzfristig angelegt oder zumindest zeitlich begrenzt, um den Verbraucher zum (Spontan-)Kauf oder Test eines bestimmten Produktes (bzw. Dienstleistung) zu bewegen. Über eine Vielzahl verschiedenster Anreize (siehe nachfolgende Übersicht) sollen schnellere oder umfangreichere Käufe stimuliert werden, Neukunden gewonnen und sog. Markenwechsler von den Produkten der Konkurrenz weggelockt werden.[420]

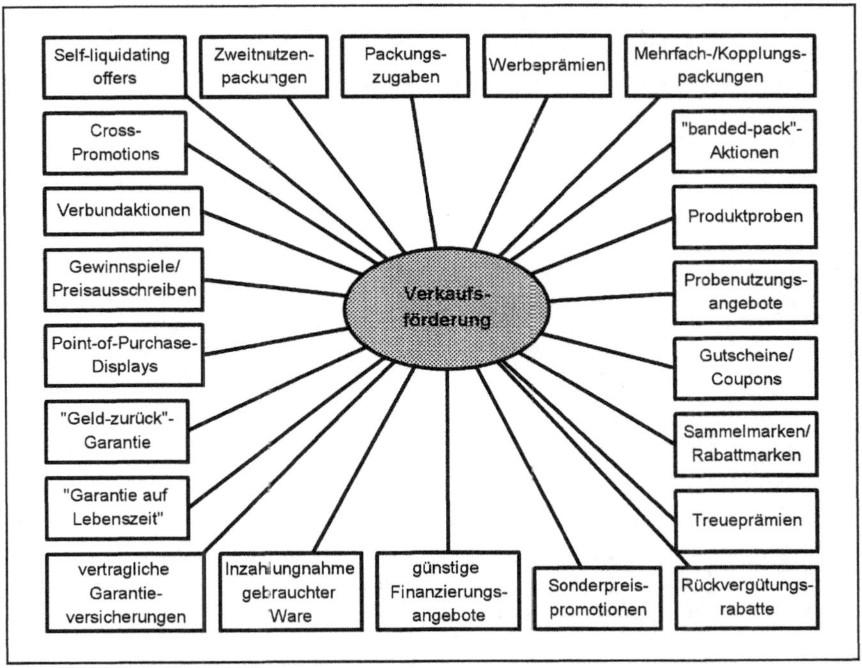

***Abbildung 2.4-3** Verkaufsförderungsmaßnahmen (erstellt nach: Kotler/Bliemel: Marketing-Management, 2001, 883, 990ff.; Gabler Wirtschafts-Lexikon, 1988, Sp. 2315f.; Weis: Marketing, 1993, 407f.)*

Besonders durch die Gewährung von Rabatten erhoffen sich die Händler größte Erfolgschancen in der Verkaufsförderung. Rabatte sind nahezu unverzichtbar. Die Verbraucher werden nicht nur zum Spontankauf bestimmter Produkte animiert, in nicht wenigen Fällen

[420] vgl. Kotler/Bliemel: Marketing-Management, 2001, 985ff.

kaufen sie auch mehr Produkte, als sie ursprünglich wollten, die „einmalige" Gelegenheit nutzend, etwas Geld einsparen zu können – vor allem vor dem Hintergrund der gefühlten Inflation seit der Euro-Einführung (vgl. Abschnitt 2.3.5). Und seit dem Wegfall des Rabattgesetzes haben die Händler einen wesentlich größeren Spielraum für die Gewährung von Rabatten, „Sondernachlässen", „Einmaligen Schnäppchen-Aktionen" etc.

Im nachfolgenden soll in diesem Zusammenhang vor allem auf die Möglichkeiten der Verkaufsförderung – und in diesem Zusammenhang auch auf Möglichkeiten der Kundenbindung – mithilfe von Coupons, Rabattaktionen, Kundenkarten und Bonuspunkten ein wenig näher eingegangen werden.

Verkaufsförderung im Zusammenhang mit dem Wegfall des Rabattgesetzes

Das *Rabattgesetz (RabattG)* wurde am 25. November 1933 in Verbindung mit der *Zugabeverordnung (ZugabeVO)* in der Notwendigkeit erlassen, „bestimmte Werbemethoden, die den Kunden vor allem durch das Angebot besonders geldwerter Vergünstigungen zum Kaufentschluss bewegen sollten, weitgehend einzuschränken"[421]. Durch ein grundsätzliches Verbot von Rabatten und Zugaben sollte der „flüchtige und unkritische Verbraucher" vor Irreführungen über Preis und Qualität der Angebote bewahrt und einer „Verwilderung" der Wettbewerbssitten vorgebeugt werden.

Nach fast 70 Jahren beschloss der Deutsche Bundestag mit Wirkung zum 25. Juli 2001 die Aufhebung des Rabattgesetzes und der Zugabeverordnung. Ausschlaggebend dafür war das in Artikel 3 der EU-Richtlinie über den elektronischen Geschäftsverkehr (Richtlinie 2000/31 EG vom 08.06.2000) geregelte *Herkunftslandprinzip*, nach dem ausländische Internetanbieter, die in Deutschland ihre Waren anbieten, den rechtlichen Bestimmungen ihres Heimatlandes unterliegen – wozu auch die rabatt- und zugaberechtlichen Bestimmungen zählen. Da Deutschland aber das einzige Land in der Europäische Union war, dessen nationale Rechtsordnung noch

[421] vgl. Bundesministerium für Wirtschaft und Technologie: Entwurf eines Gesetzes zur Aufhebung des Rabattgesetzes und zur Anpassung anderer Rechtsvorschriften (01.12.2000), http://www.bmwi.de, 27.09.2002

ein grundsätzliches Rabattverbot diktierte, hätte dies erhebliche Wettbewerbsnachteile für deutsche Unternehmen bedeutet.

Aus Sicht der Händler und auch der Verbraucher hinkte das Rabattgesetz schon lange der Realität hinterher. Eine Umfrage des Marktforschungsinstituts *Emnid* aus dem Jahre 2000 ergab, dass fast 44 Prozent der westdeutschen und 33 Prozent der ostdeutschen Befragten beim Einkauf schon höhere Rabatte als die vom Rabattgesetz gebilligten 3 Prozent ausgehandelt hatten. Zwei Drittel der Befragten gaben an, Rabattgespräche bei größeren Anschaffungen als „normal" anzusehen. Vor allem beim Autokauf, aber auch beim Kauf von Fernseh-, Video- und HiFi-Geräten sowie Möbeln und Haushaltsgeräten hätten durchschnittlich knapp ein Drittel der Befragten Preisnachlässe von 13 Prozent bis zu 17 Prozent erhalten.[422]

Mit dem Wegfall des Rabattgesetzes versprachen sie die Verbraucher (-schützer) nun noch mehr finanzielle Vorteile durch das von da an erlaubte Feilschen um Preisnachlässe in (theoretisch) unbegrenzter Höhe.

Um den abzusehenden Preisverhandlungen mit den Konsumenten zuvorzukommen, griffen viele Händler zu Bonusprogrammen wie Rabattcoupons, „Happy-Hour-Programmen" und Kundenkarten.

So bietet beispielsweise des Drogeriemarkt-Unternehmen *Schlecker* monatlich Rabattcoupons zum Ausschneiden in seiner Kundenzeitschrift *Schlecker-Revue*, sowie in manchen Tageszeitungen und auch im Internet an. Diese Coupons gelten sowohl für ausgesuchte Markenartikel als auch für Schlekker-Eigenmarken für jeweils genau einen Monat. Würde der Kunde jeweils alle rabattierten Produkte kaufen, könnte er bis zu 16 Euro sparen – was eventuellen Rabattgesprächen schon im Vorfeld jegliche Grundlage nimmt, da die ausgewählten Produkte monatlich wechseln.[423]

Immer mehr Einzelhändler entdecken auch das „Couponing" für sich, um die Verbraucher auf der Jagd nach Schnäppchen an sich zu binden; auch wenn von den mittlerweile millionenfach aufgelegten Bons nach Experten-

[422] vgl. Verbraucher-Zentrale Nordrhein-Westfalen e.V.: Wegfall von Rabattgesetz und Zugabeverordnung – Was erwartet die Verbraucher? (Juni 2001), http://www.vz-nrw.de, 27.09.2002

[423] vgl. Eimert: Couponing in der Praxis, in: Loyalty News (Mai 2002), http://www.loyalty-hamburg.de, 27.09.2002

Schätzungen nur etwa 3 Prozent auch wirklich eingelöst werden.[424] Aber auch Zeitungsverlage erhoffen sich „ein Stück vom Rabatt-Kuchen“: der Abdruck von Werbung mit Rabattmarken und Beilagen gilt als gutes Zusatzgeschäft. Es bringt zum einen Prozente der Einzelhändler, und zum anderen mehr Leser – selbst wenn diese es nur auf die Rabattmarken abgesehen haben. So bringt beispielsweise der *Axel Springer Verlag* seit Oktober 2002 ein Rabatt-Coupon-Heft namens „Cent Plus“ heraus, dass einmal monatlich den Zeitschriften „Bild am Sonntag“ und „Bild der Frau“ beigefügt wird.[425]

Auch im Internet locken viele Anbieter mit Rabattangeboten. Einer Stichprobe der Zeitschrift *Verbraucher Aktuell*[426] der *Verbraucher-Zentrale Nordrhein-Westfalen e.V.* zufolge haben viele dieser angebotenen Rabattcoupons jedoch einen Haken – zumeist den, dass die angebotenen Rabatte schon längst überfällig sind. Die bei *www.couponweb.de* proklamierte Rabattaktion des Blumenversenders *Fleurop* beispielsweise war, das musste der registrierte Nutzer bei *Fleurop* dann erfahren, bereits seit zwei Wochen beendet. Unter *www.rabatte.de* waren noch im September 2002 Angebote für Rabatte in DM zu finden: bei *ZappyBaby* etwa könne man ab einem Bestellwert von 40 DM 15 DM sparen, versprach die Anzeige.

Manch ein Unternehmen, das (zeitlich begrenzte) Rabattcoupons ausgibt, rechnet wohl auch damit, dass die Verbraucher, sollten sie die Rabattcoupons für bestimmte Produkte nicht mehr einlösen können, diese dann möglicherweise trotzdem – zum vollen Preis – kaufen, da sie ja mit der Kaufabsicht das Geschäft betreten haben. So mag es beispielsweise vielen Eltern ergehen, die mit ihren Kindern Rabattcoupons für bestimmte Gerichte (beispielsweise eine *Junior-Tüte*) bei *McDonald's* einlösen gehen wollen. Wenn sie dann vor Ort feststellen müssen, dass die Coupons nur an einem bestimmten Tag der Woche (und nicht an diesem) gültig waren – eine Tatsache, die aus dem Coupon allerdings nicht ersichtlich war –, werden sie wohl kaum mit ihren Kindern das Restaurant wieder verlassen, ohne die versprochene *Junior-Tüte* gekauft zu haben – zum vollen Preis, versteht sich.[427]

---

[424] vgl. Verbraucher-Zentrale Nordrhein-Westfalen e.V.: Mit der Schere auf Schnäppchenjagd – Rabattcoupons voller Tücken (07.08.2002), http://www.vz-nrw.de, 27.09.2002

[425] vgl. o.V.: Schnäppchenjagd mit der Schere immer beliebter (15.01.2003), in: Ostseezeitung, http://www.ostsee-zeitung.de, 17.01.2003

[426] Verbraucher-Zentrale Nordrhein-Westfalen e.V. (Hrsg.): Verbraucher Aktuell (Juli 2002), http://www.vz-nrw.de, 27.09.2002

[427] vgl. ebd.

Auch zeitlich begrenzte Rabattaktionen, wie etwa die sog. „Happy Hour"-Programme, in denen die Anbieter wie etwa die SB-Warenhauskette *Real*[428] beispielsweise einen „Frühaufsteher-Rabatt" von 10 Prozent für Einkäufe vor 10 Uhr – werktags – gewähren, bieten den Verbrauchern wenig Raum für eventuelle Preisverhandlungen – auch wenn die wenigsten Kunden einen wirklichen Vorteil aus der Aktion ziehen können, da doch die meisten Leute um diese Zeit auf der Arbeit sind.

Wenn die Preisnachlässe die Kunden geradezu „anspringen", so hoffen die Anbieter, achtet niemand mehr so genau auf den Ausgangspreis. Dabei gilt auch hier oftmals das unvermeidbare Motto: „Rabatt, Rabatt, das lass dir sagen, wirst einfach vorher draufgeschlagen."[429] Da die Verbraucher jedoch in zunehmenden Maße (von den Anbietern natürlich gefördert) nicht mehr nur die Preise der einzelnen Produkte miteinander vergleichen, sondern („abgelenkt" durch die vielen Rabatte) eher die Höhe der gewährten Nachlässe, fällt dieser Preisaufschlag vielen Verbrauchern womöglich gar nicht auf.[430]

Dies gilt auch besonders für die Inhaber von Kunden- und Rabattkarten.

„Das Sammeln von Mengenrabatten erlebt derzeit eine ungeahnte Renaissance. Verpackt als Treuerabatt, Bonuspunkte, Prämien, Meilen und in Form von Kundenkarten, haben sie allesamt eine Hauptfunktion: Durch Preisnachlässe sollen Kunden gewonnen oder gebunden und dazu animiert werden, mehr als bislang zu kaufen. Mit Nächstenliebe hat dies aber nichts zu tun. Unternehmen erzielen durch derartige Nachlassprogramme bis zu zwanzigprozentige Umsatzsteigerungen", urteilt Karl-Heinz Sebastian,

---

[428] vgl. o.V.: Zahnpasta mit doppelt so viel Inhalt (09.09.2002), in: Focus Online, http://www.focus.de, 10.09.2002

[429] Die US-amerikanisch Verbraucherlobby *Consumers Against Supermarket Privacy Invasion and Numbering (CAISPAN)* beobachtet in regelmäßigen Abständen Supermärkte und fand beispielsweise heraus, dass Supermärkte mit Rabattkarten-Angebot im Durchschnitt 37 Prozent teurer waren als Supermärkte ohne Rabattkarten. Und selbst mit Rabattkarten waren die Produkte immer noch 20 Prozent teurer als in den anderen Supermärkten. Darüber hinaus beobachtete *CAISPAN* in einem Supermarkt eine Preissteigerung bei 24 der 89 untersuchten Produkte nach Einführung einer Rabattkarte (vgl. Schulzki-Haddouti: Der Visa-Payback-Deal – Bielefelder Datenschützer befürchten den Datenschutz-GAU mit der neuen Rabatt-Kreditkarte (04.02.2002), in: heise online, http://www.heise.de, 13.09.2002).

[430] vgl. Sebastian/Meyer: Rabatte, Boni und Prämien: Dem Affen Zucker geben - Wachstum und Grenzen der neuen Nachlasssysteme, Simon, Kucher & Partners, http://www.marketingmix.de, 27.09.2002

Marketing-Berater aus Bonn. „Um möglichst schnell in den Besitz eines avisierten Prämienbudgets zu gelangen, achten Kunden auch bei der Auswahl von bestimmten Anbietern, wie Tankstellen, Reiseveranstaltern, immer weniger auf Nettopreis und Leistung des Angebots, sondern vergleichen verstärkt die Höhe der Nachlässe."[431]

„Kundenbindung" – durch Rabatte, Zugaben, Geschenke und Prämien – ist das Zauberwort der Branche.[432] Obwohl die beispielsweise auf Kundenkarten gewährten Rabatte nur etwa 1 bis maximal 3 Prozent betragen, also genauso viel bzw. wenig, wie schon früher erlaubt und üblich war[433], genießen gerade Kundenkarten Hochkonjunktur, da sie zum einen die angesprochene „Rabatt-Sammelwut" der Kunden befriedigen und zum anderen mit diversen Incentives locken. Die Vorteile für die Anbieter liegen dabei auf der Hand: einmal binden sie durch den Einsatz von Kundenkarten (vor allem in Verbindung mit mehreren Anbietern) die Verbraucher an sich und können Rabattgesprächen mit dem Hinweis auf die Kundenkarten zuvorkommen und darüber hinaus erlangen sie auch nicht von der Hand zu weisende ökonomische Vorteile aus der relativ geringen Höhe der Rabatte im Verhältnis zu dem großen Nutzen aus den über die Verbraucher gewonnenen Informationen[434] (vgl. Abschnitt 2.5.2 – Rabattkarten – Kasten „Bsp. Payback").

Nach Angaben von *Loyalty Partners*, dem Betreiber des Kundenbindungssystems *Payback*, wurden von *Payback*-Kunden innerhalb von zwei Jahren Rabatte im Wert von 120 Millionen Euro durch Käufe in Höhe von zehn Milliarden Euro erzielt – woraus sich eine durchschnittliche Rabatthöhe von 1,2 Prozent ergibt. Angesichts dieser Zahlen ist es nur verständlich, dass die Anbieter eher am Ausbau ihrer Kundenbindungssysteme über Rabatt- bzw. Kundenkarten interessiert sind, als an individuellen Rabattgesprächen[435] –

---

[431] ebd.

[432] Vor allem überregionale Ketten, aber auch zunehmend regionale Anbieter entdecken die Kundenbindung durch Kunden- bzw. Rabattkarten für sich. (siehe: Institut für Angewandte Verbraucherforschung e.V. (Hrsg.): Preisnachlässe und Kundenbindung nach dem Wegfall des Rabattgesetzes – Eine Untersuchung im Auftrag des Verbraucherzentrale Bundesverband (vzbv), Berlin, Köln, April 2002)

[433] vgl. o.V.: Neue Bewegung an der Preisfront (22.07.2002), in: Westdeutsche Allgemeine Zeitung, http://www.waz.de, 24.07.20002

[434] vgl. Institut für Angewandte Verbraucherforschung e.V. (Hrsg.): Preisnachlässe und Kundenbindung nach dem Wegfall des Rabattgesetzes – Eine Untersuchung im Auftrag des Verbraucherzentrale Bundesverband (vzbv), April 2002

[435] vgl. ebd.

zumal nicht wenige der Käufe bestimmt nicht ohne die Rabattbindung zustande gekommen wären.

Seit die Benzinpreise durchschnittlich weit über einem Euro pro Liter liegen und beinahe täglich schwanken bzw. in die Höhe gehen, sind auch die Autofahrer viel preisbewusster geworden und tanken nicht mehr an jeder Tankstelle – auf der Suche nach der jeweils preiswertesten. Selbst Stammkunden bleiben des öfteren „ihren" Tankstellen nicht mehr treu.

Um längerfristig Kunden an sich zu binden, wirbt beispielsweise die *ESSO Deutschland GmbH* derzeit mit Bonuspunkten, genannt *Swop*. Für jeden zehnten Liter Kraftstoff (pro Tankfüllung), jeden Liter Motorenöl und jede Autowäsche an einer *Esso*-Tankstelle bekommen die Kraftfahrer Punkte gutgeschrieben (in Form von kleinen, quadratischen Aufklebern ins Bonusheft, genannt *Swopping-List*). So gibt es für 10 Liter Kraftstoff 1 *Swop*, für 1 Liter Motorenöl (Pkw- oder Motorradöl) 1 bzw. 2 *Swop*s und für jede Autowäsche ebenfalls 1 bzw. 2 *Swop*s (je nachdem, ob die Autowäsche unter oder über 5,11 Euro gekostet hat).[436]

Insgesamt stehen den Kunden 8 Prämien, vom Regenschirm bis zum Mountainbike zur Auswahl, die sie gegen eine entsprechende Anzahl von *Swop*s einlösen können. „Für ganz Eilige" bietet *Esso* die Prämien auch schon für eine geringere Anzahl *Swops* in Verbindung mit einer entsprechenden Bar-Zuzahlung an. Den Regenschirm gibt es beispielsweise schon ab 25 *Swops* (oder 10 *Swops* plus einer Zuzahlung von 8,64 Euro), das Mountainbike erst ab 200 *Swops* – plus einer Zuzahlung von „nur noch" 127,77 Euro (hier ist die Zuzahlung allerdings obligatorisch).

Die Bonuspunkte bekommt aber nur, wer nicht mit einer Tankkarte (wie sie auch *Esso* selbst herausgibt) bezahlt, und sofern der betreffende *Esso*-Tankwart sich auch an dem System beteiligt. Zudem ist das Angebot limitiert, sodass es die Prämien nur solange gibt, „wie der Vorrat reicht".[437] *Es-*

[436] vgl. Esso Deutschland GmbH: Jeder Liter swopt – Swop-Prämien von Esso, http://www.esso.de/auftanken/swop, 27.09.2002

[437] Nachdem die Aktion erst nur vom 01. Oktober 2001 bis zum 30. September 2002 laufen sollte, hat *Esso* den Aktionszeitraum kurz vor Ende noch bis zum 31. März 2003 verlängert. Dies geschah wohl als Reaktion auf die Kritik von Seiten der Verbraucher(schützer), die den ursprünglichen Zeitraum für zu kurz ansahen, um beispielsweise die teuerste Prämie, das Mountainbike, zu erlangen (vgl. Rais: Rabattcoupons voller Tücken (15.07.2002), in: Verbrauchernews, http://www.verbrauchernews.de, 16.07.2002).

so behält sich darüber hinaus das Recht vor, sowohl die Anzahl der für die jeweiligen Prämien erforderlichen *Swops* als auch die Zuzahlungsbeträge pro Prämie nach eigenem Ermessen zu verändern, sowie „jederzeit die Aktion zu verändern oder sie zu beenden, ohne dass der Teilnehmer Einspruch einlegen kann".[438]

2.4.4 Sponsoring und Publik Relations

„Das Kreuz eines Spitzensportler muß breit sein – wegen der Werbefläche."
Oliver Hassencamp, deutscher Schriftsteller[439]

Public Relations (Öffentlichkeitsarbeit) bezeichnet „die planmäßig zu gestaltende Beziehung zwischen der Unternehmung und den verschiedenen Teilöffentlichkeiten (zum Beispiel Kunden, Aktionäre, Lieferanten, Arbeitnehmer, Institutionen, Staat) mit dem Ziel, bei diesen Teilöffentlichkeiten Vertrauen und Verständnis zu gewinnen beziehungsweise auszubauen"[440]. Über Public Relations werden vor allem Informationen über das Unternehmen nach außen (an die Öffentlichkeit) getragen, wird der Kontakt zu allen für das Unternehmen relevanten Gruppen (hergestellt und) aufrechterhalten (Lobbyarbeit) und das Image des Unternehmens nach außen hin aufgebaut, gepflegt und möglicherweise auch geändert.[441]

Dabei spielt auch das (kommerzielle) Sponsoring eine zunehmend wichtigere Rolle, um zum einen den Bekanntheitsgrad des Unternehmens auszuweiten und darüber hinaus das Image des Unternehmens „aufzuwerten" – und auch soziale Verantwortung zu demonstrieren. Besponsert werden etwa sportliche Ereignisse oder auch einzelne Vereine, Teams oder Sportler selbst; kulturelle Ereignisse im Bereich der Musik und Kunst sowie auch beispielsweise die Restauration von Theatern, Museen oder Baudenkmälern; karitative (Hilfs-)Einrich-

[438] vgl. Esso Deutschland GmbH: Teilnahmebedingungen – Teilnahmebedingung 6.2, http://www.esso.de, 27.09.2002
[439] entnommen aus: Zitatebank, http://www.komma-net.de/zitate, 13.11.2002
[440] Meffert: Marketing – Grundlagen marktorientierter Unternehmensführung, 724
[441] vgl. ebd., 724ff.

tungen, soziale Projekte oder auch Ausbildungsstätten; sowie Umweltschutzprojekte und -organisationen.[442]

Corporate Blue- and Greenwash

„We didn't do anything wrong, and we'll never do it again"
Aphorismus[443]

Die Diskussion um die soziale Verantwortung von Unternehmen erlebte in den letzten zwei Jahrzehnen einen regelrechten Boom. Die Unternehmen werden nicht mehr nur nach der Qualität ihrer Produkte beurteilt – das Image einer Firma hängt zudem auch wesentlich von ihrem „Engagement" in umweltpolitischen und sozialen Belangen ab. In diesem Zusammenhang ist es daher nicht weiter verwunderlich, dass viele Unternehmen verstärkt mit „sozialem Engagement" sowie der Kommunikation gesteigerten Engagements im Umweltschutz versuchen, ihr oftmals angeschlagenes Image aufzupolieren oder sich von der Konkurrenz abzuheben. Sie verfassen Umwelt- und Sozialberichte, beschäftigen „Menschenrechtsbeauftragte" und erstellen sog. „Codes of Conduct" (vgl. Abschnitt 4.1.2), mit denen sie sich selbst (mehr oder weniger) strengere Regeln zur Beachtung ökologischer und sozialer Prinzipien auferlegen.[444] Sie veranstalten wohltätige „Events" – für sozial Benachteiligte oder als „Aufbauhilfe" für die einheimische Region – und setzen sich für eine nachhaltige Entwicklung ein und bilden Organisationen *wie „Business Action for Sustainable Development*" (BADS) und *„World Business Council on Sustainable Development*" (WBCSD). Alles, um sich aus dem Dilemma eines negativen Images durch unethische oder ökologisch nicht vertretbare Handlungen zu befreien. Doch allzu oft verbirgt sich hinter diesem

---

[442] vgl. Nickel, Volker: Mehrwert Werbung – Ökonomische und soziale Effekte von Marktkommunikation, Zentralverband der deutschen Werbewirtschaft (ZAW), 1999, 96f.
[443] o.V.: Lifetime Achievement Award for outstanding long-term achievement in environmental destruction and green PR, http://www.earthsummit.biz, 23.08.2002
[444] vgl. Werner/Weiss: Schwarzbuch Markenfirmen – Die Machenschaften der Weltkonzerne, 2001, 16

nach außen hin kommunizierten und gewünschten „Saubermann"-Image ein Widerspruch zu den wahren Aktionen des Unternehmens:

„The world's leading ozone destroyer takes credit for leadership in ozone protection. A mammoth greenhouse gas emitter professes the precautionary approach to global warming. A major agrochemical manufacturer trades in a pesticide so hazardous it has been banned in many countries, while implying it is helping feed the hungry. A petrochemical firm uses the waste from one polluting process as raw material for another hazardous process, and boasts of an important recycling initiative. Another giant multinational cuts timber from virgin rainforest, replaces it with monoculture plantations and calls the project "sustainable forest development". – Welcome to the world of GREENWASH[445]*, where transnational corporations (TNCs) are preserving and expanding their markets by posing as friends of the environment and enemies of poverty."*[446]

„Greenwash" lässt sich demnach mit einer gezielten Desinformation vergleichen, mittels welcher ein Unternehmen, dessen Image durch umweltschädliche (bzw. zumindest nicht umweltfreundliche) und unethische Aktionen bereits Schaden genommen hat (bzw. Schaden nehmen würde), seine Weste wieder „reinzuwaschen" versucht. Neben der Teilnahme an Umwelt- und Klimakonferenzen sowie der Entwicklung freiwilliger *Codes of Conduct* sind gezielte Werbekampagnen, in denen die verstärkte Umweltorientierung des Unternehmens propagiert wird, ein beliebtes und weit verbreitetes Mittel, um die breite Öffentlichkeit zu erreichen.

Als Beispiele hierfür sei auf zwei (eher missglückte) Werbekampagnen von *Shell* verwiesen: zum einen die Kampagne *„ Wir kümmern uns um mehr als Autos"*, die auf das soziale und umweltpolitische Engagement des Unternehmens hinweisen sollte (jedoch zu einem Zeitpunkt, zu dem

---

[445] siehe dazu auch: Bruno/Greer: Greenwash – The Reality Behind Corporate Environmentalism, Third World Network, 1996; Bruno/Karliner: EarthSummit.biz – The Corporate Takeover of Sustainable Development, Institute for Food and Development Policy & CorpWatch, 2002

[446] Bruno: The World of Greenwash (01.01.1997), CorpWatch, http://www.corpwatch.org, 23.08.2002

Shell die Ölplattform „Brent Spar“ versenken wollte)[447], zum anderen auch *Shell*‘s *„Profits or Principles: Is there a choice?“*-Kampagne, in welcher zu Photographien wilder Tiere, üppiger Vegetation und afrikanischer Eingeborener mit Formulierungen wie *„Time and again at Shell we're discovering the rewards of respecting the environment when doing business"* oder *„At Shell we are committed to support fundamental human rights. We invest in the communities around us to create new opportunities and growths"* jongliert wurde – während das Volk der Ogoni in Nigeria von Shell aus seinem Lebensraum vertrieben wurde.[448]

„Greenwash“ – das ist, wenn ein Unternehmen mehr Geld, Zeit und Energie in PR-Kampagnen steckt, die das Image des Unternehmens als umweltorientierte, nachhaltige Firma verstärken sollen, als in den eigentlichen Umweltschutz zu investieren.

„Green-/Bluewash Awards“

In diesem Zusammenhang haben sich die Organisationen *CorpWatch*, *Friends of the Earth International* und *Ground Work* zur „Greenwash Academy“ zusammengetan und verleihen jährlich sog. „Greenwash Awards“ („Green Oscars“) an Firmen, deren propagierte Umweltpolitik eine Politik des „Greenwash“ ist.

Shell erhielt mit Hinblick auf seine Aktivitäten in Nigeria dieses Jahr, zum Weltgipfel für Nachhaltige Entwicklung 2002 in Johannesburg, bereits den vierten „Greenwash Award“ in Folge. Und auch *Britisch Petroleum* wurde dieses Jahr mit einem „Greenwash Award“ „ausgezeichnet“. In seiner Kampagne *„BP – Beyond Petroleum“* greift *BP* eine Kampagne des *Rainforest Action Network* („Beyond Oil“) auf, den (Trug-)Schluss nahelegend, *BP* wolle künftig die Produktion fossiler Brennstoffe zugunsten erneuerbarer Energien reduzieren. Derweil plant das Unternehmen allerdings, ein riesiges Karbon-Vorkommen im Kaspischen Meer zu erschließen und somit den Anteil an fossilen Brennstoffen für die nächsten Jahre sogar noch zu

[447] vgl. Greenpeace: Nach acht Wochen: Öl-Multi Shell in die Knie gezwungen – Brent Spar nicht versenkt, Greenpeace in Action, http://www.greenpeace.de, 27.08.2002

[448] vgl. o.V.: Nigeria – Shell's choice between profits and principles, World Rainforest Movement, Bulletin No 40 (11/2000), http://www.wrm.org.uy, 27.08.2002

erhöhen.[449] Den angepriesenen Investitionsausgaben von 45 Millionen US-Dollar für Solarenergie stehen immerhin immer noch 5 Milliarden US-Dollar für die Förderung von Öl allein in Alaska bis 2003 gegenüber.[450]

Parallel zu den „Greenwash Awards" verleiht die *Greenwash Acadamy* auch einen sog. „Bluewash Award". Dieser richtet sich gegen Unternehmen, die sich beispielsweise öffentlich für die Menschenrechte einsetzen oder vorgeben, sozial Benachteiligte zu unterstützen, währenddessen sie ihre Arbeiter ausbeuten oder mitverantwortlich für den Hunger und die Armut in der Dritten Welt sind.

„Konzerne investieren Unsummen, um das Image ihrer Marken zu pflegen. Gespart wie bei den Produktionsbedingungen. Die Folge sind katastrophale Arbeitsverhältnisse, Armut und die Verletzung von Menschenrechten. Soziales Engagement ist dabei nicht mehr als ein Werbegag"[451], kritisieren auch Klaus Werner und Hans Weiss in ihrem Buch „Schwarzbuch Markenfirmen".

So bekam zum Weltgipfel in Johannesburg 2002 die Firma Nestlé einen „Bluewash Award" überreicht. Obwohl *Nestlé* den *„International Code of Marketing of Breast-Milk Substitutes"* selbst mit gestaltet hat (vgl. Abschnitt 4.3.2. – Kasten „Der Fall *Nestlé*") und vorgibt, diesen auch zu befolgen, sprechen die aggressiven Verkaufstaktiken *Nestlés* in Ländern der Dritten Welt eine andere Sprache: Die Kritik an *Nestlé*, einen nicht unerheblichen Anteil an der zunehmenden Säuglingssterblichkeit in den Ländern der Dritten Welt zu haben, in denen die Firma ihre Muttermilchersatzprodukte abzusetzen versucht, reißt nicht ab. Trotz des Verhaltenscodes. *Nestlé* gibt ferner durch verschiedene Links auf seiner Homepage beispielsweise vor, Mitglied des 1999 von Kofi Annan ins Leben gerufenen *Global Compact* zu sein und in seinen Aktivitäten von den Vereinten Nationen Unterstützung zu erfahren. Diese beiden Behauptungen hielten allerdings den Nachforschungen nicht stand.[452]

---

[449] vgl. o.V.: Best Green Actor for achievement in Corporate Greenwash, http://www.earthsummit.biz/awards, 27.08.2002

[450] vgl. Bruno: BP: Beyond Petroleum or Beyond Preposterous? (14.12.2000), CorpWatch, http://www.corpwatch.org, 27.08.2002

[451] Werner/Weiss: Schwarzbuch Markenfirmen. Die Machenschaften der Weltkonzerne, 2001, 15

[452] vgl. o.V.: Best Blue Actor for achievement in Corporate Bluewash, http://www.earthsummit.biz/awards, 27.08.2002

Viele Unternehmen versuchen, von ihrem negativen Image des unethischen oder sozial unkorrekten Verhaltens abzulenken bzw. dieses wieder „aufzupolieren"; aber nicht etwa, indem sie konkret etwas gegen die ihnen vorgeworfenen Missstände tun und sich auf diese Weise bewähren (so wie sie dies zumindest propagieren). Sondern vor allem durch Veranstaltungen und soziales Engagement „zu Hause", dort, wo sie ihr Imageverlust am meisten trifft: bei den Endverbrauchern.[453]

> So organisierte *Siemens* beispielsweise im Oktober 2000 die Errichtung eines Sommercamps für deutsche und tschechische Heimkinder, bei der sich etwa 120 leitende Siemens-Angestellte (freiwillig und unentgeltlich) als „Bauarbeiter" engagierten, um sozial Benachteiligten die Möglichkeit eines unbeschwerten Sommerspaßes zu geben. Parallel dazu ist der Münchner Konzern jedoch auch an zahlreichen Riesenstaudamm-Projekten in der Dritten Welt beteiligt, aufgrund derer Millionen von Menschen teilweise mit Gewalt umgesiedelt wurden (und werden) und ihre Lebensgrundlage verloren, ohne angemessen entschädigt worden zu sein. (Und auch im Bau gefährlicher Atomkraftwerke ist *Siemens* weltweit führend, wobei viele dieser Reaktoren nachweislich unrentabel sind und das Budget hochverschuldeter Staaten belastet, während der Konzern satte Profite schreibt.)[454]

> Die amerikanische Sportbekleidungsfirma *Nike*, die ihre Produkte in Ländern der Dritten Welt in sog. *Sweatshops* (vgl. Abschnitt 2.6.1.) zu teilweise menschenunwürdigen Konditionen herstellen lässt, und mit dem Bekanntwerden dessen einen herben Image-Schlag erlitt, stellt nun regelmäßig ihre Mitarbeiter für „gemeinnützige Aktivitäten" frei. So auch in Berlin, wo gemeinsam mit Streetworkern und Sozialarbeitern Fußball-, Volleyball- und Basketballspiele in sozialen Brennpunkten wie den Bezirken Kreuzberg, Friedrichshain, Lichtenberg und Neukölln veranstaltet werden.[455]

---

[453] siehe dazu auch: Kotler/Bliemel: Marketing-Management – Analyse, Planung und Verwirklichung, 2001, 1006f.

[454] vgl. Werner/Weiss: Schwarzbuch Markenfirmen – Die Machenschaften der Weltkonzerne, 2001, 18

[455] vgl. o.V.: Brücken bauen, in: Wirtschaftswoche 48/2000, zit. in: Werner/Weiss: Schwarzbuch Markenfirmen – Die Machenschaften der Weltkonzerne, 2001, 21

Auch das schwedische Möbelhaus *IKEA* reagierte auf die aufgedeckten Missstände in seinen Zulieferbetrieben (dort wurden (werden) hauptsächlich Kinder beschäftigt) damit, zunächst eher halbherzig in seinem Katalog darauf hinzuweisen, dass „Kinderarbeit ein nicht zu akzeptierender Teil der heutigen Realität und leider auch in einigen unserer Herstellerländer verbreitet“[456] sei. Überdies weist das Unternehmen mit Nachdruck darauf hin, dass es mittlerweile mit dem UNO-Hilfswerk *Unicef* zusammenarbeite, um Kinderarbeit zu verhindern. Dieses Engagement bewertet Dietrich Garlichs, Geschäftsführer von *Unicef Deutschland*, allerdings aus einem anderen Blickwinkel: „Ja, Ikea finanziert Projekte von Unicef. Das heißt aber nicht automatisch, dass bei der Herstellung von Ikea-Produkten keine Kinder mehr arbeiten.“[457]

Umgang mit negativer Publicity

In den Vereinigten Staaten von Amerika ist es mittlerweile Gang und Gäbe, dass sich die Unternehmen an der Finanzierung von Forschungs- und Lehreinrichtungen beteiligen. So gibt es beispielsweise an Universitäten ganze Lehrstühle, die von Unternehmen gesponsert werden – und wo die entsprechenden Unternehmen unter Umständen auch auf den Lehrinhalt einen Einfluss nehmen können – wie zum Beispiel der *Taco Bell Distinguished Professor of Hotel and Restaurant Administration* an der *Washington State University*, der *Yahoo! Chair of Information-Systems Technology* an der *Stanfort University* oder auch der *Lego Professorship of Learning Research* am *Massachusetts Institute of Technology*.[458]

Teilweise schließen die Universitäten auch ganze Exklusiv-Sponsoring-Verträge mit Universitäten ab, deren Logo dann scheinbar

Dies kann indes nicht von der Tatsache ablenken, dass Nike mit der Billigproduktion in den Sweatshops und den (unverhältnismäßig) teuren Endverbraucherpreisen auf Kosten anderer gute Einkünfte erwirtschaftet und zudem noch versucht, unter den Jugendlichen ein „pro Nike“-Markenbewusstsein aufzubauen, welches sich diese oftmals gar nicht leisten können. (vgl. Klein: No Logo, 2001, 377ff.)

[456] IKEA-Katalog 2001, 19, zit. in: Werner/Weiss: Schwarzbuch Markenfirmen – Die Machenschaften der Weltkonzerne, 2001, 22

[457] Werner/Weiss: Schwarzbuch Markenfirmen – Die Machenschaften der Weltkonzerne, 2001, 22

[458] vgl. Klein: No Logo, 2001, 117

fast auf gleicher Höhe mit dem der Universität steht. Diese Sponsoring-Verträge enthalten jedoch in einigen Fällen recht fragwürdige Klauseln, die verhindern sollen, dass dem Unternehmen durch den Gesponserten ein Imageschaden auf welche Weise auch immer entstehen könnte, wie das nachstehende Beispiel exemplarisch zeigen soll.

> Im Mai 1996 überprüften Studenten und Hochschullehrer der *University of Wisconsin* in Madison einen Sponsoringvertrag, den ihre Verwaltung mit *Reebok* unterzeichnen wollte: Der Vertrag enthielt eine Klausel gegen „Rufschädigung", die es Mitgliedern der Universität verbot, den Sportartikelhersteller zu kritisieren: „Während der Vertragsdauer und für einen angemessenen Zeitraum danach wird die Universität keine offizielle Erklärung veröffentlichen, die den Ruf von *Reebok* schädigt. Außerdem wird die Universität sofort alle notwendigen und angemessenen Schritte einleiten, falls ein Angestellter, Beauftragter oder Repräsentant der Universität, einschließlich eines Trainers, durch eine Äußerung den Ruf von *Reebok* und von *Reebok*-Produkten oder den Ruf der Werbeagentur oder anderer mit *Reebok* verbundener Unternehmen schädigt."[459]

Auch von der Wirtschaft gesponserte Forschungsaufträge sind keine Seltenheit – wobei sich die Unternehmen in vielen Fällen herausnehmen, über die Veröffentlichung der Forschungsergebnisse zu bestimmen. Sollten die Ergebnisse nicht den Erwartungen der Unternehmen entsprechen, kann es durchaus sein, dass diese dann nie veröffentlicht werden.

> Betty Dong, Wissenschaftlerin an der *University of California in San Francisco (UCSF)*, bekam dies zu spüren, als sie von dem britischen Pharmaunternehmen *Boots* (heute *Knoll*) den (mit Geldmitteln der Markenfirma finanzierten) Auftrag erhielt, die Wirksamkeit eines deren Medikamente (des Schilddrüsenmedikaments *Synthroid*) im Vergleich zu einem markenlosen Konkurrenzprodukt zu testen. Natürlich hoffte der Pharmakonzern, die Untersuchung würde ergeben, dass sein viel teureres Medikament besser sei als das konkurrierende Arzneimittel oder sich doch zumindest stark von diesem unterschiede – und dies, durch die Studie einer renommierten Universität bestätigt, würde sich sicherlich sehr förderlich auf den Absatz des Medikaments auswirken. Die Wissenschaftlerin kam jedoch zu einem anderen Ergebnis: die beiden verglichenen Medikamente wirkten biologisch adäquat – ein Ergebnis, das den

[459] Wisconsin State Journal (21.05.1996), zit. in: ebd., 112f.

> acht Millionen Amerikanern, die das Markenprodukt nahmen, eine Sparmöglichkeit von jährlich 365 Millionen Dollar eröffnete und für das Pharmaunternehmen einen potentiellen Verlust von 600 Millionen Dollar (den jährlichen Einnahmen durch *Synthroid*) bedeutete. Nachdem Betty Dongs Forschungsergebnisse von einem qualifizierten Kollegen nochmals begutachtet worden waren, sollten sie am 25. Januar 1995 im *Journal of the American Medical Association* publiziert werden. Dazu sollte es allerdings nicht kommen, da der Pharmakonzern in letzter Minute die Publikation des Artikels verhinderte, auf eine Klausel im Partnerschaftsvertrag verweisend, die dem Konzern ein Vetorecht bei der Publikation von Forschungsergebnissen einräumte. Die Universität fürchtete einen kostspieligen Rechtsstreit, sodass der Artikel nicht publiziert worden wäre, wenn nicht das *Wall Street Journal* den Fall an die Öffentlichkeit gebracht und so Druck auf *Boots* ausgeübt hätte, mit dem Ergebnis, dass *Boots* seinen Einspruch zurückzog und der Artikel schließlich mit zweijähriger Verspätung im April 1997 doch noch publiziert wurde.[460]

In ähnlicher Manier nahm auch *Walt Disney* Einfluss auf eine Reportage ihres Tochterunternehmens *ABC-News*:

> Im September 1998 mussten *ABC-News* einen Bericht in Zusammenhang mit Walt Disney streichen, den das mehrfach ausgezeichnete Reporterteam des Korrespondenten Brian Ross und der Produzentin Rhonda Schwartz vorbereitet hatte. Der Bericht war ursprünglich als breit angelegte Untersuchung von Vorwürfen über lasche Sicherheitsbestimmungen in Freizeitparks und Ferienclubs geplant, die unbeabsichtigt dazu führten, dass Sexualstraftäter, darunter auch Pädophile, als Mitarbeiter eingestellt wurden. Als Ross und Schwartz ihre Untersuchungen der Freizeitparks vertieften, stellten sie fest, dass *Disney* – als einer von mehreren Parkbesitzern unter die Lupe genommen – nicht am Rande, sondern im Zentrum des Berichts stand. Sie reichten daraufhin sogar gleich zwei Entwürfe ihrer Reportage ein, die sich zur Aufdeckung eines Sexskandals bei *Disney World* entwickelt hatte; ihr Bericht wurde allerdings jeweils abgelehnt. Zwar streiten *ABC-News* ab, dass der Bericht auf Druck des Mutterunternehmens aus dem Programm genommen wurde, *Disney*-CEO Michael Eisner erklärte jedoch nachweislich: „Es wäre mit lieb, wenn *ABC* nicht über *Disney* berichten würde".[461]

[460] vgl. Science, Bd. 273, 26. Juli 1996, sowie Bd. 276, 25. April 1997, zit. in: Klein: No Logo, 115f.
[461] vgl. Klein: No Logo, 2001, 181f.

Das folgende Beispiel soll abschließend verdeutlichen, inwieweit ein Unternehmen auch einen großen Imageschaden erleiden kann, wenn es „kritische Stimmen zum Verstummen" zu bringen versucht.

„McLibel" – der längste Prozess in der englischen Geschichte[462]

Im Jahre 1986 verteilten Greenpeace-London[463]-Aktivisten Flugblätter mit dem Titel *„What's wrong with McDonald's? Everything they don't want you to know"*. Darin klagten sie das Unternehmen u.a. an, mit Fast Food für ungesunde Ernährung zu werben, verantwortlich für Umweltzerstörung, Vertreibung von Einheimischen und Misshandlung von Tieren zu sein (indem Tropischer Regenwald in Mittel- und Südamerika abgeholzt würde, um Platz für die großen Rinderherden in Massentierhaltung zu schaffen, die notwendig sind, um den enormen Fleischbedarf des Burger-Produzenten zu decken), ausbeuterische Werbung durch das speziell auf Kinder zugeschnittene Marketing zu betreiben, sowie seine Arbeiter unter schlechten Arbeitsbedingungen, bei schlechter Bezahlung und Gewerkschaftsfeindlichkeit, auszubeuten.

McDonald's gab zunächst vor, die Flugblatt-Aktion zu ignorieren. Aber schon bald begann die Kampagne sich auszuweiten, so dass *McDonald's* sich gezwungen sah, zu reagieren und nun seinerseits *„McFact cards"* publizierte, in welchen es Stellung zu den meisten der getroffenen Anschuldigungen Stellung nahm. Damit einhergehend beschloss das Unternehmen nun, ernsthaft gegen die Aktivisten von London Greenpeace vorzugehen.

Dazu wurden Spione in die Organisation eingeschleust, um herauszufinden, wer direkt für das Flugblatt verantwortlich gezeichnet werden konnte.[464] Mit dem Ergebnis, dass im Jahre 1990, 4 Jahre nach dem ersten Erscheinen des Flugblattes, einstweilige Verfügungen wegen Verleumdung gegen 5 Aktivisten erwirkt wurden. *McDonald's* stellte sie vor die Wahl: entweder widerriefen sie die Anschuldigungen und entschuldigten sich öffentlich bei *McDonald's*, oder aber sie würden verklagt werden, was für sie einen äußerst kost-

---

[462] vgl. o.V.: The McLibel trial story, McSpotlight, http://www.mcspotlight.org, 11.06.2002; Klein: No Logo, 2001, 394ff.; siehe dazu auch: Pater: Zum Beispiel – *McDonald's*, 1996

[463] Greenpeace London ist eine von Greenpeace International unabhängige Gruppe von Menschenrechts- und Umweltaktivisten (vgl. http://www.mcspotlight.org, 31.07.2002)

[464] Denn McDonald's kann nach dem britischen Verleumdungsgesetz nicht die ganze Organisation verklagen, sondern nur die jeweiligen verantwortlichen Personen.

spieligen und komplizierten Prozess ohne Aussicht auf Unterstützung von Seiten des Staates oder gar Erfolg für die Aktivisten bedeuten würde.[465]

Drei der fünf Aktivisten entschuldigten sich bei *McDonald's*. Dave Morris, (arbeitsloser) Postbote und alleinerziehender Vater, und die ehemalige Gärtnerin (später Halbtags-Café-Angestellte) Helen Steel entschieden sich jedoch – Zweifels ohne sehr zur Überraschung *McDonald's* –, ohne Anwälte (für die sie kein Geld hatten) *McDonald's* Team von Anwälten rund um Richard Rampton, Großbritanniens Top-Anwalt für Verleumdungsklagen, entgegenzutreten.

Der gesamte Prozess dauerte insgesamt 7 Jahre (inklusive 28 Vorab-Vernehmungen, welche allein schon 4 Jahre in Anspruch nahmen) und kostete Morris und Steel mehr als £35.000 – eine Summe, die sie, beide im Laufe der Zeit arbeitslos geworden, nur durch Spenden der Öffentlichkeit aufbringen konnten. (Diese Summe ist allerdings nichts im Vergleich zu den £6500, die *McDonald's* seinen Anwälten angeblich pro Gerichtstag zahlte.[466]) Je länger der Prozess andauerte, desto mehr geriet er in den Fokus des öffentlichen Interesses – sehr zu Ungunsten von *McDonald's*: das ursprüngliche Flugblatt gewann nach und nach das Prestige eines Sammlerobjekts und wurde allein in Großbritannien über drei Millionen mal verteilt[467]; der britische Fernsehsender Channel 4 brachte immer wieder lange Reportagen über die Hintergründe und den Prozessverlauf – im Mai 1997, nach Beendigung der Schlussplädoyers, sogar eine dreieinhalb Stunden lan-

---

[465] Laut dem, dem Verleumdungsprozess zugrunde liegenden, britischen „Defamation Act" liegt die Beweislast nicht beim Kläger, sondern weitgehend beim Angeklagten. Der Kläger muss dem Gericht nur plausibel machen, dass die Äußerungen gegen ihn geeignet sind, seinem guten Ruf zu schaden, während der Angeklagte nachweisen muss, dass sämtliche von ihm gemachten Aussagen voll und ganz der Wahrheit entsprechen. Zumeist befindet sich dabei wichtiges Beweismaterial in den Händen des Klägers, der nicht dazu gezwungen werden kann, dies herauszugeben. Wenn es dem Angeklagten nicht gelingt, einen exakten Nachweis für die Wahrheit der von ihm gemachten Äußerungen gegenüber dem Gericht zu erbringen, verliert er den Prozess – selbst, wenn jede einzelne der Äußerungen der Wahrheit entspricht (vgl. Searls/Lloyd: Britische Verleumdungsgesetze: Zensur zum Mieten, in: Novo, Nr. 28 (Mai/Juni 1997), 29f.).

[466] vgl. ebd.

[467] Inzwischen wurde das Flugblatt in 26 verschiedene Sprachen übersetzt und ist „einer der heißesten Texte im Cyberspace" (Klein: No Logo, 2001, 400).

ge Rekonstruktion des gesamten Prozesses[468]; John Vidal schrieb seinen Bestseller „McLibel: Burger on Trial"[469], der sich eines reißenden Absatzes erfreute; und Franny Armstrongs Dokumentarfilm „McLibel: Two Worlds Collide"[470] wurde in den Programmkinos Großbritanniens gezeigt[471]. Es formten sich diverse Gruppen wie die *McLibel Support Campaign* zur Unterstützung von Morris und Steel, welche sowohl versuchten, die für den Prozess notwendigen Geldmittel aufzutreiben, als auch weiterhin Aktionen gegen *McDonald's*, wie den *National March Against McDonald's* am 16. Oktober 1993 (dem sog. *„Anti-McDonald's Day"*), durchzuführen und so den Prozess über alle Maßen publik machten. Auch international fand der Prozess gegen *McDonald's* – denn in der Öffentlichkeit war es kein Prozess gegen Morris und Steel, sondern ein Prozess, der *McDonald's* gemacht wurde – großen Anklang und Aufmerksamkeit[472].

Aus Sicht der Opponenten von *McDonald's* war der Prozess geradezu ein Musterbeispiel dafür, wie große Unternehmen versuchen, auf Basis des „Defamation Act" ihre Macht dahingehend zu missbrauchen, jeglicher Kritik entgegenzuwirken; die verfassungsmäßige Freiheit der Rede untergrabend. *McDonald's* versuchte dem entgegenzusetzen: „This action is not about freedom of speech; it is about the right to stop people from telling lies."[473], allerdings war diese Aussage eher Wasser in den Mühlen der Opponenten, da es nun an *McDonald's* war, zu beweisen, dass die von den Aktivisten getroffenen Aussagen nicht der Wahrheit entsprächen. In den Channel 4 TV News wurde der Prozess als *„The biggest Corporate PR disaster in history"*[474] be-

---

[468] Woolf/Jones: McLibel, Dennis Woolf Productions, 1997 – 3-stündige Reportage über den gesamten Prozessverlauf mit seinen Hintergründen

[469] Vidal: McLibel – Burger Culture on Trail, 1997

[470] Armstrong: McLibel – Two Worlds Collide, 1998 (Dokumentarfilm über drei Jahre McLibel-Prozess)

[471] Der Film wurde aber mittlerweile im Vereinigten Königreich auf die Schwarze Liste gesetzt und darf nicht mehr gezeigt werden.

[472] So fanden am 21. Juni 1997, zwei Tage nach der Urteilsverkündung, vor ungefähr 500 *McDonald's* Restaurants in Großbritannien und etwa 30 Betrieben in den USA gleichzeitig Kundgebungen statt (vgl. Klein: No Logo, 2001, 399).

[473] Dieser Satz ist die Hauptaussage eines Flugblattes, das *McDonald's* im März 1994, kurz vor dem eigentlichen Beginn des Prozesses, drucken lies, um dem Protest gegen den Prozess entgegenzuwirken (zu finden unter: http://www.mcspot-light.org, 31.07.2002).

[474] vgl. o.V.: The McLibel Trial Story, McSpotlight, http://www.mcspotlight.org, 11.06.2002

zeichnet. Er „hatte fast so gut für den Vegetarismus geworben wie der Rinderwahn, hatte mehr Licht auf die Arbeitsbedingungen im McJob-Sektor geworfen als jede Gewerkschaftskampagne und hatte eine ernsthaftere Debatte über die Zensur durch Konzerne ausgelöst als irgendein anderer Prozess der jüngeren Vergangenheit, bei dem es um das Recht der freien Meinungsäußerung gegangen war." (Naomi Klein[475]) Und abgesehen davon, war es bestimmt auch der teuerste Prozess in der Firmengeschichte *McDonalds'*, der das Unternehmen alles in allem über 2 Millionen britische Pfund kostete.[476]

Am schlussendlichen Tag der Urteilsverkündung, dem 19. Juni 1997, waren mehr als 50 Fernsehteams und über 100 Helfer im und außerhalb des Gerichtssaales. Es kostete den Richter zwei Stunden, auch nur die 45-seitige

---

[475] vgl. Klein: No Logo, 2001, 395

[476] Normalerweise kommen nur sehr wenige solcher Fälle wirklich vor Gericht. Das liegt vor allem an der immensen Kostenlast auf Seiten des Angeklagten. Verleumdungsfälle sind für ihre Komplexität berüchtigt: Bevor der Fall überhaupt vor ein Gericht geht, stehen erst einmal eine ganze Reihe von Vorab-Anhörungen an, bei denen die Details der Klage geklärt werden sollen, und welche allein schon teure Anwälte erfordern. Daher können es sich die wenigsten Menschen überhaupt leisten, solch einen Fall bis zur Hauptverhandlung vor ein Gericht zu bringen. Der „Defamation Act" wiederum legt fest, dass Verleumdungsklagen nur vor einem Hohen Gerichtshof („High Court") verhandelt werden können, wozu wiederum nur einige wenige und sehr teure Spezialanwälte befähigt sind. In den meisten Fällen genügt es somit, eine gerichtliche Klage zu veranlassen oder auch nur per Brief eine Verleumdungsklage anzudrohen, um zu einer außergerichtlichen Einigung im Sinne des Klägers zu kommen. „*McDonald's* war mit seinen Verleumdungsklagen eine ganze Zeit lang äußerst erfolgreich", so Dan Mills, ein Anwalt, der seinen Job aufgab, um ganz für die „McLibel"-Unterstützungs-kampagne zu arbeiten. „Jeder, der es in den 80er Jahren wagte, die Firma zu kritisieren, wurde entweder mit einer Verleumdungsklage bedroht oder tatsächlich verklagt. Dies erwies sich als [eine] sehr effektive Methode, Menschen zum Schweigen zu bringen. Jeder entschuldigte sich, gab nach oder blieb bei dem Versuch, den Prozess zu führen, auf der Strecke..." (Searls/Lloyd: Britische Verleumdungsgesetze: Zensur zum Mieten, in: Novo, Nr. 28 (Mai/Juni 1997), 29f.). Wie die britische Tageszeitung *Guardian* berichtete, hatte *McDonald's* „in den letzten 15 Jahren über 90 Organisationen im Vereinigten Königreich rechtliche Schritte angedroht, darunter der *BBC*, *Channel 4*, dem *Guardian*, der *Sun*, [...] Selbst Prinz Philip erhielt einen bösen Brief. Alle machten einen Rückzieher, und viele entschuldigten sich formell vor Gericht." (Armstrong: „Why won't British TV show a film about McLibel?", in: Guardian (19.06.1998),4f., zit. in: Klein: No Logo, 2001, 397)

Zusammenfassung seines über 1000 Seiten langen Urteils[477] vorzulesen: Er beschied, dass Dave Morris und Helen Steel die Vorwürfe gegen *McDonald's* hinsichtlich der Zerstörung des Regenwaldes, Herzleiden und Krebs als Folgen des Verzehrs von Fast Food, Lebensmittelvergiftung, Hunger in der Dritten Welt und schlechten Arbeitsbedingungen nicht ausreichend beweisen konnten. Was aber die Anschuldigungen anging, dass *McDonald's* durch seine Werbung Kinder „ausbeute“, indem es ihre besondere Empfänglichkeit für Werbung ausnutze, seine Gerichte fälschlicherweise als „nahrhaft“ anpriese, die Gesundheit von Stammkunden riskiere, wegen Tierschändung zur Verantwortung gezogen werden könne, Gewerkschaften gegenüber extrem oppositionell eingestellt sei und seinen Arbeitern extrem niedrige Löhne zahle, so hatten Dave Morris und Helen Steel diese in den Augen des Richters mit stichhaltigen Beweisen untermauern können.

Letztendlich beschied der Richter zugunsten von *McDonald's* – Dave Morris und Helen Steel hätten *McDonald's* verleumdet. Da sie allerdings viele ihrer Anschuldigungen hatten beweisen können, wurden sie nicht, wie normalerweise im Falle der Schuld, dazu verurteilt, die volle Höhe der Gerichtskosten zu tragen, sondern „nur“ die Hälfte: £61.300. (*McDonald's* hat allerdings bis dato diese Summe von den beiden Aktivisten, die wieder fleißig – oder eher nun noch fleißiger – Flugblätter gegen *McDonald's* verteilen, nicht eingefordert. Auch ließ das Unternehmen seine Absicht, die gerichtliche Verfügung auf Unterlassung gegen Morris und Steel geltend zu machen, worauf diese unweigerlich ins Gefängnis kommen würden, da sie ihre Aktivitäten offensichtlich nicht aufgaben, fallen.)

Auch wenn *McDonald's* den Prozess an sich gewonnen hat, so hat doch das Unternehmen als solches einen vergleichsweise heftigen Image-Schaden davongetragen.

2.5 Distributionspolitik

Die Distributionspolitik umfasst sämtliche Entscheidungen, die den Transport eines Produktes vom Hersteller bis zum Endverbraucher berühren: Entscheidungen über direkten oder indirekten Vertrieb, die Wahl der Vertriebs- bzw. Absatzkanäle und die Auswahl der Distribu-

---

[477] Die Zusammenfassung des Urteils ist unter *http://www.mcspotlight.org* zu finden.

tionspartner, ebenso wie Entscheidungen zur Standortwahl, zur Lagerhaltung, zum Transport sowie zu Be-, Um- und Entladevorgängen.[478]

In den nachfolgenden Ausführungen stehen jedoch vor allem Methoden des direkten Vertriebs, also der direkten Kommunikation mit den Konsumenten, im Mittelpunkt der Betrachtungen.

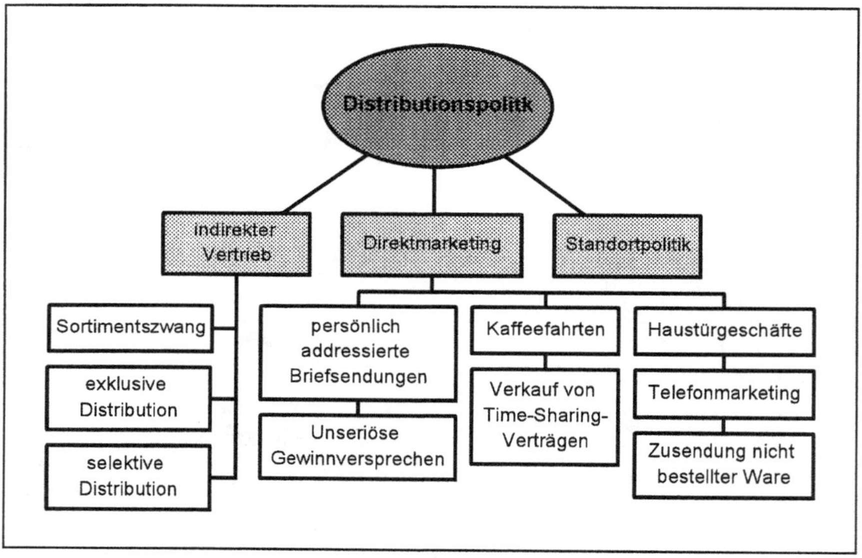

Abbildung 2.5-1 *Distributionspolitik – Überblick*

2.5.1 Indirekter Vertrieb

Schon in der Entscheidung für den indirekten Vertrieb (vor allem über Absatzmittler wie Groß- und Einzelhändler) lassen sich erste Möglichkeiten erkennen, wie einzelne Unternehmen versuchen, Wettbewerbsvorteile dadurch zu erlangen, dass sie Einfluss auf das Produktangebot der Händler nehmen.

[478] vgl. Strunz/Dorsch: Internationale Märkte, 2001, 184

So streben sie beispielsweise die Errichtung selektiver oder gar exklusiver Distributionswege an, indem sie ihre Produkte nur von bestimmten, ausgewählten Händlern vertreiben lassen. Diese erhalten (im extremsten Fall) das alleinige Recht, die Produkte des Herstellers in ihren spezifischen Absatzregionen (und im Falle der Vereinbarung von sog. Exklusivgebieten auch nur dort) zu vertreiben. Im Gegenzug dazu fordert der Hersteller jedoch auch, dass der jeweilige Händler keine Produkte von Wettbewerbern des Herstellers führen darf.

In dieser vereinbarten Exklusivität liegen zwar durchaus Vorteile sowohl für den Hersteller als auch für den Händler, die beide von den Exklusivvereinbarungen hinsichtlich eines zuverlässigeren und stabileren Vertragsverhältnisses profitieren. Für den Verbraucher wirken sich diese Vereinbarungen jedoch dahingehend nachteilig aus, als dass solche Praktiken den Wettbewerb mindern und sich in ihrem monopolartigen Charakter stärker auf die Preisgestaltung auswirken. Zudem kann es bei ungleichen Machtverhältnissen zwischen Hersteller und Händler dazu kommen, dass der Händler vom Hersteller unter Druck gesetzt wird, bestimmte Produkte in sein Angebot aufzunehmen oder ihm bestimmte (Sonder-)Konditionen einzuräumen, die für den Händler nachteilig sind.[479]

In diesem Zusammenhang versuchen manche Hersteller auch, eine stark nachgefragte Marke dazu einzusetzen, den Händlern auch andere Produkte ihres Sortiments, wenn nicht sogar ihr ganzes restliches Sortiment auch aufzuzwingen.[480] Sollten sich die Händler dessen verweigern, laufen sie Gefahr, dass die Hersteller ihre nachgefragte Marke zurückziehen und den Händler nicht mehr damit beliefern. Haben die Hersteller mit ihrer Taktik Erfolg, verringert sich dadurch das Angebot der Händler an Konkurrenzprodukten – was zur Folge hat, dass sich die Auswahlmöglichkeiten der Konsumenten verringern.

---

[479] Der umgekehrte Fall, nämlich dass ein Händler Macht über die Hersteller hat und diktiert, welche Produkte des Herstellers er in sein Angebot aufnimmt, ist ebenso möglich und für den Wettbewerb (also auch für die Verbraucher) gleichermaßen nachteilig (vgl. Abschnitt 2.2.4 – „Familienfreundliche" Zensur bei *Wal-Mart*).

[480] vgl. Kotler/Bliemel: Marketing-Management. Analyse, Planung und Verwirklichung, 2001, 1123ff.

2.5.2 Direktmarketing

Werbung und auch Verkaufsförderung sind zumeist Instrumente des Massenmarketings. Mit ihnen erreichen die Unternehmen eine große, breite Masse von (potentiellen) Kunden, wobei jedoch kein Kontakt zwischen Hersteller und Konsument hergestellt wird. Auf dem Wege des Direktmarketings versuchen die Unternehmen, unmittelbar mit den Konsumenten zu kommunizieren, ihnen ihre Produkte und Dienstleistungen vorzustellen und möglichst in Form eines Auftrags bzw. einer Bestellung eine direkte Reaktion der Kunden zu erhalten. Zum Direktmarketing gehören zunächst vor allem Werbebriefe und Versandhauskataloge, sowie direkte Kundengespräche und mit dem Aufkommen bzw. der Verbreitung neuer Kommunikationstechnologie auch die Möglichkeit des Ansprechens via Telefon, Fax und E-Mail (wobei vor allem das Telefonmarketing, aber auch das Fax- und E-Mail-Marketing zunehmend umstrittener behandelt werden), ebenso wie das Online-Marketing.[481]

Nach Ansicht der Unternehmen bietet das Direktmarketing – vor allem auf dem Wege des Katalogversands sowie postalischer Anschreiben – den Verbrauchern die Möglichkeit, bequem von zu Hause aus Einkäufe zu tätigen und Bestellungen vorzunehmen. Die Unternehmen selbst können potentielle Interessenten zum einen direkter, zum anderen auch selektiver ansprechen, durch persönlicher gehaltene und auf den Kunden zugeschnittene Botschaften – mithilfe von Kundenadressen und -datenbanken (vgl. Abschnitt 2.1.2).

Auf diesem Wege gelangen immer mehr, zumeist persönlich adressierte, Werbebriefe in die einzelnen Haushalte – jedoch nicht nur von seriös agierenden Unternehmen, sondern zunehmend auch von Unternehmen unlauteren Geschäftsgebarens, die versuchen, durch persönliche Ansprache die betroffenen Verbraucher zum Kauf ihrer Produkte bzw. zur Inanspruchnahme ihrer Dienstleistungen zu bewegen.

Dass Papier sehr geduldig ist, weiß ein jeder. Dass sich zudem viele Verbraucher in ihren Kaufentscheidungen (bei ihnen unbekannten

---

[481] vgl. (auch nachfolgend) Kotler/Bliemel: Marketing-Management. Analyse, Planung und Verwirklichung, 2001, 1185

Produkten) etwa von Aussagen in den Medien und auch Erfahrungen von Freunden/Bekannten etc. möglicherweise beeinflussen lassen, dies wird, wie in dem nachfolgenden Beispiel dargestellt, von dubiosen Unternehmern gelegentlich auszunutzen versucht.

Anfang des Jahres 2001 wurde von einer (namenlosen) schweizerischen Firma für „Original Tahiti-Noni-Kapseln" sowie Säfte und andere Produkte der Südseefrucht „Noni" (wiss. *Morinda Citrifolia*) geworben: *„Nie mehr krank. Frei von Schmerzen! Das Wunder der Südsee: Noni, die heilende Frucht des Lebens."*

Die Firma versendete persönlich adressierte Briefe – jedoch ohne Absender. Diese Briefe enthielten scheinbar aus der *„Abendpost"* (einer Zeitung, die gar nicht existiert) herausgerissene Artikel und eine gelbe Post-it-Notiz mit persönlicher Anrede und einigen handschriftlichen Zeilen (beispielsweise: „Liebe Marianne, ich habe das Mittel auch genommen und bin alle meine Beschwerden los."), den Eindruck erweckend, es handele sich dabei um einen persönlichen Tipp eines guten Bekannten – dessen Unterschrift darunter allerdings nicht zu entziffern war.[482]

Das Mittel (horrend teuer und nur per Nachnahme zu bestellen) solle bei der Behandlung oder Linderung verschiedenster Krankheiten helfen: von Allergien über Alterserscheinungen, Arthritis, Krebs, Depressionen bis hin zu Nierenkrankheiten und Schlaganfall. Dafür sei der in den Produkten enthaltene Wirkstoff „Xeronin" zuständig. Dieser Wirkstoff ist allerdings weder Experten bekannt, noch in einschlägigen Lexika, Datenbanken oder Fachzeitschriften zu finden.[483]

In der Europäischen Union ist der Verkauf der „Noni"-Produkte verboten[484], da sie noch nicht die notwendige Zulassung der im November 1999 gegründeten *„Sachverständigenkommission Neuartige Lebensmittel"* des *Bundesinstituts für gesundheitlichen Verbraucherschutz und Veterinärmedizin (BgVV)* nach der Novel-Food-Verordnung von 1997

[482] vgl. Verbraucher-Zentrale Schleswig-Holstein e.V.: Verbraucherzentrale warnt vor Wundermittel NONI (24.04.2001), http://www.verbraucherzentrale-sh.de, 10.07.2002; Rais: Die Verbraucher-Zentrale informiert: Dreiste Werbemasche für fragwürdiges Wundermittel (06.04.2001), in: Verbrauchernews, http://www.verbrauchernews.de, 10.07.2002

[483] vgl. Verein für Konsumenteninformation: Noni-Saft und -Pillen – Teuer, illegal und wirkungslos (06.03.2001), http://www.konsument.at, 04.07.2002

[484] vgl. Europäisches Verbraucherzentrum Kiel: Verkauf von Noni-Produkten ist in der Europäischen Union verboten (22.02.2001), http://www.evz.de, 04.07.2002

bekommen haben, bei der unter anderem auch die gesundheitliche Unbedenklichkeit von „neuartigen“ Lebensmitteln (d.h. in diesem Falle eine neue, auf dem europäischen Markt „noch nicht in nennenswertem Umfang für den menschlichen Verzehr verwendet(e)“ exotische Frucht)[485] untersucht wird. Dies scheint die Anbieter jedoch nicht davon abzuhalten, auch weiterhin (gleichsam auf diversen Webseiten) für ihr „Wunder-Produkt“ zu werben.

Als eine weitere Möglichkeit, auf dem postalischen Wege Verbraucher zu täuschen, sei auf das *PostIdent*-Verfahren der *Deutschen Post AG* verwiesen. Ursprünglich für den Zusteller als Identifikationsmöglichkeit des Empfängers (durch dessen Unterschrift) und gleichzeitig auch als Einzugsermächtigung für z.B. Verträge, die am Telefon geschlossen worden, gedacht und auch eingesetzt, wird das *PostIdent*-Verfahren immer häufiger von unseriösen Unternehmen dazu missbraucht, mithilfe der von den Empfängern geleisteten Unterschrift ohne deren Wissen oder gar Einwilligung Vertragsabschlüsse zu fingieren.

So finden Verbraucher beispielsweise eine Benachrichtigung in ihrem Briefkasten, nach der sie ein Schreiben bei ihrer Postfiliale abholen sollten. Auf der Post werden sie dann dazu aufgefordert, entsprechend dem *PostIdent*-Verfahren diverse Unterschriften zu leisten. Wer den zu unterschreibenden Text allerdings nicht aufmerksam durchliest – in der Annahme, es handele sich hierbei um eine reine Formalität zur Aushändigung der Postsendung –, der sollte sich oft schon arg getäuscht sehen und einen Vertrag unterschrieben haben.[486]

In dieser Weise versendete die Firma *SKY COM GmbH Dresden* Anfang des Jahres 2002 Briefsendungen, die angeblich Vorschläge zur Reduzierung von Telefongebühren enthalten sollten. Diesen Sendungen gingen Anrufe bei Verbrauchern voran, die bei den Betroffenen den Eindruck erweckten, sie würden mit Vertretern der Telekom über Möglichkeiten

---

[485] vgl. Bundesinstitut für gesundheitlichen Verbraucherschutz und Veterinärmedizin: Novel Food, http://www.bgvv.de/lebensmittel/novelfoods, 04.07.2002; siehe auch: Novel Food Verordnung (Verordnung (EG) Nr. 258/97 des Europäischen Parlaments und des Rates vom 27. Januar 1997 über neuartige Lebensmittel und neuartige Lebensmittelzutaten) Art. 1 Abs. 2

[486] vgl. Rais: Vorsicht beim PostIdent-Verfahren (05.08.2002), in: Verbrauchernews, http://www.verbrauchernews.de, 06.08.2002

eines Telefonanbieterwechsels sprechen, so dass sie sich zum einen bereiterklärten, die nachfolgenden Sendungen in Empfang zu nehmen, und zum anderen sogar auch Angaben über ihre Bankverbindungen machten.

Die Empfänger der Briefsendungen wurden daraufhin gebeten, 2 Unterschriften auf einem Beleg namens *PostIdent2* zu leisten. Die erste Unterschrift diente auch – gemäß dem *PostIdent*-Verfahren – zur Identifikation des Empfängers. Mit der zweiten Unterschrift bestätigten sie jedoch die Inanspruchnahme eines „Best-Price-Service" der Firma *SKY COM* – für einen Betrag in Höhe von 96 Euro, welcher umgehend, dank der bereits von *SKY COM* in Erfahrung gebrachten Bankverbindung, vom Konto der Betroffenen abgebucht wurde.[487]

Unseriöse Gewinnversprechen

Sie finden sich in fast jedem Briefkasten: Gewinnbenachrichtigungen über lukrative Bargeld- oder Sachgewinne, die nur noch eingefordert werden müssen. Allerdings sind an den Erhalt der Gewinne immer gewisse Gegenleistungen der „Gewinner" gekoppelt, wie zum Beispiel (in den meisten Fällen) die Bestellung von Waren über einen bestimmten Mindestbetrag, das Abonnement einer gewissen Zeitschrift, die Teilnahme an einer Kaffeefahrt oder auch an einer mehrtägigen Urlaubsreise (mit dem Ziel eines Timesharing-Vertrags-Abschlusses). In anderen Fällen werden die „Gewinner" dazu aufgefordert, einen gewissen Geldbetrag (der natürlich weit unter dem eigentlichen Wert des versprochenen „hochwertigen" Sachgewinns liegt) zu zahlen – manchmal auch getarnt als „Bearbeitungsgebühr" – oder den Gewinn telefonisch – unter Zuhilfenahme einer preisintensiven (und somit für den Betrüger lukrativen) 0190er Nummer – anzufordern.[488]

---

487 vgl. Verbraucher-Zentrale Sachsen e.V.: Mit zwei Unterschriften 96 Euro abgezockt (25.02.2002), http://www.vzs.de, 15.05.2002; auch: Kötzing: Missbrauch des Post Ident-Verfahrens?, Verbrauchertipp (05.03.2002), in: Deutschlandfunk, http://www.dradio.de/dlf, 15.05.2002

488 vgl. Verbraucher-Zentrale Hamburg e.V.: Gewinnspiele – Schluss mit dem Spuk! (31.07.2002), http://www.vzhh.de, 01.08.2002; Rais: Gewinnzusagen – einklagen oder in den Papierkorb? (12.08.2002), in: Verbrauchernews, http://www.verbrauchernews.de, 15.08.2002

Dem Empfänger wird üblicherweise vorgetäuscht, er gehöre zu den „auserwählten" Gewinnern. Mit Phantasiebegriffen wie z.B. „Nationales Gewinnkomitee" oder „Gewinn-Ziehungs-Zentrale" und mit Hochglanzprospekten sowie Photos und oftmals sogar Statements früherer „glücklicher Gewinner" wird bei ihm zudem der Eindruck erweckt, es handele sich bei dem Absender um offizielle und glaubwürdige Firmen und er sei der glückliche Gewinner des Hauptpreises und müsse nur noch „zuschlagen". Ohne Risiko, versteht sich. Die versandten Gewinn-Unterlagen sind dabei häufig ungewöhnlich umfangreich, bestückt mit einer Vielzahl von Schriftstücken wie „Auswahl-Zertifikaten", „Offiziellen Erklärungen" oder „Verfügungsbescheinigungen", die mit Stempelaufdrucken und Unterschriften versehen sind und oft mit diversen „Registriermarken" und „Glücksnummern" beklebt werden sollen. Die Absender spekulieren dabei auf die Aufregung des „glücklichen Gewinners", alles richtig zu machen und die kurze Einsendefrist für die Gewinnanforderung einzuhalten, sodass dieser (zumeist unbeabsichtigt) auch „Offizielle Erklärungen" zur Bestellung diverser Zeitschriften oder anderer Artikel mit in den Rückumschlag steckt.[489] Selbst das Vorhandensein einer Kundennummer oder auch der Verweis auf „jahrelange treue Kundschaft" (bei einer den Betreffenden unbekannten Firma) die nun belohnt werden soll, scheint viele „glückliche Gewinner" – in diesem Fall vor allem ältere Menschen, da diese leichter zu beeinflussen sind – nicht stutzig zu machen.

In den meisten Fällen – vor allem dann, wenn es sich um Geldpreise oder hochwertige Sachpreise wie Automobile oder Kreuzfahrten handelt – werden die „glücklichen Gewinner" allerdings enttäuscht. Wird der versprochene (Sach-)Gewinn tatsächlich versandt, handelt es sich in vielen Fällen nur um geringwertige Produkte, die den geweckten Erwartungen in keinster Weise entsprechen. Im Zusammenhang mit Warenbestellungen bei einem Versandhaus finden sich die Gewinne des öfteren in Form von Gutscheinen, die bei späteren Warenbestellungen einzulösen sind, umgewandelt; wohingegen die (wissentlich oder auch

[489] vgl. Högel: Gewinnspiele – unseriöse Vertragsanbahnung durch Gewinnversprechen, in: BAGSO Nachrichten (02/1999), http://www.bagso.de, 23.08.2002

unwissentlich) bestellten, oftmals minderwertigen, Waren in den meisten Fällen umgehend geliefert und in Rechnung gestellt werden.[490]

Nachfolgend sind (exemplarisch) einige Beispiele für schlecht bzw. nicht erfüllte Gewinnversprechen aufgeführt.

Im Juni 2000 kursierten „offizielle Gewinnbestätigungen“ des Versandhauses *Schlank&Chic* über einen Bargeldgewinn von 100.000 DM. Dieser „offiziellen Bestätigung“ waren darüber hinaus noch Verkaufsunterlagen des Versandhauses beigefügt, die zusätzlich die Auslieferung eines „CD-Players im Wert von 2.450 DM oder den Betrag in bar“ ankündigten, wenn unverbindlich Waren im Wert von 25 DM „zum Test“ angefordert würden. Die „unverbindliche“ Warenbestellung enthielt jedoch eine unverzüglich zu begleichende Rechnung, wohingegen weder der versprochene Bargeldgewinn, noch der CD-Player bei den Betroffenen jemals ankam.[491]

Eine Firma *B.* mit Sitz in Straßburg versprach Anfang 2001 deutschen Verbrauchern Gewinne in Höhe von 4.500 DM, 18.000 DM und mehr. An die Gewinnversprechen war ein Bestellkatalog gekoppelt, welcher Produkte unterschiedlichster Art enthielt. Reagierte der Empfänger auf das Schreiben nicht, erhielt er regelmäßig weitere Anschreiben, in welchen er darauf hingewiesen wurde, dass sein Gewinn weiterhin zur Verfügung stehe. Hieraufhin bestellten viele Verbraucher einige Produkte, da die Gewinnmarke nun auf den Bestellabschnitt geklebt war. Der versprochene Gewinn wurde allerdings in keinem der Fälle ausgezahlt.[492]

Noch einen Schritt weiter ging dabei die Firma *Silvana* mit Sitz in Holland: auch sie versendete regelmäßig „Gewinnerpost“; solange, bis die Betroffenen mit einer Bestellung reagierten (in der Annahme, die Gewinnversprechen der Firma seien echt, da sie in so kurzen, regelmäßigen Abständen versendet wurden). Die daraufhin ausgelieferten Produkte entsprachen aber in einigen Fällen nicht einmal der eigentlichen Bestel-

[490] vgl. Verbraucher-Zentrale Saar e.V.: Die Verbraucherzentrale des Saarlandes warnt: Vorsicht vor „Gewinnbenachrichtigungen“ aus Frankreich oder Holland. (10.05.1999), http://www.vz-saar.de, 31.07.2002

[491] vgl. Europäisches Verbraucherzentrum Kiel: Schon wieder unseriöse Gewinnversprechen im Postkasten – Oder: Wer ist eigentlich Maren Jandtke? (30.06.2000), http://www.evz.de, 04.07.2002

[492] vgl. Euro-Info Verbraucher e.V.: Gewinnversprechen aus dem Ausland/Neues Urteil des Tribunal de Grande Instance aus Strassburg (07/2001), http://www.euroinfo-kehl.com, 04.07.2002

lung – geschweige denn, dass der versprochene Gewinn die Empfänger erreichte. So berichtete das *WDR*-Magazin *plusminus* von einem Fall, wo *Silvana* wertloses Plastikgeschirr im Werte von über 160 DM anstelle der eigentlichen Bestellung verschickte. Als sich die betroffene Verbraucherin weigerte, das Besteck weder zu behalten noch zu bezahlen, reagierte die Firma mit einer „ganzen Serie dreister Mahnbriefe" und drohte mit Gerichtsvollziehern und Inkassoagenten, um den ausstehenden Rechnungsbetrag einzufordern.[493]

In Sachsen-Anhalt kursierten im März 2002 „offizielle Gewinnbenachrichtigungen" des Gewinnspielunternehmens *Fleethof* über steuerfreie Bargeldgewinne „von bis zu 500.000 Euro". Diese Gewinne (die sich bei näherer Betrachtung als „Gewinne" im Werte von 2 Euro aufwärts entpuppten) erhielten die jeweiligen Benachrichtigten aber nur, wenn sie einen entsprechenden Antrag zurücksendeten. Diesem Antrag war jedoch auch noch ein Antrag auf eine – ziemlich windige – Unfallversicherung einer ausländischen Versicherungsgruppe, vermittelt über den Versicherungsservice der Firma *Primaplan Ltd.* (mit Sitz in London), beigefügt. Wer nun glaubte, seine Gewinnchancen durch Abschluss der Versicherung zu erhöhen, unterlag einem Irrtum – und die Firma *Primaplan Ltd.* freute sich.[494]

Das vermeintliche *Internationale Versandhaus IVH* mit Postfachadresse in Wien gab im September 2002 an, aus einem „Gewinnüberschuss" vom Februar 2002 je nach Wunsch des Betreffenden ein Auto, eine komplette Kücheneinrichtung, eine Reise nach Amsterdam oder 5.000 Euro verschenken zu wollen. Um ihre vermeintliche Seriosität zu unterstreichen, hieß es weiter in den, vor allem in Sachsen kursierenden, Gewinnversprechen, die Gewinnausschüttung sei von einem „öffentlichen Notar und einem in Deutschland eingetragenen Rechtsanwalt (Jürgen Maul) auf seine Richtigkeit überprüft" worden. Bei genauerer Betrachtung des zudem beigefügten „dringenden Geschenk-Versand-Auftrags" mussten die Angeschriebenen dann aber noch feststellen, dass sie sich zwar eines der

[493] Nachdem sich die betroffene Verbraucherin an die *Stiftung Warentest* wandte, die wiederum den *Verbraucherschutzverein* informierte, konnte dieser eine Verurteilung gegen den Inhaber der Firma erwirken. (vgl. Brandstätter: Flasche Gewinne und echte Drohungen – Unseriöse Versandhandelsfirmen und ihre Methoden, (06.06.2000), plusminus/WDR, http://www.wdr.de/tv/plusminus, 23.08.2002)

[494] vgl. Verbraucher-Zentrale Sachsen-Anhalt e.V.: Glücksbotschaften aus Hamburg entpuppen sich als Werbetrick zum Abschluss von Unfallversicherungen (15.03.2002), http://www.vzsa.de, 15.05.2002

> Geschenke aussuchen könnten, jedoch „Organisationskosten" in Höhe von 50 Euro für „Bearbeitung, Zustellung, Versicherung, Steuern, Verwaltung sowie EDV" zu entrichten haben. Diese „Organisationskosten" würden freilich zurückerstattet, sollte die Zustellung des gewünschten Geschenks nicht bis zum 4. Oktober 2002 erfolgt sein.[495]

Einige unseriöse Firmen handeln auch nach folgendem Prinzip: Sie versenden Schreiben, in denen sie dem Empfänger mitteilen, dass (namentlich genannte) Vertreter der Firma schon mehrmals vergeblich bei ihnen gewesen seien, um den „glücklichen Gewinnern" einen Bargeldgewinn auszuhändigen. Leider wären aber die Betreffenden nie anzutreffen gewesen. Aus diesem Grunde gäbe es jetzt nur noch eine Möglichkeit, den Bargeldgewinn zu erhalten: während einer Busreise (gegen einen kleinen Unkostenbeitrag). Wer sich aber mit dem beigelegten „(Gewinn-)Scheck-Abruf-Zertifikat" für die Busreise anmeldete, fand sich schnell als Teilnehmer einer Kaffeefahrt (vgl. nachfolgender Abschnitt) mit stundenlanger Verkaufsveranstaltung, aber ohne den versprochenen Gewinnscheck wieder.[496]

Vor allem ältere Menschen werden auch immer wieder Opfer dubioser Machenschaften unseriöser Firmen. Eine „beliebte" Variante ist dabei auch der sog. „Enkeltrick": Die Betroffenen bekommen einen Anruf ihres „Neffen" oder „Enkels"[497], dessen Fahrzeug beispielsweise mit defektem Motor liegengeblieben sei. Der Motor könne zwar sofort repariert werden, allerdings bräuchte der „Neffe/Enkel/etc." dafür einen gewissen Betrag an Bargeld, den er selbstverständlich nicht bei sich habe. Er könne allerdings einen Kurier schicken, der (mit einem vorher vereinbarten Kennwort!) das Geld sicher abholen und überbringen würde.[498]

---

[495] vgl. o.V.: Skepsis bei Gewinnen – Viele Sachsen derzeit mit Angeboten überschüttet (13.09.2002), in: Freie Presse Online, http://www.freiepresse.de, 17.09.2002

[496] vgl. Högel: Gewinnspiele – unseriöse Vertragsanbahnung durch Gewinnversprechen, in: BAGSO Nachrichten (02/1999), Bundesarbeitsgemeinschaft der Senioren-Organisationen, http://www.bagso.de, 23.08.2002

[497] solche Informationen sind verhältnismäßig leicht herauszubekommen (vgl. Abschnitt 2.5.2) bzw. auch geschickt am Telefon zu erfahren

[498] vgl. Sperschneider: Trickbetrüger und Senioren, Verbrauchertipp (27.02.2001), in: Deutschlandfunk, http://www.dradio.de/dlf, 23.07.2002

In den meisten Fällen ist es sehr schwierig, die jeweiligen Firmen, Urheber des Betruges, ausfindig zu machen und zur Rechenschaft zu ziehen. Denn sie arbeiten mit pseudonymisierten Mittelsmännern oder geben als Adresse nur ein Postfach an, ändern häufig ihren Namen und ihre Adresse oder haben ihren Sitz ins Ausland verlegt, um so einer Strafverfolgung nach deutschem Verbraucherrecht zu entgehen.[499]

Kaffeefahrten

„... *Da rückte die Rentnergruppe ängstlich zusammen: „Ihr kommt hier nicht eher weg, bis nicht wenigstens die Hälfte von euch etwas gekauft hat", sagte der Verkäufer in barschem Ton und schlug die Tür krachend ins Schloss ...*"[500]

Veranstalter von Verkaufsfahrten (sog. Kaffeefahrten) haben im allgemeinen einen eher schlechten Ruf. Offenkundiges Ziel der Fahrten ist der Verkauf von Waren. Dagegen ist im Prinzip auch nichts einzuwenden, solange die Teilnehmer über den Zweck der Reise informiert sind und die angepriesenen Waren in einem angemessenen Preis-Leistungs-Verhältnis stehen. Doch die Branche wird immer wieder dank der vielen „schwarzen Schafe" in Verruf gebracht. Diese richten sich mit ihren Angeboten zumeist gezielt an ältere Menschen, da diese erfahrungsgemäß in ihrer Arglosigkeit und Leichtgläubigkeit leichter zu beeinflussen sind, und werben für ein- bis mehrtägige Busreisen mit Geld- oder anderen (natürlich „hochwertigen") Sachgewinnen und „einmaligen Sonderangeboten". Davon weiß auch Brigitte Sievering-Wichers von der *Verbraucher-Zentrale Baden-Württemberg* zu berichten: „Wo früher bevorzugt per Postwurfsendung mit touristischen Sehenswürdigkeiten zur Teilnahme animiert wurde, verschicken Veranstalter heute persönlich adressierte Gewinnmitteilungen über hoch-

---

[499] siehe dazu auch: Stiftung Finanztest: Finanztest-Warnliste „Unseriöse Gewinnspiele" (Faxabruf), http://www.finanztest.de

[500] Harborth: Der Ton wird immer rabiater (10.11.2002), in: Hannoversche Allgemeine, http://www.haz.de, 12.11.2002

wertige Sachpreise oder Geldbeträge."[501] Besonders beliebt sind auch „Jubiläumsfahrten" – wobei es durchaus schon einigen Firmen gelungen sein soll, mehrere Jahre hintereinander ihr 25-jähriges Firmenjubiläum zu feiern.[502]

In den meisten Fällen halten die Veranstalter aber nicht, was sie versprechen: die versprochenen Gewinne fallen entweder geringer aus als angekündigt, werden durch minderwertigere Produkte ersetzt oder unter Zuhilfenahme windiger Ausreden gar nicht erstattet; die angekündigten Reiseziele werden „aus Zeitgründen" entweder gar nicht oder nur kurz angefahren werden; versprochene Zusatzleistungen wie Stadtrundfahrten, Besichtigungen, Gewinnfeiern oder Mittagessen müssen von den Teilnehmern zumeist selbst bezahlt werden (so sie denn stattfinden)... Die eigentliche Verkaufsveranstaltung steht im Mittelpunkt der Reise. Da die Teilnahme an diesen Veranstaltungen jedoch freiwillig ist (d.h. die Teilnehmer sind nicht gezwungen, etwas zu kaufen, auch wenn sie an der Fahrt teilnehmen), liegen die Veranstaltungsorte meist „in einem öden, abgelegenen Ort, der keine Alternative bietet"[503], so Sascha Goussetis, Student an der Ruhr-Universität Bochum und Teilnehmer am Seminar *„Teilnehmende Beobachtung bei mobilen Verkaufsveranstaltungen"* des Kriminologie-Professors Hans-Dieter Schwind. Die Verkäufer sind sehr gut geschult, sodass sie meist schon nach kurzer Zeit diejenigen Teilnehmer gefunden haben, die sich leicht beeinflussen lassen und diese dann auch gezielt „bearbeiten". Hierzu treten sie zumeist „ehrlich und sympathisch" (mit Frau und Kindern) auf – in vielen Fällen aber auch extrem aggressiv. Sie stellen immer wieder die einmalige Chance heraus, hier unvergleichliche Sonderangebote zu ergattern (wobei die gute alte „Heizdecke" immer mehr Haushalts- und Hifi-Geräten sowie Produkten rund um die Themen Wellness und Gesundheit weichen muss) und verweisen nicht selten auch auf „Prof. XY", der bestätigt, dass dieses oder jenes

[501] vgl. Haider: Busse voller Gewinner – Die neuen Maschen bei Kaffeefahrten: Falsche Versprechungen, teure Nummern, in: Hamburger Abendblatt, (16.06.1999), zit. in: http://www.kaffeefahrten.de, 22.08.2002

[502] vgl. (auch nachfolgend) Wylkop: Augen auf, Beutel zu! – Verkäufertricks bei Kaffeefahrten (30.09.1998), in: Rubens (Nr. 37), 8

[503] ebd.

Produkt besonders gut und allen anderen vorzuziehen sei, wenn man Wert auf Qualität oder auch auf seine Gesundheit lege. (In einigen Fällen befinden sich unter den Teilnehmern auch sog. „Eisbrecher“[504], die von dem Veranstalter dafür bezahlt werden, gleich zu Beginn der Veranstaltung Produkte zu kaufen, um so die anderen gleichfalls zum Kauf zu animieren.) Die als „Super-Sonder-Angebote“ angepriesenen Waren sind zumeist maßlos überteuert.[505]

Und wie um dem ganzen noch die Krone aufzusetzen, geben viele Veranstalter neuerdings auch noch eine „Service-Nummer“ an – für Kunden, welche Anfragen (oder Beschwerden) haben. Dahinter verbergen sich allerdings oft teure 0190er Nummern, sodass den Kunden, die sich sowieso schon von den Veranstaltern übervorteilt fühlen, hier noch zusätzlich Geld aus der Tasche gezogen wird. „Manche Veranstalter erzielen mit ihren Beschwerdetelefonen täglich schon vierstellige Umsätze“[506], so Brigitte Sievering-Wiechers.

Nachfolgend sind einige Beispiele unseriöser Kaffeefahrten-Anbieter aufgelistet.

> Die Firmen *Euro-Bus* und *Mays Getränke* und Feinkost veranstalteten im Juni 2002 gemeinsam eine Verkaufsfahrt von Plauen nach Leipzig (inklusive Stadtrundfahrt, für die jeder Teilnehmer zusätzliche 4 Euro bezahlen musste), und warben dafür mit einem „Damen- oder Herrenfahrrad oder Preisen im Werte von 290 Euro“ als Gewinn. Allerdings bekamen die Teilnehmer weder Leipzig zu sehen, noch wurden die versprochenen Gewinne eingelöst. (Ein schmutziges, abgenutztes Taschenmesser mit lockeren Klingen und ein etwa zwei Zentimeter langer Korkenzieher waren alles, was die Teilnehmer geschenkt bekamen.) Denn die Fahrt endete schon 50 Kilometer vor Leipzig in einem Dorfgasthaus, in welchem ein resoluter Moderator über fünf Stunden lang den meist älteren Gästen völlig überteu-

---

504 vgl. Wylkop: Augen auf, Beutel zu! – Verkäufertricks bei Kaffeefahrten (30.09.1998), in: Rubens, Zeitschrift der Ruhr-Universität Bochum (Nr. 37), 8

505 siehe dazu auch: *http://www.kaffeefahrten.de* und *http://www.bdv.de* (Website des *Bundesverbandes Deutscher Vertriebsfirmen e.V.*)

506 Haider: Busse voller Gewinner – Die neuen Maschen bei Kaffeefahrten: Falsche Versprechungen, teure Nummern, in: Hamburger Abendblatt, (16.06.1999), zit. in: http://www.kaffeefahrten.de, 22.08.2002

erte Waren präsentierte und auf eine verhältnismäßig aggressive Art und Weise versuchte, seine Waren zu verkaufen.[507]

Im Juli 2000 versendete die Firma *Bardolino-Reisen* an unzählige Verbraucher Werbe-Briefe mit folgendem Inhalt: „Und jetzt – (Sie lesen richtig!!) – Sie, Herr X., haben einen der Bargeldpreise gewonnen in Höhe von 5000.- (lit). Nehmen Sie an unserer Tagesfahrt teil."[508] Diese Tagesfahrt bestand aus der Fahrt zu einer kleinen Stadthalle, wo die Teilnehmer eine sechsstündige Verkaufsveranstaltung (ohne Pausen) erwartete, als deren eigentlicher Veranstalter sich die Firma *HAC-Touristik* entpuppte. Es wurden unter anderem Billigparfum für 50 DM (25,56 Euro), Wollwaschmittel für 20 DM (10,23 Euro) und ein „exklusiver Besteckkasten" mit „weltweitlimitierte[r] Auflage, mit 180 Gramm Gold verziert, 70 Teile – zum Spottpreis von 1998 Mark" (1021,56 Euro) angepriesen – und auch erfolgreich verkauft. Und im Anschluss an die Veranstaltung bekamen den Teilnehmern dann auch ihr „Gewinn" ausgezahlt. Eine böse Überraschung für alle. Denn der versprochene Gewinn betrug nicht etwa, wie fälschlicherweise angenommen, 5.000 DM (2.556,46 Euro), sondern 5000 italienische Lira (lit), also etwa 5 DM (2,56 Euro).[509]

Das Versprechen eines anderen Veranstalters begann ebenfalls mit den Worten: „Herzlichen Glückwunsch – Sie haben Bargeld gewonnen. Bei unserer aktuellen Sommerverlosung wurden sage und schreibe 333 Mark verlost. Und Sie haben gewonnen. [...] Ihren Gewinn möchten wir gern auf einer Tagesfahrt auszahlen." Für diese mussten die Interessenten „nur" noch 20 DM (10,23 Euro) zuzahlen. Dafür versprach man ihnen allerdings auch noch „einen kleinen Handstaubsauger, ein siebenteiliges Gläser- und Karaffenset, eine praktische Kühltasche und eine wunderschöne Porzellanpuppe" sowie „ein reichhaltiges Mittagsmenü, welches man einfach mitnehmen muss." Wer diese Tagesfahrt buchte, sollte sich alsbald arg getäuscht finden: Statt der versprochenen 333 DM (170,26 Euro) bekamen die Teilnehmer jeweils nur 2,20 DM (1,12 Euro), da die Summe auf die gesamte Reisegruppe (knapp 150 Teilnehmer) aufgeteilt wurde. Auch die anderen versprochenen Geschenke entsprachen nicht unbedingt den Erwartungen der Teilnehmer: der Handstaubsauger entpuppte sich als kleiner

---

507 vgl. o.V.: Außer Spesen nichts gewesen (10.06.2002), in: Freie Presse Online, http://www.freiepresse.de, 02.07.2002

508 vgl. o.V.: Briefkasten-Gangster – Teil 2 – So zocken sie bei Kaffee-Fahrten ab (26.07.2000), in: Bild Online, zit. in: http://www.kaffeefahrten.de, 22.08.2002

509 Dazu *HAC-Touristik*-Sprecher Dirk Baumann: „Die Teilnahme war freiwillig, es hätte niemand mitfahren müssen."

Tischroller für Kekskrümel, das Gläser- und Karaffenset war aus reinem Plastik, die Porzellanpuppe hatte zwar einen porzellanenen Kopf, war aber ansonsten nur aus Stoff, und als das versprochene reichhaltige Mittagsmenü musste eine Tütensuppe herhalten.[510]

Einige Versandhauskunden aus Norderstedt (Schleswig-Holstein) – fast alle waren sie über 60 Jahre alt – wurden in ähnlicher Manier im Oktober 2002 von der Bremer Firma *Media-Marketing* als „Gewinner" zu einer „Sonderaktion zum Thema ‚Gesund durch das Jahr 2002' eingeladen. In „urgemütlicher Runde" in einem Sportlerheim erwarte die „Gewinner" ein „kostenloses, leckeres Mittagessen" sowie ein „wertvoller Sachpreis" im Wert von 139 Euro, während „nebenbei" Sponsoren Messeneuheiten aus dem Herbst-Winter-Katalog vorstellten. Der Moderator der Veranstaltung war ein agiler Herr im fortgeschrittenen Alter, der von sich behauptete, der erste Mensch zu sein, dem in den USA ein Kunstherz eingepflanzt worden war.[511] Nach etwa 2-stündigem Geplauder über die Gefahren eines Herzinfarkts sowie über die Tatsache, dass Ärzte viel zu viele Tabletten verschrieben, kam „Herr May" zum eigentlichen Höhepunkt seiner Veranstaltung: der Präsentation eines Herz-Präparats namens „Q 10", dessen Vorzüge in einer weiteren Stunde angepriesen werden. Eine Packung mit 60 Ampullen koste eigentlich 1198 Euro, die Teilnehmer dieser Veranstaltung würden sie aber schon für nur 798 Euro (minus weiteren 100 Euro bei Barzahlung sowie einer zusätzlichen Packung) erhalten – ein unsagbares Schnäppchen. Am Ende der Veranstaltung hatte „Herr May" wirklich 15 Packungen „Q 10" im Werte von 10500 Euro verkauft. Der versprochene „wertvolle Sachpreis" hingegen entpuppte sich als billiges Taschenset.[512]

Auch von einer Verkaufsfahrt, zu deren Ende ein Marken-Fernseher, ein Marken-Videorekorder oder eine Marken-Stereoanlage für die Teilnehmer winkte, kamen die Teilnehmer nur mit einer Mini-Flasche Sekt, einem, ob seines kleinen Formats unbrauchbaren, Photoalbum sowie einer

---

[510] vgl. Haider: Busse voller Gewinner – Die neuen Maschen bei Kaffeefahrten: Falsche Versprechungen, teure Nummern, in: Hamburger Abendblatt (16.06. 1999), zit. in: http://www.kaffeefahrten.de, 22.08.2002

[511] Diese Behauptung entspricht jedoch in keinster Weise der Wahrheit, da der erste Kunstherzpatient ein Amerikaner war (und den Eingriff nur 300 Tage überlebte). „Karl-Heinz May", wie sich der Herr nannte, war ebensowenig „in allen einschlägigen Zeitschriften" erwähnt worden, wie zu Gast bei Alfred Biolek.

[512] vgl. o.V.: Die Masche mit der Herzpille (10.10.2002), in: Hamburger Abendblatt, http://www.abendblatt.de, 11.10.2002

12 cm hohen „antiken Standuhr“ (made in China) zurück.[513] Abgesehen davon, dass die Teilnehmer 17,90 DM (9,15 Euro) für die Fahrt gezahlt hatten (von Berlin nach Waltersdorf bei Zossen, wobei keiner der Teilnehmer vorher wusste, wohin die Fahrt gehen sollte) und sie für den „Begrüßungskaffee“ inklusive Wiener Würstchen weitere 19,50 DM (9,97 Euro) entrichten mussten,[514] bemächtigte sich der Moderator der Verkaufsveranstaltung einer besonders perfiden Methode, die überwiegend älteren Teilnehmer um die ihnen schriftlich zugesagten Gewinne zu bringen: Er erklärte ihnen, dass sie von ihrem „eigentlichen“ Veranstalter „schamlos“ betrogen worden seien und dass „böse Leute“ (in dieser Branche gäbe es ganz schrecklich schlimme Methoden ...) in dem betrügerischen Brief, den sie erhalten haben, gelogen hätten, was die Gewinne anbelangte. Aber diese „bösen Leute“ seien mittlerweile „vom Staatsanwalt gefasst“ worden. Aus diesem Grunde wolle die – selbstverständlich grundsolide und ehrliche – Firma des Moderators versuchen, den armen Rentnern, die sich doch so auf die „schöne Ausfahrt“ gefreut hätten, aus der Patsche helfen und die Veranstaltung übernehmen. Die versprochenen Elektronikgeräte könne man allerdings – verständlichermaßen – nun nicht liefern. Und außerdem müsse den Teilnehmern ja klar seien, dass Markengeräte nicht einfach verschenkt würden und auch der versprochene Nachmittag der Volksmusik mit Berühmtheiten aus Funk und Fernsehen wäre selbstverständlich nicht für nur 17,90 DM (9,15 Euro) haben (ebensowenig wie ein kostenloses Mittagessen in unbegrenzten Mengen). Statt dessen gab es zum Schluss der Veranstaltung die besagten Mini-Flaschen Sekt und die Mini-Standuhren – als Zeichen der Solidität und Aufrichtigkeit der eigenen Firma.[515]

---

513 vgl. o.V.: Lug und Trug beim Kaffee, Hochschule für Kunst und Design Halle, http://www.burg-halle.de, 22.08.2002

514 In dem Anschreiben war ein „Festtagsmenü“ inklusive einem Glas Sekt „kostenlos“ versprochen worden, mit dem Nachsatz „jeder kann so viel essen wie er will“.

515 Das wirklich erschreckende an diesem Beispiel ist, dass die Teilnehmer auf die Frage des Moderators „Das habt Ihr doch alle gewusst, oder..?“ einstimmig mit „Ja!“ geantwortet haben sollen. Dies zeigt, wie leicht ältere Menschen Opfer von Betrügern werden können und warum Kaffeefahrten sich trotz ihres schlechten Rufs immer noch großer Beliebtheit erfreuen. Einer Studie der *Nürnberger GfK Marktforschung* – "Shopping-Touren und Verkaufsreisen 2000" – zufolge sind 85 Prozent der Teilnehmer an Verkaufsfahrten Stammkunden, wobei jeder durchschnittlich etwa 50 Euro pro Fahrt ausgibt. Die Offenbacher Forschungsgesellschaft *Marplan* fand heraus, dass jeder fünfte Bundesbürger schon einmal an einer Kaffeefahrt teilgenommen hat – von den über 66-jährigen sogar jeder Zweite. Für die zumeist 65-

Viele solcher Anbieter, wie auch beispielsweise die Versender von Gewinnversprechen, verstecken sich zumeist hinter anonymen Postfachadressen, über deren Inhaber die *Deutsche Post AG* aus Gründen des Datenschutzes keine Auskunft geben darf. Die angegebenen Telefonnummern (für eventuelle Rückfragen) sind oftmals teure (0190-) Mehrwertnummern, die über Umwege angemietet wurden. Somit ist es für geprellte Verbraucher in den meisten Fällen äußerst schwer, wenn nicht gar unmöglich, den unseriösen Anbieter ausfindig zu machen.

Verkauf von Timesharing-Verträgen

Die Methoden, mit denen viele Timesharing-Anbieter versuchen, Verbraucher zur Vertragsunterzeichnung zu überreden, lassen an Dubiosität ebenso nichts zu wünschen übrig. So suggerieren sie den Verbrauchern in persönlich adressierten Briefen (aber auch am Telefon), sie wären Gewinner einer „Fünf-Tage-Gratisreise in den Süden inklusive Übernachtung und Frühstück für eine Person im Wert von 498 Mark."[516] Der Gutschein ist dabei meist auf eine Person im Doppelzimmer ausgestellt, sodass, wer nicht mit einer fremden Person in einem Zimmer nächtigen will, entweder einen Einzelzimmeraufschlag (z.B. pro Nacht 50 DM[517]) zahlen oder eine zweite Person anmelden muss, die dann den vollen Reisepreis zu entrichten hat.[518] Am Zielort angekommen, erwarten den „Gewinner" dann lange Verkaufsgespräche mit gut geschultem Personal des Timesharing-Anbieters, die in

---

75-jährigen erfülle die Kaffeefahrt eine soziale Funktion, einen Tapetenwechsel und häufig die einzige Möglichkeit, Kontakte zu anderen Menschen herzustellen. Die Kaffeefahrt sei ein „bezahlbares und vor allem realisierbares Event im Rentnerleben", hieß es in einem Spezialreport über Vertriebssonderformen der *BBE-Unternehmensberatung GmbH* (vgl. Bundesverband deutscher Vertriebsfirmen e.V.: Shopping-Touren, Verkaufsreisen und Kaffeefahrten – Der Erlebniseinkauf mit sozialer Komponenten ist Kult für Senioren, http://www.bdv-aktuell.de/shoppingtouren.htm, 22.08.2002).

[516] o.V.: Timesharing – Überteuertes Wohnrecht, in: Focus Online, http://finanzen.focus.de, 06.08.2002

[517] vgl. ebd.

[518] Laut einem Urteil des Oberlandesgerichts Hamm (Urteil vom 16.01.1997, Az: 4 U 219/96) verstößt diese Praxis gegen § 1 UWG.

den meisten aller Fälle mit einer Vertragsunterzeichnung und einer Anzahlung von bis zu 10.000 Euro[519] enden.[520] Etwaige angepriesene „Extras“ wie Ganztagsausflüge müssen zumeist von den Betroffenen selbst bezahlt werden; und sollte der Anbieter in der Zeit der Reise in Konkurs gehen, so müssen die Betroffenen die Kosten für die Rückreise zumeist selbst entrichten, da die wenigsten Gratisreisen mit einem Versicherungsschein verkauft werden.[521]

Zwar gilt auch für den Abschluss dieser Art von Verträgen eine Widerrufsfrist von 14 Tagen (nach dem Haustürwiderrufsgesetz), allerdings nur, wenn der Anbieter seinen Sitz in Deutschland hat – was für die wohl wenigsten Anbieter zutrifft. Die geleistete Anzahlung ist in jedem Fall verloren. Zumeist umgehen die Timesharing-Anbieter diese Widerrufsfrist, indem sie die „Glücklichen“ gleich zu Beginn ihres Urlaubs in Verkaufsgespräche verwickeln, sodass diesen, sollten sie nach der Reise zu Hause noch einmal – mit etwas mehr Abstand – nachgedacht und sich für einen Widerruf entschieden haben, nur noch wenig, wenn nicht gar keine Zeit mehr für diesen bleibt.[522]

Nach der Vertragsunterzeichnung kann es sich dann für nicht wenige der betroffenen Verbraucher herausstellen, dass die Verkäufer ihnen einige nicht ganz unwichtige „Details“ verschwiegen haben: nämlich, dass zu dem einmaligen Kaufpreis noch regelmäßige Kosten für Verwaltung und Reinigung sowie andere Nebenkosten anfallen, oder dass für den Tausch der Wohnung mit einem anderen Timesharer noch einmal hohe Gebühren anfallen können – für den Tausch an sich und

---

[519] vgl. Reichel: Time-Sharing – Geteilte Zeit, volles Leid (07.06.2002), in: Handelsblatt, http://www.handelsblatt.de, 06.08.2002

[520] Gemäß einem Urteil des Oberlandesgerichts Hamm ist es unrechtmäßig, einen Gewinn an ein Absatzgeschäft (sprich: Verkaufsveranstaltung) zu koppeln. Darüber hinaus ist es (in Deutschland seit 1999) eigentlich auch verboten, eine Anzahlung für einen Timesharing-Vertrag zu verlangen.

[521] vgl. o.V.: Timesharing – Überteuertes Wohnrecht, in: Focus Online, http://finanzen.focus.de, 06.08.2002

[522] vgl. o.V.: Timesharing – Auch Deutschlands größter Reiseveranstalter mischt mit (20.06.2000), Umschau/MDR, http://www.mdr.de/umschau, 04.09.2002

darüber hinaus auch noch für die Mitgliedschaft in einer Tauschorganisation.[523]

Viele Verbraucher, die Timesharing-Verträge unterzeichnet haben, wollen über kurz oder lang aus diesen wieder austreten, was allerdings nicht so einfach ist, da es für Timesharing-Objekte keinen Zweitmarkt gibt. So haben sich dubiose „Wiederverkäufer" inzwischen darauf spezialisiert, Timesharern, die ihre Nutzungsrechte wieder verkaufen wollen, ihre Dienste anzubieten. Dass die versprochenen Erlöse utopisch hoch sind und die Dienste natürlich mit Vorauszahlungen verbunden sind, bedarf keiner weiteren Erläuterung. Den Betroffenen wird suggeriert, man habe bereits einen Käufer für die Nutzungsrechte an der Hand, oder es wird ihnen versprochen, die Rechte nach einer Eintragung ins Grundbuch (selbstverständlich gegen Gebühr – von bis zu 1.500 Euro) verkaufen zu können.[524]

Eine weitere Betrugsmethode besteht darin, zu versuchen, den Betroffenen sog. „Cash-Back-Zertifikate" zu verkaufen, die ihnen zusichern, bei Zahlung eines gewissen Geldbetrages (i.d.R. in Höhe des ursprünglichen Kaufpreises) nach Ablauf eines bestimmten Zeitraumes (zumeist von 51 Monaten) den eingezahlten Betrag zuzüglich des Kaufpreises des Nutzungsrechts ausgezahlt zu bekommen. (Dass die Betroffenen in der Regel den eingezahlten Geldbetrag nicht wiederbekommen, liegt scheinbar in der Natur solcher Zertifikate.) Oder aber es wird versucht, die unzufriedenen Kunden zum Kauf eines anderen, natürlich wesentlich besseren und für sie günstigeren, Objekts zu überreden, da Gerüchte im Umlauf seien, der Anbieter sei womöglich in Konkursgefahr, und versprochen wird, das ursprüngliche Nutzungsrecht in Zahlung zu nehmen. Dieses Versprechen wird aber „praktisch nie gehalten" [525], so Dariusz Kogut, Herausgeber des *Timesharemaga-*

---

[523] vgl. o.V.: Timesharing – Überteuertes Wohnrecht, in: Focus Online, http://finanzen.focus.de, 06.08.2002; o.V.: Time-Sharing ist kostspielige Urlaubsalternative (23.10.2002), in: Frankfurter Rundschau Online, http://www.fr-aktuell.de, 23.10.2002

[524] vgl. Reichel: Time-Sharing – Geteilte Zeit, volles Leid (07.06.2002), in: Handelsblatt, http://www.handelsblatt.de, 06.08.2002

[525] ebd.

zin, sodass die Betroffenen dann meistens Zahlungsaufforderungen über die zu entrichtenden Servicegebühren von zwei Anbietern gleichzeitig erhalten. Ebenso erweisen sich auch Beteuerungen von angeblichen „Rechtsanwälten", die sich als juristische Vertreter großer Tauschclubs ausgeben und per Telefon den Verkauf der Nutzungsrechte oder die rechtliche Vertretung bei der Auflösung des Timeshare-Vertrages anbieten, zumeist als betrügerische Machenschaften dubioser Unternehmer.[526]

Vertragsgespräche auf der Straße und an der Haustür (Haustürgeschäfte)

Sprachgewandte Vertreter versuchen immer wieder, Verbraucher damit zu überrumpeln, diverse Verträge, z.B. über Mobilfunk- oder Festnetzverträge, Mitgliedschaften in Vereinen oder aber auch über regelmäßige Spenden an dubiose (aber auch seriöse) Hilfsorganisationen zu unterschreiben Sei es nun auf der Straße, vor Einkaufszentren, Baumärkten oder direkt an der Haustür, sie sind überall anzutreffen. Um zu ihrer Provision zu kommen, schrecken manche Vertreter derartiger „Drückerkolonnen" scheinbar vor nichts zurück. Dabei sind immer noch die Senioren ihre „beliebteste" Zielgruppe, da diese leichter zu beeinflussen seien und oftmals gutgläubig Verträge unterschreiben, die sie weder entziffern noch verstehen können.[527]

Neben den „klassischen" Vertretern von Staubsaugern oder *Avon*-Produkten geben sich immer mehr „Kundenbetreuer" von Telekommunikations- und Mobilfunk-Unternehmen „die Klinke in die Hand".

> Die *Deutsche Telekom AG* arbeitet beispielsweise mit zahlreichen Subunternehmen zusammen, die im Namen der *Telekom* Kunden akquirieren und deren Daten sowie die Aufträge dann an den Konzern weiterleiten. Pro vermitteltem Auftrag zahlt die *Telekom* 20 bis 50 Euro – eine Verlockung, der anscheinend einige Firmenvertreter nicht widerstehen

---

526 vgl. o.V.: Wie schütze ich mich vor Betrug?, in: Timesharemagazin, http://www.timesharemagazin.de, 06.08.2002

527 vgl. Verbraucher-Zentrale Sachsen e.V.: „Der hat mich reingelegt ..." (12.10.2001), http://www.vzs.de, 15.05.2002

können, sodass sich die Beschwerden von *Telekom*-Kunden häufen, deren Verträge mit dem Konzern ohne ihr Wissen oder Einverständnis zu ihren Ungunsten geändert worden sind.[528]

Konkurrenten der *Deutschen Telekom AG* geben, um Kunden abzuwerben, vollmundige (und zumeist unhaltbare) Versprechungen, wie etwa die Behauptung, ihre jeweilige Firma sei „5 bis 10 mal günstiger als die Telekom", oder sie warnen beispielsweise davor, dass die *Deutsche Telekom AG* demnächst „Call-by-Call-Gespräche abschaltet", sprich nicht mehr zulassen würde.[529]

Oder aber sie veranstalten, wie etwa das Telekommunikationsunternehmen *MobilCom* im September 2002, Glücksradaktionen in bzw. vor Supermärkten und auf diversen Volksfesten (für vor allem ältere Verbraucher). Neben vielen kleinen (Trost-)Preisen gab es dabei auch „60 Minuten freies Telefonieren" im Festnetz zu gewinnen. Dazu wurden die Gewinner aufgefordert, einen Freischaltungsauftrag zu unterschreiben – angeblich für die 60 Minuten. Mit der nächsten Telefonrechnung stellte sich dann aber heraus, dass die„Gewinner" mit der Vertragsunterzeichnung reguläre Kunden von *MobilCom* geworden waren.[530]

Auch Außendienstmitarbeiter des Telekommunikationsunternehmens *Arcor* scheinen vor fast nichts zurückzuschrecken, wenn es darum geht, ihre Provision zu erhöhen: Im Raum Saarbrücken häuften sich Mitte des Jahres 2002 Klagen von Verbrauchern, die von den Vertretern folgendermaßen getäuscht wurden: den Eindruck erweckend, sie seien Mitarbeiter der *Deutschen Telekom AG*, und baten sie um Einlass und wollten sich mit den betroffenen Verbrauchern über deren Telefonrechnungen unterhalten. Auf den Einwand eines älteren Ehepaares hin, sie seien mit ihrem jetzigen Vertrag zufrieden und wollten nichts ändern, hieß es: „dann müssen Sie hier unterschreiben, damit es nicht teurer wird". Mit dieser Unterschrift kam allerdings ein Bindungsvertrag mit der *Arcor AG & Co.* über eine Laufzeit von 24 Monaten zustande.[531]

---

[528] vgl. Heinrich: Am Telefon übers Ohr gehauen? – Verstimmter Telekom-Kunde (07.08.2002), in: Rheinischer Merkur, http://www.merkur.de, 08.08.2002

[529] vgl. Verbraucher-Zentrale Sachsen e.V.: „Der hat mich reingelegt..." (12.10. 2001), http://www.vzs.de, 15.05.2002

[530] vgl. o.V.: Warnung vor dem Glücksrad (17.09.2002), in: General-Anzeiger Online, http://www.general-anzeiger-bonn.de, 18.09.2002

[531] Abgesehen davon, dass der Vertrag nur durch arglistige Täuschung zustande kam, sind in dieser Branche nur drei Monate Vertragslaufzeit üblich. (vgl. o.V.:

Beinahe ebenso hart umkämpft wie der ehemalige Monopol-Sektor Telekommunikation ist auch der Strommarkt.

So waren in ähnlicher Manier Anfang des Jahres 2002 beispielsweise im Raum Herten verstärkt Drückerkolonnen unterwegs, die sich als Vertreter der hiesigen Stadtwerke ausgaben, und von den betroffenen Verbrauchern deren letzte Stromrechnung „überprüfen" wollten, sich dabei alle notwendigen Daten (also auch die Bankverbindung) notierten und zur Bestätigung der Richtigkeit der herausgeschriebenen Daten um eine Unterschrift der Verbraucher baten. Einige Tage später bekamen die betroffenen Verbraucher dann meist ein Begrüßungsschreiben eines anderen Stromanbieters. Mit den notwendigen Daten sowie der Unterschrift der Verbraucher kündigten die „Vertreter" den Vertrag bei den Stadtwerken und schlossen sogleich neue Verträge mit einem anderen Stromanbieter – alles ohne Kenntnis, geschweige denn Zustimmung, der betroffenen Verbraucher.[532]

Um sich entweder gegen einen großen, übermächtigen Konkurrenten durchzusetzen, oder aber auch aus der Masse relativ gleichwertiger Konkurrenten hervorzustechen, scheint so manchem Unternehmer der direkte Kontakt zu potentiellen Kunden der lukrativste Weg – zwar zeitaufwendig, jedoch in nicht wenigen Fällen erfolgversprechender als der konventionelle Weg der (Massen-)Werbung – wobei der Zweck die Mittel zu heiligen scheint.

So versuchten beispielsweise seit Mitte/Ende des Jahres 2002 verstärkt im Raum Hamburg wieder einmal Vertreter einer Filterfirma, die Verbraucher davon zu überzeugen, ihr Trinkwasser wäre schlecht. Dies „verdeutlichten" sie mithilfe eines (manipulierten) Tests, der Schadstoffe im Wasser sichtbar machen sollte. Und siehe da: das getestete Wasser verfärbte sich tatsächlich braun! Nur durch den Osmosefilter (für mindestens 1200 Euro) könnten die Verbraucher wieder sauberes Trinkwasser erhalten, so die Botschaft der Vertreter. Aber: „Die braune Plörre entsteht durch ein simples Elektrolyseverfahren, sagt aber nichts über irgendwel-

---

Die Arcorstory – eine unendliche Geschichte? (25.07.2002), in: Saarbrücker Zeitung, http://www.sz-newsline.de, 31.07.2002)

[532] vgl. o.V.: Drückerkolonnen immer dreister, in: Zeitung für Kommunale Wirtschaft (Mai 20002), http://www.zfk.de, 01.06.2002

che Schadstoffe aus"[533], schimpft Karl Schnabel, Leiter des Zentrallabors der *Hamburger Wasserwerke (HWW)*. Das Wasser, welches die Vertreter gern als angeblich durch ihren Filter gereinigt vorzeigten, sei zudem destilliertes Wasser, in dem die Elektrolyse nicht funktioniere. Trotzdem fielen immer wieder sehr viele Hamburger auf die Vertreter herein, da diese zuvor schon in ihren Zielgebieten falsche Informationen über die Wasserqualität Hamburgs verstreuten, um die Verbraucher zu verunsichern und für einen Test in deren Wohnung zugänglicher zu machen.

Die Firma *Ibro-Bau* handelt mit Wintergärten (im Werte von knapp 40.000 Euro). Um ihren Bekanntheitsgrad in Deutschland bundesweit auszubauen, suche man, so die Vertreter des Unternehmens im Gespräch mit potentiellen Interessenten, „Werbepartner", die einen Wintergarten der Firma kaufen und sich dann bereit erklären, ihn von anderen potentiellen Interessenten und Kunden besichtigen zu lassen. Das Unternehmen garantiere dem Werbepartner vier Besucher im Monat, für die er jeweils 250 Euro bekäme – drei Jahre lang. Allerdings scheinen es die Vertreter immer wieder zu „vergessen", die potentiellen „Werbepartner" darauf hinzuweisen, dass diese ihre Provision nur dann erhalten, wenn sich ihre Besucher hernach auch für den Kauf eines Wintergartens von *Ibro-Bau* entscheiden – sollten überhaupt Besucher kommen.[534]

Telefonmarketing

Einer Rechtsprechung des Bundesgerichtshofes[535] zufolge stellt Telefonwerbung eine besonders schwerwiegende Beeinträchtigung der durch das Grundgesetz geschützten Privatsphäre sowie einen groben Missbrauch des privaten Telefonanschlusses dar und verstößt grund-

---

533 Horn: Wasserfilter: Der große Nepp (05.12.2002), in: Hamburger Abendblatt, http://www.abendblatt.de, 05.12.2002

534 Der *Verbraucher-Zentrale Mecklenburg-Vorpommern* liegen bereits über 100 Fälle von geprellten *Ibro*-Kunden vor. Im April 2001 wurde schon ein Verkaufsleiter zu einer zehnmonatigen Haftstrafe auf Bewährung verurteilt, da ihm gemeinschaftlicher Betrug in 174 Fällen nachgewiesen werden konnte. Im August des Jahres 2002 wurde die Firma erneut überführt und muss sich nun vor Gericht verantworten. Allerdings warnen die Verbraucherschützer bereits davor, die Firma würde möglicherweise unter anderen Namen (wie etwa „*Exakta*" oder „*Glasbau GmbH*") weiterarbeiten. (vgl. o.V.: Die Wintergarten-Abzocke (05.08.2002), in: Hamburger Morgenpost, http://www.mopo.de, 06.08.2002)

535 Urteil vom 27.1.2000, Az. I ZR 241/97

sätzlich gegen die guten Sitten des Wettbewerbs. Sie bedarf demnach des ausdrücklichen, individuellen Einverständnisses des Angerufenen.[536]

Dies scheint jedoch einigen Unternehmen nicht allzu geläufig zu sein, wie die nachfolgenden Beispiele zeigen. Immer wieder wird versucht, Verbraucher am Telefon zum Abschluss eines Vertrages zu „überrumpeln".

> Verbraucher, die Mitte des Jahres 2002 von einer *„Bundesvereinigung der Polizei-Basis-Gewerkschaft"* per Telefon befragt worden waren, ob sie den Kampf gegen Kindesmissbrauch mit einer Spende unterstützen wollten, und dies bejahten, bekamen allerdings nicht die erwarteten Spendenformulare per Post zugesandt, sondern einen Anzeigen-Abonnements-Auftrag für eine Schriftenreihe namens *„Sicherheit heute"* des *Blickkontakt-Verlages für staatsbürgerliche Informationen GmbH, Hamburg*. Diesem Auftrag zufolge sollten die Verbraucher ihre Spende mittels einer über 18 Einzelausgaben geschalteten Anzeige entrichten – wobei der Preis einer Anzeige sich auf 200 Euro belief.[537]

> Das Telekommunikationsunternehmen *Mannesmann-Arcor* versucht auch immer wieder, Verbraucher am Telefon zu überrumpeln und sie zu einem Wechsel ihres Festnetzanbieters zu überreden (oder besser gesagt: sie zu überrumpeln). Gleich am Telefon sollten die Betroffenen den neuen Vertrag bestätigen. Dabei missachtet die Firma ganz offensichtlich, dass Telefonwerbung im Prinzip rechtswidrig ist, solange der jeweilige Verbraucher nicht vorher sein ausdrückliches Einverständnis zum Telemarketing gegeben hat. Anrufe bei Kunden sind nur dann erlaubt, wenn es sich um Änderungen oder Ergänzungen bereits bestehender Verträge handelt, nicht aber um den Abschluss eines neuen Vertrages. Bei *Mannesmann-Arcor* sieht man die Überrumpelungstaktik via Telefon allerdings als ganz normales Geschäftsgebaren an und scheint sich auch nicht davon abbringen lassen zu wollen.[538]

---

[536] vgl. Verbraucherschutzverein e.V.: Telefonwerbung – LG Hamburg untersagt Werbung von Gruner & Jahr (24.08.2000), http://www.verbraucherschutzverein.de, 04.07.2002

[537] vgl. Rais: Spendenschnorrer wollen abkassieren (05.08.2002), in: Verbrauchernews, http://www.verbrauchernews.de, 06.08.2002

[538] vgl. Hoverath: Unerlaubte Telefonwerbung für Mobilfunkverträge, Verbrauchertipp (22.12.2000), in: Deutschlandfunk, http://www.dradio.de/dlf, 23.07.2002

Auch das Verlagshaus *Gruner&Jahr*, das Mitte des Jahres 2000 mit Probeabonnements für die Zeitschrift *Brigitte* warb, benutze auf den jeweiligen Bestellkarten im Anschluss an die Abonnements-Bedingungen unter anderem folgende Erklärung: *„Ich erlaube Ihnen, mir interessante Zeitschriftenangebote auch telefonisch zu unterbreiten (ggf. streichen).“* Für Abonnenten, die es versehentlich unterließen, die Klausel zu streichen, bedeutete das eine Beeinträchtigung ihrer Privatsphäre auf unabsehbare Zeit, da die Erklärung nicht einmal mit einem Widerrufsvorbehalt versehen war.[539]

Zusendung nicht bestellter Ware

Bei der Zusendung nicht bestellter Ware setzen die Unternehmen zum einen auf die Umstände, die es den Angeschriebenen machen würde, die Waren zurückzusenden und in diesem Zusammenhang auch auf den „Verführeffekt“ von Produkten, die man nicht nur im Katalog vor sich sieht, sondern eigens in den Händen hält – und sich so möglicherweise eher zu einem Kauf entscheiden kann.

So warb beispielsweise eine Briefmarkenhändlerin per Zeitungsannonce mit folgendem Text: *„Gratis! 500 verschiedene deutsche Briefmarken [...] Fordern Sie unverbindlich unsere Briefmarkenauswahlen an! Mit der Erstsendung erhalten Sie gratis das tolle Briefmarkenpaket: 500 deutsche Briefmarken ...“* Das Paket enthielt allerdings neben den 500 Briefmarken außerdem noch einen Ringordner mit Briefmarkenblättern, ein Rechnungsformular und ein Anschreiben, in dem es u.a. hieß, dass die Briefmarkenauswahl zur Ansicht sei, der Empfänger sich die gewünschten Briefmarken entnehmen können und den entsprechenden Betrag für die Marken mit einer beiliegenden Zahlkarte auf das Konto der Händlerin überweisen, sowie die restlichen Briefmarken mit dem vorhandenen Karton wieder zurück schicken solle. Darüber hinaus hieß es in dem Schreiben weiter, dass in „zwanglosen Zeitabständen immer wieder neue Auswahlen mit schönen Briefmarken“ dem Empfänger zugestellt würden, aus denen er sich immer das heraussuchen könne, was er gerne hätte. Der Wert dieser Warensendung betrug insgesamt 81,15 DM (41,49 Euro) – soviel zu „Gratis“-Briefmarken.[540]

---

[539] vgl. Verbraucherschutzverein e.V.: Telefonwerbung – LG Hamburg untersagt Werbung von Gruner&Jahr (24.08.2000), http://www.verbraucherschutzverein.de, 04.07.2002

[540] vgl. Verbraucherschutzverein e.V.: VSV-Info (3/2000), 12ff.

Die in Straßburg ansässige Firma *Chrystal S.A.R.L.* versendet(e) nicht nur unzulässige Gewinnbenachrichtigungen in Verbindung mit Bestellaufforderungen der *Sextra-Versandhandel GmbH*, sie versendete auch verstärkt schon Mitte des Jahres 1999 unbestellt Waren mit beiliegender Rechnung. Sendeten die betroffenen Verbraucher die Waren zurück, wurden sie trotzdem immer wieder angemahnt, den Warenpreis zu zahlen, mit der Begründung, man habe die Ware nicht zurückerhalten oder sie sei zerstört gewesen. In vielen Fällen drohte das Unternehmen sogar mit Gerichtsverfahren, sollten die Betroffenen nicht bezahlen.[541]

Die Mittel, mit denen manche Versandhändler versuchen, Verbraucher dazu zu drängen, von ihnen nicht bestellte Ware trotzdem anzunehmen und natürlich zu bezahlen, sind vielfältig; sie reichen von Mahnungen über horrende Forderungen von Lagerkosten und Schadenersatz bis hin zu Schreiben von Rechtsanwälten. Grundsätzlich gilt jedoch: wer die Ware ganz sicher nicht bestellt hat, ist auch nicht zur Zahlung verpflichtet – schon allein aus dem Grunde nicht, weil gar kein Kaufvertrag zustande gekommen ist. Sollte der Händler auf Einhaltung und Erfüllung des „Kaufvertrages" bestehen, liegt die Beweislast bei ihm. Er muss dann die Belege dafür vorlegen können, dass eine Bestellung für exakt die gelieferte und in Rechnung gestellte Ware vom Verbraucher vorgenommen wurde.[542]

2.5.3 Standortpolitik

Speziell für den Einzelhandel und die System-Gastronomie ist die Wahl des richtigen Standorts mitunter entscheidend für Gewinn oder Verlust im harten Wettbewerb um die Kundschaft. Dies betrifft vor allem die Eröffnung der einzelnen Filialen an für die Politik des Unternehmens strategisch günstigen Orten. In dem Bestreben, sich gegen die Konkurrenz durchzusetzen und auf dem Markt zu behaupten, greifen einige Unternehmen jedoch zu recht fragwürdigen Methoden, – auf Kosten der Konkurrenz (und somit auch des Angebots).

Eine besonders aggressive Form der Standortpolitik hinsichtlich der Platzierung von Filialen ist die sog. „Clusterpolitik". Willkommener

---

[541] vgl. Europäisches Verbraucherzentrum Kiel: Ärger mit unseriösen Versandhäusern (30.06.2000), http://www.evz.de, 04.07.2002

[542] vgl. ebd.

„Nebeneffekt" dieser Strategie ist die Verdrängung der Konkurrenten aus dem Wettbewerb. Dabei werden in einem bestimmten Gebiet so lange immer neue Filialen eröffnet, bis es vollkommen übersättigt und der Wettbewerbsdruck so hoch ist, dass die Umsätze aller Beteiligten zurückgehen. Letztendlich macht dann nur noch das Unternehmen Gewinn, das von den meisten Filialen zehren kann. Konkurrenten mit nur einer Verkaufsstelle oder wenigen Filialen, werden im Extremfall über kurz oder lang um ihre Existenz fürchten müssen.

So will beispielsweise die Kaffeehaus-Kette *Starbucks* nach eigener Aussage „zum führenden Händler und zur führenden Kaffeemarke"[543] werden. Dabei setzt das Unternehmen nicht auf eine gleichmäßige Verteilung der einzelnen Cafés, um so einen möglichst breiten Markt abzuschöpfen; die Strategie von *Starbucks* lautet „cannibalization". Das Unternehmen beschränkt sich auf wenige Gebiete und eröffnet seine Cafés bevorzugt in Innenstädten, an Plätzen, wo bereits zahlreiche Cafés vorhanden sind. Und nach und nach eröffnet *Starbucks* immer mehr Cafés in der unmittelbaren Umgebung.[544] Je näher die Cafés beieinander liegen, desto mehr konkurrieren sie untereinander um die Kundschaft. Damit geht zwar der Umsatz der einzelnen Cafés zurück, aber der Gesamtumsatz des Unternehmens steigt. Denn dieser Strategie fallen früher oder später auch die kleinen privaten Cafés oder Restaurants (also die Konkurrenz) zum Opfer, die, im Gegensatz zu *Starbucks*, ihre Gewinne meist nur aus dieser einen Verkaufsstelle beziehen.

Dazu hieß es im Jahresbericht von *Starbucks* 1995: *„Im Rahmen seiner Expansionsstrategie des Clustering hat Starbucks mit der zunehmenden Ladenkonzentration ein gewisses Maß an Kannibalisierung vorhandener Verkaufsstellen durch neue Läden erlebt. Das Management ist jedoch der Ansicht, dass diese „cannibalization" aufgrund der steigenden Absatzzahlen und der wachsenden Rendite bei der Investition in neue Verkaufsstellen gerechtfertigt ist."*[545]

Eine ähnliche Strategie verfolgt auch die Einzelhandels-Discount-Kette *Wal-Mart*: ausgehend von einem Vertriebszentrum eröffnet *Wal-Mart* in einem Radius von etwa 160 km bis zu 40 Supermärkte (und sog. „Super-

[543] Starbucks Geschäftsbericht von 1995, zit. in: Klein: No Logo, 2001, 152
[544] „Anstatt in jeder Stadt der Welt oder auch nur Nordamerikas einige Läden zu eröffnen, wartet Starbucks, bis es ein ganzes Gebiet erobern und sich von dort aus ‚wie Kopfläuse in einem Kindergarten' ausbreiten kann." (Klein: No Logo, 2001, 152f.)
[545] Starbucks Geschäftsbericht von 1995, zit. in: Klein: No Logo, 2001, 153

center"). Ist das Gebiet dann „gesättigt" (oder besser: übersättigt), wird in einer anderen – nahegelegenen – Region ein weiteres Vertriebszentrum eröffnet, in dessen Peripherie weitere Supermärkte entstehen. „Wir entfernten uns mit einer neuen Filiale immer so weit wie möglich von einem Lager. Danach füllten wie unser Absatzgebiet mit weiteren Filialen auf, Bundesstaat um Bundesstaat, Kreisstadt um Kreisstadt, bis wir den Markt vollständig gesättigt hatten"[546], so *Wal-Mart*-Gründer Sam Walton. Dabei zählt *Wal-Mart* auf Kostenersparnis durch Größe und wählt zumeist Grundstücke am Stadtrand (mit extrem niedrigen Mieten), eröffnet dort riesige Verkaufsstätten (im Durchschnitt zwei- bis dreimal so groß wie die des stärksten Konkurrenten) und kauft in so großen Mengen ein, dass die Lieferanten erhebliche Preisnachlässe gewähren. Zudem werden dann die Ladenpreise so niedrig kalkuliert, dass auf Dauer die kleinen Einzelhändler auf keinen Fall mit diesen „Dauertiefstpreisen" konkurrieren können.[547]

2.6 Personalpolitik

„Am Ende sind alle Probleme der Wirtschaft Personalprobleme."

Alfred Herrhausen, deutscher Banker[548]

Wie eingangs erwähnt, spielt der Preis bei der Kaufentscheidung der Verbraucher eine nicht zu unterschätzende Rolle. Aufgrund der zunehmenden Äquivalenz der Produkte gibt nicht selten das Argument „Preis" den Ausschlag zum Kauf des einen oder anderen Produktes. Um konkurrenzfähig zu sein und sich gegenüber der Konkurrenz Wettbewerbsvorteile zu sichern, bekommt somit „Kostenersparnis" bei vielen Unternehmen oberste Priorität. Diese Kostenersparnisse gehen jedoch, so hat es den Anschein, immer häufiger zu Lasten der Beschäftigten – sei es, durch die Verlagerung der Produktionsstätten ins Ausland (zu nicht selten menschenunwürdigen Bedingungen), durch die Schaffung von Jobs, die den Arbeitgeber so wenig wie möglich kosten, oder aber durch großflächige Entlassungen zur Einsparung der Personalkosten. Diese Methoden personalpolitischer Entscheidungen sollen an dieser Stelle ihre Erwähnung finden. Auch wenn sie nicht di-

---

546 Walton/Huey: Sam Walton: Made in America: My Story, New York 1992, 110

547 vgl. ebd., 149

548 entnommen aus: Zitate über die Wirtschaft, http://helena.ludwig.name/Zitate%20Seite/wirtschaft.htm, 19.03.2003

rekt an den Verbraucher gerichtet sind, so sind sie jedoch vor dem Hintergrund der von vielen Verbrauchern geforderten sozialen Verantwortung der Unternehmen gegenüber deren Umwelt, also auch gegenüber deren Angestellten und Beschäftigten, von Bedeutung.

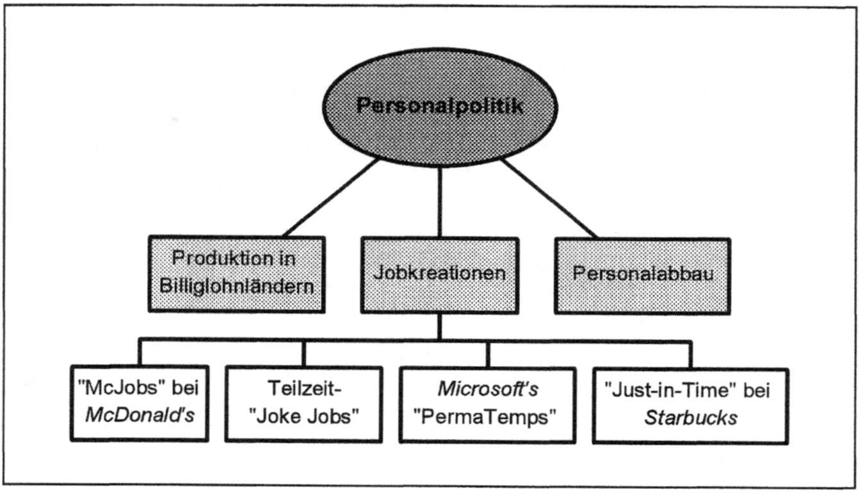

***Abbildung 2.6-1** Personalpolitik – Überblick*

2.6.1 Sweatshops – Produktion zu Minimalstpreisen

„Furcht geht um in den Zonen. Die Regierungen haben Furcht, ihre ausländischen Fabriken zu verlieren; die Fabriken haben Furcht, ihre Auftraggeber zu verlieren; und die Arbeiter haben Furcht, ihre unsichtbaren Arbeitsplätze zu verlieren. Diese Fabriken sind nicht auf Land, sondern auf Luft gebaut."
Naomi Klein[549]

Um ihre Produktionskosten zu verringern, verlagern immer mehr Firmen ihre Produktionsstätten ins Ausland. In Ländern wie Indonesien, China, Vietnam, Thailand, Burma, Kolumbien, Bangladesh, Haiti, Mexiko oder auf den Philippinen lassen sie in Freihandelszonen (*FTZ* –

[549] Klein: No Logo, 2001, 216

Free Trade Zones) oder sog. Exportproduktionszonen (*EPZ – Export Processing Zones*) ihre Produkte von (oftmals taiwanesischen oder koreanischen) Subunternehmern zu Niedrigstkonditionen herstellen.[550]

Die Exportproduktionszonen wurden ursprünglich vom Wirtschafts- und Sozialrat der Vereinten Nationen geschaffen, um die Volkswirtschaften der Entwicklungsländer zu stärken und ihnen durch die Partizipation am „globalen Markt“ einen Weg zu bieten, sich aus der Armut befreien zu können. Seit der 1964 verabschiedeten Resolution haben sich laut der *International Labor Organization* der Vereinten Nationen (*ILO*) über 850 Exportproduktionszonen in etwa 70 Ländern weltweit gebildet, in denen ungefähr 27 Millionen Menschen beschäftigt werden.[551]

Die *International Labor Organization* definiert Freie Exportzonen als klar begrenzte Industriebereiche, die im Zoll- und Handelssystem eines Landes eine Freihandelsenklave darstellen, in denen ausländische Industrieunternehmen ein Reihe von steuerlichen und finanziellen Anreizen genießen.[552]

Allerdings haben sich die Wirtschaftszonen in eine andere Richtung entwickelt, als ursprünglich angenommen. Da sie laut Definition nicht für den Bedarf im eigenen Land, sondern nur für den Export (in Industrieländer) produzieren, haben sie sich zu eigenständigen, isolierten Zonen innerhalb eines Landes mit eigenen, souveränen Gesetzen entwickelt. Die Auftraggeber (sprich: die Unternehmen der westlichen Welt, die hier produzieren lassen) genießen in den Zonen absolute Zoll- und größtenteils mehrjährige Steuerbefreiungen (sog. „Steuerferien“). Die geltenden Regelungen und Vorschriften innerhalb der Zonen sind zumeist ihnen sehr entgegenkommend gestaltet, sodass sie beispielsweise auch von diversen Umweltauflagen befreit sind. Arbeitsrechts- und Arbeitsschutzbestimmungen sind auf niedrigstmögli-

---

[550] Das *National Labor Committee* veröffentlicht regelmäßig Berichte und Hintergrundpapiere zu Sweatshops in der Dritten Welt, unter *http://www.nlcnet.org/resources/resources.htm*

[551] (Stand 1998); Klein: No Logo, 2001, 215

[552] vgl. Romero: Labour standards and export processing zones: situation and pressures for change, in: Development Policy Review, Vol. 13 No. 3 (September 1995), 247

chem Level gehalten, die Bildung von Gewerkschaften ist in den meisten Zonen verboten und die Kosten für Lohn und Gehalt sind minimal.[553] Wahrlich „paradiesische" Zustände also.[554]

Allerdings nur für die Unternehmen. Sie sind die einzigen „Gewinner" der Zone. Für die jeweiligen Länder bedeuten die Freihandelszonen zumeist nur minimale Gewinne. Denn im Kampf gegen die Armut im eigenen Lande konkurrieren die Regierungen im jeden Dollar, den sie von den ausländischen Investoren bekommen können. Somit sehen sie sich in ihrem Konkurrenzkampf ständig unter Druck gesetzt, ihre Anreize zu erhöhen, um potentielle Investoren anzulocken; sie verlängern die Zeit der „Steuerferien" auf viele Jahre, sie schmälern die Arbeitsschutzbestimmungen, erhöhen die Arbeitszeiten und kürzen die Löhne der Arbeiter, um noch mehr, noch schneller, mit noch geringerem Kostenaufwand produzieren lassen zu können – und die ausländischen Investoren somit an sich binden zu können.[555] Denn diese wiederum genießen die „freie Auswahl", die sich ihnen unter den Angeboten der Subunternehmer verschiedener Zonen bietet. (Sollten ihnen die Preise nicht zusagen, die Produktion zu lange dauern oder von ungenügender Qualität sein, dann wechseln sie einfach zu einem anderen Unternehmer bzw. in eine andere Zone.)[556] Von den hier erwirtschafteten Gewinnen sehen die meisten Regierungen oftmals nur einen minimalen Bruchteil; wenn überhaupt etwas davon, dank der erzwungenen Zugeständnisse an die Unternehmen.

Viele Unternehmen verlangen immer wieder Verlängerungen ihrer „Steuerferien", oder sie „*[...] machen dicht*", klagt Jose Ricafrente, Bürgermeister

[553] In China betragen die Arbeitslöhne in den Fabriken beispielsweise durchschnittlich etwa 18 US-Cent pro Stunde. Die ArbeiterInnen arbeiten zumeist in 10- bis 12-Stunden-Schichten plus Überstunden, 6 bis 7 Tage die Woche. (vgl. Kernaghan: Made in China – Behind the Label, National Labor Committee Report, March 1998, http://www.nlcnet.org, 01.09.2002)

[554] vgl. Karpinsky: Aktivmappe Baumwolle, 2001, 46f.; Wick: Frauenarbeit in Freien Exportzonen, in: PROKLA Heft 111 (1998), 235ff.

[555] vgl. Klein: No Logo, 2001, 219f.

[556] vgl. Werkmappe Weltkirche: Mode, Märkte, Menschen – Die Clean-Clothes-Kampagne, Nr. 120 (2001)

der Stadt Rosario[557], „*bevor die Steuerferien zu Ende sind, und dann gründen sie eine neue Kapitalgesellschaft, nur damit sie keine Steuern zahlen müssen.*“[558]

Die Arbeiter in den Exportproduktionszonen sind hauptsächlich Migranten, vorrangig junge Frauen zwischen 18 und 25 Jahren[559] und Kinder, die zumeist mit schönen Versprechen guter Löhne von den Subunternehmern angeworben wurden, in den Zonen zu arbeiten, um ihre Familien unterstützen zu können. Die Arbeitsbedingungen in den Fabriken sind allerdings extrem schlecht, nahezu menschenunwürdig, und die Löhne liegen nahe bzw. vielfach unter dem Existenzminimum. Da die Arbeitsplätze jedoch in den meisten Fällen nur befristet sind, und bei dem kleinsten Verstoß die Kündigung droht, haben die ArbeiterInnen keinerlei Handhabe, sich gegen die herrschenden Bedingungen zu wehren, wenn sie ihren Arbeitsplatz, auf den sie bitter angewiesen sind, nicht gefährden wollen.[560] Sind die Arbeiterinnen schwanger, wird ihnen in den meisten Fällen gekündigt oder sie werden gezielt schikaniert, um von sich aus zu kündigen.[561]

---

[557] vgl. unten Kasten „Bsp.: Cavite Economic Zone“

[558] Klein: No Logo, 2001, 221

[559] Etwa 60 bis 70 Prozent der Beschäftigen in den Freien Exporthandelszonen sind Frauen – da für sie weniger Lohn bezahlt werden muss wie für Männer, auch wenn sie die gleiche Arbeit verrichten. (vgl. Wick: Übersicht über Verhaltenskodizes für internationale Konzerne, in: Weltweit gegen Sozialdumpung (Juli 2001, 29)

[560] siehe dazu auch: Reportage: Grobe Fouls (23.10.2002), ZDFmediathek, http://www.zdf.de/ZDFde/mediathek, 20.11.2002 – ein Bericht über die Zustände in einer *Adidas*-Partnerfabrik in El Salvador

[561] Einer Untersuchung von *Human Rights Watch* zufolge wurden in Mexiko schwangere Frauen bevorzugt in Nachtschichten eingesetzt, zu unbezahlten Überstunden genötigt oder auch dazu gezwungen, körperlich schwere Arbeiten zu verrichten und sie erhielten oftmals keinen Urlaub, um zum Arzt zu gehen (was in einigen Fällen auch schon zu Fehlgeburten am Arbeitsplatz führte). „Auf diese Weise“, heißt es in der Studie, „wird die Schwangere gezwungen, sich zwischen einer gesundheitlich unbedenklichen Vollzeit-Schwangerschaft und ihrem Arbeitspatz zu entscheiden.“ (vgl. Human Rights Watch (Hrsg.): „No Guarantees: Sex Discrimination in Mexico's Maquiladora Sector“, Women's Rights Project Report (August 1996))

In einer Zone auf der Pazifik-Insel Saipan, in der Kleidung für beispielsweise *Tommy Hilfiger, Gap, Polo, Liz Claiborne, Calvin Klein* und auch *Wal-Mart* genäht wird, müssen sich die Frauen, die mit dem Versprechen, „in Amerika" arbeiten zu können, aus Thailand, China, Bangladesch und den Philippinen gelockt wurden, zunächst einem Schwangerschaftstest unterziehen, und dann wird ihnen ihr Reisepass abgenommen, um ihnen so jegliche Möglichkeit zur Flucht aus der Zone zu nehmen. Schläge sind an der Tagesordnung, die Bezahlung des Minimallohns erfolgt nur unregelmäßig (wenn überhaupt) und „wer dreimal pro Tag auf die Toilette geht, wird gefeuert"[562], weiß der österreichische *Verein für Konsumenteninformation (VKI)* zu berichten.

Am 10. Mai 1993 ereignete sich der schlimmste Fabrikbrand der Geschichte in der *Kader Industrial Toy Company* in Bangkok, bei dem 469 Arbeiter zum Teil sehr schwer verletzt wurden und 188 ArbeiterInnen (unter ihnen „nur" 14 Männer), zumeist junge (13-jährige) Mädchen, ums Leben kamen. In der Fabrik lagerten überall hochbrennbare (und giftige) Arbeitsstoffe bis an die Decke, es gab weder Feuermelder oder Sprinkleranlagen, noch Feuerlöscher, Notausgänge oder gar offene Fenster in allen drei niedergebrannten Gebäuden der Fabrik – und das, obwohl bereits vier Jahre zuvor schon einmal eine Fabrikhalle gebrannt hatte.[563]

„Die Ausbeutung junger Arbeiterinnen in den Nähereien, Montagehallen und Exportindustriezonen Asiens und Lateinamerikas ist Teil einer weiteren grundsätzlichen Umgestaltung der kapitalistischen Produktionsmethode. Sie ist verbunden mit dem Aufstieg und der Herrschaft transnationaler Konzerne, die die Vorteile der Computertechnologie, der Telekommunikation und moderner Transportmöglichkeiten nutzen, um arbeitsintensive Prozesse in die Länder mit den niedrigsten Löhnen und nachlässigsten Arbeitskontrollen zu verlagern."[564]

---

[562] Verein für Konsumenteninformation: Sweatshops auf dem Prüfstand – Wie sozial agieren große Konzerne in der Dritten Welt, http://www.konsument.at, 29.05.2002

[563] vgl. International Confederation of Free Trade Unions (Hrsg.): From The Ashes – A Toy Factory Fire in Thailand, http://library.fes.de, 24.10.2002; McLaughlin: Eine Tragödie verursacht vom Kapitalismus (15.05.1997), in: neue Arbeiterpresse, http://www.wsws.org, 24.10.2002; Bischöfliches Hilfswerk Misereor e.V. (Hrsg.): Faire Regeln in der Spielzeugproduktion!, 2001/2002

[564] Symonds: Industrial Inferno: The Story of the Thai Toy Factory Fire, Sheffield 1997, zit. in: McLaughlin: Eine Tragödie verursacht vom Kapitalismus (15.05.1997), in: Neue Arbeiterpresse, http://www.wsws.org, 24.10.2002

Die Unternehmen, die in solchen *Sweatshops* produzieren lassen, sind bei weitem nicht nur unbekannte Massenartikel-Hersteller, sondern in erster Linie Hersteller von Markenartikeln der Sportschuh-, Bekleidungs-, Textil-, Leder- und Elektronikbranche wie *Nike*, *Reebok*, *Adidas*, *Levi Strauss*, *GAP*, *Ralph Lauren* oder *Benetton*, von *Panasonic*, *General Electric* und *IBM* bis hin zu *General Motors*. Die Liste ließe sich noch um viele, nicht weniger bekannte Unternehmen ergänzen. Selbst der so um sein familienorientiertes Images besorgte Supermarktriese *Wal-Mart*[565] und sogar der Spielzeugwaren-Hersteller *Mattel* und auch *Disney Enterprises Inc.* lassen in Ländern der Dritten Welt produzieren – nicht selten auch in Kinderarbeit.

„The economic exploitation of children is an insult to humanity. All over the world children continue to work, putting at stake their education, their health, their normal development to adulthood, and even their lives. Millions of them work under hazardous conditions which present dangers to their health, safety and welfare."[566]

Einer Studie der International Labor Organization (ILO) zufolge werden die Kinder am meisten ausgebeutet. Sie bekommen nur durchschnittlich etwa ein Sechstel des Mindestlohnes – je jünger sie sind, desto weniger verdienen sie –, werden grundsätzlich nicht für Überstunden bezahlt und müssen in vielen Fällen jedoch zusätzlich auch noch für kranke oder alte Familienmitglieder aufkommen.

---

[565] vgl. Köhnen: Haben Menschenrechtsverletzungen ein System? Wal-Mart's Verhaltenskodex und die Realität bei Zulieferern in ausgewählten Ländern, 2002

[566] vgl. International Labor Organization(Hrsg.): Targeting the intolerable – A new international convention to eliminate the worst forms of child labor, information kit, May 1999, 34ff.

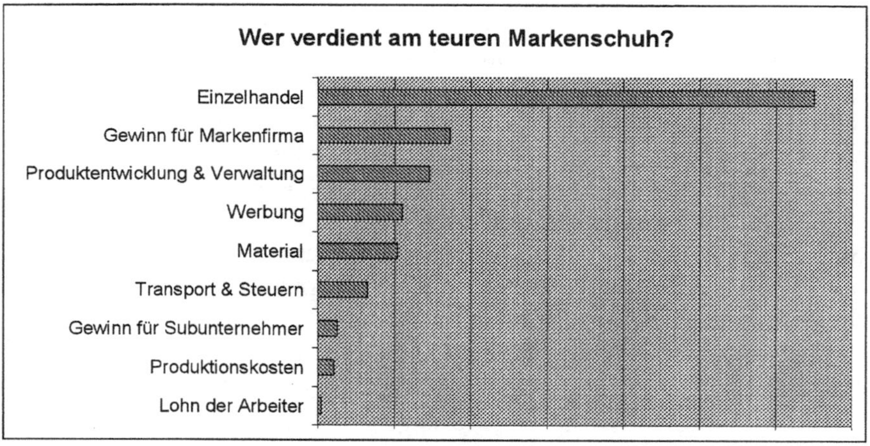

Abbildung 2.6-2 *Wer verdient am teuren Markenschuh? (erstellt nach: Wer verdient am teuren Markenschuh? (Plakat), weltumspannend arbeiten, 2002)*

Bsp.: Cavite Economic Zone[567]

Die Exportproduktionszone Cavite liegt in der 150 Kilometer südlich von Manila gelegenen Stadt Rosario. Auf einem etwa 300 Hektar großen Industriegebiet stehen nach eigenen Angaben 265 Fabriken philippinischer, vornehmlich aber auch koreanischer, thailändischer, chinesischer und anderer ausländischer Unternehmer, die von Kleidungsstücken und Sportartikeln über Haushaltsgeräte und Kinderspielzeug bis hin zu Elektronikgeräten und Sicherheitsanlagen, von Kabelrollen über Geldzählmaschinen bis hin zu Handy- und Computerteilen sowie Elektronikchips alle nur erdenklichen Produkte für westliche Auftraggeber fertigen (lassen).[568]

Das ehemalige Fischerdorf Rosario ist dank Cavite zu einer Industriestadt mit den höchsten Pro-Kopf-Investitionen auf den ganzen Philippinen gewachsen. In den Außenbezirken der Stadt wurden Golfplätze,

[567] vgl. (auch nachfolgend) Klein: No Logo, 2001, 212-235; Litz: Na Logo, in: jetzt – Magazin der Süddeutschen Zeitung (11/2002), http://jetzt.sueddeutsche.de, 29.08.2002

[568] vgl. Cavite Economic Zone: Liste aller Unternehmen, unter: http://www.peza.gov.ph/firms/cavite6.htm, 29.08.2002

exklusive Klubs und Privatschulen für die Investoren gebaut, um ihnen das Leben hier so angenehm wie möglich zu machen. In der Zone gibt es gepflegte Grünanlagen, eine sog. *„Zone Authority"* sorgt für Ruhe und Ordnung, überall stehen Schildern mit Aufschriften wie *„Safety First"*, *„Haltet unsere Zone sauber"* oder auch *„Love, Peace, Harmony"*; die ArbeiterInnen, überwiegend Mädchen und Frauen zwischen siebzehn und fünfundzwanzig, tragen, Uniformen gleich, helle Blusen mit aufgenähtem Firmennamen sowie ihre IDs (Plastikkarten mit Namen, Passbild und dem Namen der Firma) um den Hals oder am Kragen.

Doch Rosario ist auch eine Stadt, die mit den Problemen einer Industriestadt – wie Umweltverschmutzung, einer zunehmenden Zahl von Wanderarbeitern, erhöhter Kriminalität und riesigen Abwassermengen – zu kämpfen hat. Der Stadt fehlen allerdings die Mittel, um diesen Problemen beizukommen. Denn die Miete, die die Unternehmen für die Fabriken zahlen, liegt bei etwa 10 Cent pro Quadratmeter und in den ersten 5 Jahren zahlen sie weder Einkommens- noch Vermögenssteuer an die Stadt. Sie liefern bloß die zugeschnittenen Stoffe bzw. die einzelnen Bauteile an die Fabriken (ohne Einfuhrzölle zahlen zu müssen), lassen die Stoffe von den ArbeiterInnen in den Fabriken zusammennähen bzw. die Bauteile zusammensetzen und führen sie dann wieder (unversteuert, versteht sich) wieder aus.

Die meisten der ArbeiterInnen sind vom Land, aus anderen Provinzen der Philippinen, angeworben worden, um in den Fabriken zu arbeiten. Sie kamen aus den ärmeren Gebieten des Landes, in der Hoffnung, in der Großstadt Geld verdienen zu können und ihre Familien daheim auf dem Lande zu unterstützen. Dem Zonenadministrator Raymondo Nagrampa zufolge ist die Arbeit in der Fabrik „... eine merkliche Verbesserung gegenüber der Feldarbeit, die sie gewohnt sind und bei der sie der Sonne ausgesetzt waren. Für sie, die bescheidenen ländlichen Arbeiter aus der Provinz, ist die Arbeit im geschlossenen Raum einer Fabrik besser als die Arbeit im Freien."[569] Aber „wenn wir Land hätten", meint Raquel, eine Arbeiterin, „würden wir einfach dort bleiben

[569] Klein: No Logo, 2001, 231

und das Land für unseren eigenen Bedarf bebauen. Aber wie besitzen kein Land, und deshalb haben wir keine andere Wahl, als in der Zone zu arbeiten, auch wenn es sehr hart ist und sehr unfair. Die Werber sagten, wir würden viel verdienen, aber ich kann meinen Eltern nichts schicken, weil ich nicht einmal genug für meinen eigenen Lebensunterhalt habe."[570]

Die Löhne der ArbeiterInnen in Cavite belaufen sich auf 217 Pesos (etwa 4 Euro) pro Tag, was dem gesetzlichen Mindestlohn für die Region entspricht. Allerdings gilt der Mindestlohn der Journalistin Naomi Klein zufolge „eher als ungefähre Richtlinie denn als strenges Gesetz"[571]: Sollten die Investoren diesen Mindestbetrag als „zu große Belastung" empfinden, so könnten sie bei der Regierung eine „Ausnahmegenehmigung" beantragen, wonach die zu zahlenden Löhne unterhalb der Mindestgrenze liegen dürfen.[572]

Die Bedingungen, unter denen die ArbeiterInnen in Cavite arbeiten, sind gekennzeichnet durch 6-7-tägige Arbeitswochen im Schichtbetrieb – in Stoßzeiten auch schon einmal 48-Stunden-Schichten. Überstunden (in den meisten Fällen unbezahlt) sind fast an der Tagesordnung, um die hochgesteckten Produktionsziele zu erreichen. Wer sich weigert, unbezahlte Überstunden zu leisten, dem kann, der Betriebsordnung der Firma *Philips* zu folge, die u.a. auch für *Nike* und *Reebok* produziert, „mit Entlassung bestraft werden"[573]. Wenn demgegenüber die Fabrik eine Auftragsflaute hat oder auf eine verspätete Materiallieferung wartet, werden die ArbeiterInnen in unbezahlten Zwangsurlaub geschickt. „Keine Arbeit, kein Lohn." Es gibt Vorschriften, nach denen das Sprechen während der Arbeit verboten ist; in der Elektronikfabrik Ju Young soll es sogar verboten sein zu lächeln. Und mit Mitte zwanzig ist für die meisten Arbeiterinnen Schluss. Sie werden als „zu alt" eingestuft und von den meisten Unternehmen nicht mehr eingestellt – vor allem, um zu verhindern, dass sie Schwangere oder gar Mütter beschäftigen. Da in Cavite, wie in so

[570] ebd., 232
[571] ebd., 223
[572] vgl. Workers Resistance Center Rosario, zit. in: ebd.
[573] Klein: No Logo, 2001, 226

vielen anderen Exportproduktionszonen auch, die Bildung von Gewerkschaften verboten ist – wer sich bei einem dieser „illegalen" Treffen erwischen lässt, wird fristlos entlassen –, fehlt den ArbeiterInnen jegliche Möglichkeit, sich gegen die Missstände in den Fabriken zu wehren. Auch das vor einiger Zeit gegründete *Workers' Assistance Center (WAC)* kann nicht wirklich etwas tun – außer, die herrschende Zustände öffentlich, d.h. international, publik zu machen, in der Hoffnung, so Unterstützung aus dem Ausland zu erfahren.

2.6.2 Jobkreationen

Nicht nur über die Produktion in Billiglohnländern kann ein Unternehmen viel Geld sparen und somit seine Gewinne vervielfachen. Auch für diejenigen, die ihre Produktionsstätten nicht auslagern bzw. deren Verkaufsstätten sich in der „Westlichen Welt" mit ihren vergleichsweise viel höheren Lohnniveaus befinden, bieten sich, wie die nachfolgenden Beispiele zeigen, durchaus Möglichkeiten, die Personalausgaben so gering wie möglich zu halten – auf Kosten der Beschäftigten.

„McJobs" – Wegwerfjobs bei *McDonald's*

McDonald's gilt quasi als Erfinder der „Wegwerfjobs" – demnach auch „McJobs" genannt. Diese Jobs zeichnen sich vor allem durch fachlich geringe Qualifikationsanforderungen, niedrige Bezahlung und eine weitgehende Entrechung der Beschäftigten aus[574], die sich in „mit viel Stress verbundenen, zermürbenden und unsicheren Arbeitsplätzen"[575] ohne Aussicht auf gewerkschaftliche Unterstützung niederschlägt. Etwa 20 Prozent aller Angestellten von *McDonald's* befinden sich in solch einem (ungelernten) Arbeitsverhältnis, für welches nach

---

[574] vgl. BUKO Agrarkoordination (Hrsg.): Fast Food, BUKO Agrar Dossier 21, Hamburg 1998, zit. in: Weber: Arbeiten bei *McDonald's* – McJobs in der Wirklichkeit, http://www.mcunion.de/mcjobs.html, 28.08.2002

[575] Gallin, Generalsekretär der *International Union of Food, Agriculture, Hotel, Restaurant, Catering, Tobacco and Allied Workers Association (IUF)*, im Interview mit One-Off-Productions (1997), http://www.mcspotlight.org, 28.08.2002

eigenen Angaben von *McDonald's* eine Einarbeitungszeit von nur maximal zwei Tagen erforderlich ist. Ihr Nettoeinkommen liegt häufig sogar noch unter der Sozialhilfegrenze, sodass sie sich ihren Lebensunterhalt größtenteils nur über Zweit-Jobs finanzieren können. (Selbst die Bezahlung einer Vollzeitbeschäftigung reiche nach Angaben von Beschäftigten kaum, um sich selbst, geschweige denn eine Familie, zu finanzieren.) Doch finanzielle Aufstiegsmöglichkeiten gibt es für die meisten der Beschäftigten kaum, geschweige denn dass sie in den Genuss der diversen, von *McDonald's* angepriesenen, Zusatzvergünstigungen wie Sozialleistungen, zusätzlichem Weihnachtsgeld, einer Altersversorgung, einem Vermögensbildungsprogramm, Ferienwohnungen etc. oder auch der Teilnahme an regelmäßigen Betriebsfesten kommen. Doch da *McDonald's* neben SchülerInnen, StudentInnen und Hausfrauen bevorzugt auch gesellschaftliche Randgruppen und solche Menschen anspricht, denen sich kaum andere berufliche Alternativen bieten, haben diese „McJob"-Inhaber kaum die Möglichkeit, ihre Interessen durchzusetzen und sich gegen die rigorose Personalpolitik des Unternehmens zu wehren, da für die meisten der Verlust des Jobs die schlichte Existenzbedrohung bedeuten würde.[576]

„Joke Jobs" – Unsicherheit in Teilzeit

Statt auf Vollzeitangestellten, greifen immer mehr Unternehmen auf Teilzeitarbeitskräfte, Aushilfskräfte, Leiharbeiter und Selbständige zurück, um, so die allgemeine Verlautbarung der Unternehmen, möglichst flexibel auf die jeweilige Marktsituation reagieren zu können – und nebenbei möglichst wenigen Angestellten volle Löhne zahlen und ihnen das Anrecht auf Sozialleistungen und bezahlten Urlaub sowie eine gewisse Arbeitsplatzsicherheit und eine mögliche gewerkschaftliche Vertretung gewährleisten zu müssen; sprich: die Pflichten eines Arbeitgebers (vor allem natürlich die finanziellen, aber auch die sozialen) so gering wie möglich zu halten.

[576] vgl. Weber: Arbeiten bei *McDonald's* – McJobs in der Wirklichkeit, http://www.mcunion.de/mcjobs.html, 28.08.2002

Speziell im Einzelhandel und in der Dienstleistungsbranche sind diese Tendenzen deutlich spürbar. Während etwa zwischen 1995 und 2001 die Zahl der Vollbeschäftigten um 16 Prozent sank, stieg die Zahl der Teilzeitbeschäftigten hingegen um gut zwei Prozent (und hierin die der Geringverdiener um 27,5 Prozent).[577]

Verkaufsstände in Supermärkten beispielsweise sind überwiegend mit Teilzeitarbeitnehmern besetzt, deren Einsatz extrem unsicher und schlecht bezahlt ist, und die nicht wissen, wann und ob sie den nächsten Job bekommen. Von dem Geld, was sie bei solchen Einsätzen verdienen, können sie jedenfalls nicht auf Dauer überleben.[578] Da der temporäre Charakter des Arbeitgeber-Arbeitnehmer-Verhältnisses jedoch Voraussetzung für die Einstellung ist, machen sich die Arbeitgeber dies zusätzlich zunutze, um weder Gehaltserhöhungen noch Aufstiegschancen bieten zu müssen. Denn die Teilzeitarbeitskräfte sind durchaus austauschbar. Die Nachfrage ist trotz der geringen Arbeitsplatzsicherheit und der geringen Verdienstmöglichkeiten groß.

Viele Warenhäuser sind zu der Praxis des Outsourcing übergegangen. Sie gliedern immer mehr Betriebsflächen aus und vermieten sie an einzelne Firmen. Doch dadurch werden immer weniger Menschen (Angestellte) im Betriebsrat vertreten – von der nicht sehr kundenfreundlichen Tatsache einmal abgesehen, dass sich die Verkäufer(innen) nur noch bei der Marke, für die sie zuständig sind, auskennen, und die Kunden sich somit von Stand zu Stand durchfragen müssen.[579]

---

[577] vgl. von der Heydt: Rabattfeuer und Flächenboom – Verdrängungskampf kennt nur noch Verlierer (27.11.2002), in: Neues Deutschland, http://www.nd-online.de, 10.12.2002

[578] In den USA werden solche Jobs als „Joke Jobs" bezeichnet. (vgl. Klein: No Logo, 2001, 244f.)

[579] vgl. von der Heydt: Rabattfeuer und Flächenboom – Verdrängungskampf kennt nur noch Verlierer (27.11.2002), in: Neues Deutschland, http://www.nd-online.de, 10.12.2002

„PermaTemps" – langjährige „Aushilfskräfte" bei *Microsoft*

Auch der Software-Konzern *Microsoft* beschäftigt neben ausgesuchten Vollzeitkräften (sog. „Mircoserfs" – „Micro(soft)sklaven") eine Vielzahl von Aushilfskräften. Etwa ein Drittel dieser Aushilfskräfte sind allerdings schon so lange bei Microsoft beschäftigt (zumeist über mehrere Jahre), dass sie sich selbst als „PermaTemps" („permanente Aushilfen") bezeichnen. „Die einzige Möglichkeit", so Naomi Klein, „diese Aushilfskräfte von den echten Microserfs zu unterscheiden, ist die Farbe ihrer Anstecker: Blau für die Festangestellten, orange für die ‚PermaTemps'."[580]

Da *Microsoft* jedoch zunehmend für diese Diskriminierung der „PermaTemps" (die gleichfalls bei *Microsoft* angestellt sind, aber weder das selbe Gehalt noch die selben Vergünstigungen erhalten wie die „Microserfs", obwohl sie oftmals die selbe Arbeit erledigen) kritisiert wurde, entließ *Microsoft* die Aushilfskräfte und stellte sie über verschiedene (von ihm beauftragte) Personalagenturen wieder ein, sodass die Agenturen nun als Arbeitgeber fungieren und somit den Beschäftigten den (zumeist noch niedrigeren) Lohn zahlen, die Lohnsteuer abführen sowie diverse (minimale) Sozialleistungen gewähren.[581]

„Just-in-Time"-Anstellung bei *Starbucks*

Das vorherrschende personalpolitische Ziel aller Unternehmen, besonders flexibel mit dem geringstmöglichen Personalaufwand auf Auftragsschwankungen reagieren zu können, erfährt bei der Kaffeehaus-Kette *Starbucks* seinen vorläufigen „Höhepunkt". Das Unternehmen arbeitet mit „Star Labor"-Software, die es ermöglicht, die Arbeitszeiten der Angestellten entsprechend der „maximalen Effizienz" des Kaffeeverkaufs auf die Minute genau zu kontrollieren. So arbeiten die Angestellten nicht mehr in „normalen" Schichten wie Früh- oder Spätschicht, sondern „Just-in-Time". Das Programm registriert sämtliche Verkaufsvorgänge, also wann wer welchen Kaffee verkauft, und

[580] Klein: No Logo, 2001, 261
[581] vgl. Klein: No Logo, 2001, 262

bestimmt anhand der gewonnenen Daten die Einteilung des Personals in die – oft nur wenige Stunden dauernden – Schichten, in Bezug auf den „optimalen Kaffeeverkauf“. Aus Sicht des Unternehmens mag diese Art der Personalplanung die optimalste und innovativste Lösung bieten. Für die Angestellten bedeutet dies aber unregelmäßige Schichten, die je nach Andrang früher oder später enden (nämlich genau dann, wenn sie laut dem Programm nicht mehr mit maximaler Effizienz arbeiten, weil beispielsweise diverse Stoßzeiten vorüber sind).[582] Und da sich die Bezahlung nach den geleisteten Stunden richtet, bedeutet das „Star Labor“-Programm zusätzlich auch noch eine unregelmäßige Bezahlung.

2.6.3 Profite durch Stellenabbau

Diese Varianten, auf Auftragsschwankungen zu reagieren, sind allerdings immer noch „besser“ zu bewerten, als die derzeit, so scheint es, um sich greifende Welle von Massenentlassungen in der Industrie. Dabei kann sich mancher dem Eindruck nicht verschließen, dass die Arbeitnehmer immer die ersten zu sein scheinen, die unter einer schlechten Auftragslage zu leiden haben.

Der Computerkonzern *IBM*, der im Rahmen „allgemeiner Kostensenkungsmaßnahmen“ im Jahre 2002 bereits rund 15.000 Stellen gestrichen hat und im Zuge der Übernahme der Consulting-Sparte des Wirtschaftsprüfers *PricewaterhouseCoopers (PwC)* weitere 4.500 Stellen kürzen, sowie in Ungarn 2.300 Mitarbeiter entlassen und die Verträge von 1.600 Zeitarbeitern nicht verlängern will, sprach in diesem Zusammenhang von „Gesundschrumpfen“.[583]

„Wurden früher Massenentlassungen als tragische Notwenigkeit dargestellt, die durch eine schlechte Leistungsbilanz des Unternehmens

---

582 vgl. ebd., 253

583 vgl. Wilkens: IBM Deutschland „schrumpft gesund“ (02.07.2002), in: heise online, http://www.heise.de, 03.07.2002; Stieler: IBM streicht 4000 Jobs bei Übernahme von PricewaterhouseCoopers (03.09.2002), in: heise online, http://www.heise.de, 04.09.2002; Kuri: IBM entlässt weiter und schließt Festplatten-Werk (23.10.2002), in: heise online, http://www.heise.de, 24.10.2002

entstanden war, gelten sie heute schlicht als clevere Änderungen der Unternehmensstrategie, als ‚strategische Neuorientierung'"[584], urteilt auch Naomi Klein.

Allein im zweiten Halbjahr des Jahres 2002 kündigten nahezu wöchentlich große deutsche und international tätige Konzerne Massenentlassungen an:

> So will beispielsweise die *Deutsche Telekom AG* bis Ende des Jahres 2005 konzernweit rund 55.000 Arbeitsplätze streichen; betroffen davon ist vor allem die Festnetzsparte *T-Com*, deren Personal um etwa 30.000 verringert werden soll.[585] Ziel dieser Stellenstreichungen sei die Verbesserung von Prozessstrukturen und Arbeitsabläufen im Zuge des *„E hoch drei"*-Sparprogramms, das *Telekom*-Vorstandschef Helmut Sihler nach seinem Amtsantritt im Juli 2002 angekündigt hatte: zur Steigerung der Effizienz, zur Verbesserung des Ergebnisses und um (vor allem anderen) die Entschuldung voranzutreiben.[586] Insgesamt rechnet die Telekom, die derzeit etwa 64 Milliarden Euro Schulden hat, mit Kosteneinsparungen „in Milliardenhöhe".[587]
>
> Ebenso kündigte die *Siemens AG* an, „in den kommenden Jahren" (voraussichtlich bis 2004) bis zu 35.000 Stellen im In- und Ausland streichen zu wollen.[588] Gleichsam sollen verschiedene Geschäftsteile verkauft

---

[584] Klein: No Logo, 2001, 209

[585] Wie sich allerdings im November 2002 herausstellen sollte, sind 46 Prozent der deutschen Beschäftigten der Telekom Beamte und weitere 30 Prozent aufgrund ihrer langen Betriebszugehörigkeit unkündbar, sodass die Telekom nun auf eine Vermittlung der Beschäftigten in andere Unternehmen angewiesen sein wird, um die angestrebten 42.000 Arbeitsplätze in Deutschland abzubauen. (vgl. Fischer: Rausschmiss nach Plan – Mit welchen Strategien Telekom und andere Konzerne ihr Personal reduzieren, in: Die Welt, 13.10.2002, http://www.welt.de, 23.10.2002; o.V.: Telekom verschachert Mitarbeiter (17.11.2002), in: Focus Online, http://www.focus.de, 19.11.2002)

[586] vgl. o.V.: Telekom entlässt binnen drei Jahren fast 30.000 Mitarbeiter (02.10.2002), in: NGO-online, http://www.ngo-online.de, 07.10.2002

[587] vgl. Löding: Telekom will mit Stellenabbau Milliarden einsparen (14.10.2002), in: heise online, http://www.heise.de, 15.10.2002; Wilkens: Telekom baut weiter massiv Arbeitsplätze ab (10.03.2003), in: heise online, http://www.heise.de, (11.03.2003)

[588] vgl. Fischer: Rausschmiss nach Plan – Mit welchen Strategien Telekom und andere Konzerne ihr Personal reduzieren, in: Die Welt, 13.10.2002, http://www.welt.de, 23.10.2002

werden, um die Konzernstrukturen zu optimieren – und vor allem Kosten zu sparen.[589]

Auch die *Deutsche Bahn AG* trägt sich mit dem Gedanken um einen Stellenabbau von „mindestens 20.000“, ebenso wie sich auch die *Deutsche Post AG* von etwa 15.000 Mitarbeitern, oder auch die *Bayer AG* im Zuge einer „Neuorganisation des Konzerns“ bis 2005 von insgesamt 15.000 der rund 125.000 Mitarbeiter trennen wollen.[590]

Die Dienstleistungsgewerkschaft *ver.di* musste ebenso im Einzelhandel einen erheblichen Personalabbau beobachten. Der Arbeitsplatzabbau verlaufe hier jedoch schleichend und nicht so „spektakulär“ wie im industriellen Bereich, wo Hunderte bzw. gar Tausende Entlassene durch ein Betriebstor marschierten, meint Ulrich Dalibor, Bundesfachgruppenleiter Einzelhandel bei *ver.di.*[591]

In den vergangenen Jahren wurden im Einzelhandel laut Statistischem Bundesamt 30.000 bis 40.000 Arbeitsplätze abgebaut – und das, während die Verkaufsflächen und auch die Öffnungszeiten immer mehr zunehmen. Für das übriggebliebene Personal bedeutet dies einen enorm erhöhten Arbeitsaufwand. Viele Kunden schimpfen sarkastisch: Die Verkäufer verstecken sich vor uns. Tatsache ist jedoch: das Personal ist schlicht nicht (mehr) da.[592]

---

[589] vgl. Kuri: Siemens – Stellenstreichungen bei IT-Dienstleistungstochter (26.07.2002), in: heise online, http://www.heise.de, 22.08.2002

[590] vgl. u.a. Fischer: Rausschmiss nach Plan – Mit welchen Strategien Telekom und andere Konzerne ihr Personal reduzieren, in: Die Welt, 13.10.2002, http://www.welt.de, 23.10.2002

[591] vgl. von der Heydt: Rabattfeuer und Flächenboom – Verdrängungskampf kennt nur noch Verlierer (27.11.2002), in: Neues Deutschland, http://www.nd-online.de, 10.12.2002

[592] vgl. ebd.

3 Verbraucherschutz in Deutschland – Institutionen, Instrumente, Rechtsgrundlagen

3.1 Notwendigkeit und Entwicklung des Verbraucherschutzes

Wie aus dem vorangegangenen Kapitel ersichtlich geworden ist, befinden sich die Verbraucher gegenüber den Anbietern in einer eher benachteiligten Position auf dem Markt. Rein theoretisch bestimmen sie zwar durch ihre Nachfrage das Angebot, die Realität sieht jedoch eher so aus, dass die Anbieter entscheiden, welche Produkte sie auf den Markt bringen und dementsprechend versuchen, das Kaufverhalten der Verbraucher durch bestimmte Marketingmaßnahmen (die aus Sicht kritischer Verbraucher nicht immer lauter erscheinen) zu ihren Gunsten zu beeinflussen.

Konsumentensouveränität versus Produzentensouveränität[593]

„Konsumenten besitzen keine wirkliche Souveränität [...], sie glauben es nur. Marketing unterstützt diesen Glauben."[594]

Unter vollkommenen Marktbedingungen, d.h. bei vollkommener Konkurrenz[595], wären die Konsumenten wirklich souverän. Sie würden aufgrund ihrer Nachfrage bestimmen, welche Güter in welchen Mengen zu welchem Preis auf dem Markt angeboten werden; die Unternehmen wären demzufolge ihrerseits bestrebt, die höchstmögliche Menge so kostengünstig wie möglich zu produzieren.

---

[593] vgl. nachfolgend Kuhlmann: Verbraucherpolitik – Grundzüge ihrer Theorie und Praxis, 1990, 29ff.

[594] Lindblom, zit. in: Smith: Morality and the Market: Consumer Pressure for Corporate Accountability, 1990, 38

[595] Vollkommene Konkurrenz herrscht, wenn: alle Güter homogen sind, es keine räumliche Differenzierung der Märkte gibt, die Reaktionen der Marktteilnehmer unendlich schnell sind, vollkommene Markttransparenz herrscht, die Handlungen der Marktteilnehmer nicht durch Präferenzen persönlicher oder sachlicher Natur bestimmt werden, Nachfrager nach einem Nutzenmaximum und Anbieter nach dem Gewinnmaximum streben (vgl. Fischer (Hrsg.): Praktisches Lehrbuch Wirtschaft und Staat, 1987, 76; Wöhe: Einführung in die allgemeine Betriebswirtschaftslehre, 1990, 642f.).

Die reale Marktsituation hat jedoch nur wenig mit der der vollkommenen Konkurrenz gemein. Weder reagieren die Marktteilnehmer unendlich schnell auf Veränderungen des Marktes oder treffen ihre Entscheidungen unabhängig von persönlichen Präferenzen, noch lassen sich die auf dem Markt angebotenen Produkte vergleichen oder herrscht gar die notwendige Marktübersicht. Zudem produzieren die Anbieter nicht erst entsprechend der Nachfrage, sondern antizipativ, d.h. schon bevor der Konsument ein bestimmtes Bedürfnis verspürt – in Erwartung einer gewissen Nachfrage (die zur Not erst noch geschaffen, zumindest aber stimuliert, werden muss).

Zunächst entscheiden also die (souveränen) Anbieter darüber, was produziert wird, und versuchen durch den Einsatz verschiedener (im vorangegangenen Kapitel erläuterter) Marketinginstrumente dann, die Konsumenten zum Kauf ihrer Produkte zu bewegen. Den Verbrauchern bleibt nur die Reaktion auf ein in seiner Zusammensetzung und Präsentation von den Interessen der Anbieter geprägtes Warenangebot. In ihrer Stellung auf dem Markt sind sie den Anbietern gegenüber unterlegen, nicht zuletzt auch aufgrund der fehlenden Transparenz des Marktes. Der einzelne Verbraucher kann Verzerrungen des Wettbewerbs oder Manipulationen von Seiten der Anbieter nur schwer erkennen, geschweige denn entsprechend darauf reagieren; expandierende Märkte und die herrschende Angebotsfülle tun das ihre, um Marktübersicht, Preisvergleich und Produktauswahl für den Verbraucher zu erschweren.

Gegenstand des Verbraucherschutzes ist es demnach, dieses Ungleichgewicht zwischen Anbietern und Nachfragern zu mildern und die Stellung der Konsumenten auf dem Markt zu stärken, bestehende Informationsdefizite abzubauen und den Interessen der Verbraucher gegenüber den Anbietern zur Durchsetzung zu verhelfen.

In diesem Zusammenhang gilt die Rede von US-Präsident John F. Kennedy vor dem Kongress als Grundstein jeglicher Verbraucherpolitik: In seiner mittlerweile berühmten Verbraucherbotschaft proklamierte er am 15. März 1962 die vier „Grundrechte des Verbrauchers“:[596]

---

[596] vgl. (nachfolgend) Kuhlmann: Verbraucherpolitik – Grundzüge ihrer Theorie und Praxis, 1990, 10

- das Recht auf Sicherheit („right of safety"), das den Verbraucher vor Gesundheitsgefährdungen durch den Gebrauch fehlerhafter und „gefährlicher" Produkte schützen soll;
- das Recht auf Information („right to be informed"), das zum einen die Bereitstellung von Informationen für die Verbraucher zur Unterstützung ihrer Kaufentscheidung vorsieht und zum anderen Täuschung und Irreführung durch (fragwürdige) Marketingmaßnahmen der Unternehmer ausschließen soll;
- das Recht auf Wahlfreiheit („right to choose"), das durch eine wirkungsvolle Wettbewerbspolitik gewährleistet werden soll, die Marktbeherrschung verhindert, Marktmacht reduziert und neuen Marktteilnehmern den Marktzutritt offenhält;
- und das Recht auf Gehör („right to be heard"), das den Verbrauchern ermöglicht, ihre Interessen, Ansprüche und Beschwerden wirkungsvoll den Anbietern von Konsumgütern mitteilen zu können, und darüber hinaus sowohl die Beteiligung von Verbrauchervertretern vor allem bei wirtschaftspolitischen Entscheidungen als auch die unbehinderte Inanspruchnahme bestehender Verbraucherrechte vorsieht.

15. März – Weltverbrauchertag

In Anlehnung (und Anerkennung) dieser Proklamation John F. Kennedys wurde der 15. März zum Weltverbrauchertag erklärt. Erstmals im Jahre 1983, erinnern jedes Jahr an diesem Tag weltweit Verbraucherorganisationen und ihre Verbündeten an die Schutzinteressen und grundlegenden Rechte der Verbraucher, sowie an die Notwendigkeit, sozialem Unrecht, ökologischem Raubbau und ökonomischem Machtmissbrauch zu begegnen.[597]

---

[597] vgl. Verbraucher-Zentrale Mecklenburg-Vorpommern e.V.: Am 15. März ist Weltverbrauchertag – Wie sicher sind unsere Lebensmittel, Pressemitteilung (25/2001 vom 13.03.2001), http://www.verbraucherzentrale-mv.de, 13.10.2002

In Deutschland wurde der Verbraucherschutz lange Zeit mit dem Schutz des Wettbewerbs gleichgesetzt, bzw. als diesem untergeordnet betrachtet. Eine umfassende Wettbewerbspolitik galt in den Augen der Regierung mithin als beste und ausreichende Verbraucherpolitik. Und so blieb es Aufgabe (bzw. Ziel) der bereits in den 50er Jahren aufkommenden Verbraucherverbände (die sich beispielsweise in der *Arbeitsgemeinschaft der Verbraucherverbände (AgV)* zusammenschlossen), die Selbsthilfekräfte der Verbraucher zu stärken, sie zu souveränen und informierten Partnern im Marktgeschehen zu machen und sie in die Lage zu versetzen, eine entsprechende Gegenmacht auf dem Markt zu bilden.[598]

Erstmals in den siebziger Jahren gab es sowohl in der Wissenschaft als auch in der Politik Versuche, das traditionelle Verbraucherschutzverständnis dahingehend zu korrigieren, dass sich die Verbraucherpolitik von der Wettbewerbspolitik emanzipierten und deren „Gegenpart" darstellen solle.[599] Im Zuge der daraufhin aufkommenden Diskussion um die Bedeutung des staatlichen Verbraucherschutzes wurde dem Verbraucherschutz, nachdem er bislang eher als „notwendige Ergänzung"[600] der Wettbewerbspolitik angesehen worden war, ein eigener Teilbereich der Wirtschaftspolitik zugewiesen. (Die Verbraucherschutzpolitik blieb so-

---

598 In diesem Zusammenhang war es vor allem der Verdienst des Sozialwissenschaftlers Gerhard Weisser, der die Notwendigkeit der Selbsthilfe der Verbraucher in das Bewusstsein von Politik und Öffentlichkeit rückte. (vgl. Verbraucherzentrale Bundesverband e.V.: Verbraucherschutz in Deutschland – ein historischer Überblick, http://www.vzbv.de, 19.10.2002)

599 „Wettbewerbspolitik ist nicht auf die Konsumfreiheit gerichtet, sondern auf die Wettbewerbsfreiheit. [...] Sie hat nicht so sehr den Schutz der Konsumenten vor Anbietermacht im Auge als den Schutz der Konkurrenten. [...] Verbraucherpolitik und Wettbewerbspolitik haben insofern unterschiedliche Ziele, als die erste darauf aus ist, dem Verbraucherinteresse Geltung zu verschaffen, während die zweite den Wettbewerb der Anbieter fördern will." (Scherhorn: Verbraucherinteresse und Verbraucherpolitik, 1975, 122)

600 vgl. Leptien/Ermtraud: Verbraucherpolitik – Der Aktuelle Begriff, Kurzinformation der Wissenschaftlichen Dienste des Deutschen Bundestages Nr. 08/01 (25.05.2001), http://www.bundestag.de, 12.10.2002

mit jedoch weiterhin strikt der Wettbewerbspolitik untergeordnet.) Dies ging sogar soweit, dass das *Bundesministerium für Wirtschaft und Finanzen* zwei Berichte zur Lage der Verbraucherpolitik[601] veröffentlichte, in denen konstatiert wurde, dass der Einfluss der Verbraucherverbände „im Kräftespiel der Interessenverbände nicht stark genug" sei, und daraufhin das erste (und für die folgenden 30 Jahre auch letzte) verbraucherpolitische Programm der Bundesregierung präsentiert wurde.[602]

Während zur selben Zeit der Ministerrat der Europäischen Union sein *„Erstes Programm der europäischen Wirtschaftsgemeinschaften für eine Politik zum Schutz und zur Unterrichtung der Verbraucher"*[603] verabschiedete, das, in Anlehnung an die Rede von John F. Kennedy, eine Charta mit fünf Grundrechten des Verbrauchers (das Recht auf Schutz der Gesundheit und Sicherheit, auf Schutz der wirtschaftlichen Interessen, auf Wiedergutmachung erlittenen Schadens, auf Unterrichtung und Aufklärung, sowie auf Vertretung) beinhaltete und zudem 1977 einen eigenständigen *„Fachausschuss für Umweltfragen, Volksgesundheit und Verbraucherschutz"* gründete, kam es in Deutschland nicht zu einer eigenständigen Institutionalisierung der Verbraucherpolitik. Sie blieb bis zum Januar 2001 institutionell ein Teil der Wirtschafts- und Wettbewerbspolitik, dem Bundeswirtschaftsministerium zugeteilt.[604] Mehr noch, die vormals proklamierte Verantwortung der Politik für die Herstellung eines Kräftegleichgewichts zwischen Anbieter- und Konsumenteninteressen geriet zunehmend wieder in Vergessenheit.

---

[601] vgl. Bundesministerium für Wirtschaft und Finanzen (Hrsg.): Bericht der Bundesregierung zur Verbraucherpolitik, 1971; Bundesministerium für Wirtschaft und Finanzen (Hrsg.): Zweiter Bericht der Bundesregierung zur Verbraucherpolitik, BT-Drucksache 7/4181 (20.10 1975)

[602] vgl. Müller: Grundlinien einer modernen Verbraucherpolitik, in: Aus Politik und Zeitgeschehen Nr. 24 (08.06.2001), 6ff.

[603] Kommission der Europäischen Gemeinschaften: Erstes Programm der europäischen Wirtschaftsgemeinschaften für eine Politik zum Schutz und zur Unterrichtung der Verbraucher, Amtsblatt der EG Nr. C 92 (25.04.1975)

[604] vgl. Müller: Grundlinien einer modernen Verbraucherpolitik, in: Aus Politik und Zeitgeschehen Nr. 24 (08.06.2001), 6ff.

In Folge dessen wurde vor allem in den 90er Jahren die öffentliche Förderung der Verbraucherarbeit der Verbände deutlich verringert, sodass diese verstärkt davon abhängig wurden, im Rahmen ihrer Beratungs- und Informationsangebote selbst Gelder einzunehmen (was wiederum dem ursprünglichen Ziel der Verbraucherverbände, dem Schutz vor allem „tendenziell schwacher Wirtschaftsbürger"[605], entgegenlief).[606] Erst die massive Absatzkrise auf dem Fleischmarkt, ausgelöst durch den BSE-Skandal im Jahre 2000/2001, leitete eine Wende in der deutschen Verbraucherpolitik ein: Der Verbraucherschutz solle künftig „in der politischen Priorität ganz oben" stehen, verkündete Bundeskanzler Gerhard Schröder Anfang Januar 2001[607]. Per Organisationserlass vom 22. Januar 2001 wurde dem Verbraucherschutz endlich ein eigener Politikbereich zugewiesen: das *Bundesministerium für Verbraucherschutz, Ernährung und Landwirtschaft (BMVEL)* – ehemaliges *Bundesministerium für Ernährung, Landwirtschaft und Forsten*.

3.2 Institutionen der Verbraucherpolitik

3.2.1 Das Bundesministerium für Verbraucherschutz, Ernährung und Landwirtschaft (BMVEL)

Das *Verbraucherministerium*[608] versteht sich als Querschnittsministerium im Sinne des Art. 153 Abs. 2 des Amsterdamer Vertrages, nach welchem den Erfordernissen des Verbraucherschutzes in allen EU-

---

[605] Arbeitsgemeinschaft der Verbraucherverbände e.V. (Hrsg.): 40 Jahre AgV, 1993, 8

[606] Dies gipfelte in der Argumentation des Bundeswirtschaftsministers Müller, die beabsichtigte Kürzung der Zuschüsse des Bundeshaushaltes 2001 an die Stiftung Warentest verteidigend, nach der die Stiftung Warentest die staatlichen Mittelkürzungen ja durch die Aufnahme von Inseraten der Industrie in ihre Testzeitschriften kompensieren könne (vgl. Brychcy: Verbraucher vernachlässigt, in: Süddeutsche Zeitung (11.01.2001), http://www.sueddeutsche.de, 08.06.2002).

[607] vgl. Müller: Grundlinien einer modernen Verbraucherpolitik, in: Aus Politik und Zeitgeschehen Nr. 24 (08.06.2001), 6ff.

[608] http://www.verbraucherministerium.de

Gemeinschaftspolitiken Rechnung zu tragen sei.[609] Mit dem Initiativrecht der Verbraucherschutzministerin Renate Künast ist es dem Ministerium möglich, für notwendig erachtete Reformen und Gesetzesentwürfe[610] – auch im Aufgabenbereich anderer Ressorts – in den politischen Diskussionsprozess einzubringen.

Bei seiner Gründung (bzw. Umwandlung) wurde dem ehemaligen *Bundesministerium für Ernährung, Landwirtschaft und Forsten (BMELF)* sowohl das für wirtschaftliche Fragen des Verbraucherschutzes und für die Förderung der auf Bundesebene tätigen Verbraucherorganisationen zuständige Referat des *Bundesministeriums für Wirtschaft und Technologie* übertragen, als auch aus dem Geschäftsbereich des *Bundesministeriums für Gesundheit* die Zuständigkeit für den gesundheitlichen Verbraucherschutz.[611] Zudem wurde bei den Koalitionsverhandlungen im Oktober 2002 vereinbart, dass auch die Zuständigkeit für die „grüne Gentechnik" dem Ministerium überschrieben wird.

Zum Geschäftsbereich des Ministeriums zählen neben dem (neu hinzugekommenen) *Bundesinstitut für gesundheitlichen Verbraucherschutz (BgVV)* unter anderem auch das Bundesassortenamt und die Zentralstelle für Agrardokumentation und -information, sowie zehn (land-, forst- und fischereiwirtschaftliche) Bundesforschungsanstalten[612], vier Bundesanstalten des öffentlichen Rechts (wie z.B. die

---

[609] vgl. Müller: Grundlinien einer modernen Verbraucherpolitik, in: Aus Politik und Zeitgeschehen Nr. 24 (08.06.2001), 6f.

[610] wie beispielsweise das Gesetz zur Bekämpfung des Missbrauchs von 0190-er/0900-er Mehrwertdiensterufnummern (vgl. Abschnitt 3.4.3 – Telekommunikations-Kundenschutzverordnung (TKV)

[611] vgl. Bundesministerium für Verbraucherschutz, Ernährung und Landwirtschaft: Wir über uns, http://www.verbraucherministerium.de, 14.10.2002

[612] *Bundesanstalt für Landwirtschaft (FAL), Biologische Bundesanstalt für Land- und Forstwirtschaft (BBA), Bundesanstalt für Züchtungsforschung an Kulturpflanzen (BAZ), Bundesforschungsanstalt für Viruskrankheiten der Tiere (BFAV), Bundesanstalt für Milchforschung (BafM), Bundesanstalt für Getreide-, Kartoffel- und Fettforschung (BAGKF), Bundesanstalt für Fleischforschung (BAFF), Bundesforschungsanstalt für Ernährung (BFE), Bundesforschungsanstalt für Forst- und Holzwirtschaft (BFH), Bundesforschungsanstalt für Fischerei (BFAFi)*

Bundesanstalt für Landwirtschaft und Ernährung) und 17 weitere Einrichtungen, die ganz oder teilweise aus dem Haushalt des Ministeriums finanziert werden.[613]

Die Verbraucherschutzpolitik des *Bundesministeriums für Verbraucherschutz, Ernährung und Landwirtschaft (BMVELF)* bezieht sich (zunächst) vorrangig auf den gesundheitlichen Verbraucherschutz, d.h. den Schutz der Konsumenten vor der Gefährdung seiner körperlichen Sicherheit und Gesundheit beim Ge- oder Verbrauch eines Produktes, in den Bereichen Lebensmittelkunde und -sicherheit, Ernährungsberatung, Veterinärwesen und Tiergesundheit, sowie der Chemikalienaufsicht und der Marktüberwachung bezüglich technischer Produkte. Aber auch der Vermögensschutz, also der Schutz der Konsumenten vor unlauteren Geschäftsmethoden der Anbieter, zählt zu den Aufgaben der Verbraucherschützer.[614]

Insgesamt formuliert das Bundesministerium seine Zielsetzung folgendermaßen:

„Vorsorgender Verbraucherschutz, Qualitätssicherung sowie umwelt- und tiergerechte Erzeugung sind die drei Hauptziele der Verbraucher-, Ernährungs- und Agrarpolitik der Bundesregierung. [...] Lebensmittelsicherheit, gesunde Ernährung, Schutz der Tiere sowie Schutz von Natur und Umwelt müssen Richtschnur des Denkens und der Politik sein.“[615]

---

[613] vgl. Bundesministerium für Verbraucherschutz, Ernährung und Landwirtschaft: Wir über uns, http://www.verbraucherministerium.de, 14.10.2002; Lexikon der Nachhaltigkeit, http://www.nachhaltigkeit.aachener-stiftung.de, 14.10.2002

[614] vgl. Bayerisches Staatsministerium für Gesundheit, Ernährung und Verbraucherschutz: Was ist Verbraucherschutz? (15.11.2001), http://www.vis.bayern.de, 12.10.2002

[615] Bundesministerium für Verbraucherschutz, Ernährung und Landwirtschaft: Wir über uns, http://www.verbraucherministerium.de, 14.10.2002

3.2.2 Verbraucherorganisationen

Die Anfänge des organisierten Verbraucherschutzes gehen zurück auf die aus der Arbeiterbewegung des 19. Jahrhunderts hervorgegangenen Konsumgenossenschaften und die im Zuge der Frauenbewegung zu Beginn des 20. Jahrhunderts gegründeten Organisationen wie die 1903 gegründete *Hausfrauenvereinigung des Katholischen Deutschen Frauenbundes* oder der 1915 gegründete *Deutsche Hausfrauen-Bund.* Die meisten Verbraucherbewegungen waren zunächst auf die Wahrung der Interessen spezieller Zielgruppen ausgerichtet (wie z.B. auch Mieter-Vereinigungen).

Da aber das Interesse der Verbraucher an einer Mitgliedschaft in solchen Vereinen – im Vergleich zu etwa gewerkschaftlichen Organisationen – als eher gering zu bezeichnen war, die Bedeutung des Verbraucherschutzes durch Verbraucherorganisationen aber – auch von Seiten der Politik – als immer wichtiger eingeschätzt wurde, wurde im Jahre 1953 aus der Überlegung heraus, die verbraucherpolitische Arbeit zahlreicher Verbände an eine zentrale Interessenvertretung zu delegieren, die *Arbeitsgemeinschaft der Verbraucherverbände (AgV)* als „Verband der Verbände" mit staatlicher Unterstützung gegründet.[616]

Arbeitsgemeinschaft der Verbraucherverbände (AgV)

„Wir sagen Ihnen, was sich in der Verbraucherpolitik in Deutschland und in Europa tut oder was getan werden muss. Wir geben Ihnen praktische Tipps zum Verbraucheralltag. Wir haben Ratgeber für Sie, wenn Sie mehr wissen wollen."[617]

Die *Arbeitsgemeinschaft der Verbraucherverbände (AgV)* fand ihren Wirkungskreis vorwiegend auf politischer Ebene. Sie wirkte bei der Gesetzgebung mit – und war beispielsweise maßgeblich 1965 an der

---

616 vgl. Verbraucherzentrale Bundesverband e.V.: Verbraucherschutz in Deutschland – ein historischer Überblick, http://www.vzbv.de, 19.10.2002

617 Arbeitsgemeinschaft der Verbraucherverbände e.V., http://www.agv.de, 19.01.2002

Novelle des Gesetzes gegen den unlauteren Wettbewerb (UWG) beteiligt, die den Verbraucherverbänden das Recht auf Unterlassungsklage einräumen sollte[618]. Darüber hinaus wurden viele Übereinkünfte und freiwillige Vereinbarungen (Selbstverpflichtungen) der Anbieter in Zusammenarbeit mit der *AgV* erarbeitet – beispielsweise im Bereich der Gütezeichen und Normung. Ferner koordinierte sie in ihrer Funktion als Dachverband der Verbraucherorganisationen die bundesweiten Informations- und Beratungsdienste der Verbraucherzentralen der Länder und veröffentlichte im Rahmen ihrer ausgedehnten Presse- und Öffentlichkeitsarbeit die wöchentlich erscheinende „Verbraucherpolitische Korrespondenz".[619]

Die Arbeitsgemeinschaft war gleichsam die erste Institution, die (allen Widerständen der Wirtschaft zum Trotz) erstmals 1961 einen vergleichenden Warentest – von Waschmitteln – durchführte. Infolge der intensiven Auseinandersetzung und Diskussion um vergleichende Warentests in allen Bereichen des öffentlichen Lebens, in Politik und Wirtschaft, beschloss die Bundesregierung 1964 die Errichtung der *Stiftung Warentest*[620]; eines Warentest-Instituts in Form einer Stiftung des privaten Rechts, die somit keinerlei Weisungen von staatlicher oder sonstiger Seite unterworfen ist.[621]

Stiftung Warentest

„Ausschließlicher und unmittelbarer Stiftungszweck ist die Unterrichtung der Öffentlichkeit über objektivierbare Merkmale des Nutz- und Gebrauchswertes von Waren und Leistungen."[622] (§ 2 Abs. 1 der Stiftungssatzung)

---

[618] vgl. Verbraucherzentrale Bundesverband e.V.: Verbraucherschutz in Deutschland – ein historischer Überblick, http://www.vzbv.de, 19.10.2002

[619] vgl. Kuhlmann: Verbraucherpolitik – Grundzüge ihrer Theorie und Praxis, 1990, 422

[620] http://www.stiftung-warentest.de

[621] vgl. Verbraucherzentrale Bundesverband e.V.: Verbraucherschutz in Deutschland – ein historischer Überblick, http://www.vzbv.de, 19.10.2002

[622] Kuhlmann: Verbraucherpolitik – Grundzüge ihrer Theorie und Praxis, 1990, 348

Von allen Verbraucherschutzorganisationen erfreut sich die *Stiftung Warentest* des höchsten Bekanntheitsgrads unter den Verbrauchern. Vorrangiges Ziel der Stiftung ist es, Markttransparenz herzustellen. Darüber hinaus will die Stiftung die Verbraucher über optimale Haushaltsführung und rationale Einkommensverwendung sowie über gesundheits- und umweltbewusstes Verhalten aufklären. Dazu lässt sie von erfahrenen Spezialinstituten im In- und Ausland nach wissenschaftlichen Methoden Untersuchungen an Produkten und Dienstleistungen durchführen, deren Ergebnisse von der Stiftung ausgewertet und in der seit 1966 monatlich erscheinenden Zeitschrift *test* sowie in der seit 1991 erscheinenden Zeitschrift *FINANZtest* veröffentlicht werden. Zudem gibt die Stiftung Sonderhefte und Bücher zu speziellen Themengebieten sowie Jahrbücher heraus.[623]

Dabei ist das Themenspektrum der Tests sehr breit gefächert. Wurden in den Anfangsjahren der *Stiftung Warentest* vorrangig Haushaltsgeräte wie Stabmixer und Nähmaschinen getestet, so vergleicht und bewertet die Stiftung inzwischen in etwa 130 Warentests jährlich rund 2.000 Produkte, vor allem Konsumgüter aus den Bereichen Unterhaltungselektronik, Informationstechnik, Körperpflege/Arzneimittel, Fahrzeuge, Lebensmittel, Haushaltsgeräte, Foto und Optik, sowie Heimwerken und Garten. Zudem werden jährlich etwa 100 Dienstleistungstests aus Themenbereichen wie Privatfinanzen, Versicherungen, öffentliche Dienstleistungen, Gesundheit, Freizeit und Reisen durchgeführt.[624]

Die *Stiftung Warentest* finanziert sich überwiegend durch den Verkauf ihrer Publikationen. Da in ihrer Satzung ein Anzeigenverbot verankert ist, dass verhindern soll, dass die Stiftung unter einen finanziellen Einfluss von Anbietern gerät, erhält sie zum Ausgleich für die fehlenden

---

[623] vgl. Stiftung Warentest: Die Aufgaben der Stiftung Warentest, http://www.warentest.de, 19.10.2002; o.V.: Stichwort Stiftung Warentest (27.08.2002), in: Financial Times Deutschland, http://www.ftd.de, 19.10.2002

[624] vgl. Stiftung Warentest: Testprogramm, http://www.warentest.de, 19.10.2002

Werbeeinnahmen zusätzliche Mittel vom *Bundesministerium für Verbraucherschutz, Ernährung und Landwirtschaft (BMVEL)*.[625]

Verbraucherschutzverein (VSV)

Im Zuge der von der *Arbeitsgemeinschaft der Verbraucherverbände (AgV)* mitgestalteten Novelle des Gesetzes gegen den unlauteren Wettbewerb (GUW) gründen *AgV* und *Stiftung Warentest* im Jahre 1966 den *Verbraucherschutzverein (VSV)*[626]. Die vornehmliche Aufgabe des Vereins war der Schutz des Verbrauchers gegen unlauteren Wettbewerb von Seiten der Anbieter. Zum einen gestaltete sich dies in der Bekämpfung unlauterer Geschäftspraktiken, zum anderen in der Überwachung der Einhaltung der Allgemeinen Geschäftsbedingungen. In beiden Fällen oblag dem Verbraucherschutzverein das Recht auf Unterlassungsklage.

In der Satzung des *Verbraucherschutzvereins* heißt es:[627]

„*Der Verein bezweckt unter Ausschluss eines wirtschaftlichen Geschäftsbetriebes die Interessen der Verbraucher durch Aufklärung und Beratung wahrzunehmen und zu fördern.*" (Art. 1)

„*Er verfolgt insbesondere das Ziel, solchen unlauteren Wettbewerb zu unterbinden, der sich zum Nachteil der Verbraucher in Deutschland und in den Mitgliedstaaten der Europäischen Union auswirkt, sowie gegen unzulässige Allgemeine Geschäftsbedingungen vorzugehen, die gegenüber einer natürlichen Person verwendet oder zur Verwendung gegenüber natürlichen Personen empfohlen werden, welche den Vertrag zu einem Zweck abschließen, der keiner bereits ausgeübten gewerblichen oder beruflichen Tätigkeit zugerechnet werden kann (Verbraucher), und insbesondere die sich aus der Richtlinie 98/27 EG vom 19.05.1998 über Unterlassungsklagen zum Schutz der Ver-*

---

625 Im Jahre 2001 betrugen die Verkaufserlöse der Stiftung rund 83.260 Mio. DM, hinzu kamen noch 11 Mio. DM an staatlichen Zuwendungen. (vgl. Stiftung Warentest: Finanzierung der Stiftung, http://www.warentest.de, 19.10.2002)

626 http://www.verbraucherschutzverein.de

627 Verbraucherschutzverein e.V.: Satzung (17.05.1999), http://www.verbraucherschutzverein.de/satzung.htm, 20.10.2002

braucherinteressen ergebenden Rechte wahrzunehmen; dies geschieht erforderlichenfalls auch durch Einleitung gerichtlicher Maßnahmen. " (Art. 2)

Verbraucher-Zentralen der Länder

Zwischen 1958 und 1964 wurden jeweils auf Länderebene (der Bundesrepublik) *Verbraucher-Zentralen* als eingetragene Vereine gegründet, die den eigentlichen, unmittelbaren Kontakt zu den Verbrauchern herstellen und Verbraucherpolitik auf Landesebene betreiben sollen. In den von den *Verbraucher-Zentralen* eingerichteten Verbraucherberatungsstellen erhält der Konsument neben Produktinformationen oder Informationen zu Ernährungsfragen auch Unterstützung bei Prozessen und Gerichtsverfahren und wird bei Problem- und Schadensfällen beraten.[628]

Bis zum Jahre 1971 waren alle diese *Verbraucher-Zentralen*, von denen es in jedem (westdeutschen) Bundesland (plus Westberlin) eine gab (bzw. gibt), der *Arbeitsgemeinschaft der Verbraucherverbände (AgV)* beigetreten. Im Zuge der Wiedervereinigung Deutschlands wurden darüber hinaus – in einem wahren Kraftakt – Anfang des Jahres 1990 mit Unterstützung der Verbraucherverbände der alten Bundesländer auch in den neuen Bundesländern 5 Verbraucher-Zentralen gegründet, die noch im Dezember 1990 ebenfalls der *AgV* beitraten.[629] Seit Ende 2000 sind die *Verbraucher-Zentralen* den Ministerien der einzelnen Bundesländer unterstellt (vgl. unten *Verbraucherzentrale Bundesverband vzbv*).

---

[628] vgl. Strunz/Clemens-Ziegler: Ethik im Marketing und Verbraucherpolitik, 2002, 44

[629] vgl. Verbraucherzentrale Bundesverband e.V.: Verbraucherschutz in Deutschland – ein historischer Überblick, http://www.vzbv.de, 19.10.2002
Ein Überblick über alle Verbraucher-Zentralen nebst (Internet-)Adressen ist auf den Internetseiten des *vzbv* (*http://www.vzbv.de*) sowie auch im Anhang dieser Arbeit zu finden.

Stiftung Verbraucherinstitut (VI)

Mit der Gründung der *Stiftung Verbraucherinstitut (VI)* im Jahre 1978 schufen die *Arbeitsgemeinschaft der Verbraucherverbände (AgV)* und die *Stiftung Warentest* eine Institution, deren vornehmliche Aufgabe die Erarbeitung von Grundsätzen, Modellen und Einzelmaterialien sowie die Durchführung von Fortbildungsveranstaltungen zur Verbraucherbildung und -information war.[630]

Mit der Internetpräsenz *www.verbraucherbildung.de*[631] bot die Stiftung (kostenlose) Unterstützung für Pädagogen der Schul-, Erwachsenen- und Verbraucherbildung hinsichtlich Fachinformationen zu verschiedenen verbraucherrelevanten Themen sowie konkreten Unterrichtshilfen an.

Verbraucher Initiative

Die *Verbraucher Initiative*[632] gründete sich im Jahre 1985 als eine in ihrem Selbstverständnis bewusste Alternative zu den etablierten (staatlich geförderten) Verbraucherverbänden. Schwerpunkt der Arbeit des sog. *Bundesverband kritischer Verbraucherinnen und Verbraucher* ist der ökologische, soziale und gesundheitliche Verbraucherschutz, wobei er sich hauptsächlich für eine ökologisch und sozial verträgliche Produktion von Waren einsetzt.

Die *Verbraucher Initiative* finanziert sich als reine Mitgliederorganisation ausschließlich aus Mitgliedsbeiträgen und Spenden, sowie dem Verkauf ihrer Publikationen (Informationsbroschüren und Bücher sowie Faxabrufe). Mitglieder erhalten eine sechsmal jährlich erscheinende Mitgliederzeitschrift *Verbraucher konkret*, sowie diverse kostenlose Serviceleistungen wie Beratung und Informationsbroschüren.

---

[630] vgl. Verbraucherzentrale Bundesverband e.V.: Verbraucherschutz in Deutschland – ein historischer Überblick, http://www.vzbv.de, 19.10.2002

[631] Diese Internetpräsenz hat der *vzbv* übernommen und umgearbeitet zu *http://lernerfolg.vzbv.de*.

[632] http://www.verbraucher.org

Verbraucherzentrale Bundesverband (vzbv)

In den 90er Jahren kam es auf Bundesebene verstärkt zu Debatten um eine Struktur- und Finanzreform der Verbraucherverbände in Folge der erklärten Absicht der Bundesregierung, die Finanzierung der Verbraucher-Zentralen den einzelnen Ländern zu übertragen. Zudem wollte die Regierung im Hinblick auf die Aufgaben- und Arbeitsteilung zwischen der *Arbeitsgemeinschaft der Verbraucherverbände (AgV)*, dem *Verbraucherschutzverein (VSV)* und der *Stiftung Verbraucherinstitut (VI)* durch eine Bündelung der Ressourcen und Kompetenzen Synergieeffekte erzielen. Dies sollte einhergehen mit der Gründung eines neuen Dachverbandes, der gleichzeitig eine schlagkräftigere verbraucherpolitische Interessenvertretung sicherstellen sollte.

Im Zuge dessen wurde am 1. November 2000 der *Verbraucherzentrale Bundesverband (vzbv)*[633] gegründet, die *Arbeitsgemeinschaft der Verbraucherverbände (AgV)*, den *Verbraucherschutzverein (VSV)*, sowie die *Stiftung Verbraucherinstitut (VI)* in sich vereinend. Als Dachverband aller 16 *Verbraucher-Zentralen* sowie 19 weiterer (bisheriger *AgV*-Mitglieds-)Verbände betreibt der Bundesverband entsprechend seiner Satzung politische Lobbyarbeit in Vertretung der Interessen der Verbraucher gegenüber Politik und Wirtschaft. Desweiteren gehören der Verbraucherrechtsschutz, die Förderung der Verbraucherinformation und Entwicklung von Beratungsstandards sowie die Fort- und Weiterbildung der in der Verbraucherarbeit Beschäftigten zu seinen Hauptaufgaben – neben der Koordinierung der verbraucherpolitischen Arbeit der Mitgliedsverbände.[634]

> *„Der Verein verfolgt den Zweck, Verbraucherinteressen wahrzunehmen, den Verbraucherschutz zu fördern, die Stellung des Verbrauchers in der sozialen Marktwirtschaft zu stärken und zur Verwirklichung einer nachhaltigen Entwicklung beizutragen"* (§2 der Satzung)[635]

---

[633] Der vollständige Name des Verbandes lautet: *Bundesverband der Verbraucherzentralen und Verbraucherverbände – Verbraucherzentrale Bundesverband e.V.*

[634] vgl. http://www.vzbv.de, 20.10.2002

[635] ebd.

„Die Politik wird sich ebenso wie die Unternehmen darauf einstellen müssen, dass wir als neuer Dachverband der deutschen Verbraucherorganisationen unbequem und hartnäckig sein werden. " [636] (Prof. Dr. Edda Müller, Vorstand des *vzbv*)

3.3 Instrumente des Verbraucherschutzes

Erklärtes Ziel der Verbraucherorganisationen ist es, dem Verbraucher durch Maßnahmen der Erziehung, Beratung, Information und Aufklärung in seinen Entscheidungen und Handlungen auf dem Markt unterstützend und stärkend zur Seite zu stehen. Darüber hinaus, ihn vor Eingriffen in seine Rechte, vor Angriffen auf seine Gesundheit oder sein Vermögen, sowie vor falschen Informationen zu schützen und gleichzeitig seine Interessen gegenüber Legislative und Exekutive sowie Anbietern und der allgemeinen Öffentlichkeit zu vertreten.[637]

Sie suchen somit sowohl auf das Verhalten der Verbraucher als auch auf das der Anbieter Einfluss zu nehmen (vgl. Abschnitt 4.3.1). Zum einen mithilfe o.g. (verbraucherpolitischer) Maßnahmen sowie regulativer Maßnahmen wie steuerlichen Regelungen, finanziellen Anreizen in Form von Subventionen oder gesetzlichen Regelungen die Verbraucher, zum anderen aber auch durch Schaffung von Möglichkeiten der freiwilligen Selbstregulierung und -kontrolle (vgl. Abschnitte 4.1.2 und 4.1.3) sowie gleichfalls gesetzlichen Regelungen die Anbieter betreffend.

3.3.1 Verbraucherbildung und -erziehung

Durch Maßnahmen der Verbraucherbildung soll der Verbraucher in die Lage versetzt werden,

---

[636] o.V.: Jahresbericht der Verbraucherzentrale Bundesverband (13.06.2002), in: NGO-online, http://www.ngo-online.de, 13.10.2002

[637] vgl. Kuhlmann: Verbraucherpolitik – Grundzüge ihrer Theorie und Praxis, 1990, 418

- Produkte und Dienstleistungen bezüglich Qualität und Preis objektiv beurteilen zu können,
- als gleichwertiger Marktteilnehmer zu agieren und anerkannt zu werden,
- soziale Verantwortung in Bezug auf knappe Ressourcen und Konsumdenken zu zeigen,
- an der Wahrung und Durchsetzung von Verbraucherinteressen mitzuwirken,
- und fähig zu sein, in volkswirtschaftlichen Zusammenhängen zu denken.

Wissensvermittlung, aber auch die Beeinflussung bestehender Dispositionen (hinsichtlich deren möglicher Veränderung) sowie der Versuch zu verhindern, dass bestimmte Verhaltensweisen überhaupt angenommen werden, stehen im Mittelpunkt der Verbrauchererziehung. Dabei richtet sie sich sowohl an erwachsene Verbraucher, als auch – vor allem – an heranwachsende Kinder und Jugendliche, da diese in ihren Einstellungen und Entscheidungen noch nicht so gefestigt sind.[638]

Träger der Verbraucherbildung und -erziehung sind zum einen öffentlich-rechtliche Fernseh- und Rundfunkanstalten und allgemeinbildende Schulen, sowie Volkshochschulen und die Verbraucherorganisationen selbst, die Kurse zu verbraucherrelevanten Themen anbieten.

3.3.2 Verbraucherberatung

Die Verbraucherberatung findet ihren Niederschlag in vielen verschiedenen Formen. Zum einen zählen hierzu öffentliche Beratungsleistungen wie beispielsweise Berufs- und Ausbildungsberatung, Ernährungsberatung oder auch die Drogenberatung. Darüber hinaus fallen auch private Marktleistungen, z.B. von Rechtsanwälten,

---

[638] vgl. ebd., 277ff.

Steuerberatern, Ärzten und Architekten, in diese Kategorie. Zum anderen zählt durchaus auch die Beratung von der Anbieterseite aus zum Bereich der Verbraucherberatung – sei es im Rahmen der allgemeinen Öffentlichkeitsarbeit oder Imagewerbung von Unternehmen, oder aber auch im Rahmen eines Verkaufsgesprächs.[639]

3.3.3 Verbraucherinformation

Verbraucherinformation, vor allem in Sinne vergleichender Waren- und Dienstleistungstests wie beispielsweise die der *Stiftung Warentest* oder des *ADAC*, aber auch Preis- und Finanzinformationen etwa des *Instituts für angewandte Wirtschaftsforschung (IfaV)*, trägt ob ihrer Objektivität und Neutralität erheblich zu einer Erhöhung der Markttransparenz bei – sowohl für die Verbraucher als auch für die Anbieter – und bietet den Verbrauchern eine alternative Informationsquelle zu den Informationen der Hersteller und Anbieter über deren Produkte und Dienstleistungen.

Ziel der Verbraucherinformation ist zum einen, die „Informationsmacht" der Anbieter gegenüber den Verbrauchern auszugleichen und somit den Verbrauchern eine bessere Basis für ihre Konsumentscheidungen zu geben.[640] Darüber hinaus kann sie durch eine Erhöhung Markttransparenz (hinsichtlich Preis- und Qualitätsinformationen von Produkten und Dienstleistungen) auch zu einer Steigerung der Markteffizienz führen: dann nämlich, wenn die Anbieter auf das möglicherweise veränderte Konsumverhalten der (informierten) Verbraucher (ob der veröffentlichten Testergebnisse) und auch von sich aus auf die veröffentlichten Informationen dahingehend reagieren, dass sie beispielsweise als „mangelhaft" bewertete Produkte aus dem Sortiment nehmen bzw. Produkte mit guten Testergebnissen verstärkt bewerben und eventuelle korrigierende Maßnahmen, die Qualität und Preise ihrer

[639] vgl. Kuhlmann: Verbraucherpolitik – Grundzüge ihrer Theorie und Praxis, 1990, 317f.

[640] vgl. ebd., 84

Produkte betreffend, vornehmen – was wiederum auch Einfluss auf das Anbieterverhalten von Mitwettbewerbern hat (bzw. haben kann).[641]

3.3.4 Verbraucheraufklärung

Ziel der Aufklärung der Verbraucher ist es, ähnlich der Verbrauchererziehung, auf das Verhalten der Verbraucher dahingehend Einfluss zu nehmen, dass weitgehend neue, bisher nicht ausgeübte Verhaltensweisen induziert werden, ein ganz bestimmtes Verhalten aufgegeben oder in seiner Intensität gemindert wird, oder auch dass verhindert wird, dass eine bestimmte Verhaltensweise (wie etwa das Rauchen bei Jugendlichen) aufgegriffen und zur Gewohnheit wird.[642]

Wichtigstes Mittel der Aufklärung sind dabei die Aufklärungskampagnen. In ihrer womöglich wirkungsvollsten Form gestalten sie sich als sog. Furchtappelle: Hierbei wird entweder

- eine *unerwünschte Verhaltensweise* (z.B. starker Alkoholkonsum) mit negativen Folgen (z.B. gesundheitliche Schäden und sozialer Abstieg) verbunden, oder
- eine *wünschenswerte Verhaltensweise* (z.B. die Verwendung FCKW-freier Haushaltsgeräte) zusammen mit der Vermeidung negativer Konsequenzen (z.B. globale Erwärmung) dargestellt.[643]

---

[641] Somit haben beispielsweise veröffentlichte Testergebnisse der *Stiftung Warentest* nicht nur einen direkten Einfluss auf die Verbraucher, die die Tests studieren, sondern auch indirekt auf diejenigen, die die veröffentlichten Testergebnisse nicht gelesen haben – aufgrund des veränderten Anbieterverhalten („non use benefits"; vgl. ebd., 382f.)

[642] vgl. ebd., 386f.

[643] Bei der Arbeit mit Furchtappellen besteht jedoch durchaus die Gefahr, dass die Konfrontation mit einem bestimmten „Fehlverhalten" auf Verdrängung oder gar Reaktanz (nach dem Motto „jetzt erst recht") von Seiten der angesprochenen Verbraucher stößt.

3.3.5 Verbraucherschutz

Zu dem Bereich des Verbraucherschutzes zählen, wie bereits erwähnt, zum einen der gesundheitliche Verbraucherschutz, der wirtschaftliche (Vermögens-)Schutz sowie der rechtliche Verbraucherschutz. Darüber hinaus ist in diesem Zusammenhang auch der Schutz vor falschen Informationen zu nennen. Grundlage all dessen bieten die im Nachfolgenden erläuterten Gesetze und Verordnungen.

3.4 Verbraucherschutzrechtliche Grundlagen

3.4.1 Verbraucherschutz in der Europäischen Union

Der Verbraucherschutz wurde erstmals durch den *Vertrag von Maastricht* (am 1. November 1993 in Kraft getreten) im *EG-Vertrag* verankert. Artikel 129a bestimmte – vorerst noch recht vorsichtig formuliert –, dass alle Mitgliedstaaten ihren „Beitrag zur Erreichung eines hohen Verbraucherschutzniveaus" leisten sollten. Erst der *Amsterdamer Vertrag* (seit dem 1. Januar 1999 in Kraft) brachte die Regelung des Artikel 153 mit sich, wonach die Mitgliedstaaten nicht nur „zur Förderung der Interessen der Verbraucher und zur Gewährleistung eines hohen Verbraucherschutzniveaus" ihren Beitrag „zum Schutz der Gesundheit, der Sicherheit und der wirtschaftlichen Interessen der Verbraucher" leisten sollen. Vielmehr verankert Artikel 153 auch das Recht der Verbraucher auf Information, Erziehung und Bildung von Vereinigungen zur Wahrung ihrer Interessen im Europäischen Recht.[644]

Aufgabe der *Europäischen Gemeinschaft* ist es, die Politik der Mitgliedstaaten zu überwachen (und bis zu einem gewissen Maße zu harmonisieren). In diesem Zusammenhang erlässt sie diverse Richtlinien, die innerhalb einer vorgegebenen Frist von jedem Mitgliedstaat ratifiziert (umgesetzt) werden müssen – wobei die Vorgaben jedoch

---

[644] vgl. Leptien/Ermtraud: Verbraucherpolitik – Der Aktuelle Begriff Nr. 08/01 (25.05.2001), http://www.bundestag.de, 12.10.2002

nur hinsichtlich ihrer Zielbestimmung verbindlich sind. Somit bleibt den einzelnen Mitgliedstaaten ein gewisser Spielraum in der Umsetzung der Richtlinien.[645] Desweiteren gilt die sog. Minimalklausel, nach der den Mitgliedstaaten das Recht eingeräumt wird, eingehendere oder strengere verbraucherschutzrechtliche Maßnahmen zu erlassen oder bestehende Vorschriften beizubehalten, wenn diese über das in den EU-Bestimmungen Vorgeschriebene hinausgehen.[646] (Im Zweifelsfalle gilt jedoch das Europäische Recht vor dem nationalen.)

Beispiele für allgemeine EG-Verbraucherschutzrichtlinien:

- Richtlinie über irreführende Werbung (84/450/EWG) – ergänzt durch die Richtlinie über vergleichende Werbung (97/55/EG)
- Richtlinie über Preisangaben (98/6/EG)
- Richtlinie über missbräuchliche Klausel in Verbraucherverträgen (93/13/EWG)
- Richtlinie über Verbrauchsgüterkauf und Garantien für Verbrauchsgüter (1999/44/EG)

Beispiele für spezifische EG-Verbraucherschutzrichtlinien:

- Richtlinie über außerhalb von Geschäftsräumen geschlossene Verträge („Haustürgeschäfte“) (85/577/EWG)
- Richtlinie über Vertragsabschlüsse im Fernabsatz (97/7/EG)
- Richtlinie über den Erwerb von Teilzeitnutzungsrechten an Immobilien (Timesharing-Richtlinie) (94/47/EG)
- Richtlinie über Pauschalreisen (90/384/EWG)
- Richtlinie über den Verbraucherkredit (98/7/EG)

---

[645] vgl. Zentrale zur Bekämpfung unlauteren Wettbewerbs e.V.: Europa und sein Einfluss auf das Wettbewerbsrecht, http://www.wettbewerbszentrale.de, 12.10.2002

[646] vgl. (auch nachfolgend) Kommission der Europäischen Gemeinschaften: Grünbuch zum Verbraucherschutz in der Europäischen Union, 02.10.2001

- sowie diverse Richtlinien über Lebensmittel, Kosmetika und humanmedizinische Produkte oder auch die Richtlinie über den elektronischen Geschäftsverkehr (E-Commerce-Richtlinie) (2000/31/EG)

Diese Richtlinien beziehen sich jeweils auf bestimmte Problembereiche des Verbraucherschutzes. Einen einheitlichen, allumfassenden Rechtsrahmen geben sie jedoch nicht.

3.4.2 Verbraucherschutzrechtliche Vorschriften in Deutschland

Auch das Deutsche Recht ist nicht einheitlich geregelt. Es gibt eine Fülle zivil- und öffentlich-rechtlicher Regelungen für Ge- und Verbote des Verbraucherschutzes, jedoch kein „Verbraucherschutzrecht" als abgegrenztes Rechtsgebiet – auch kein „Verbraucherschutz-Gesetz" im eigentlichen Sinne[647]. Die Begriffe existieren zwar im gängigen Sprachgebrauch, aber nicht im juristischen.

Die nachfolgende Übersicht gibt einen Überblick über einige bestehende Rechtsgrundlagen, die mit dem Verbraucherschutz an sich in Deutschland in Verbindung stehen.

---

[647] Die Bundesregierung bezeichnet das Gesetz zur Schaffung des *Bundesinstituts für Risikobewertung (BfR)* sowie des *Bundesamtes* für *Verbraucherschutz und Lebensmittelsicherheit (BVL)* als „Verbraucherschutzgesetz".

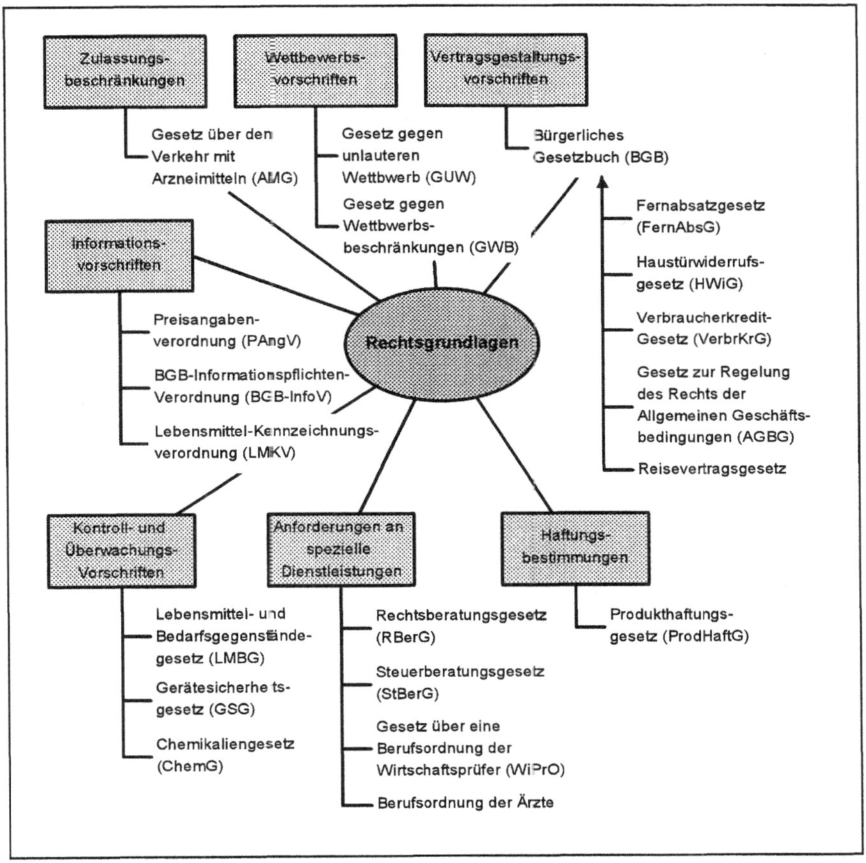

Abbildung 3.4-1 *Beispiele verbraucherschutzrechtlicher Grundlagen (erstellt nach: Bayerisches Staatsministerium für Gesundheit, Ernährung und Verbraucherschutz (Hrsg.): Was ist Verbraucherschutz? (15.11.2001), http://www.vis.bayern.de, 12.10.2002)*

Gesetz gegen den unlauteren Wettbewerb (UWG)

Das Gesetz trat erstmals am 7. Oktober 1909 in Kraft und dient der Aufrechterhaltung des Wettbewerbs. Zum einen soll das Verhalten der Anbieter im Kampf um Abnehmer (im Einzelfall) geregelt werden, zum anderen soll jedoch auch der Wettbewerb als solcher gesichert werden.

Grundlage des Gesetzes ist die allgemeine Generalklausel des § 1 UWG, nach der alle Handlungen, die gegen die „guten Sitten" verstoßen, verboten sind. Demnach kann, wer im Geschäftsverkehr zu Zwekken des Wettbewerbs Handlungen vornimmt, die gegen die guten Sitten verstoßen, auf Unterlassung und Schadenersatz in Anspruch genommen werden. Handlungen solcher Art sind beispielsweise: irreführende und nicht-objektive vergleichende Werbung, die den Mitbewerber schlechter darstellt und dessen Produkte, Dienstleistungen oder Ansehen verunglimpft oder dessen Warenzeichen ausnutzt bzw. imitiert, irreführende Angaben über die angebotenen Waren oder Dienstleistungen[648], Sonderverkaufsveranstaltungen mit Ausnahme von Sommer- und Winterschlussverkäufen sowie Jubiläumsverkäufen (nach 25 Jahren) oder Räumungsverkäufen und Rufschädigung von Mitwettbewerbern. Auch die Zustellung nicht bestellter Ware (vgl. Abschnitt 2.5.2) gilt, einem Urteil des Oberlandesgerichts Stuttgart vom 05.05.2000 (Az: 2 U 216/99) zufolge, als wettbewerbswidrig im Sinne des § 1 UWG.[649]

---

[648] Dies wird durch die sog. „kleine Generalklausel" (§ 3 UWG) geregelt.

[649] Einem im Januar 2003 von Justizministerin Zypries vorgelegten Entwurf zur Reform des UWG zufolge sollen künftig – in Folge des Wegfalls des Rabattgesetzes – Rabatt-Aktionen auf das gesamte Sortiment auch außerhalb von Schlussverkäufen möglich sein. Dabei sollen die Händler jedoch auch verpflichtet werden, bei Sonderangeboten eine bestimmte Mindestanzahl der beworbenen Waren auf Lager zu haben. Gleichzeitig soll die Werbung mit sog. „Mondpreisen" (Preise, die zunächst künstlich hochgesetzt, um dann scheinbar vorteilhaft wieder reduziert zu werden) ausdrücklich per Gesetz verboten werden, ebenso wie Schleichwerbung (Product Placement), das Ausnutzen der Unerfahrenheit von Kindern und Jugendlichen, die Kopplung von Gewinnspielen an den Erwerb von Waren sowie irreführende Angaben über Warentestergebnisse. Auch soll unerbetene Werbung per Telefon, Fax, E-Mail und SMS per Gesetz verboten werden. Darüber hinaus soll per Gesetz angeordnet werden, dass Gewinne von Unternehmen, die sich nicht an die Regeln des unlauteren und fairen Wettbewerbs halten, abgeschöpft werden dürfen. (vgl. o.V.: Regierung will Verbraucherrechte stärken (20.01.2003), in: Handelsblatt, http://www.handelsblatt.com, 21.01.2003; o.V.: Regierung stärkt Verbraucherrechte (21.01.2003), in: Die Welt, http://www.welt.de, 21.01.2003; o.V.: Regierung will Verbraucherrechte stärken (22.01.2003), in: Stuttgarter Nachrichten, http://www.stuttgarter-nachrichten.de, 23.01.2003)

Unlauterer Wettbewerb bei Verkaufsfahrten

In der Vergangenheit konnten Verbraucherschützer nicht viel mehr tun, als immer wieder aufs neue vor den Machenschaften dubioser Kaffeefahrt-Veranstalter zu warnen. Richtig helfen konnten sie den geprellten Verbrauchern allerdings nicht. Denn dazu fehlte die notwendige rechtliche Grundlage. Als einen „Durchbruch" begrüßten sie deshalb das jüngste Urteil des Bundesgerichtshofes (Urteil vom 15.08.2002, Az: 3 StR 11/02), das besagt: Wenn ein Veranstalter von Kaffeefahrten mit einem „leckeren Mittagessen", welches sich als eine Dose Erbsensuppe oder Brechbohnen entpuppt, oder mit bereits zur Auszahlung bereitstehenden „Topgewinnen" oder Reisegutscheinen in ähnlicher Höhe, deren Verlosung nicht oder nur in geringerer Höhe stattfindet, wirbt, dann gilt diese Werbung nach dem Gesetz über den unlauteren Wettbewerb (UWG) als strafbar im Sinne des § 4 Abs.1 UWG und kann mit einer Haftstrafe von bis zu zwei Jahren geahndet werden.[650] Darüber hinaus wies der Bundesgerichtshof darauf hin, dass die Angabe einer kostenpflichtigen (0190-)Service-Telefonnummer für nähere Auskünfte zum angeblichen Gewinn den Tatbestand eines Betruges durchaus erfüllen kann.

Dieses Urteil könnte, gewissermaßen als Präzedenzfall, eine neue Perspektive für die rechtliche Bewertung von Kaffeefahrten bieten. Die klaren Worte des Bundesgerichtshofes werden den unseriösen Anbietern in Zukunft das Leben schwerer machen, ist sich auch Matthias Wins, Rechtsexperte der *Verbraucher-Zentrale Mecklenburg-Vorpommern* sicher. Allerdings, so der Jurist weiter, sei er schon „sehr neugierig", was sich die Anbieter von Kaffeefahrten als nächstes einfallen ließen, um auch weiterhin ihre Waren feilbieten zu können, ohne strafrechtliche Verfolgungen fürchten zu müssen.[651]

---

[650] vgl. Bundesgerichtshof: Anlocken mit falschen Versprechungen zu „Kaffeefahrten" ist strafbar, Mitteilung der Pressestelle Nr. 83/2002, http://www.bundesgerichtshof.de, 24.08.2002

[651] vgl. Baale: Kaffeefahrten – Die neuen Tricks der unseriösen Busunternehmer, Verbrauchertipp (23.08.2002), in: Deutschlandfunk, http://www.dradio.de/dlf, 27.08.2002

Gesetz gegen Wettbewerbsbeschränkungen (GWB)

Das *Kartellgesetz* verbietet „Vereinbarungen zwischen miteinander im Wettbewerb stehenden Unternehmen, Beschlüsse von Unternehmensvereinigungen und aufeinander abgestimmte Verhaltensweisen, die eine Verhinderung, Einschränkung oder Verfälschung des Wettbewerbs bezwecken oder bewirken“ (§ 1 GWB). Es wurde erstmals am 27. Juli 1975 verkündet und ist in seiner derzeitigen Fassung seit dem 1. Januar 1999 in Kraft – zum Schutze des Wettbewerbs und zur Verringerung wirtschaftlicher Machtkonzentration. Auf Basis des *Kartellgesetzes* werden Fusionen großer Unternehmen hinsichtlich einer möglichen Monopolbildung geprüft[652], sowie vertikale Preisbindung (mit Ausnahme von Verlagserzeugnissen) und Preisabsprachen zwischen Marktteilnehmern überwacht und verfolgt (vgl. Abschnitt 2.3.7).

Rabattgesetz (RabattG) und Zugabeverordnung (ZugabeVO)

Das *Rabattgesetz* wurde am 25. November 1933 in Verbindung mit der *Zugabeverordnung* in der Notwendigkeit erlassen, um „bestimmte Werbemethoden, die den Kunden vor allem durch das Angebot besonders geldwerter Vergünstigungen zum Kaufentschluss bewegen sollten, weitgehend einzuschränken“[653]. Durch ein grundsätzliches Verbot von Rabatten und Zugaben sollte der „flüchtige und unkritische Verbraucher“ vor Irreführungen über Preis und Qualität der Angebote bewahrt und einer „Verwilderung“ der Wettbewerbssitten vorgebeugt werden.

---

[652] Aber auch wenn laut dem Kartellrecht die Fusion zweier Unternehmen verboten wäre, kann dieses Verbot immer noch durch eine Sondererlaubnis des Wirtschaftsministers aufgehoben werden – wie im Falle der umstrittenen *E.On/ Ruhrgas*-Fusion.

[653] vgl. Bundesministerium für Wirtschaft und Technologie: Entwurf eines Gesetzes zur Aufhebung des Rabattgesetzes und zur Anpassung anderer Rechtsvorschriften (01.12.2000), http://www.bmwi.de, 27.09.2002

Nach fast 70 Jahren beschloss der Deutsche Bundestag mit Wirkung zum 25. Juli 2001 die Aufhebung des *Rabattgesetzes* und der *Zugabeverordnung*. Ausschlaggebend dafür war das in Artikel 3 der *EU-Richtlinie über den elektronischen Geschäftsverkehr* (Richtlinie 2000/31 EG vom 08.06.2000) geregelte *Herkunftslandprinzip*, nach dem ausländische Internetanbieter, die in Deutschland ihre Waren anbieten, den rechtlichen Bestimmungen ihres Heimatlandes unterliegen – wozu auch die rabatt- und zugaberechtlichen Bestimmungen zählen. Da Deutschland aber das einzige Land in der Europäische Union war, dessen nationale Rechtsordnung noch ein grundsätzliches Rabattverbot vorsah, hätte dies erhebliche Wettbewerbsnachteile für deutsche Unternehmen bedeutet.

Mit dem Wegfall des *Rabattgesetzes* und der *Zugabeverordnung* sind nun Preisnachlässe in theoretisch unbegrenzter Höhe – anstelle der vormals erlaubten drei Prozent – und freie Gestaltung für spezielle Zielgruppen, sowie Doppelrabatte und freiere Zugaben möglich. (vgl. Abschnitt 2.4.3 – Kasten „Verkaufsförderung im Zusammenhang mit dem Wegfall des Rabattgesetzes")

Preisangabenverordnung (PAngV)

Die *Preisangabenverordnung* (Artikel 1 der Verordnung zur Regelung von Preisangaben – seit dem 1. Mai 1985 in Kraft) regelt die Auspreisung von angebotenen bzw. beworbenen Waren (respektive Dienstleistungen) hinsichtlich End- und Grundpreis (Preis je Mengeneinheit) einschließlich der Umsatzsteuer und sonstiger Preisbestandteile unabhängig von einer Rabattgewährung. Wobei die Angaben der allgemeinen Verkehrsauffassung und den Grundsätzen von Preisklarheit und Preiswahrheit entsprechen, eindeutig zuzuordnen, sowie leicht erkennbar bzw. deutlich lesbar oder sonst gut wahrnehmbar sein müssen (§ 1 PangV).

Produkthaftungsgesetz (ProdHaftG)

Wird durch ein fehlerhaftes Produkt eine andere Sache beschädigt, jemandes Gesundheit oder Körper verletzt oder sogar getötet, dann ist der Hersteller im Sinne § 1 des seit dem 1. Januar 1999 in Kraft gesetzten *Gesetz über die Haftung für fehlerhafte Produkte* verpflichtet, dem Geschädigten den entstandenen Schaden zu ersetzen.

Fernabsatzgesetz (FernAbsG)

Das am 30. Juni 2000 in Kraft getretene *Fernabsatzgesetz* findet seine Anwendung bei allen Arten von Verträgen über die Lieferung von Waren oder die Erbringung von Dienstleistungen, die unter ausschließlicher Verwendung von Fernkommunikationsmitteln (Briefe, Kataloge, Telefonanrufe, Telefaxe, E-Mails; sowie Rundfunk, Tele- und Mediendienste) abgeschlossen werden, ohne dass die Vertragsparteien persönlich (vis-à-vis) in Kontakt stehen.

Haustürwiderrufsgesetz (HWiG)

Haustürgeschäfte sind mündliche Vertragsverhandlungen, deren Vertragsanbahnung oder -abschluss sich innerhalb der privaten oder öffentlichen Sphäre abspielt: beispielsweise am Arbeitsplatz oder zu Hause, im Zusammenhang mit einer Freizeitveranstaltung (auch Verkaufsveranstaltungen oder sog. Kaffeefahrten [vgl. Abschnitt 2.4.2] zählen hierzu) oder im Anschluss an ein überraschendes Ansprechen in öffentlichen Verkehrsmitteln bzw. im Bereich öffentlich zugänglicher Verkehrsflächen (§ 1 HWiG). Sinn und Zweck des Gesetzes ist es, den Verbraucher davor zu schützen, dass er dem Vertragsgespräch möglicherweise nicht entfliehen kann, demnach weder eine angemessene Überlegungszeit noch die Möglichkeit zum Preisvergleich hat. In diesem Zusammenhang wird ihm ein zweiwöchiges Widerrufsrecht per Gesetz eingeräumt.[654]

---

[654] Grundsätzlich ist das Ansprechen von Passanten zur Kundenwerbung laut einem Grundsatzurteil des Frankfurter Oberlandesgerichts nicht wettbewerbswidrig (Az.: 6 U 182/00). Zwar könnten bei den Angesprochen Gefühle von Verlegenheit auftreten oder sie könnten sich gezwungen sehen, sich gegen ihren Willen mit „wirtschaftlichen Angelegenheiten“ zu befassen. Dies bedeute aber nicht unmittelbar einen verletzenden Eingriff in ihre Privatsphäre, urteilten die Richter. Eine sitten-

Verordnung über Informations- und Nachweispflichten nach bürgerlichem Recht (BGB-InfoV)

Die *BGB-Informationspflichtenverordnung* vom 2. Januar 2002 regelt ergänzend zu den obigen Gesetzen die Verantwortung der Anbieter, ihre Kunden etwa über Vertragskonditionen, Lieferungs- und Zahlungsbedingungen, Produkteigenschaften, sowie Gewährleistungs-, Garantie- und Kündigungsbedingungen zu informieren. Darüber hinaus ist der Anbieter verpflichtet, seine ladungsfähige Anschrift (bzw. die des Unternehmens) anzugeben und den Kunden über seine Rechte im Hinblick auf Widerruf des Vertrages oder Rückgabe der Ware aufzuklären. Dies gilt (in Abstufungen bzw. mit entsprechenden Zusätzen) für Verbraucherverträge (Fernabsatzverträge und Teilzeit-Wohnrechteverträge) und für Verträge im elektronischen Geschäftsverkehr. Darüber hinaus bezieht sich die Verordnung auch auf die Informations- und Nachweispflichten von Reiseveranstaltern wie auch Kreditinstituten.

Modernisierung des Schuldrechts

Mit der *Schuldrechtsreform* wurde das seit nunmehr 100 Jahren bestehende Schuldrecht erstmals überarbeitet. Das Bürgerliche Gesetzbuch (BGB) wurde vormals, entgegen dem angestrebten Kodifikationsgedanken, nach dem das geltende Recht sich klar und verständlich aus einem allgemein gültigen und allumfassenden Gesetzbuch ergeben soll, durch eine Vielzahl anderer „Nebengesetze" ergänzt und war in sich uneinheitlich. „Das, was tatsächlich gilt, [ließ] sich zu einem großen Teil nicht mehr dem BGB entnehmen", urteilt Prof. Dr. Hermann Reichold von der Juristischen Fakultät der *Eberhard-Karls-Universität Tübingen*.[655]

Ziel der *Schuldrechtsreform* war die Vereinheitlichung des Schuldrechts im Bürgerlichen Gesetzbuch (BGB), in Verbindung mit der Umsetzung dreier Richtlinien der Europäischen Gemeinschaft: der *Verbrauchsgüterkauf-*

---

widrige Handlung, die ein generelles Verbot dieser Form der Kundenwerbung erfordere, liege dabei jedoch zumindest im Regelfall nicht vor – aggressive Werbeformen außen vor gelassen.

[655] Heinrich: Die Schuldrechtsreform – Einführung in das neue Recht, Crashkurs (01.08.2002), http://www.jura.uni-tuebingen.de/reichold, 09.11.2002

Richtlinie (deren Umsetzungsfrist am 31.12.2001 auslief), der *Richtlinie zur Bekämpfung von Zahlungsverzug im Geschäftsverkehr* (Fristende: 07.08. 2002) und der *Richtlinie über den elektronischen Geschäftsverkehr* (Fristende: 16.01.2002).[656]

Nachdem bereits in den Jahren 1984 bis 1991 eine eigene Kommission mit der Aufgabe betraut worden war, das Schuldrecht zu reformieren, wurden deren Pläne erst knapp 10 Jahre später (am 4. August 2000) in einem Diskussionsentwurf wieder aufgegriffen. Am 9. Mai 2001 lag dann endlich ein erster (Regierungs)Entwurf vor, welcher 5 Monate später (am 11. Oktober 2001) vom Bundestag und im darauffolgenden Monat (am 9. November 2001) vom Bundesrat beschlossen worden war. Zum Jahreswechsel am 01. Januar 2002 trat das *Gesetz zur Modernisierung des Schuldrechts* dann endlich in Kraft.[657]

In der Umsetzung der *EG-Richtlinie über den Verbrauchsgüterkauf*[658] wurden unter anderem die Gewährleistungsrechte beim Kauf von Verbrauchsgütern für die privaten Konsumenten in mehreren Punkten verbessert. So wurden die Vorschriften für die Verjährung harmonisiert, was zu einer Verlängerung der Gewährleistungsfristen beim Verbrauchsgüterkauf von 6 Monaten auf 2 Jahre führte. Zudem wurde der Gewährleistungsanspruch auch auf gebrauchte Waren (wie z.B. gebrauchte Autos) ausgedehnt. Der Passus „gekauft wie gesehen", der vormals einen Gewährleistungsausschluss nach sich zog, wird künftig nicht mehr in rechtsmäßigen Verträgen zu finden sein dürfen.[659] Der Käufer hat gleichermaßen einen Anspruch auf Gewährleistung, wenn das Produkt nicht die Eigenschaften besitzt, mit denen es beworben wurde (da dies nach neuem Recht als Sachmangel angesehen wird).[660] Darüber hinaus wurde die Beweislast zugunsten des Käufers

[656] vgl. (auch nachfolgend) ebd.; Heinrich: Die Schuldrechtsreform (22.08.2002), http://www.jura.uni-tuebingen.de/reichold, 09.11.2002; http://www.schuldrechts-modernisierung.com; http://www.neues-vertragsrecht.de

[657] Das Gesetz wurde allerdings schon am 01.08.2002 durch eine Schuldrechtsreformreparaturnovelle wieder korrigiert.

[658] Hierzu gelten vor allem die neu geschaffenen Paragraphen §§ 474-479 BGB.

[659] vgl. Verbraucher-Zentrale Thüringen e.V.: Ab 01.01.2002 neue gesetzliche Regeln im Kaufrecht, http://www.vzth.de, 15.05.2002

[660] vgl. Schräder: Sachmangel durch Werbung (10.12.2001), http://www.wettbewerbsberater.de, 11.10.2002; Euregio – Grenzüberschreitende Verbraucherbe-

(also der Verbraucher) umgekehrt: Wo vormals der Käufer nachweisen musste, dass ein Mangel schon bei Erhalt der Ware vorhanden war, wird nach nun geltendem Recht zunächst davon ausgegangen, dass ein Mangel, der innerhalb von 6 Monaten nach der Aushändigung der Ware auftritt, bereits schon bei der Aushändigung vorlag.

Gleichzeitig wurden neben dem Gesetz über die Allgemeinen Geschäftsbedingungen die verbraucherschutzrechtlichen Nebengesetze Fernabsatzgesetz, Haustürwiderrufsgesetz, Verbraucherkreditgesetz und Teilzeitwohnrechtsgesetz (Timesharing-Gesetz), dem Kodifizierungsgedanken entsprechend, in das Bürgerliche Gesetzbuch (BGB) integriert.[661] In diesem Zusammenhang sollte auch das bestehende Rückgabe- und Widerrufsrecht

---

ratung: Neue Gewährleistungsrechte für Käufer, http://www.verbraucher.euregio.de, 15.05.2002

In § 434 Abs.1 BGB heißt es dazu: *Die Sache ist frei von Sachmängeln, wenn sie bei Gefahrübergang die vereinbarte Beschaffenheit hat. Soweit die Beschaffenheit nicht vereinbart ist, ist die Sache frei von Sachmängeln,*

1. wenn sie sich für die nach dem Vertrag vorausgesetzte Verwendung eignet, sonst

2. wenn sie sich für die gewöhnliche Verwendung eignet und eine Beschaffenheit aufweist, die bei Sachen der gleichen Art üblich ist und die der Käufer nach der Art der Sache erwarten kann.

Zu der Beschaffenheit nach Satz 2 Nr. 2 gehören auch Eigenschaften, die der Käufer nach den öffentlichen Äußerungen des Verkäufers, des Herstellers (§ 4 Ab1 und 2 des Produkthaftungsgesetzes) oder seines Gehilfen insbesondere in der Werbung oder bei der Kennzeichnung über bestimmte Eigenschaften der Sache erwarten kann, es sei denn, dass der Verkäufer die Äußerung nicht kannte und auch nicht kennen musste, dass sie im Zeitpunkt des Vertragsschlusses in gleichwertiger Weise berichtigt war oder dass sie die Kaufentscheidung nicht beeinflussen konnte.

[661] Das *Haustürwiderrufsgesetz* (§§ 312, 312f BGB) und das *Fernabsatzgesetz* (§ 312b-d,f BGB) finden nun als „besondere Vertriebsformen" vertraglicher Schuldverhältnisse ihre Anwendung im BGB; das *Gesetz über die Allgemeinen Geschäftsbedingungen* wurde in Gestalt der Paragraphen §§ 305 bis 310 BGB in die Regelungen über rechtsgeschäftliche Schuldverhältnisse in das BGB, sowie in das Unterlassungsklagegesetz (§§1-11, 13 UklaG) integriert; die Vorschriften des *Verbraucherkreditgesetzes* (§§ 488-655 BGB) und des *Teilzeitwohnrechtsgesetzes* (§§ 481-487 BGB) wurden als „Einzelne Schuldverhältnisse" neben dem Verbrauchsgüterkauf (§§ 474-479 BGB) hinzugefügt.

vereinfacht und harmonisiert werden.[662] So gelten für das Fernabsatzgesetz, das Haustürwiderrufsgesetz und das Verbraucherkreditgesetz nun einheitliche widerrufsrechtliche Regelungen[663]. Im Sinne des Fernabsatzgesetzes wirkt sich diese Harmonisierung jedoch eher nachteilig für die Verbraucher aus. Denn im ursprünglichen Fernabsatzgesetz, das gleichsam ein 14-tägiges Rückgaberecht ohne Angabe von Gründen vorsah, trug der Händler das Risiko. Nach den neuen Regelungen trägt der Käufer das Risiko, was für ihn bedeuten kann, dass er bei Rückgabe der gekauften Ware vom Händler eine Rechnung über den eventuellen Wertverlust, den die Ware in der Zeit erlitten haben könnte, bekommt. Vor allem, da bei Fernabsatzgeschäften vornehmlich per Nachnahme oder in Vorauskasse bezahlt wird, könnte sich der Händler somit legitim einen gewissen Betrag des bereits vom Kunden gezahlten Geldes gleich entsprechend des erlittenen „Wertverlustes" einbehalten. Nach Aussagen von Matthias Wins, Jurist der *Verbraucher-Zentrale Mecklenburg-Vorpommern* kann dieser beispielsweise beim Kauf einer Videokamera bis zu 20 Prozent des Kaufpreises betragen. Diese Regelung, so kritisieren die Verbraucherschützer, schwächt die Stellung des Verbrauchers: „ein Widerrufsrecht macht für den Käufer nur Sinn, wenn es ohne Risiko und Schaden ausgeübt werden kann.[664]

Auch die Regelungen der europäischen *E-Commerce-Richtlinie* wurden im Rahmen der Schuldrechtsmodernisierung in deutsches Recht umgesetzt: Speziell für den elektronischen Geschäftsverkehr beinhaltet das Bürgerliche Gesetzbuch mit dem § 312e BGB nun einen umfangreichen Pflichtenkatalog für Internet-Händler, der ihm vor allem umfangreichere Informationspflichten gegenüber dem Kunden auferlegt (neben den Vorschriften der ebenfalls neu geschaffenen *BGB-Informationsverordnung*).

Seit Oktober 2002 untersucht der *Verbraucherzentrale Bundesverband (vzbv)*, inwiefern sich Internet-Einkaufsportale an die gesetzlichen Mindestanforderungen für das Online-Shopping entsprechend dem *Teledienstegesetz*

---

[662] §§ 355-359 BGB (Widerrufs- und Rückgaberecht bei Verbraucherverträgen)

[663] Während vormals für Haustürgeschäfte und Verbraucherkredite eine Widerrufsfrist von 1 Woche, für Fernabsatzverträge von 2 Wochen, bestand, wurde diese Frist, nun im § 355 BGB geregelt, einheitlich auf 2 Wochen festgesetzt.

[664] vgl. Reiche: Rückgabe mit Folgen – Verbraucherschützer fürchten finanzielle Nachteile beim Versandhandel, Verbrauchertipp (15.03.2002), in: Deutschlandfunk, http://www.dradio.de/dlf, 23.08.2002

sowie den Informations-Bestimmungen des *BGB* halten. Das Ergebnis: acht von zehn Online-Shops entsprechen nicht einmal den Mindestanforderungen. Von den bis zum Jahreswechsel 2002/2003 überprüften 211 Anbietern waren lediglich 38 nicht zu beanstanden. So fehlten bei vielen Anbietern beispielsweise eine genaue Anschrift bzw. Identität sowie die Angabe eines Verantwortlichen des Unternehmens, ferner wurden die Verbraucher weder über Widerrufs- oder Rückgaberechte informiert, noch fanden sich Angaben zur Verwendung bzw. Verwertung der Kundendaten auf den Internetseiten – was mit der Bestellung des Kunden bei dem betreffenden Unternehmen geschieht, ob die bei der Bestellung gemachten Angaben beispielsweise den Kunden zugänglich sind bzw. nach Vertragsabschluss gespeichert oder gelöscht werden. Per Gesetz müssen die Anbieter u.a. zudem

- Basisinformationen über die angebotenen Produkte geben,
- den Endpreis der angebotenen Produkte einschließlich aller Steuern und sonstiger Preisbestandteile angeben,
- auf zusätzlich anfallende Liefer- und Versandkosten hinweisen,
- Zahlungs- und Lieferkonditionen erläutern,
- anführen, welche Kosten dem Verbraucher durch die Nutzung von E-Mail und Internet entstehen, sofern sie über die üblichen Grundtarife hinausgehen,
- über die Gültigkeitsdauer befristeter Sonderangebote informieren,
- Informationen über die Mindestlaufzeit von Verträgen, wenn diese eine dauernde oder regelmäßig wiederkehrende Leistung zum Inhalt haben, geben, sowie
- über Verhaltenskodizes, denen sich der Anbieter unterwirft sowie über einen elektronischen Zugang zu diesen Regelwerken erklären.[665]

„Hier wurden neue Gesetze geschaffen, an die sich bisher aber offenbar noch kaum jemand hält“[666], klagt *vzbv*-Vorstand Edda Müller.

[665] vgl. Rais: Acht von zehn Internet-Shops verstoßen gegen Gesetze (23.12.2002), in: Verbrauchernews, http://www.verbrauchernews.de, 07.01.2003

[666] ebd.

3.4.3 Spezielle Regelungen – und deren Entstehung

Irreführende Werbeaussagen (§ 434 Abs.1 BGB)

Äußerungen in der Werbung können dank des mit Wirkung zum 1. Januar 2002 umgestalteten Schuldrechts unmittelbar Ansprüche des Kunden an das Unternehmen begründen, sollte deren entsprechend geweckte Erwartungen nicht erfüllt werden. Gemäß des § 434 Abs.1 BGB führen falsche Versprechungen in der Werbung zum Sachmangel[667]. Es gilt hierbei der schlichte Grundsatz: Was man verspricht, muss man auch halten. Eine Werbeaussage, die nicht erfüllt werden kann, ist demzufolge nicht bloß irreführend im Sinne von § 3 UWG, sonder löst beim Kunden unmittelbare Ansprüche wegen eines Sachmangels aus. Der Kunde kann dann nach §§ 437ff. BGB Nacherfüllung verlangen, vom Vertrag zurücktreten, eine Minderung des Kaufpreis oder Schadenersatz bzw. Ersatz für vergebliche Aufwendungen verlangen.

Allerdings heißt es in der Gesetzesbegründung[668]:

„...Damit werden keineswegs etwa alle möglichen blumigen Werbeaussagen zur Grundlage für einen Sachmangel. Zu einem Sachmangel führt danach nur die Abweichung von Herstelleraussagen, die sich zu konkreten Eigenschaften des Produkts äußern. Musterbeispiel hierfür sind die Aussagen des Herstellers über den Kraftstoffverbrauch, die schon lange vor Erlass der Richtlinie zu einer sehr umfangreichen deutschen Rechtsprechung geführt haben [...]. Diese ist bei der Annahme einer zugesicherten Eigenschaft und der daraus folgenden Schadenersatzhaftung in solchen Fällen sehr zurückhaltend. Anders ist das aber bei der Frage des Sachmangels. Hier wird im Prinzip nur noch darüber diskutiert, wie groß die Abweichung des tatsächlichen Kraftstoffverbrauchs von dem herstellerseitig angegebenen sein muss, um einen Sachmangel darstellen zu können...“

Somit gilt: wo konkrete, nachprüfbare Aussagen zum Produkt gemacht werden, sollten Verkäufer und Hersteller äußerste Vorsicht

---

[667] zu § 434 Abs.1 BGB vgl. Fußnote 660

[668] Entwurf eines Gesetzes zur Modernisierung des Schuldrechts, BT-Drucksache 14/6040 (14.05.2001), 172

walten lassen. Aus Sicht der Verbraucher durchaus positiv zu bewerten. Allerdings gibt es auch hier Schlupflöcher und Hintertürchen für Hersteller und Verkäufer: schwammige, ungenaue, allgemein gehaltene oder auch mehrdeutige Aussagen führen nicht zum Sachmangel, da diese nicht als konkrete Falschaussagen gewertet und bewiesen werden können.

So kann eine Werbeaussage wie „Sicherheit in allen Steuerfragen“ für eine Software zum Erstellen der Einkommenssteuererklärung zwar als irreführend im Sinne des § 3 UWG gewertet werden, und damit als Verstoß gegen Wettbewerbssitten geahndet werden. Aber die Aussage ist nicht konkret genug, als dass ein durchschnittlicher „vernünftiger“ Kunde, von dem im Normalfall bei der Beurteilung von Werbeäußerungen ausgegangen wird, hieraus unmittelbar einen Anspruch ableiten könnte, sollte er die versprochene Sicherheit nicht erlangen. Eindeutig wäre die Situation hingegen bei einer Aussage wie z.B. „Mit Hilfe dieser CD-ROM bekommen Sie bei Ihrer nächsten Steuererklärung garantiert einige hundert Mark mehr zurück“. Das wäre eine konkrete, nachprüfbare Aussage. Und würde sich herausstellen, dass diese Aussage nicht zureffen ist, dann – und nur dann – stünden dem Kunden die Rechte aus §§ 437ff. BGB zu. Möglichkeiten für Unternehmen, sich gegen die Sachmangelhaftung abzusichern und einen Konflikt mit dem Gesetz zu umgehen, gibt es also durchaus.

Desweiteren können nur solche Aussagen zu einem Sachmangel führen, die die Kaufentscheidung beeinflussen könnten – was allerdings relativ und mehr oder weniger beliebig interpretierbar ist. Wobei die Rechtsprechung dies meist zugunsten der Käufer im Sinne des § 3 UWG (Irreführung)[669] auslegt. Nicht kaufentscheidend sind im Zwei-

[669] §3 UWG: *Wer im geschäftlichen Verkehr zu Zwecken des Wettbewerbs über geschäftliche Verhältnisse, insbesondere über die Beschaffenheit, den Ursprung, die Herstellungsart oder die Preisbemessung einzelner Waren oder gewerblicher Leistungen oder des gesamten Angebots, über Preislisten, über die Art des Bezugs oder die Bezugsquelle von Waren, über den Besitz von Auszeichnungen, über den Anlass oder den Zweck des Verkaufs oder über die Menge der Vorräte irreführende Angaben macht, kann auf Unterlassung der Angaben in Anspruch genommen wer-*

felsfall wirklich nur völlig nebensächliche Dinge. Sollte es zu einer Sachmangelklage kommen, liegt die Beweislast nach § 476 BGB (Umkehr der Beweislast beim Verbrauchsgüterkauf) beim Unternehmer.

Klaus Schräder, Mitherausgeber des Loseblattwerkes *Wettbewerbsrecht & Werbung*, rät in diesem Zusammenhang: „Eine wirksame Befreiung von den Folgen irreführender Werbung wird es ohnehin nicht geben. Werbung sollte [jedoch] künftig im Grunde nicht mehr ohne Abstimmung mit denjenigen gestaltet werden, die für die Produkte verantwortlich sind und deshalb beurteilen können, welche Aussagen inhaltlich vertretbar sind".[670]

Unseriöse Gewinnversprechen (§ 661a BGB)

Grundsätzlich ist nach deutschem Recht die Koppelung von Gewinnspiel und Warenabsatz als Wettbewerbsverstoß i.S.d. § 1 UWG bzw. irreführende Werbung i.S.d. § 4 UWG verboten. Wenn also die Aussicht auf einen Gewinn daran geknüpft ist, dass man auch etwas bei der betreffenden Firma bestellt/kauft, dann ist das wettbewerbswidrig. Nach dem am 30. Juni 2000 in Kraft gesetzten Paragraph 661a BGB[671] hat der Empfänger von Gewinnmitteilungen grundsätzlich auch einen Anspruch auf Aushändigung des versprochenen Preises, soweit die Mitteilung in ihrer Gestaltung den Eindruck erweckt, der Empfänger habe tatsächlich gewonnen.[672]

---

den. Angaben über geschäftliche Verhältnisse im Sinne des Satzes 1 sind auch Angaben im Rahmen vergleichender Werbung.

[670] vgl. Schräder: Sachmangel in der Werbung, Internet-Wettbewerbsberater, http://www.wettbewerbsberater.der, 15.05.2002

[671] § 661a BGB: *Ein Unternehmer, der Gewinnzusagen oder vergleichbare Mitteilungen an Verbraucher sendet und durch die Gestaltung dieser Zusendungen den Eindruck erweckt, dass der Verbraucher einen Preis gewonnen hat, hat dem Verbraucher diesen Preis zu leisten.*

[672] vgl. Euro-Info Verbraucher e.V.: Gewinnversprechen aus dem Ausland/Neues Urteil des Tribunal de Grande Instance aus Strassburg (07/2001), http://www.euroinfo-kehl.com, 04.07.02

Allerdings ist es für die betroffenen Verbraucher auch trotz dieser gesetzlichen Regelungen immer noch nicht leicht, wirklich gegen die unseriösen Firmen vorzugehen und die ihm zustehenden Ansprüche einzuklagen. Zum einen, da sich die Firmen oftmals im Ausland oder hinter anonymen Postfächern[673] verstecken, somit für die deutsche Justiz nicht aufzufinden sind und demnach auch nicht zur Rechenschaft gezogen werden können.[674] Zum anderen weist §661 a BGB auch eine nicht zu unterschätzende „Lücke" auf: durch geschicktes Formulieren der Gewinnbenachrichtigungen (gezielt zweideutige oder missverständliche Wortwahl) können dubiose Firmen trotz allem ihren Kopf wieder aus der Schlinge ziehen.[675]

Darüber hinaus liegt das Kostenrisiko bei einem Prozess (sollte es denn dazu kommen) beim Kläger. Er trägt die Prozesskosten (also Anwalts- und Gerichtskosten in Höhe des strittigen Gewinns). Sollte eine Vollstreckung nicht möglich sein, da die Beklagten während des Prozesses untertauchen oder die Firma in Konkurs geht, bleibt der Kläger auf diesen Kosten sitzen.

Musterprozess des *vzbv*

Der *Verbraucherzentrale Bundesverband (vzbv)* konnte im Februar 2002 einen wichtigen (ersten) Sieg gegen unseriöse Gewinnversprechen erringen. In einem Musterprozess vor dem Landgericht Hannover machte er erstmals

[673] Die *Deutsche Post AG* ist grundsätzlich nicht verpflichtet, die Inhaber von Postfächern beim Namen zu nennen – egal welche Anklage gegen diese vorliegen mag.

[674] Das Saarländische Oberlandesgericht Saarbrücken beschied jedoch in einem Grundsatzurteil (Az: 4 U 686/01-137), dass für die gerichtliche Geltendmachung von Gewinnzusagen das Gericht am Wohnsichtz des Verbrauchers zuständig sei – auch wenn das betreffende Unternehmen seinen Sitz im Ausland hat. Im Interesse des Schutzes der Verbraucher sei es diesen nicht zumutbar, so die Richter, durch komplizierte internationale Zuständigkeitsregelungen das richtige Gericht erst noch ausfindig machen zu müssen (vgl. o.V.: Gewinnzusagen müssen eingehalten werden (06.03.2003), Schleswig-Holsteinischer Zeitungsverlag GmbH, http://www.shz.de, 06.03.2003).

[675] vgl. Lieb: Unseriöse Gewinnversprechen im Postkasten – Einführung des § 661 a BGB, Weiss, Lieb & Kollegen, http://www.wlk-erlangen.de, 23.08.2002

von seinem neuen Klagerecht Gebrauch, stellvertretend für Verbraucher Geldforderungen einklagen zu können. (Den Verbrauchern selbst entstehen dadurch keinerlei Gerichtskosten.)

In dem betreffenden Fall klagte der *vzbv* gegen das in den Niederlanden ansässige Werbeunternehmen *Gut&Günstig*, welches einer Verbraucherin per Post eine Gewinnzusage über 38.298,96 Euro zusendete, den versprochenen Gewinn jedoch nie aushändigte.[676] Dem Urteil der Richter gemäß vermittelte das Unternehmen mit der Formulierung „Hiermit teilen wir Ihnen mit, dass Sie auszahlungsberechtigt sind" den Eindruck, die Frau habe einen tatsächlichen Anspruch auf den versprochenen Gewinn – und so wurde das Unternehmen dazu verurteilt, den zugesagten Gewinn an die betroffene Verbraucherin auszuzahlen.

Der *Bundesverband der Verbraucherzentralen (vzbv)* erhoffe sich von dem Urteil, so Christian Fronczak, Sprecher des *vzbv*, „eine abschreckende Wirkung auf Schwarze Schafe der Branche".[677]

Opt-in-Regelung für Direktmarketing per E-Mail, SMS und Fax

Mit Werbung überflutete E-Mail-Briefkästen, Faxgeräte, die endlos und am liebsten mitten in der Nacht Werbung „ausspucken", dreiste Vertreter am Telefon und unseriöse SMS-Botschaften. Lange Zeit sahen sich viele Verbraucher einer wahren Werbeflut ausgesetzt, gegen die sie so gut wie machtlos waren. Für Postwurfsendungen gilt seit dem 1. März 1991 nach der Ausführungsbestimmung der Bundespost (§ 59 Abs.2 Nr.1 PostO), dass es als wettbewerbswidrig zu betrachten ist, wenn Zusteller Briefkästen mit Werbung bestücken, an denen „Keine Werbung"-Aufkleber angebracht sind. Für Botschaften via Telefon, Fax, E-Mail oder SMS gab es lange Zeit keine einheitlichen gesetzlichen Regelungen, sodass unseriösen Unternehmern auf diesem Werbewege keinerlei Grenzen gesetzt waren.

---

[676] Die Verbraucherin hatte ihren Klageanspruch für den Musterprozess an den *vzbv* abgetreten.

[677] vgl. o.V.: Verbraucherschützer erringen Sieg gegen Gewinnspielwerber (25.02.2003), in: Die Welt, http://www.welt.de, 26.02.2003

Im November des Jahres 2001 verabschiedete das *Europaparlament* in einer ersten Lesung eine Änderung des *Datenschutzgesetzes* im Bereich der elektronischen Kommunikation, nach der für Botschaften per SMS, Fax oder Telefon die ausdrückliche Genehmigung des Empfängers eingeholt werden müsse. Diese sog. *Opt-in-Regelung* sollte aber (vorerst) nicht für Werbebotschaften via E-Mail gelten. Statt dessen solle das „Spamming" per E-Mail nur dann verboten werden, wenn „die Identität des Absenders verschleiert oder verheimlicht wird, in dessen Namen die Nachricht übermittelt wird" und es sollte ebenfalls unzulässig sein, Werbemails ohne „authentische" Adresse, bei der der Empfänger das Einstellen der unerwünschten Nachrichten beantragen kann, zu versenden.[678] Aufgrund einer Einigung des Brüsseler *EU-Kommunikationsrates* darauf, ungebetene Werbung per E-Mail, Faxgerät oder Telefon künftig ganz zu verbieten, beschloss das *Europaparlament* in einer zweiten Lesung im Dezember, dass auch für unverlangte Werbebotschaften per E-Mail die *Opt-in-Regelung* gelten solle. Das unverlangte Versenden kommerzieller E-Mails solle danach nur noch in genau abgegrenzten Ausnahmefällen zulässig sein. „Die Entscheidung für die Opt-in-Regel gibt Verbrauchern endlich die Wahlfreiheit bei Werbebotschaften – wer damit nicht behelligt werden will, hat das Recht auf seiner Seite"[679], so *vzbv*-Vorstand Edda Müller.

In diesem Zusammenhang haben die (betroffenen) Verbraucher zudem die Möglichkeit, sich in sogenannte Robinson-Listen unter *www.erobinson.de* einzutragen. Mit dem Eintrag in diese Listen, getragen vom *Deutschen Direktmarketing Verband (DDV)*, in Zusammenarbeit mit dem *Bundesverband Informationswirtschaft, Telekommunikation und Neue Medien (BITKOM)* sowie dem *Interessenverband deutsches Internet (I.D.I)*, können sich die Verbraucher vor der (ungewollten) Zusendung von Werbematerial und -botschaften per Post

[678] vgl. Bleich: Europaparlament sagt Ja zu Spam und Nein zu Cookies (13.11.201), in: heise online, http://www.heise.de, 03.07.2002
[679] Verbraucherzentrale Bundesverband e.V.: Email, SMS und Fax: EU-Parlament schiebt unerlaubter Werbung einen Riegel vor (30.05.2002), http://www.vzbv.de, 04.07.2002

(DDV) und Fax *(BITKOM)*, sowie via Telefon, SMS und E-Mail *(I.D.I.)* schützen. Diese Listen werden quartalsmäßig aktualisiert und – gegen Gebühr – den Mitgliedern des *DDV* sowie sonstigen interessierten Unternehmen zur Verfügung gestellt. Für seriöse Unternehmen sind diese Listen ebenso eine gute Informationsquelle, um überflüssige, da wirkungslose, Werbeausgaben zu reduzieren. Gegen das Versenden von Werbematerial von Unternehmen, die die Listen nicht erwerben, sowie auch unseriöser Unternehmen können die Listen jedoch auch nichts ausrichten, da sie auf freiwilliger Basis funktionieren.

Immerhin haben die betroffenen Verbraucher, die trotz allem auch weiterhin ungefragt mit Werbung „bombardiert" werden, das Recht auf ihrer Seite, die betreffenden Unternehmen auf Unterlassung und Schadenersatz der durch die Übermittlung (bzw. den Empfang) der Werbebotschaft entstandenen Kosten zu verklagen. Dieser Anspruch bleibt jedoch theoretisch, solange sie den Urheber der Werbematerialien und -botschaften nicht ermitteln können.

Es gibt jedoch immer wieder Unternehmen, die sich nicht an die Opt-In-Regelung halten und weiterhin ungefragt beispielsweise Werbe-E-Mails verschicken – selbst wenn die Empfänger dagegen Einspruch erheben. Wie etwa die Firma *Online Marketing Albrecht*, die unter dem Namen „emailfuchs" Werbemails für Kunden versendet – angeblich „mit Unterstützung des Landes Sachsen-Anhalt sowie mit EU-Mitteln"[680]. „Wir erreichen bereits über fünf Millionen E-Mail-Leser in ganz Deutschland", brüstet sich das Unternehmen auf seiner Webseite[681] und sieht sich durchaus im Recht, die Opt-In-Regel offenkundig missachtend, auch weiterhin „legitim und rechtmäßig" unaufgefordert Werbemails zu versenden[682] – auch wenn ihm dies mittlerweile bereits in drei Verfahren unter Androhung eines Ordnungsgeldes untersagt worden ist.[683]

---

[680] Heidrich: Heise gewinnnt gegen Spammer (17.04.2003), in: heise online, http://www.heise.de, 23.04.2003

[681] http://www.online-marketing-albrecht.de

[682] vgl. Bleich: Spammer aus Überzeugung (18.11.2002), in: heise online, http://www.heise.de, 19.11.2002

[683] vgl. Heidrich: Heise gewinnnt gegen Spammer (17.04.2003), in: heise online, http://www.heise.de, 23.04.2003

In den meisten Fällen folgen deutsche Gerichte der Auffassung des Europäischen Gerichtshofes, dass unverlangt gesendete Werbebotschaften – vor allem per E-Mail – einen rechtswidrigen Eingriff in das Persönlichkeitsrecht des Empfängers darstellen[684].

Auch Fax-Werbung wird im allgemeinen als rechtswidrig anerkannt – vor allem hinsichtlich der Papier-, Tintenpatronen- und Stromkosten beim Faxempfang sowie der Blockierung des Faxgerätes für erwünschte Faxnachrichten und der Lärmbelästigung beispielsweise bei nächtlicher Faxübertragung.

In einem Verfahren des Landgerichts Berlin vom 14. Januar 2003 (Az: 15 O 420/02) wurde erstmals auch ausdrücklich der unerwünschte Versand von SMS-Nachrichten thematisiert, mit dem Ergebnis, dass nach Ansicht des Gerichts die bisherige Rechtsprechung bezüglich E-Mail-Werbung auch auf SMS-Werbung übertragbar ist. Den Argumenten der Beklagten, SMS-Werbung sei eher mit zulässiger Briefwerbung zu vergleichen, folgte das Gericht dagegen nicht. Vielmehr sei eine SMS ein viel stärkeres Eindringen in die Privatsphäre als eine Postsendung und eher unerlaubtem E-Mail-, Fax- und Telefonmarketing ähnlich. Dies liege vor allem daran, dass bei Empfang einer SMS

---

684 Als eine Ausnahme sei auf eine Entscheidung des Oberlandesgerichts Düsseldorf verwiesen (Az: I-15 W 25/03), welches im April 2003 entschied, unerbetene Werbe-E-Mails könnten „mit einem einzigen Klick“ entfernt werden und stellten damit keine allzu gravierende Beeinträchtigung für den Empfänger dar. Diese Entscheidung steht jedoch im Widerspruch zum überwiegenden Teil der bisherigen Rechtsprechung (vgl. Heidrich: Kein einstweiliger Rechtsschutz gegen Spam (10.04.2003), in: heise online, http://www.heise.de, 11.04.2003). Das Landgericht München beispielsweise entschied zugunsten eines mit unerwünschter E-Mail-Werbung belästigten Klägers und verklagte die *Marketinggesellschaft der deutschen Agrarwirtschaft (CMA)*, welche auf ihrer Homepage ein Feature installiert hat, mit dessen Hilfe jedermann Werbe-E-Mails an beliebige Empfänger versenden kann, auf Unterlassung. Sollte dieser die als Präzedenzfall geltende Entscheidung des Gerichts missachten, so könne laut Aussage eines Gerichtssprechers ein Bußgeld von bis zu 250.000 Euro über ihn verhängt werden (vgl. Kuri: Gericht stärkt Schutz gegen unerwünschte E-Mail-Werbung (29.04.2003), in: heise online, http://www.heise.de, 30.04.2003).

in der Regel ein Signalton ertöne. Weiterhin sei nicht auf Anhieb erkennbar, wer Absender einer solchen Textbotschaft sei. Vielmehr müsse der Empfänger die Nachricht erst aufrufen um dies zu erfahren. Und schließlich gebe es durch die begrenzte Speicherkapazität auf Mobiltelefonen auch die Gefahr eines "Überlaufens" der SMS-Box, sodass erwünschte Nachrichten nicht mehr empfangen werden können.[685]

Telekommunikations-Kundenschutzverordnung (TKV)

Nachdem Anfang des Jahres 2002 gehäuft Beschwerden in den Verbraucherschutzorganisationen und im *Verbraucherministerium* wegen Belästigungen per E-Mail, Fax und SMS und in den Augen der betroffenen Verbraucher unverschuldet überhöhter Telefonrechnungen aufgrund von den Verbrauchern unbemerkt aufgebauter 0190-Dialer-Verbindungen (vgl. Abschnitt 2.3.6) auftraten, appellierte die Verbraucherschutzministerin Renate Künast zunächst an die Wirtschaft, den Missständen durch kundenfreundlichere Maßnahmen auf selbstverpflichtender Basis entgegenzutreten und im Hinblick auf umstrittene Telefonrechnungen nicht als „Inkassounternehmen für die Schwarzen Schafe der Branche“ herzuhalten: „Kurzfristig ermuntere ich die Netzbetreiber, allen voran die Deutsche Telekom, das Inkasso zu verweigern, wenn eine Forderung eines Telefonkunden bestritten ist, und bereits abgebuchte Beträge zurückzuerstatten.“[686] Dann sei es nämlich an dem jeweiligen Anbieter, seine Forderungen gegenüber dem Verbraucher unmittelbar durchzusetzen. Nachdem diese Appelle an die Wirtschaft aber erfolglos blieben, wandte sich die Verbraucherministerin an das *Wirtschaftsministerium*, mit dem zusammen ein Gesetzesentwurf zur Änderung der Telekommunikations-Kundenschutzverordnung (TKV) erarbeitet und am 5. Juni 2002 beschlossen worden

---

[685] vgl. Heidrich: Gericht untersagt den Versand von SMS-Spam (05.03.2003), in: heise online, http://www.heise.de, 06.03.2003

[686] vgl. Bundesministerium für Verbraucherschutz, Ernährung und Landwirtschaft: Künast legt Vorschläge gegen Missbrauch von 0190-Dialern vor, Pressemitteilung Nr. 139 (06.05.2002), http://www.verbraucherministerium.de, 07.05.2002

ist. Mit dieser Änderung würden Netzbetreiber in die Lage versetzt, wiederholt gegen geltendes Recht verstoßende Unternehmen von ihrem weiteren Angebot auszusperren. Die jeweiligen Anbieter würden zudem dazu verpflichtet, ihren Namen und ihre ladungsfähige Anschrift exakt auszuweisen, damit die Telefonkunden sich direkt an die entsprechenden Anbieter wenden könnten. Und darüber hinaus dürften die rechnungsstellenden Telefonnetz-Betreiber wie z.B. die *Deutsche Telekom AG* umstrittene Forderungen nicht mehr einziehen – der jeweilige Anbieter müsse die Forderung gegenüber dem Rechnungsempfänger selbst geltend machen.

Parallel dazu sollte das Unterlassungsklagegesetz dahingehend verändert werden, dass Verbraucher, denen unverlangt Waren oder sonstige Dienstleistungen zugesandt werden, einen Auskunftsanspruch gegenüber dem jeweiligen Anbieter erhielten, sodass dieser sich nicht hinter einer Postfachadresse, einer Faxnummer oder einer Internetadresse „verstecken" kann, sondern der (geschädigte) Verbraucher in die Lage versetzt würde, seine Unterlassungs- und Schadensersatzansprüche auch durchzusetzen.[687]

Diese Verordnung wurde allerdings vom Bundesverband der regionalen und lokalen Telekommunikationsgesellschaften *BREKO*[688] und vom *Verein Freiwillige Selbstkontrolle Telefonmehrwertdienste (FTS)*[689] scharf kritisiert, sodass sich der Wirtschaftsausschuss des

---

[687] vgl. Kuri: Gesetz gegen Abzocke mit 0190-Dialern (05.06.2002), in: heise online, http://www.heise.de, 03.07.2002; Fiutak: Regierung verabschiedet Dialer-Gesetz (05.06.2002), in: ZDNet Deutschland News http://news.zdnet.de/news/, 11.06.2002

[688] *BREKO* kritisiert, dass es ein „Ding der Unmöglichkeit" sei, den jeweiligen Urheber einer 0190-Nummer herauszufinden und auf der Telefonrechnung dessen Adresse mit anzugeben, da die Nummern ständig weitervermietet werden könnten und so die Kette der Ver- und Untermieter in vielen Fällen nahezu unüberschaubar lang sei (vgl. BREKO: Beschluss zu 0190er-Nummern: Überhastet und technisch undurchführbar (06.06.2002), Presseinformation, http://www.brekoverband.de, 11.06.2002).

[689] http://www.fst-ev.de; Persson: Selbstkontrollverein lehnt Dialer-Schutzgesetz ab (08.06.2002), in: heise online, http://www.heise.de, 03.07.2002

Bundesrates ebenfalls gegen den geplanten Gesetzesentwurf aussprach und für eine vom Bundesland Hessen beantragte Vertagung der Entscheidung stimmte, da noch „Nachbesserungsbedarf“ für das Gesetz bestehe, wie ein Sprecher des hessischen Wirtschaftsministeriums erklärte.[690] (Auch Verbraucherschützer kritisierten die Verordnung, da sie die Beweispflicht für einen Missbrauch beim Kunden belässt und keine Obergrenze für 190er-Nummern-Gebühren vorsah und sie es dem Kunden auch nicht erleichtere, einen 0190-Dienstleister aufzuspüren, um etwa Schadensersatzansprüche geltend zu machen.)

Am 12. Juli 2002 wurde die 2. Änderung der Telekommunikations-Kundenschutzrichtlinie vom Wirtschaftsausschuss des Bundesrates verabschiedet und am 31. Juli 2002 fand sie ihre Zustimmung bei der Bundesregierung, sodass die geänderte Verordnung mit ihrer Veröffentlichung im Bundesanzeiger in Kraft trat. Die Verordnung solle „die Verbraucherrechte im Zusammenhang mit unerwünschter Fax-, E-Mail- und SMS-Werbung für Mehrwertdienste-Rufnummern wie 0190-Nummern sowie dem betrügerischen Einsatz von Dialer-Programmen“[691] stärken.

Allerdings schützen die neuen Änderungen der Verordnung den Verbraucher vor dem wachsenden Missbrauch der 0190er Nummer nicht wirklich.[692] Der ursprünglich vorgesehene Passus, nach dem die rechnungsstellenden Telefonnetz-Betreiber das Inkasso für umstrittene Forderungen an die jeweiligen Anbieter weiterleiten müssten – was wiederum den betroffenen Verbrauchern die Möglichkeit gegeben hätte, die Telefondienste-Anbieter aus ihrer Anonymität zu locken, da

---

[690] vgl. Hessisches Ministerium für Wirtschaft, Verkehr und Landesentwicklung: Posch fordert Lösung der 0190-Problematik – Verordnungsentwurf des Bundes nicht zustimmungsfähig (05.07.2002), Pressemitteilung, http.//www.wirtschaft.hessen.de, 08.07.2002

[691] vgl. Bleich: Wahlkampf um verabschiedete Anti-0190-Verordnung (12.07.2002), in: heise online, http://www.heise.de, 16.07.2002

[692] vgl. (auch nachfolgend) Bleich: 0190-Gesetz von Regierung abgesegnet (31.07.2002), in: heise online, http://www.heise.de, 01.08.2002; Lütge: Eine ziemlich schräge Nummer, in: Die Zeit (33/2002), http://www.zeit.de, 08.08.2002

diese verpflichtet würden, ihre Forderungen bei Einwendungen der Rechnungsempfänger selbst durchzusetzen – wurde nach Diskussionen im Wirtschaftsausschuss des Bundesrats ersatzlos gestrichen. (Damit gab der Ausschuss dem Drängen der UMTS-Dienstanbieter nach, die befürchteten, dass sich über 0190er Nummern abgerechnete Mehrwertdienste wie Klingeltöne oder Logos für Handys für sie nicht mehr rechnen würden, wenn die Anbieter dafür das Inkasso selbst erledigen müssten.)

Zwar erfährt der Kunde durch die Angabepflicht des Namens und der ladungsfähigen Anschrift des jeweiligen Netzbetreibers den Namen desjenigen Unternehmens, das den Nummernblock verwaltet, nicht aber den Namen des eigentlichen Diensteanbieters. Dieser kann sich weiterhin geschützter Anonymität erfreuen. (Die Diskussion um eine Datenbank bei der *Regulierungsbehörde für Telekommunikation und Post (RegTP)*, in der alle Diensteanbieter registriert sein müssen, wurde bis auf weiteres vertagt.)

Desweiteren wurde die Bestimmung, dass der Rechnungssteller den Rechnungsempfänger darauf hinweisen muss, dass dieser Einwendungen gegen einzelne Forderungen erheben könne, dahingehend eingeschränkt, dass die Einwendungen „begründet" sein müssen. (Dies geschah auf Anraten des *Interessenverbands Neue Medien*, welcher zu Bedenken gab, dass der Hinweis „automatisch die Gefahr mit sich [bringe], dass der Verbraucher verstärkt Missbrauch betreib[e], indem er Dienstleistungen per Telefon oder über das Internet in Anspruch [nähme], anschließend aber die Zahlung verweiger[e]."[693]) Die betroffenen Verbraucher müssen somit erst einmal beweisen, dass sie nichts davon wussten, einen Dienst zu nutzen, den sie gar nicht wollten. Gerade im Falle der Internet-Dialer stellt dies eine fast nicht zu bewältigende Hürde dar.

---

693 Interessenverband Neue Medien e.V.: Die geänderte Telekommunikationskundenschutzverordnung (TKV) tritt Anfang August mit Veröffentlichung im Bundesanzeiger in Kraft. (31.07.2002), http://www.ivnm.de, 01.08.2002

Die Änderungen verpflichten die Netzbetreiber, die 0190er Nummern anderen Anbietern zu Nutzung überlassen, nun jedoch auch dazu, unverzüglich Maßnahmen zu ergreifen, sollten diese Nummern rechtswidrig genutzt werden: bei „wiederholten oder schwerwiegenden Zuwiderhandlungen" dürfen sie die Nummern sperren. Allerdings enthält die Verordnung keine genaue Definition dafür, wie oft diese Verstöße vorkommen dürfen oder ab wann sie als „schwerwiegend" gelten. Damit sind die Sperrungen durch die Netzbetreiber eine Frage des jeweiligen eigenen Ermessens, die wohlgemerkt an der Weitervermietung der Nummern mitverdienen, sodass sich ihre Motivation zur Sperrung einer Nummer in Grenzen halten dürfte.[694]

„Alles in allem werden die Rechte des Verbrauchers zwar in gewisser Weise gestärkt", urteilt Verena Rais von den *Verbrauchernews*, „das eigentliche Ziel jedoch, den Verbraucher wirksam beispielsweise vor betrügerischen Dialern zu schützen, ist nicht erreicht worden."[695] Die Methoden der Mehrwertnummern-Anbieter sind nur noch ausgefeilter und perfider geworden, um die Gesetzesvorschriften auch weiterhin zu umgehen und die Verbraucher zur (unbewussten) Nutzung vor allem ihrer 0190-er Nummern zu verleiten, ohne dass diese eine reelle Chance haben, sich dagegen zu wehren, geschweige denn, die betreffenden Anbieter ausfindig zu machen, um gegen diese vorgehen zu können.[696]

Aus diesem Grunde ermahnte der Bundesrat die Regierung dazu, das Gesetz noch einmal zu überarbeiten, mit dem Ziel einer strikteren Regulierung mit wirksamen Kontrollen und empfindlichen Strafen.

„Wir sehen die 0190-Problematik als einen Schwerpunkt dieser Legislaturperiode", erklärte Georg Starke, Leiter des Referats für den

---

[694] vgl. Schulzki-Haddouti: Schlecht gebrüllt, Löwe – Die neue Rechtslage taugt kaum, um der 0190-Mafia das Handwerk zu legen, in: c't – magazin für computertechnik (16/2002), 122f.

[695] vgl. Rais: Mehr Schutz vor 0190-Betrügereien, aber ... (05.08.2002), in: Verbrauchernews, http://www.verrbauchernews.de, 06.08.2002

[696] vgl. Lütge: Eine ziemlich schräge Nummer, in: Die Zeit (33/2002), 08.08.2002

wirtschaftlichen Verbraucherschutz, noch Ende Oktober 2002. Daraufhin kündigte die Bundesregierung an, in einer neuen Gesetzesnovelle einen sog. „Straf-Schadenersatz“ im Gesetz gegen den unlauteren Wettbewerb (GUW) verankern zu wollen, sowie Verbraucherschutzverbänden die Möglichkeit einzuräumen, gegen die unlauteren Anbieter vor Gericht ziehen zu dürfen. Auch sollte eine sog. „Strohmannklausel“ zukünftig verhindern, dass zwielichtige Anbieter unter Postfachadressen auf dem Markt auftreten können.[697] Die Namen und ladungsfähigen Adressen aller Netzbetreiber sollten in einer Datenbank der *Regulierungsbehörde für Telekommunikation und Post (RegTP)* erfasst werden: „Jede Adressänderung sowie jede weitere Ableitung von der Zuteilung an eine andere natürliche oder juristische Person ist der *RegTP* unverzüglich mitzuteilen. Bei einem Verstoß gegen die Verpflichtung kann die *RegTP* die 0190er-Nummer entziehen“, hieß es in dem Konzeptpapier der Bundesregierung. Desweiteren sollten für Mehrwertdienste Gebührenobergrenzen (max. 2 Euro pro Minute bzw. 120 (!) Euro pro Anruf) festgelegt werden.[698]

Am 18. November legte das *Bundesministerium für Wirtschaft und Arbeit (BMWA)* ein entsprechendes Konzept im Rahmen einer Anhörung vor Vertretern von Unternehmen und Verbänden vor.[699]

Der erste Referentenentwurf für das neue „Gesetz zur Bekämpfung des Missbrauch von Mehrwertdiensterufnummern“, dessen Kernstück eine Änderung des Telekommunikationsgesetzes (TKG) – speziell des § 43 – war, wurde einen Monat später vorgelegt und enthielt wie vorgesehen die Forderung für Anbieter von 0190-er, wie auch 0136-, 0137- und 0138-er Nummern, nach Hinterlegung einer ladungsfähigen

---

[697] vgl. Krempl: Bundesregierung will besseren Dialer- und Spamschutz (31.10.2002), in: heise online, http://www.heise.de, 06.11.2002; Gieselmann: Neues Gesetz gegen 0190-Abzocke (10.11.2002), in: heise online, http://www.heise.de, 12.11.2002

[698] Diese neuen Regelungen sollen nicht nur für 0190-Nummern, auch für die neuen 0900-Nummern sowie 0136-, 0137-, 0138- und 118-Nummern gelten.

[699] vgl. Bleich: Neue Maßnahmen gegen 0190-Mißbrauch vorgeschlagen (19.11. 2002), in: heise online, http://www.heise.de, 20.11.2002

Anschrift bei der *Regulierungsbehörde für Telekommunikation und Post (RegTP)*. Diese Daten sollten der Öffentlichkeit im Internet in Form einer Datenbank zugänglich gemacht werden und darüber hinaus sollte sogar jedermann einen Anspruch darauf bekommen, die Daten telefonisch erfragen zu können. Desweiteren sollte bei Verstoß gegen die Meldepflicht von Seiten der Anbieter die Regulierungsbehörde befugt sein, die Rufnummer dem jeweiligen Anbieter wieder zu entziehen. Weitere (ursprünglich geplante) Sanktionsmaßnahmen, wie etwa die Verhängung eines Bußgeldes, wurden nicht in den Gesetzentwurf übernommen. Allerdings wurde die Gebührenobergrenze für Pauschalabrechnungen pro Anruf von 120 auf 30 Euro herabgesetzt. Wird entsprechend der Länge der Verbindung abgerechnet, soll das Entgelt wie geplant auf maximal zwei Euro pro Minute begrenzt werden (bei einer Taktlänge von maximal 60 Sekunden).[700]

In Folge verschiedenster Kritiken an dem Entwurf legte das *Bundesministerium für Wirtschaft und Arbeit (BMWA)* Ende Januar 2003 einen ersten Gesetzentwurf zur „Bekämpfung des Missbrauchs von 0190er-/0900er-Mehrwertdiensterufnummern vor. „Der neue Entwurf enthält einige wesentliche Änderungen gegenüber der ersten Fassung. Aber auch in der aktuellen Form taugt er kaum, dem erklärten Ziel näher zu kommen, nämlich die Verbraucher vor Abzocke durch 0190-Dialer zu schützen"[701], urteilte Holger Bleich, Redakteur der Computer-Zeitschrift *c't*. So wurde die ursprüngliche Forderung nach einer für die Öffentlichkeit zugänglichen Datenbank im Internet verworfen; statt dessen ist in dem neuen Entwurf nur noch die Rede davon, dass die Regulierungsbehörde bei Anfragen zu 0190-Mehrwertdiensteanbietern diese an die entsprechenden Anbieter weiterleiten und binnen zehn Tagen dem Anfrager Auskunft erteilen solle (nicht: muss). Winfried Ulmen, Referatsleiter des *Bundesministeriums für Wirtschaft und Arbeit (BMWA)*, begründet diese Kehrtwende, dass die

[700] vgl. Bleich: Erster Gesetzentwurf gegen 0190-Missbrauch (18.12.2002), in: c't – magazin für computertechnik, http://www.heise.de/ct, 07.01.2003

[701] Bleich: Zweiter Gesetzentwurf gegen 0190-Missbrauch liegt vor (29.01.2003), in: heise online, http://www.heise.de, 01.02.2003

Datenbank nun doch nicht bei der Regulierungs-behörde geführt wird, damit, dass „... dort ein zügiger Aufbau der Datenbank nicht realisierbar" sei. Neu in diesem Zusammenhang ist jedoch, dass alle 0190- und 0900-Einwahlprogramme (Dialer) bei der Regulierungsbehörde registriert werden sollen – und in diesem Zusammenhang der Anbieter schriftlich versichern muss, „dass eine rechtswidrige Nutzung ausgeschlossen ist", bevor sie von dem jeweiligen Anbieter erstmals eingesetzt werden. Für nicht registrierte Einwahlprogramme sieht der Gesetzentwurf ein Bußgeld von bis zu 10.000 Euro vor. Darüber hinaus soll die Regulierungsbehörde dazu ermächtigt werden, „im Fall der gesicherten Kenntnis von der rechtswidrigen Nutzung einer Mehrwertdiensterufnummer" die Abschaltung der jeweiligen Nummer anzuordnen, sowie den Rechnungssteller dazu aufzufordern, für die entsprechende Nummer keine Rechnungslegung mehr vorzunehmen. Ansonsten wurde eine automatische Zwangstrennung der Verbindung nach einer Stunde in den Gesetzentwurf übernommen, wie auch die Begrenzung der Tarifierung pro Verbindung auf 30 Euro aus dem Referentenwurf übernommen wurde. Die Gebühr pro Minute wurde allerdings von zwei auf drei Euro angehoben.[702]

Ob diese Regelungen jedoch den Missbrauch von Mehrwertdiensterufnummern wirklich eindämmen können, schien weiterhin vielen äußerst fraglich. Nicht nur die Abkehr von dem ursprünglichen Datenbank-Vorhaben geriet in die Kritik. Auch die Anhebung der maximalen Minutengebühr auf drei Euro traf bei Verbraucherschützern auf keinerlei Zustimmung. „Bei drei Euro pro Minute kommen innerhalb einer Stunde 180 Euro zusammen – das ist eindeutig zu viel"[703], urteilte der zuständige *vzbv*-Experte Michael Bobrowski. Zudem kritisierte der *Verbraucherzentrale Bundesverband (vzbv)*, dass sich die neuen Regelungen ausschließlich auf 0190-er und die neuen 0900-er

---

[702] vgl. ebd.; Bleich: Noch immer kein wirksamer Schutz gegen 0190/0900-Missbrauch (29.01.2003), in: heise online, http://www.heise.de, 01.02.2003

[703] Eberenz: 0190-Gesetz: Abzocker dürfen bis zu 180 Euro verlangen; Telefonieren: Ein neues Gesetz soll Betrügern das Handwerk legen. Wirklich? (11.02.2003), in: Hamburger Abendblatt, http://www.abendblatt.de, 11.02.2003

Nummern[704] beziehen, Auskunfts- und Servicerufnummern, die mit 0118 oder 0137 beginnen, beispielsweise aber außen vor gelassen werden. „Wir müssen ja damit rechnen, dass die unseriösen Anbieter immer öfter auf diese bislang noch eher unverdächtigen Nummern ausweichen“[705], so Michael Bobrowski vom *vzbv*. Vor allem sei es aber absolut nicht nachvollziehbar, dass der Mobilfunk aus dem Gesetzentwurf ausgeklammert worden war. Gerade in diesem Bereich sei die Zahl der Missbrauchs- und Betrugsfälle nach Auffassung des *vzbv* jedoch besonders hoch. Durch SMS-Nachrichten oder die Masche des „Anrufs in Abwesenheit“ (vgl. Abschnitt 2.3.5) würden besonders leicht Mobilkunden zur Wahl von Mehrwertdiensterufnummern verleitet. „Für Mehrwertdiensteabzocker ist dies eine Einladung auf dem Silbertablett, ihre Geschäfte auf Mobilfunkkunden zu konzentrieren“, so *vzbv*-Vorstand Prof. Dr. Edda Müller. „Beim Handy müssen dieselben Schutzmechanismen greifen wie im Festnetz. Anderenfalls steht die Glaubwürdigkeit des gesamten Gesetzesvorhabens auf dem Spiel.“[706]

---

[704] Die 0900-er Vorwahlnummern wurden zum Jahreswechsel 2002/20003 in Deutschland eingeführt. Sie sollen schrittweise bis zum Jahresende 2005 die 0190-er Nummern ablösen. Im Gegensatz zu den 0190-er Nummern werden die 0900-er Nummern direkt den Mehrwertdienstebetreibern zugeteilt (und nicht mehr über mehrere Zwischenhändler weitervermietet), sodass die Regulierungsbehörde direkt Auskunft darüber geben kann, wer sich hinter einer solchen Mehrwertnummer verbirgt. Zudem werden sie nach einer Verbindungsdauer von einer Stunde automatisch zwangsgetrennt – zumindest von der *Deutschen Telekom AG*. Da die 0900-er Rufnummern jedoch ausnahmslos frei tarifierbar sind, bieten sie für die Verbraucher keine wirkliche Alternative zu den 0190-er Nummern – geschweige denn einen Schutz gegen Abzockerei. (vgl. Hammer: Abzockerei mit 0190-Nummern, in: Süddeutsche Zeitung, http://www.sueddeutsche.de, 29.01.2003; o.V.: 0900-Nummern sollen Abzocker bremsen (30.12.2002), in: heise online, http://www.heise.de, 07.01.2003; Mansmann: 0900-Nummern kommen im Januar (12.12.2002), in: heise online, http://www.heise.de, 17.12.2002)

[705] Mansmann: 0900-Nummern kommen im Januar (12.12.2002), in: heise online, http://www.heise.de, 17.12.2002

[706] o.V.: vzbv kritisiert Neuregelung des Gesetzes zu 0190-Nummern (10.02.2003), in: NGO-online, http://www.ngo-online.de, 10.02.2003; o.V.: Mobilfunk und Aus-

Der am 9. April 2003 schlussendlich verfasste zweite Entwurf für das „Gesetz zur Bekämpfung des Missbrauchs von 0190-er/0900-er Mehrwertdiensterufnummern“, das bis zum Sommer 2003 von Bundesrat und Bundestag verabschiedet werden soll, beinhaltet jedoch auch keine wirklichen Änderungen zum vorherigen Gesetzentwurf. Neu ist, dass 0190-/0900-Mehrwertdienstanbieter künftig den Preis für die Nutzung ihrer Nummer(n) angeben müssen, bevor dem Nutzer Kosten entstehen. Dies soll auch für den Mobilfunk gelten, jedoch erst nach einer Übergangsfrist von einem Jahr. Dialer müssen künftig bei der Regulierungsbehörde vor Inbetriebnahme registriert werden, um sicherzustellen, dass sie die Mindestvoraussetzungen beim Verbraucherschutz erfüllen. Ferner bekommen die Verbraucher einen Auskunftsanspruch gegenüber der Regulierungsbehörde hinsichtlich Namen und Anschrift der Anbieter von 0900er Mehrwertdiensterufnummern, die in einer öffentlich zugänglichen Datenbank im Internet erfasst werden sein sollen. Dies gilt jedoch nur für Anbieter von 0900er Nummern. Die allseits „beliebten“ 0190er Rufnummern werden in dieser Datenbank nicht erfasst. Ebensowenig wie überhaupt andere Nummerngassen wie 0118, 0136 oder 0137 in dem Gesetz gar nicht berücksichtigt werden. Und die Sanktionsmöglichkeiten der Regulierungsbehörde gehen auch nicht weit genug, um wirklich abschreckend zu sein.[707]

---

kunftsdienste nicht außen vor lassen – Bundesregierung soll endlich gegen 0190- und 0137-Betrug vorgehen (05.03.2003), in: NGO-online, http://www.ngo-online.de, 06.03.2003

[707] vgl. u.a. Bager: Kabinett beschließt Gesetz zum Schutz vor 0190-Missbrauch (09.04.2003), in: heise online, http://www.heise.de, 11.04.2003; Löding: Branchenverband und Opposition kritisieren 0190-Schutzgesetz (09.04.2003), in: heise online, http://www.heise de, 11.04.2003; o.V.: Regierung geht gegen 0190-Dienste vor (09.04.2003), in: Handelsblatt, http://www.handelsblatt.com, 11.04.2003; o.V.: Gesetzentwurf gegen Missbrauch von 0190-Nummern (10.04. 2003), in: NGO-online, http://www.ngo-online.de, 11.04.2003; Rais: 0190: Wichtiger Schritt gegen Missbrauch von Mehrwertdiensterufnummern (14.04.2003), in: Verbrauchernews, http://www.verbrauchernews.de, 23.04.2003; Pepping: Mehr Schutz vor Telefon-Abzocke (15.04.2003), in: Kölner Stadtanzeiger, http://www.ksta.de, 23.04.2003

Einen wirklich umfassenden Schutz der Verbraucher vor der missbräuchlichen Verwendung von Mehrwertdiensterufnummern bietet dieser Gesetzentwurf somit immer noch nicht, sondern bestenfalls einen Schritt in diese Richtung.

Verbraucherinformationsgesetz (VInfoG)

In Reaktion auf die Futter- und Lebensmittelskandale des Jahres 2001 (u.a. die BSE-Krise und auch der Skandal um mit *Nitrofen* verseuchtes Futtermittel) kündigte Verbraucherministerin Renate Künast im November 2001 die Schaffung eines neuen, „wirkungsvollen Instruments der Verbraucherpolitik" an: das Verbraucherinformationsgesetz (VInfoG)[708]; „Transparenz bis zur Ladentheke" versprach Bundeskanzler Schröder. Mit Hilfe des Gesetzes würde das Informationsungleichgewicht von Anbietern und Verbrauchern eingeschränkt und die Marktstellung der Verbraucher verbessert, so Künast. Informationszugang sei das Instrument eines wachen Verbrauchers, das es ihm ermögliche, sein Leben selbstbestimmt zu führen und aktiv die Märkte zu beeinflussen.[709]

Das Gesetz sollte es dem Verbraucher ermöglichen, bei den Behörden (z.B. Lebensmittelüberwachungs- oder Veterinäruntersuchungsämter) vorhandene Informationen über gewerblich angebotene Waren und Dienstleistungen zu erfragen, die für ihn von gesundheitlichem oder auch wirtschaftlichem Interesse seien. Des weiteren würde den Behörden nun ermöglicht, von sich aus „aktiv" die Verbraucher etwa über Produkte zu informieren, bei denen eine erhebliche Überschreitung von festgesetzten Grenzwerten festgestellt wurde oder bei denen

---

[708] vgl. Bundesministerium für Verbraucherschutz, Ernährung und Landwirtschaft (Hrsg.): Verbraucherinformationsgesetz wird wirkungsvolles Instrument der Verbraucherpolitik, Mitteilung für die Presse Nr. 255 (21.11.2001), http://www.verbraucherministerium.de, 28.09.2002

[709] vgl. Bundesministerium für Verbraucherschutz, Ernährung und Landwirtschaft (Hrsg.): Ein gutes Jahr für Verbraucher und Landwirtschaft, BMVEL-Informationen Nr. 2 (11.01.2002), http://www.verbraucherministerium.de, 28.09.2002

es zum Beispiel wissenschaftlich umstritten sei, ab welcher Konzentration ein bestimmtes gesundheitliches Risiko bestünde. Auch bei dem Verstoß gegen verbraucherschützende Normen dürften die Behörden nun endlich die Produkte sowie die Namen der Firmen bekannt geben (dies war ihnen bis dato nicht erlaubt). Der dritte Grundpfeiler, auf dem sich der vorläufige Gesetzesentwurf stützte, sollte ein („in klarem Umfang begrenzter") Informationsanspruch der Verbraucher gegenüber den Unternehmen sein. Denn bestimmte verbraucherrelevante Informationen, die etwa gesundheitliche Interessen der Verbraucher (wie das Vorhandensein von Allergenen) oder aber auch sog. „Lebensführungsinteressen" (wie etwa die Frage nach Herstellungsmethoden, Haltungsform, Einhaltung internationaler Arbeitsschutzstandards, Kinderarbeit etc.) betreffen, könn(t)en nur die Unternehmen selbst liefern.

Doch schon in der ersten regierungsinternen Debatte scheiterte der Gesetzesentwurf am massiven Widerstand der Wirtschaft, dem sich das Kanzleramt beugte.[710] Der daraufhin überarbeitete Gesetzesentwurf wurde dahingehend „korrigiert", als dass zwar die Informationspflicht der Behörden weiterhin Bestand hatte, diese sich jedoch in Auskünften über Lebensmittel und Bedarfsgegenstände erschöpfte.[711] Die ohnehin schon beschränkte Auskunftspflicht der Unternehmen wurde auf Druck der Wirtschaft ganz gestrichen.[712] Stattdessen verwies die Verbraucher-

---

[710] vgl. o.V.: Information adieu, in: die tageszeitung Nr. 6699 (13.03.2002), 2

[711] vgl. Bundesministerium für Verbraucherschutz, Ernährung und Landwirtschaft (Hrsg.): Verbraucherinformationsgesetz ist ambitioniert, Mitteilung für die Presse Nr. 28 (31.01.2002); Bundesministerium für Verbraucherschutz, Ernährung und Landwirtschaft (Hrsg.): Verbraucher haben Recht auf Zugang zu Informationen, Mitteilung für die Presse Nr. 75 (13.03.2002), http://www.verbraucherministerium.de, 28.09.2002

[712] Die landwirtschaftspolitische Sprecherin der SPD, Kersten Naumann, urteilte daraufhin: „Das geplante Verbraucherinformationsgesetz wird den Wirtschaftsinteressen geopfert. [...] Verbraucherrechte sind zwar in vielen Gesetzen bis hin zum Grundgesetz verankert; Verbraucherschutz in der Marktwirtschaft durchzusetzen ist aber fast so aussichtslos wie der Versuch, mit dem Fahrrad einen Schnellzug einzuholen." (vgl. Naumann: Auf dem Weg in eine verbraucherfreundliche Marktwirt-

schutzministerin auf geplante Gespräche mit der Wirtschaft, um „das Verbraucherrecht auf Information auch im Verhältnis zwischen Verbraucher und Hersteller zu regeln“ und stellte als Ziel eine freiwillige Selbstverpflichtung der Unternehmen „zur umfassenden Auskunft über ihre Produkte und Dienstleistungen“ in Aussicht.[713]

Nicht nur die Beschränkung des Informationsanspruchs auf Lebensmittel und Bedarfsgegenstände stieß bei den Verbraucherschützern auf Kritik.[714] „Wenn man Verbrauchern den Zugang zu produktrelevanten Informationen geben will, dann darf man den Auskunftsanspruch gegenüber Unternehmen nicht ausklammern“[715], kritisierte Prof. Dr. Edda Müller, Vorstand des *Verbraucherzentrale Bundesverband (vzbv)*. Damit bliebe der Gesetzesentwurf „deutlich hinter dem erklärten Ziel von Bundeskanzler Schröder zurück, Transparenz bis zur Ladentheke zu schaffen“. Die Unternehmen hätten, so Edda Müller weiter, „auch heute schon – ohne Selbstverpflichtungserklärung – Gelegenheit, ihre Transparenz und Offenheit unter Beweis zu stellen. Tatsache ist aber, dass die überwiegende Mehrheit der Unternehmen mauert, wenn Verbraucher kritische Fragen stellen.“

---

schaft, Rede vor dem Bundestag am 14.03.2002, http://www.pds-im-bundestag.de, 28.09.2002)

[713] vgl. Bundesministerium für Verbraucherschutz, Ernährung und Landwirtschaft (Hrsg.): Verbraucher haben Recht auf Zugang zu Informationen, Mitteilung für die Presse Nr. 75 (13.03.2002), http://www.verbraucherministerium.de, 28.09.2002; Vorholz: Wasser im Kochschinken – Warum Rot-Grün davor zurückschreckt, Verbraucherrechte zu stärken, in: Die Zeit (17/2002), http://www.zeit.de, 28.09.2002

[714] vgl. Unabhängiges Landeszentrum für Datenschutz Schleswig-Holstein: Stellungnahme zum Entwurf für ein Verbraucherinformationsgesetz auf Bundesebene (26.03.2002), http://www.datenschutzzentrum.de, 28.09.2002; Arbeitnehmerkammer Bremen: Stellungnahme von Verbraucherzentrale und Arbeitnehmerkammer zum Entwurf eines Verbraucherinformationsgesetzes: „Erstmals Anspruch auf verbraucherrelevante Informationen für die Bürger gewährleistet“, Pressemitteilung 29/2002 vom 23.04.2002, http://www.arbeitnehmerkammer.de, 28.09.2002

[715] Arbeitsgemeinschaft der Verbraucherverbände e.V.: Verbraucherinformationsgesetz: Regierungsentwurf halbherzig (12.03.2002), http://www.agv.de, 14.05.2002

Eine vom *Verbraucherzentrale Bundesverband (vzbv)* durchgeführte Untersuchung zum Auskunftsverhalten von Unternehmen bei Verbraucheranfragen[716] bestätigt, dass sich die Verbraucher in vielen Fällen auf rein freiwillig gemachte Angaben und Aussagen der Unternehmen nicht verlassen können. Viele Unternehmen entzögen sich kritischen Verbraucherfragen durch Nichterreichbarkeit, Schweigen, beschönigende oder falsche Antworten, so das ernüchternde Fazit der Studie.

Trotz der Kritik der Verbraucherschützer stimmten sowohl das Bundeskabinett[717] als auch der Bundestag dem zweiten Gesetzesentwurf grundlegend zu. „Wir geben den Kunden die Wahlfreiheit und schützen die Anbieter, die weder täuschen noch tricksen. Wir geben den Behörden eine neue Aufgabe, wir machen ihr Handeln öffentlich. [...] Dies gibt auch den Verbraucherverbänden und den Medien neue Möglichkeiten an die Hand“, begründet Jella Teuchner, verbraucherpolitische Sprecherin der SPD-Bundestagsfraktion, die Entscheidung.[718]

Der Bundesrat verweigerte jedoch seine Zustimmung zum *Verbraucherinformationsgesetz*. Auch ein von der Bundesregierung einberufener Vermittlungsausschuss[719] blieb ohne Ergebnisse, sprich Kompromisse. Das Gesetz verankere „erstmals grundlegende Informationsansprüche der Verbraucher“[720], argumentierte Verbraucherschutzministerin Künast. Der Bundesrat hielt in seiner Begründung dem entgegen, dass er zwar grundsätzlich das mit dem Gesetzesvorhaben verfolgte Ziel,

---

716 vgl. Verbraucherzentrale Bundesverband e.V.: Nicht erreichbar, keine Antwort, inkompetent – Nachgefragt: das Auskunftsverhalten von Unternehmen gegenüber Verbrauchern, Hintergrundpapier zum Verbraucherinformationsgesetz

717 vgl. o.V.: Verbände kritisieren Künast – Kabinett billigt Gesetzentwurf über Verbraucher-Auskunft, in: Frankfurter Rundschau (14.03.2002), 9; o.V.: Verbraucherschutz tippelt voran – Im zweiten Anlauf billigt Kabinett Verbraucherinformationsgesetz, in: die tageszeitung Nr. 6700 (14.03.2002), 9

718 vgl. Teuchner: Rede zum Plenum des Deutschen Bundestages (17.05.2002), http://www.teuchner.de, 28.09.2002

719 siehe dazu Abschnitt 4.4 – Kasten „Der lange Weg des Gesetzes“

720 o.V.: Bundesrat lehnt den Entwurf eines Verbraucherinformationsgesetzes ab (25.06.2002), RegierungOnline, http://www.bundesregierung.de, 28.09.2002

den Verbrauchern mehr Information, Transparenz und Klarheit zu schaffen, begrüße; dieses Ziel jedoch mit dem vorliegenden *Verbraucherinformationsgesetz* nicht erreicht sähe. Berechtigte Verbraucherinteressen wie der Auskunftsanspruch gegenüber Unternehmen würden mit dem Gesetz enttäuscht, das Gesetz sei in sich nicht schlüssig und insbesondere in der Ausgestaltung des Auskunftsanspruches gegenüber den Behörden praxisfremd, da diese in vielen Fällen überhaupt nicht über die Informationen verfügten, die zur sachgerechten Bearbeitung gerade von individuellen Auskunftsersuchen erforderlich seien. In seiner derzeitigen Ausgestaltung führe das Gesetz zu einer erheblichen Kostenbelastung der Länder und Kommunen, ohne den Verbrauchern einen nennenswerten praktischen Nutzen zu verschaffen. Und nicht zuletzt sei es kein taugliches Mittel, um Vorfälle wie den *Nitrofen*-Skandal zu verhindern (wie eingangs erwähnt, einer der Ausgangspunkte zur Schaffung des Gesetzes), das Gesetz keine Bestimmungen zu Futtermitteln enthalte und insbesondere eine Verpflichtung von Unternehmen, staatliche Behörden über kritische Ergebnisse bei Eigenkontrollen zu informieren, nicht vorgesehen sei.[721] Das Gesetz enthielte so gravierende Mängel, dass dem Bundesrat keine andere Entscheidung bliebe, als die, seine Zustimmung zu versagen.[722]

Es bleibt abzuwarten, ob und wann und vor allem in welcher Form die Bundesregierung in der neuen Legislaturperiode das Gesetzesvorhaben noch einmal aufgreift. Nach der *EU-Richtlinie über die allgemeine Produktsicherheit* (2001/95/EG vom 03.12.2001) besteht jedoch die Verpflichtung, bis zum Januar 2004 nicht nur einen Auskunftsan-

---

[721] vgl. Bundesrat: Bundesrat verweigert Zustimmung zum Verbraucherinformationsgesetz, Pressemitteilung Nr. 104/2002 (31.05.2002), http://www.bundesrat.de, 28.09.2002

[722] vgl. Bundesrat: Vermittlungsausschuss bestätigt Verbraucherinformationsgesetz, Pressemitteilung Nr. 132/2002 (12.06.2002), http://www.bundesrat.de, 28.09.2002

spruch der Unternehmen gegenüber den Verbrauchern einzuführen, dieser muss auch wirklich alle Produktgruppen umfassen.[723]

3.4.4 Datenschutz

Handel mit Kundendaten

Grundsätzlich ist nach dem *Bundesdatenschutzgesetz (BDSG)* sowohl die Verwendung als auch die Übermittlung personenbezogener Kundendaten zum Zwecke der Werbung erlaubt – soweit die Daten aus allgemein zugänglichen Quellen entnommen werden können und in Listen zusammengefasst sind (vgl. §§ 28, 29 BDSG). Demnach können alle Angaben hinsichtlich Name, Titel, akademischem Grad, Anschrift, Telefonnummer, Geburtsjahr sowie Berufs-, Branchen- oder Geschäftsbezeichnung und die Angabe über die Zugehörigkeit des Betroffenen zu der Personengruppe, auf die sich die Liste bezieht, ohne Zustimmung des Einzelnen von den Unternehmen zu Werbezwecken, sowie auch zum Zwecke der Markt- oder Meinungsforschung, verwendet und somit auch von den Adressverlagen zu diesen Zwecken übermittelt werden.[724] Dem Betroffenen obliegt allerdings (im Nachhinein) das Recht, der Nutzung oder Übermittlung seiner Daten für Werbe-, Markt- oder Meinungsforschungszwecke bei der verant-

---

723 vgl. Richtlinie 2001/95/EG des Europäischen Parlaments und des Rates vom 3. Dezember 2001 über die allgemeine Produktsicherheit, http://www.europa.eu.int, 28.09.2002

724 Voraussetzung hierfür ist allerdings, dass der Verwendung der Daten kein überwiegendes schutzwürdiges Interesse des Betroffenen entgegensteht. Dies bezieht sich auf sog. „sensible“ Daten (vgl. § 3 Ab9 BDSG), aus denen die rassische und ethnische Herkunft, politische Meinungen, religiöse oder philosophische Überzeugungen oder die Gewerkschaftszugehörigkeit hervorgehen, oder welche die Gesundheit oder das Sexualleben betreffen, sowie Aussagen über strafbare Handlungen und Ordnungswidrigkeiten ermöglichen. Für die Erhebung und Verwendung solch sensibler Daten benötigt das Unternehmen die ausdrückliche Genehmigung des betroffenen Verbraucher.

wortlichen Stelle zu widersprechen[725] – was ihn jedoch nicht davor schützt, sobald er der Verwendung seiner Daten bei einem Unternehmen widersprochen hat, von einem anderen Unternehmen, das sich ebenfalls der allgemein zugänglichen Quellen bedient, zu oben genannten Zwecken angeschrieben zu werden.

Dieser Bestimmung liegt wohl die Überzeugung zugrunde, dass, wenn eine Person schon einmal der Veröffentlichung ihrer Daten, in welchem Zusammenhang auch immer, zugestimmt hat, sie sich dann auch nicht dagegen verwehren kann, dass diese ihre Daten auch (von anderen) verwendet werden; was den jeweiligen Unternehmen sehr zugute kommt – oftmals jedoch sehr zum Verdruss der betroffenen Verbraucher.

Nur die Erhebung und Verwendung zusätzlicher Daten, die über diese allgemeinen Basis-Daten hinausgehen und direkt bei den Verbrauchern erhoben werden, bedürfen der expliziten Zustimmung der betroffenen Verbraucher. Diese Zustimmung erlangen die Unternehmen oftmals auf, aus Sicht der Verbraucher- und Datenschützer, unrechtmäßigen, jedoch im Hinblick auf das Bundesdatenschutzgesetz legalen Wegen: häufig auf dem Wege des *Opt-out*. Danach wird die Zustimmung des Verbrauchers zur Verwendung der von ihm gemachten Angaben als gegeben angesehen, solange er dem nicht ausdrücklich wiederspricht.

---

[725] Das jeweilige Unternehmen ist verpflichtet, dem Betroffenen Auskunft über die Herkunft der Daten zu geben und ihn über sein Widerspruchsrecht zu informieren. Ob der Widerspruch jedoch Erfolg hat, bleibt fraglich. In den meisten Fällen wird der Versuch, das Unternehmen zu kontaktieren, nur mit Schweigen beantwortet. In einigen Fällen wird der Widerspruch sogar dreist einfach ignoriert, bzw. damit beantwortet, dass das jeweilige Unternehmen nicht für die Versendung von Werbematerial direkt zuständig sei; dies würden mehrere Adressunternehmen verrichten und welches gerade für den betreffenden Verbraucher zuständig gewesen sei, ließe sich nicht nachvollziehen. (vgl. Lamers: Die Marktforscher greifen an – Spannungen zwischen Marketing und Datenschutz im Netz (14.05.2001), FirstSurf, http://www.firstsurf.com, 24.09.2002)

> So enthalten beispielsweise versendete Fragebögen, die auf die Erhebung personenbezogener Daten zu Werbezwecken ausgelegt sind (aber in den Augen der betroffenen Verbraucher den Anschein wissenschaftlicher Forschungsumfragen wecken), lediglich den Hinweis, dass die erhobenen Daten „weiterverwendet" werden. Wer dieser „Weiterverwendung" in dem Glauben, es handele sich hierbei um die Auswertung der Daten zu Forschungszwecken, nicht wiederspricht, gibt im gleichen Atemzug seine Daten zu Werbezwecken frei.
>
> Auch die Teilnehmer an Rabattsystemen wie dem des *Payback* stimmen mit ihrer Unterschrift unter dem Antragsformular automatisch der Verwendung der von ihnen gesammelten Daten zu Werbezwecken zu (vgl. Abschnitt 2.1.2 – Rabattkarten – Kasten „Bsp. Payback"). Dieser Zustimmung können sie sich zunächst nicht verwehren, da ansonsten der Vertrag über die Teilnahme an dem Rabattsystem nicht zustande kommen würde. Erst im Nachhinein haben sie die Möglichkeit, der Verwendung ihrer Daten durch einen schriftlichen (oder telefonischen) Widerruf Einhalt bieten – wodurch sie aber wiederum von diversen Zusatzvergünstigungen ausgeschlossen werden.[726]

Auf diesem Wege erhalten die Unternehmen die notwendige Zustimmung der Verbraucher und erfüllen die gesetzlichen Vorgaben, auch wenn die Art und Weise, wie die betroffenen Verbraucher dazu gebracht wurden, der Verwendung ihrer Daten zuzustimmen, in der Kritik der Verbraucher- und Datenschützer steht. Da die Verbraucher ihre Unterschrift (und somit ihre Zustimmung) jedoch freiwillig gaben, weil sie entweder den unterschriebenen Vertrag nicht sorgfältig genug studiert haben bzw. der Zustimmung zur Verwendung ihrer Daten nicht widersprochen oder ihre Unterschrift verweigert haben, können die Unternehmen zumindest per Gesetz nicht belangt werden.

Die einzige Möglichkeit für die Verbraucherschützer, um auf die Unternehmen dahingehend einzuwirken, dass diese die Art und Weise, wie sie die Zustimmungen von den Verbrauchern erlangen, zugunsten eines aus Verbraucherschutz-Sicht datenschutzfreundlicheren Systems verändern, ist die der öffentlichen Kritik. Findet diese ihre Resonanz

---

[726] vgl. Berliner Beauftragter für Datenschutz und Informationsfreiheit (Hrsg.): Jahresbericht 2001, http.//www.datenschutz-berlin.de, 19.09.2002

in den Medien und in der Öffentlichkeit, kann den betroffenen Firmen ein erheblicher Image-Schaden entstehen, dessen finanzielle Auswirkungen kaum abzuschätzen sind.[727]

Im Falle der beiden Unternehmen *Claritas Deutschland Data + Services GmbH* und *Lifestyle AG*, die seit 1997 regelmäßig als *zu Zwecken der Marktforschung* getarnte Fragebögen namens „Große Haushaltsumfrage in Deutschland" bzw. „Nationale Verbraucherbefragung" an Verbraucher senden, um die von den Betroffenen gemachten Angaben an interessierte Unternehmen weiterzuverkaufen (vgl. Abschnitt 2.5.2) bleibt den Verbraucherschützern nichts anderes, als die Verbraucher immer wieder vor dem kommerziellen Zweck der Fragebögen der beiden Unternehmen zu warnen. Denn eine konkrete rechtliche Handhabe haben sie nicht, solange das Ausfüllen der Fragebögen freiwillig ist.

Jedoch *Loyalty Partner*, Initiator des Kundenbindungs- und Rabattsystems *Payback*, versprach auf Druck der Verbraucherschützer, seine Antragsformulare dahingehend zu ändern, dass die Kunden ihre „aktive Zustimmung" zur kommerziellen Verwendung ihrer Daten zu Werbezwecken geben müssen.[728]

Datenschutz versus Überwachung und Terrorismusbekämpfung

Das Datenschutz ist ein – vor allem seit den Terroranschlägen des 11. September 20001 – zunehmend kontrovers diskutiertes, nur schleppend und Stück für Stück umgesetztes, und durch eine Vielzahl verschiedener Gesetze[729], die immer wieder Novellierungen erfahren und deren Abgrenzungen voneinander zuweilen nicht ganz eindeutig sind, bestimmtes Thema.

Dem in die, am 7. Dezember 2000 proklamierten, Europäische Charta der Grundrechte aufgenommenen Grundrecht auf Datenschutz, nach dem jede Person das Recht auf Schutz der sie betreffenden personenbezogenen Daten hat, darauf, dass die Daten nur nach Treu und Glauben für festgelegte

[727] vgl. Wenning: E-Commerce und E-Privacy – Entwicklungen im Internet (28.08.2000), http://www.datenschutzzentrum.de, 25.09.2002

[728] Zum Zeitpunkt der Fertigstellung dieser Arbeit (Mai 2003) hatte *Loyalty Partner* dieses Versprechen allerdings immer noch nicht eingelöst.

[729] Eine gute Übersicht über relevante Gesetze zum Datenschutz findet sich unter *http://www.datenschutz.de*.

Zwecke und mit Einwilligung der betreffenden Person verarbeitet werden und dass jede Person das Recht hat, Auskunft über die sie betreffenden erhobenen Daten zu erhalten, steht nun nicht nur die Trägheit der Räder der Gesetzesmühle, sondern vor allem der „Kampf gegen den Terrorismus" gegenüber.[730]

Noch vor den Terroranschlägen des 11. September 2001 sollte in die neue *Richtlinie 95/46/EG des Europäischen Parlaments und des Rates über die Verarbeitung personenbezogener Daten und den Schutz der Privatsphäre in der elektronischen Kommunikation*[731] die folgende Bestimmung aufgenommen werden:

„[...] bei der Durchführung einer rechtmäßigen Überwachung des elektronischen Kommunikationsverkehrs, wenn diese für die genannten Zwecke [Schutz der öffentlichen Sicherheit, Landesverteidigung, Sicherheit des Staates, Durchsetzung strafrechtlicher Bestimmungen] notwendig ist, müssen die Mitgliedstaaten auf der Grundlage einer spezifischen Rechtsvorschrift handeln, und die Maßnahmen müssen in einer demokratischen Gesellschaft verhältnismäßig und notwendig sein. Eine großangelegte exploratorische oder allgemeine elektronische Überwachung ist verboten."

Derselbe Schutz sollte nicht nur für die Überwachung der Kommunikationsinhalte, sondern auch für Verkehrs- und Standortdaten gelten. In Folge des 11. September 2001 wurde dieses generelle Überwachungsverbot jedoch nicht in die neue EU-Richtlinie aufgenommen. Denn, so der österreichische Privacy-Experte Erich Möchel, die Auswertung von Verbindungs- und Nutzungsdaten ermöglicht oftmals die Erstellung viel genauerer Persönlichkeitsprofile als das bloße Abhören von Kommunikationsinhalten, das zudem wesentlich aufwendiger und daher auch ineffizienter ist.[732]

---

[730] vgl. Berliner Beauftragter für Datenschutz und Informationsfreiheit (Hrsg.): Jahresbericht 2001, Berlin, 31.12.2001, http.//www.datenschutz-berlin.de, 19.09.2002

[731] vgl. Europäisches Parlament (Hrsg.): Entwurf eines Berichts über den Vorschlag für eine Richtlinie des Europäischen Parlaments und des Rates für die Verarbeitung personenbezogener Daten und den Schutz der Privatsphäre in der elektronischen Kommunikation – Änderungsantrag 1 (23.05.2001), http://www.europarl.eu.int, 25.09.2002

[732] vgl. Kuri: Demokratie, Freiheit und das Internet (11.07.2002), in: heise online, http.//www.heise.de, 16.07.2002

Auch die Bundesregierung, die in Sachen Datenschutz immer weit hinter den Anforderungen der *Europäischen Datenschutzrichtlinie* von 1995 lag, und diese erst mit der dritten Novelle des Bundesdatenschutzgesetzes (BDSG) am 19. Mai 2001 halbwegs erfüllte, reagierte auf die Terroranschläge in der Form, als dass die Datenschutzbestimmungen „dort zu lockern [seien], wo Datenschutz zu Terroristenschutz" werde, so das *Bundesinnenministerium*. Infolgedessen wurde beispielsweise in kürzester Zeit (am 7. Dezember 2001) das Terrorismusbekämpfungsgesetz verabschiedet, das eine Vielzahl neuer, bisher nicht für möglich gehaltener Eingriffe in die vom Bundesverfassungsgericht im sog. Volkzählungsurteil (vom 15. Dezember 1983) als Grundrecht bestimmte informelle Selbstbestimmung umfasst.[733]

Unter Verweis auf den neugeschaffenen Begriff der *Cyber-Kriminalität* verabschiedete die Bundesregierung zudem am 22. Januar 2002 die Telekommunikations-Überwachungsverordnung (TKÜV), die eine weitgehende Überwachung aller öffentlichen Telekommunikationsdienste bestimmt[734]; dahingehend, als dass alle Anbieter solcher Dienste verpflichtet sind, ausführliche Kundendateien zu führen und diese bei Bedarf den Sicherheitsbehörden zur Verfügung zu stellen – auch wenn eine solche Vorratsspeicherung gegen das Grundrecht auf informationelle Selbstbestimmung verstößt.[735] Die Bestimmungen des Teledienstedatenschutzgesetzes (TDDSG) wurden gleichfalls dahingehend verändert.[736]

Viele Verbraucher- und Datenschützer sehen in diesen Bestimmungen einen unzulässigen Eingriff in die Privatsphäre des Einzelnen. Das Recht auf Anonymität wird zugunsten des Überwachungsbedürfnisses des Staates hin-

---

733 vgl. Berliner Beauftragter für Datenschutz und Informationsfreiheit (Hrsg.): Jahresbericht 2001

734 vgl. Bizer: Telekommunikation im Zangengriff, in: DuD – Datenschutz und Datensicherheit (10/2001), http://www.datenschutz-und-datensicherheit.de, 24.09. 2002

735 vgl. Gesellschaft für Datenschutz und Datensicherheit e.V.: Geplante Erweiterung der Telekommunikationsüberwachung ist datenschutzwidrig und ineffektiv, Pressemitteilung vom 22.05.2002, http://www.gdd.de, 24.09.2002

736 vgl. § 6 Ab3 Teledienstedatenschutzgesetz (TDDSG): *Die Übermittlung von Nutzungs- oder Abrechnungsdaten an andere Diensteanbieter oder Dritte ist unzulässig. Die Befugnisse der Strafverfolgungsbehörden bleiben unberührt.*

sichtlich möglicher weiterer geplanter terroristischer Anschläge im Schutze dieser Anonymität stark eingeschränkt.

Datenschutz im Internet

„Nowhere is the impact of the Digital Revolution greater, or its potential implications for public policy more profound, than when it intersects with our expectations concerning what people know about us and how that information is used – in short, our privacy.“[737]

Vor allem im Internet gestaltet sich der Datenschutz als äußerst schwierig und undurchsichtig. Denn hier greift nicht nur das Bundesdatenschutzgesetz (BDSG), sondern zusätzlich noch das speziellere Teledienstedatenschutzgesetz (TDDSG), welches, basierend auf dem Teledienstegesetz (TDG), Bestandteil des Informations- und Kommunikationsdienstegesetzes (IuKDG) ist und durch das Elektronischer-Geschäftsverkehr-Gesetz (EGG) in Anpassung an die Europäische E-Commerce-Richtlinie erst Ende des Jahres 2001 einer Änderung unterzogen worden war. Neben dem Teledienstedatenschutzgesetz (TDDSG), das sich auf individuell erbrachte Informations- und Kommunikationsdienste (wie z.B. Telebanking, Verkehrs- oder Wetterdatendienste, Internet-Zugangs-Dienste oder auch elektronische Bestellungen in sog. E-Shops) bezieht, gelten außerdem noch die Bestimmungen des Mediendienste-Staatsvertrags (MDStV), die sich auf die an die Allgemeinheit gerichtete Informations- und Kommunikationsdienste, also elektronische Verteil- und Abrufdienste, bei denen die redaktionelle Gestaltung zur Meinungsbildung für die Allgemeinheit im Vordergrund steht (z.B. Online-Dienste von Zeitschriften, redaktionelle Newsletter, Unternehmenspräsentationen), beziehen. Da beiden Diensten eine Übermittlung auf telekommunikativem Wege zugrunde liegt, finden auch noch das Telekommunikationsgesetz (TKG)

---

[737] Adkinson/Eisenach/Lenard: Privacy Online: A Report on the Information Practices and Policies of Commercial Websites, Special Report (Progress Freedom Foundation, Washington DC), March 2002

sowie die Telekommunikations-Kundenschutzverordnung (TKV)[738] hier ihre Anwendung.[739]

Auch wenn die inhaltlichen Anforderungen der Gesetze für sowohl Tele- als auch Mediendienste weitgehend identisch sind[740], so ist die Rechtslage im Hinblick darauf, ob nun das Bundesdatenschutzgesetz oder aber eines der beiden anderen Gesetze gilt, des öfteren mehrdeutig und somit ziemlich verwirrend – was wiederum den Anbietern, so sie diese Mehrdeutigkeit für sich zu nutzen wissen, die Möglichkeit gibt, die jeweils strengere Regelung zu umgehen. Und in diesem Fall sind die Bestimmungen der Tele- und Mediendienste-Gesetze strenger. Denn im Gegensatz zu den Bestimmungen des Bundesdatenschutzgesetzes dürfen nach dem Teledienstedatenschutzgesetz Kundendaten grundsätzlich nur mit der Zustimmung der betroffenen Verbraucher erhoben, gesammelt und für Werbe- oder andere Zwecke verwendet bzw. an Dritte übermittelt werden (vgl. § 3 TDDSG).

Am Beispiel einer Warenbestellung im Internet lässt sich die Mehrdeutigkeit der Rechtslage, die „Schlupflöcher" und „Hintertürchen" für die Anbieter offen lässt, gut verdeutlichen: der reine Bestellvorgang unterliegt dem strengeren Teledienstedatenschutzgesetz, nach

---

738 Die Telekommunikations-Kundenschutzverordnung regelt beispielsweise die Preisberechnung gegenüber Kunden, den Einzelverbindungsnachweis, die Rechnungsstellung und die Sicherheitsleistung.

739 vgl. Der Bayerische Landesbeauftragte für den Datenschutz: Online-Datenschutz-Prinzipien (ODSP) – Orientierungshilfe (13.12.19999), http://www.datenschutz-bayern.de, 25.09.2002; Unabhängiges Landeszentrum für Datenschutz Schleswig-Holstein: Die wichtigsten Bestimmungen des Informations- und Kommunikationsdienste-Gesetzes (IuKDG) und des Mediendienststaatsvertrages (MDStV), http://www.datenschutz-zentrum.de, 25.09.2002

740 Die Anforderungen erstrecken sich beispielsweise auf: die Impressumspflicht, die Pflicht zur Unterrichtung der Nutzer bezüglich der Datenspeicherung und die Voraussetzung der Einwilligung des Nutzers in die Verarbeitung und Übertragung seiner Daten und die Auskunftspflicht gegenüber Betroffenen bezüglich der gespeicherten Daten. (vgl. Siebert: Datenschutz im Internet, E-Recht24 – Portal zum Onlinerecht, http://www.e-recht24.de, 24.09.2002)

dem die Weitergabe von Kundendaten ausdrücklich verboten ist[741]. Für die Abrechnung des Kaufes gilt allerdings das Bundesdatenschutzgesetz, das wiederum die Weitergabe der Kundendaten an Dritte erlaubt.[742] Denn die Bestellung erfolgt online, die Bearbeitung der Bestellung, einschließlich der Rechnungslegung, erfolgt jedoch oftmals „offline“, also außerhalb des Internets, wo das Bundesdatenschutzgesetz greift.

Inwieweit kann man aber die beim Bestellvorgang erhobenen Daten jedoch von den für die Abrechnung notwendigen Daten abgrenzen? Birgt nicht diese (Nicht-)Abgrenzung ihrerseits wiederum gute Gelegenheiten für Unternehmen, sich den Deckmantel der Gesetzeskonformität umzulegen und weiter fleißig Daten zu sammeln?

Gerade Online-Versandhändler erfreuen sich dieser ungenau definierten Gesetzeslage – und berufen sich im Zweifelsfalle auf die weniger strengen Regelungen des Bundesdatenschutzgesetzes.

> Einem Test der Zeitschrift *ComputerBild*[743] zufolge vermiet(et)en viele bekannte deutsche Internet-Versandhändler (*Beate Uhse*, *Neckermann*, *Otto*, *Quelle*, *Schwab* und *Teleshop*) ihre Kundendaten zu Werbezwecken an andere Unternehmen (und machten sich die Bestimmungen des *Bundesdatenschutzgesetzes* dahingehend zu Nutze, als dass die Vermietung der Daten zu festgelegten Werbezwecken keiner Zustimmung durch die Kunden bedarf), auch wenn sie auf ihren jeweiligen Internet-Seiten beteuern, „alle persönlichen Daten selbstverständlich vertraulich“ zu behandeln.

Viele Online-Anbieter beteuern gegenüber den Internet-Nutzern, Kundendaten „streng vertraulich“ zu behandeln und verwehren sich

---

[741] Es sei denn, die Weitergabe der Kundendaten dient der Vertragserfüllung oder wird von den Kunden ausdrücklich gewünscht (vgl. § 5 Abs.2 TDDSG)

[742] vgl. Lamers: Die Marktforscher greifen an – Spannungen zwischen Marketing und Datenschutz im Netz (14.05.2001), FirstSurf, http://www.firstsurf.com, 24.09.2002

[743] o.V.: Computerbild deckt Internet-Skandal auf: Versandhändler geben Kundendaten weiter, in: Computerbild, http://www.computerbild.de, 14.07.2002

dagegen, diese an Dritte weiterzugeben. Noch mehr Anbieter weisen allerdings erhebliche datenschutzrechtliche Defizite auf.

Im Rahmen einer Untersuchung der *TÜV Nord Security GmbH* wurden Ende 2000/Anfang 2001 mehr als 100 Online-Shops verschiedener Branchen und Größen getestet. Bei 97 Prozent der untersuchten Online-Shops fanden die Prüfer mangelnde oder gar keine Belehrungen zum Datenschutz vor. 86 Prozent gaben den Kunden keine Möglichkeit, gegen die Verwendung oder Weitergabe ihrer persönlichen Daten an Dritte zu widersprechen und setzten deren Einwilligung voraus. Knapp die Hälfte (43 Prozent) der betreffenden Anbieter gaben bei der Datenerhebung keinen Zweck an und fast alle (93 Prozent) gaben keine Auskunft darüber, ob (bzw. dass) die entsprechenden Kundendaten nach Auftragsende gelöscht würden. Auch gaben knapp die Hälfte der Anbieter im Impressum keinen Verantwortlichen an.[744]

In einer Untersuchung der 5 umsatzstärksten Online-Shops in Deutschland (*amazon.de*, *otto.de*, *bol.de*, *tchibo.de* und *quelle.de*) hinsichtlich verbraucherschutz- und datenschutzrechtlichen Kriterien[745] kam das *Institut für Interaktive Medien (IAM)* der Fachhochschule Nordostniedersachsen in Lüneburg im September 2002 zu einem ähnlich gearteten Ergebnis. Das Institut überprüfte die Einhaltung der gesetzlichen Vorgaben des *Fernabsatzgesetzes*, des *Teledienste-Datenschutzgesetzes* und des *Teledienstegesetzes* und konstatierte, dass sowohl *amazon.de* als auch *bol.de* und *tchibo.de* personenbezogene Daten zur Erstellung von Kundenprofilen nutzten, ohne die dazu notwendige Einwilligung des Käufers eingeholt zu haben. Den Angaben von *otto.de* und *quelle.de* zufolge, verzichteten diese auf die Erstellung von Kundenprofilen zur Analyse des Kundenverhaltens. Jedoch seien bei allen 5 Online-Shops die Hinweise zum Datenschutz auf den Websites „versteckt" und „für den Kunden

---

[744] vgl. Kuri: Bei Online-Shops liegt einiges im Argen (13.01.2001), in: heise online, http://www.heise.de, 19.09.2002; o.V.: 90 Prozent der Online-Shops mit Mängeln – Erschreckende Ergebnisse beim TÜV-Check (17.01.2001), Golem, http://www.golem.de, 19.09.2002

[745] Institut für Interaktive Medien: Der Shop-Check – Untersuchung der fünf umsatzstärksten Online-Shops nach verbraucherschutz- und datenschutzrechtlichen Kriterien (20.09.2002), http://www.iam-interactive.de, 25.10.2002

> schwer zu finden", so *IAM*-Chef Mathias Groß. „Über seine Rechte wird er erst nach einem Labyrinth von Clicks informiert."[746]

Bei solchen Ergebnissen ist es nicht weiter verwunderlich, dass das Vertrauen der Verbraucher beim E-Commerce hinsichtlich des Datenschutzes und der Sicherheit ihrer persönlichen Daten stark gen Null geht.

Vertrauensbildende Maßnahmen

Um diesem Vertrauensschwund (bzw. -bruch) entgegenzutreten, finden sich auf immer mehr Web-Seiten sog. Privacy Policies, Erklärungen zum Datenschutz, für die Nutzer deutlich sichtbar platziert.

„Während die Anbieter die Fülle rechtlicher Anforderungen beklagen, verzweifeln die Kunden im Gestrüpp der vorformulierten Klauseln, Informationen oder Privacy Policies. Wenn diese überhaupt gefunden werden, müssen sie auch gelesen und verstanden werden"[747], meint dazu jedoch Johann Bizer, Herausgeber der Zeitschrift *Datenschutz und Datensicherheit (DUD)*.

Immer mehr Anbieter scheinen die neue Losung „Privacy sells" für sich zu entdecken. Denn wer sich deutlich (und auch glaubwürdig) zu Datenschutz und -sicherheit bekennt, dem entspringt dadurch durchaus ein gewisser, nicht zu verachtender, Wettbewerbsvorteil ob eines verbesserten Images und des steigenden Vertrauens der Nutzer in einer in zunehmendem Maße (durchweg) in Verruf geratenen Branche.

Da die Preise in vielen Branchen bis zum äußersten ausgereizt sind, wird der Kampf um Kunden zunehmend über Service, Kundenbindung und Imagepflege geführt. „Voilà", meint Helmut Bäumler, schleswig-holsteinischer Datenschutz-Beauftragter, „das Serviceangebot eines Unternehmens in Sachen Datenschutz – wenn es wirklich gut ist –, ist

---

[746] o.V.: Studie: Online-Shops sammeln Kundendaten, in: Freie Presse (23.10.2002), A1; o.V.: Onlineshops verstoßen gegen Datenschutz (16.10.2002), in: Netzeitung, http://www.netzeitung.de, 22.10.2002

[747] Bizer: Privacy Policy Im Gestrüpp der Gesetze, in: DuD – Datenschutz und Datensicherheit (7/2002), http://www.datenschutz-und-datensicherheit.de, 24.09.2002

ein ideales Objekt der Selbstdarstellung."[748] Eine gute Datenschutzpolicy gehöre einfach zum Angebot einen seriösen Unternehmens.

> So haben sich beispielsweise (insgesamt 36) große Online-Anbieter wie *AltaVista*, *IBM*, *Intel*, *Lycos*, *Microsoft*, *RealNetworks*, *Yahoo* und *TRUSTe* in der Initiative „Privacy Partnership 2000" zusammengeschlossen, um bei den Verbrauchern um mehr Vertrauen beim Umgang mit sensiblen Daten zu werben, nachdem in Konkurs gegangene Unternehmen wie *Boo.com*, *Toysmart.com* und *Craftshop* durch den (geplanten) Verkauf ihrer Kundendaten die Branche in Verruf brachten.[749] In diesem Zusammenhang starteten sie auch eine Anzeigenkampagne, in der sie mit ganzseitigen Anzeigen in Tageszeitungen, Radiowerbung und Bannern im Web Surfer auf die möglichen Gefahren unkontrollierter Weitergabe persönlicher Daten aufmerksam machen wollten.[750]

Die alleinige Versicherung der Anbieter, sie würden die persönlichen Daten ihrer Kunden vertrauensvoll behandeln, reicht heutzutage schon lange nicht mehr aus, um in den Augen der Nutzer glaubwürdig zu erscheinen. So gewinnen zunehmend sog. IT-Gütesiegel an Bedeutung,

---

[748] Bäumler: Datenschutz als Wettbewerbsvorteil (10.09.2001), http://www.datenschutzzentrum.de, 25.09.2002

[749] vgl. o.V.: Internet-Firmen planen Vertrauensoffensive (26.07.2000), in: Electronic Commerce Info Net, http://www.ecin.de, 25.09.2002

[750] Der Kampagne dürften allerdings eher eigennützige Ziele zugeschrieben werden. So ist beispielsweise *TRUSTe* eine Interessengemeinschaft verschiedener Firmen aus dem E-Commerce-Bereich, die seit 1997 versucht, ein einheitliches Gütesiegel für „vertrauenswürdige Unternehmen" zu etablieren. Die Bemühungen von *TRUSTe* sind jedoch nicht zuletzt deshalb umstritten, weil auch der durch unrechtmäßige Erhebung von Kundendaten 1999 in die Kritik geratene Anbieter *RealNetworks* sowie auch *Microsoft*, das ebenso des öfteren Anlass zur Kritik hinsichtlich des Umgangs mit Kundendaten gegeben hat, der Arbeitsgemeinschaft angehören und das Siegel tragen. Auch die Klassifizierung der verschiedenen Stufen des *TRUSTe*-Gütesiegels ist unter Daten- und Verbraucherschützern umstritten: Demnach dürfen sogar Webseiten, die Kundendaten sammeln und an Dritte weitergeben, das Gütesiegel führen – unter der Voraussetzung, dass sie auf diese Option hinweisen. Auch ist eine explizite Opt-in-Regelung für das *TRUSTe*-Siegel nicht in jedem Fall erforderlich. (vgl. Laue: Kampagne für Datenschutz im Internet (25.07.2000), in: heise online, http://www.heise.de, 25.09.2002)

die den jeweiligen Online-Anbietern die Befolgung der Vorschriften hinsichtlich Datenschutz und -sicherheit bescheinigen (sollen). Einige dieser Siegel sind in der nachfolgenden Tabelle aufgelistet.

Anbieter	Name des Gütesiegels
DIN CERTO – Gesellschaft für Konformitätsbewertung mbH	DIN Tested Website
EuroHandelsinstitut e.V.	Geprüfter Online-Shop
IDW Net GmbH – Institut der Wirtschaftsprüfer in Deutschland e.V.	Web Trust
RWTÜV Anlagentechnik GmbH Fachbereich Zertifizierung	TÜV Online Check
Trusted Shops GmbH	Trusted Shops
TÜV Informationstechnik GmbH (TÜViT)	TÜViT TrustedSited: Usability
TÜV Nord Security GmbH	CERTECO
TÜV Secure IT GmbH (Unternehmensgruppe TÜV Rheinland/Berlin-Brandenburg)	Certified Shop

Tabelle 3.4-1 *Anbieter von Datenschutz-Gütesiegeln (erstellt nach: o.V.: juristische und ökonomische Rahmenbedingungen der Profilerstellung im E-Commerce: Gütesiegel für Online-Shops, http://www.online-profiling.de, 19.09.2002)*

Die wachsende Zahl der Anbieter von Gütesiegeln (die teilweise (sehr) unterschiedlichen Anforderungen unterliegen) belegt den zunehmenden Stellenwert, den eine öffentliche Dokumentation von Qualität hinsichtlich datenschutz- und -sicherheitspolitischer Normen hat. Sie kann aber auch, so Johann Bizer „eine willkommene Spielwiese“[751] für unseriöse Anbieter bieten, die sich ihr eigenes „Gütesiegel“ schaffen, um den Anschein eines „vertrauenswürdigen“ Anbieters zu erwecken, in dem Glauben, sich in die Vielzahl der verschiedenen Siegel-Anbieter und -Inhaber unentdeckt einreihen zu können.

Einheitliche Richtlinien für die Vergabe von Gütesiegeln gibt es bislang von Seiten des Staates nicht, geschweige denn ein staatliches

---

[751] Bizer: Wer auditiert die Auditoren?, in: DuD – Datenschutz und Datensicherheit (6/2002), http://www.datenschutz-und-datensicherheit.de, 24.09.2002

Gütesiegel, an dem sich die Nutzer orientieren könnten (und was in seiner Reputation auch den Anbietern zugute käme). Lediglich die Idee eines sog. „Datenschutzaudits“, dessen Funktion es sei, „die Ziele der Dateneinsparung und eines hohen Datenschutzniveaus durch Stärkung der unternehmerischen Selbstverantwortung, der Transparenz und des Wettbewerbs zu erreichen“[752], wurde bislang in die Gesetzgebung (in § 9a BDSG) aufgenommen – jedoch nur als Definition einer Möglichkeit und ohne das dazu notwendige Ausführungsgesetz.

Mit dem Datenschutzaudit könnten sowohl Anbieter von Datenverarbeitungssystemen und -programmen als auch datenverarbeitende Stellen ihre Datenschutzkonzepte sowie ihre technischen Einrichtungen durch unabhängige und zugelassene Gutachter prüfen und bewerten sowie mit einem datenschutzrechtlichen Siegel versehen lassen.[753] „*Die näheren Anforderungen an die Prüfung und Bewertung, das Verfahren sowie die Auswahl und Zulassung der Gutachter*“ würden „*durch ein besonderes Gesetz geregelt*“[754], verspricht der Gesetzgeber.

Einzig und allein das Land Schleswig-Holstein hat bislang – im Rahmen seiner Gesetzgebungskompetenz – die Grundlage für die Herausgabe eines eigenen IT-Gütesiegels sowie für ein eigenes Datenschutzaudit geschaffen und spielt damit in Sachen Datenschutz die Vorreiterrolle.[755] In Anbindung an das von der Europäischen Union geförderte Programm „e-Region Schleswig-Holstein“ zur Förderung innovativer IT-Projekte richtet sich das *Unabhängige Landeszentrum für Datenschutz Schleswig-Holstein* (derzeit noch) vorrangig an die behördlichen/öffentlichen Stellen des Landes, da diesen durch die

---

752 Bizer/Hammer/Pordesch/Roßnagel: Entwurf gesetzlicher Regelungen zum Datenschutz und zur Rechtssicherheit in Online-Multimedia-Anwendungen (15.02.1996), Projektgruppe verfassungsverträgliche Technikgestaltung e.V., http://www.provet.org, 26.09.2002

753 vgl. Der Bundesbeauftragte für den Datenschutz: Bundesdatenschutzgesetz – Text und Erläuterung, BfD-Info 1 (April 2002), http://www.bfd.bund.de, 26.09.2002

754 § 9a BDSG

755 siehe: Unabhängiges Landeszentrum für Datenschutz Schleswig-Holstein, http://www.datenschutzzentrum.de

Datenschutzgesetze vorgeschrieben ist, vorzugsweise mit Produkten zu arbeiten, die mit einem Datenschutzsiegel versehen sind.[756] Je nach Einzelfall erhalten die betreffenden (kleinen und mittelständischen) Unternehmen 5.000 bzw. 10.000 Euro Förderung für die Einführung des Gütesiegels (etwa die Hälfte der Gesamtaufwendungen). Auch staatlich geförderte IT-Projekte, sowie die Datenverarbeitung öffentlicher Stellen werden über ein (ebenfalls von der EU gefördertes) Datenschutzaudit mit einem Prüfsiegel versehen.

Laut dem *Landeszentrum für Datenschutz Schleswig-Holstein* ist das Gütesiegel primär dazu da, den Behörden die Auswahl solcher Produkte zu erleichtern, die mit den Datenschutzbestimmungen in Einklang stehen. Seiner Nutzung für Marketingzwecke im Privatbereich stehe aber nichts entgegen – wohingegen das Datenschutzaudit ausschließlich den Behörden, insbesondere deren Datenschutzorganisation, vorbehalten ist.[757]

---

[756] vgl. Bleich: EU fördert Anreizsysteme für den Datenschutz (17.09.2002), in: heise online, http://www.heise.de, 18.09.2002

[757] vgl. Unabhängiges Landeszentrum für Datenschutz Schleswig-Holstein: Häufig gestellte Fragen zum Datenschutz-Gütesiegel und zum Datenschutzaudit des ULD SH, http://www.datenschutzzentrum.de, 26.09.2002

4 Verbraucher im Mittelpunkt!

„What is a customer? A customer is the most important person ever in this company. A customer is not dependent on us, we are dependent on him. A customer is not an interruption of our work, he is the purpose of it. We are not doing a favour by serving him, he is doing us a favour by giving us the opportunity to do so...“

Kundenorientierung bei *LL Bean, Inc.*, US-amerikanisches Versandhaus[758]

Ausgehend von den in den vorangegangenen Abschnitten dargestellten Missständen stellt sich die Frage, was – von wem – getan werden kann, um die Wirtschaft ein wenig sozialer zu gestalten, das Kräfteungleichgewicht ein wenig mehr auszugleichen und die Unternehmen zum ethisch verantwortungsvolleren Handeln gegenüber ihrer Umwelt zu bewegen. Traditionell stehen dabei die Interessen der Wirtschaft oftmals entgegen denen der Verbraucher(schützer) – nicht selten auch auf Kosten der Verbraucher. Denn den Unternehmen kommt in der Beeinflussung des Marktgeschehens die stärkste Kraft zu. Auch wenn die Verbraucher im Mittelpunkt des (Absatz-)Interesses der Unternehmen stehen, und somit auch in den Mittelpunkt des Marktes an sich rücken, so befinden sie sich doch eher in einer den Unternehmen gegenüber untergeordneten Position.

[758] zit. in: Ashley: Marketing and the NHS, Association of Chartered Certified Accountants (ACCA), http://www.acca.co.uk, 11.03.2003

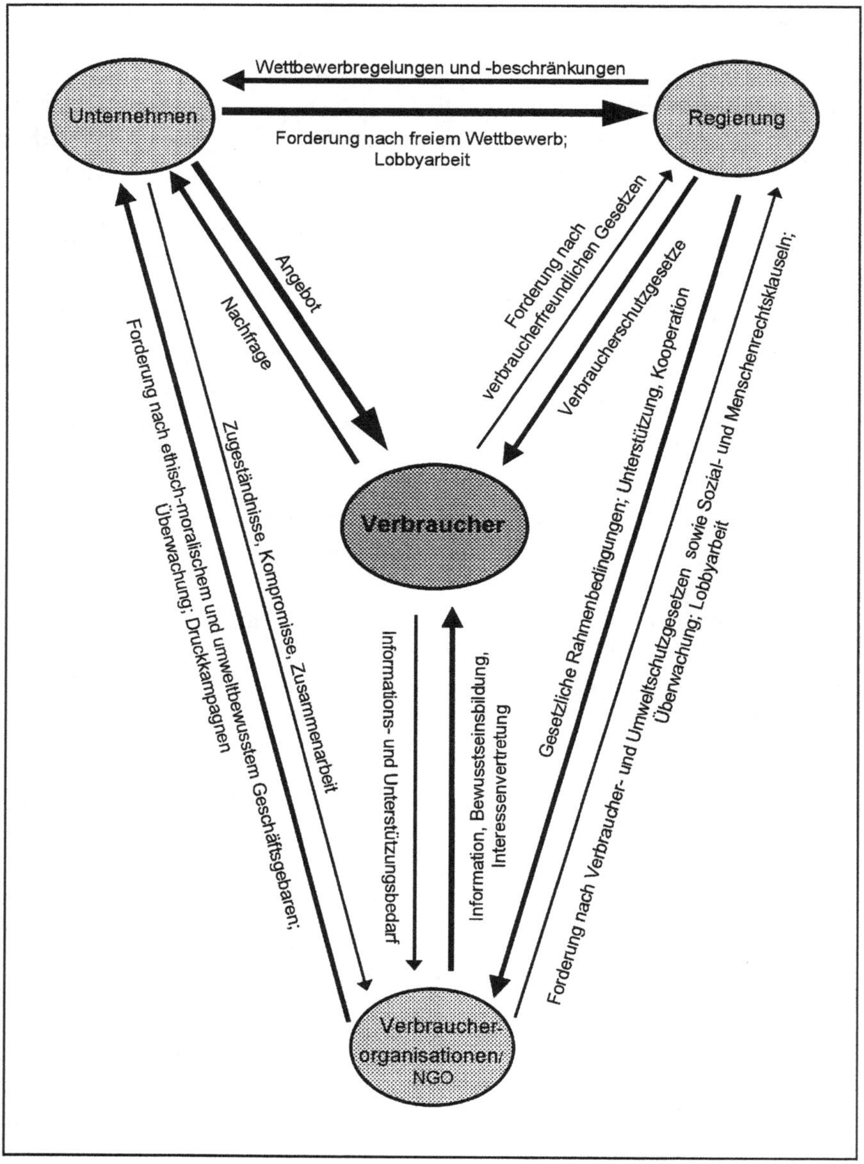

Abbildung 4-1 *Der Verbraucher im Mittelpunkt – heute*

4.1 Unternehmen

Aus Sicht der Unternehmer stellt sich dabei die Frage, nach dem „Warum“. Warum sollten sie über die ihnen vom Gesetz her auferlegten Verhaltensregeln und -vorschriften hinaus[759] sozialer, lauterer oder umweltbewusster handeln, wenn, wie aus Kapitel 2 ersichtlich geworden sein mag, ein gewisses (hohes) Maß an Skrupellosigkeit und „Unmoral“ zu durchaus einträglicheren Geschäftserfolgen (sprich: Profiten) führen kann? Warum sollten sie die Macht, die sie sich auf dem Markt (und in der Gesellschaft) erarbeitet haben, nicht auch zu ihren Gunsten einsetzen?

Weil sich auf lange Sicht die Wahrnehmung ethischer und moralischer sowie umweltbewusster Verantwortung auszahlt. In der Gesellschaft wird der Ruf nach mehr „sozialer Verantwortung“ der Manager immer lauter; die Verbraucher werden zunehmend sensibler für soziale und umweltpolitische Belange; die Kritik an unlauteren Geschäftspraktiken von Unternehmen nimmt immer mehr zu – und lässt sich mithilfe moderner Informations- und Kommunikationstechnik noch besser und schneller verbreiten. Auch wenn im ersten Moment die verstärkten Anforderungen an das Unternehmen der Erwirtschaftung von möglichst großen Gewinnen entgegenstehen und dies höhere Kosten für das Unternehmen bedeutet, so rechnet sich eine „moralische Investition“ doch langfristig.[760] Kann sich ein Unternehmen im Bewusstsein der Verbraucher als seriös, vertrauens- und glaubwürdig etablieren, indem es etwa auf unlautere Geschäftspraktiken auf Kosten der Verbraucher (ebenso wie Mit-Wettbewerber, Lieferanten, Umwelt) verzichtet und „sauber“

[759] „Sozial verantwortlich handeln heißt nicht nur, die gesetzlichen Bestimmungen einhalten, sondern über die bloße Gesetzeskonformität hinaus „mehr“ investieren in Humankapital, in die Umwelt und in die Beziehungen zu anderen Stakeholdern.“ (Kommission der Europäischen Gemeinschaften (Hrsg.): Grünbuch: Europäische Rahmenbedingungen für die soziale Verantwortung der Unternehmen, 18.07.2001, 8)

[760] vgl. Homann: Marktwirtschaftliche Ordnung und Unternehmensethik, in: Unternehmensethik: Konzepte – Grenzen – Perspektiven, Zeitschrift für Betriebswirtschaft – Ergänzungshefte 1/92 (1992), 82f.

(d.h. ethisch korrekt) produziert und agiert, so ist dies ein nicht zu unterschätzender Wettbewerbsvorteil gegenüber anderen Unternehmen.

Im Umkehrschluss bedeutet dies, dass, wer sich den Verbrauchern, aber auch Mitwettbewerbern, Lieferanten und Händlern gegenüber unlauter verhält und versucht, seine Macht ihnen gegenüber in welcher Weise auch immer auszunutzen, den Verlust oder zumindest eine Schwächung des eigenen Images riskiert.[761] Je größer und bekannter das Unternehmen, desto herber ist der Imageverlust.[762]

Dies betrifft nicht nur solch weitreichende Entscheidungen wie etwa die Verlagerung der Produktion in Länder der Dritten Welt zu menschenrechtsverletzenden Bedingungen. Gerade auch die Marketing-Manager befinden sich mit ihren Entscheidungen oftmals im Visier der Kritik der Verbraucherschützer (wie die Quellen der in Kapitel 2 angeführten Beispiele zeigen), da ihre Entscheidungen zumeist unmittelbaren Einfluss auf das Marktgeschehen – sprich in diesem Falle auf die Verbraucher – haben. Ethisch-moralische Fehlentscheidungen ihrerseits werden über die Medien und das Internet – verstärkt durch Mund-zu-Mund-Propaganda etwa betroffener bzw. unzufriedener Verbraucher – auf schnellstem Wege verbreitet. Zumal immer mehr Verbraucher zunehmend sensibler auf das Geschäftsgebaren der Unternehmen reagieren (vgl. Abschnitt 4.2.1).

Hat ein Unternehmen erst einmal den Ruf, gegenüber anderen unlauter zu handeln, so wird es schwer sein, diesem Ruf entgegen und sich wieder ein gewisses Maß an Vertrauen der anderen Marktakteure zu erarbeiten. Die meisten Anstrengungen dieserart werden jedoch als bloße PR-Maßnahmen beurteilt. Zumeist wird den Unternehmen zu-

---

761 Dies kann ebenso geschehen, wenn ein Unternehmen versucht, seine Kritiker „zum Schweigen zu bringen“ – und dies in der Öffentlichkeit publik wird (vgl. Abschnitt 2.4.4 – Kasten „McLibel – der längste Prozess in der englischen Geschichte“).

762 Je kleiner und unbekannter ein Unternehmen ist, desto weniger, so mag sich manch einer denken, scheint es jedoch zu verlieren zu haben – weder einen besonders guten Ruf noch viel Kapital bei der Firmenpleite – sodass oftmals kleinere Unternehmen bzw. einzelne Unternehmer noch viel „skrupelloser“ agieren (können) als große; geschützt durch den Mantel einer gewissen Anonymität.

nächst eher Misstrauen entgegengebracht – auch darin, dass sich das Unternehmen „gebessert" haben könnte; was sich wiederum durchaus auch in den Verkaufs- bzw. Umsatzzahlen der Unternehmen wiederspiegeln kann.

„Wenn wir also in vielen Fällen der Ansicht sich, daß moralisch-ethisches Verhalten der Unternehmensführung oft sogar im langfristigen Interesse des Unternehmens liegt, und der langfristigen Ertragssicherung, Imagepflege und Erhaltung des Unternehmens dient, dann ist es auch sinnvoll, dieses Verhalten, abgesehen von gesetzgeberischen Maßnahmen, zu fördern, sei es durch freiwillige Kodizes, durch entsprechende Bewußtseinsbildung und öffentliche Kontrolle des Verhaltens"[763], resümiert Helmut Maucher, Ehrenpräsident der *Nestlé AG.*

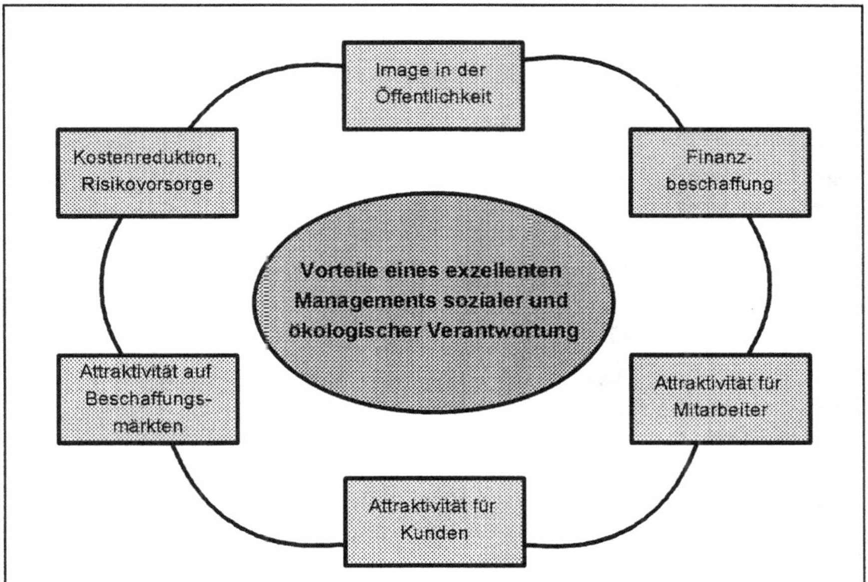

Abbildung 4.1-1 *Nutzenaspekte sozialer und ökologischer Verantwortung (vgl. Institut Markt-Umwelt-Gesellschaft (imug): Corporate Social Responsibility und Nachhaltigkeitsmanagement, http://www.imug.de, 03.11.2002)*

[763] Maucher: Ethik zwischen Gewinn und Wettbewerb, in: Steinmann/Löhr (Hrsg.): Unternehmensethik, Stuttgart 1991, 406

4.1.1 Einrichtung von Selbstkontrollorganen

In einigen Branchen wurden mittlerweile sog. Selbstkontrollorgane eingerichtet (z.B. der *Deutsche Werberat*[764], die *Zentrale zur Bekämpfung unlauteren Wettbewerbs*, der *Deutsche Presserat*[765], die *Freiwillige Selbstkontrolle Telefonmehrwertdienste [FST]*[766], die *Freiwillige Selbstkontrolle Multimedia-Diensteanbieter [FSM]*[767]). Zumeist von den Dachverbänden der Branchen eingerichtet, fungieren sie quasi als „Oberaufsicht" über die Unternehmen der Branche und überwachen deren Verhalten. Oftmals sind sie auch Ansprechpartner für von unlauteren Geschäftsmethoden der jeweiligen Unternehmen betroffene Verbraucher. Sie entwickeln allgemeine Verhaltenskodizes der Branche und kontrollieren deren Einhaltung – um im Rahmen ihrer Möglichkeiten somit auch zu verhindern, dass das Verhalten einzelner „schwarzer Schafe" sich auf das Ansehen der gesamten Branche auswirkt.

Nachfolgend werden 2 *Selbstkontrollorgane* kurz vorgestellt.

Der *Deutsche Werberat*

Der *Deutsche Werberat* wurde 1972 vom *Zentralverband der deutschen Werbewirtschaft (ZAW)* gegründet. Die 12 Mitglieder des Arbeitsgremiums sind an die allgemeinen Werberichtlinien des *ZAW* gebunden, ansonsten jedoch weisungsunabhängig. Das Gremium sieht sich selbst als Mittler zwischen werbenden Unternehmen und umworbenen Verbrauchern und als „Hüter zeitgemäßer Moral in der Werbung"[768].

Zum einen sind sie Anlaufstelle für Beschwerden aus der Bevölkerung über bestimmte Werbemaßnahmen von Unternehmen: seit seiner Gründung hat der *Deutsche Werberat* über mehr als 9.000 Beschwerden zu befinden gehabt – von einzelnen Verbrauchern, Verbraucherorganisationen, Journalisten, Politikern und Ministerien sowie auch aus dem Bereich der Werbewirtschaft selbst. Im Mittelpunkt der Kritik stehen dabei vorrangig Prosteste

---

764 http://www.interverband.com:8080/u-img/69392

765 http://www.presserat.de

766 http://www.fst-ev.de

767 http://www.fsm.de

768 vgl. o.V.: Werberat rügt sexistische Reklame in Deutschland (18.03.2003), in: Freie Presse Online, http://www.freiepresse.de, 25.03.2003

über diskriminierende Darstellungen (zumeist von Frauen), Darstellungen von Gewalt und Verletzung religiöser Gefühle.

Auf eine eingehende Beschwerde hin fordert das Werberat das betreffende Unternehmen zu einer Stellungnahme auf. Ist dieses von sich aus nicht bereit, die Werbung daraufhin zu ändern oder einzustellen, so erfolgt eine eingehende Prüfung und Beurteilung der entsprechenden Werbung. Hält der *Werberat* die entsprechende Werbung nicht für beanstandenswert, so wird dies dem Unternehmen mitgeteilt. Befindet der *Werberat* jedoch zu Ungunsten des Unternehmens, wird diesem eine schriftliche Empfehlung zur Unterlassung oder Änderung der Werbung zugestellt. Ist der Werbetreibende nicht bereit, dieser Empfehlung Folge zu leisten, kann der *Werberat* die von ihm beanstandete Werbung öffentlich rügen – und die Medien dazu auffordern, diese Werbung nicht mehr zu schalten. Von dieser Sanktionsmöglichkeit muss er jedoch nur verhältnismäßig selten (im Durchschnitt bei 5 Prozent der insgesamt von ihm behandelten Fälle) Gebrauch machen.

Ein zweite wichtige Aufgabe, die dem *Deutschen Werberat* obliegt, ist die Entwicklung von Verhaltensregeln und Leitlinien für die Werbung. Dazu zählen u.a. Verhaltensregeln für die Werbung mit und vor Kindern, für die Werbung mit alkoholischen Getränken, die Werbung mit unfallriskanten Bildmotiven, sowie Verlautbarungen zum Thema Herabwürdigung und Diskriminierung. Und nicht zuletzt informiert er alle Gruppen der Werbewirtschaft ständig über (neue) Auffassungen, Forderungen und Entwicklungen in der Verbraucherpolitik, sowie er auch Politik und Gesellschaft über Presse, Funk und Fernsehen über die eigene Arbeit und über werberechtliche Entscheidungen der Gerichte informiert.[769]

Die *Zentrale zur Bekämpfung unlauteren Wettbewerbs*[770]

Die Wettbewerbszentrale wurde 1912 (drei Jahre nach Beschließung des Gesetzes gegen den unlauteren Wettbewerb) als branchenübergreifender Zusammenschluss von Unternehmen und Wirtschaftsorganisationen zum Zwecke der Förderung gewerblicher Interessen im Sinne des § 13 UWG

---

769 vgl. Deutscher Werberat, http://www.interverband.com:8080/u-img/69392/, 22.11.2002; Zentralverband der deutschen Werbewirtschaft (Hrsg.): Werbung – Strukturen, Ziele, Grenzen, Bonn 2001; Nickel: Werbung in Grenzen, Zentralverband der deutschen Werbewirtschaft (ZAW), Bonn 1994

770 vgl. Zentrale zur Bekämpfung unlauteren Wettbewerbs e.V.: Portrait, http://www.wettbewerbszentrale.de, 22.11.2002

(Unterlassungsklage bei Zuwiderhandlungen) gegründet. Zu ihren Mitgliedern zählen sämtliche Industrie- und Handelskammern, die meisten Handwerkskammern, weitere 400 Verbände und Organisationen der Wirtschaft sowie etwa 1.000 Unternehmen.

Ziel ihrer Arbeit ist die Erhaltung eines funktionierenden Wettbewerbs, sowie die Verfolgung von Wettbewerbsverstößen. In diesem Zusammenhang können sowohl Mitglieder und Behörden als auch Verbraucher bei der Wettbewerbszentrale Beschwerden über Wettbewerbsverstöße einreichen, die diese bearbeitet und versucht, entweder zu einer gütlichen Beilegung des Streits beizutragen – durch Abmahnung des Wettbewerbsstörers bzw. gegebenenfalls im Verfahren vor den Einigungsstellen der Industrie- und Handelskammern. Sollte dies jedoch nicht helfen, so kann sie auch gerichtlich einen Anspruch auf Unterlassung per einstweiliger Verfügung oder im Rahmen eines Klageverfahrens – im eigenen Namen – erwirken. (Jährlich bearbeitet sie auf diese Weise mehr als 20.000 Beschwerden über Wettbewerbsverstöße.)

Darüber hinaus berät sie ihre Mitglieder in wettbewerbsrechtlichen Fragen und überprüft beispielsweise auch geplante Werbemaßnahmen. Sie veröffentlicht monatlich wichtige Gerichtsentscheidungen, Gesetzesänderungen und Rechtsentwicklungen unter der Rubrik „Aus der Praxis – für die Praxis" der Zeitschrift *Wettbewerb in Recht und Praxis*, gibt regelmäßige Pressemitteilungen heraus, bietet Vorträge und Seminare an und erstellt Gutachten zu wettbewerbsrechtlichen Fragestellungen. Zudem beteiligt sich die Wettbewerbszentrale an der Rechtsforschung und wirkt(e) bei Gesetzesänderungen, das Gesetz gegen den unlauteren Wettbewerb betreffend, mit.

Die von den jeweiligen *Selbstkontrollorganen* aufgestellten Verhaltensnormen (bzw. deren Überwachung) sind im Prinzip für alle Unternehmen verbindlich, die sich als Mitglieder der jeweiligen Branchenverbände zu dieser Selbstkontrolle bekennen (bzw. dieser unterstellt sind). Insofern können sich die *Selbstkontrollorgane* einer verhältnismäßig großen Zustimmung – zumindest unter ihren Mitgliedern – sicher sein. Je mehr Mitglieder solch ein Organ zählen kann, desto mehr Einfluss gewinnt es auch auf Unternehmen, die möglicherweise keine Mitglieder sind. Denn zumeist gehört auch die Mitgliedschaft „zum guten Ton" der Branche (für einige Branchen ist sie unverzichtbar) – und kann ebenso nur förderlich für das Image eines Unternehmens sein.

Bei der Beurteilung der Wirksamkeit von Selbstkontrollorganen jedoch wäre zu beachten, inwieweit sie auf gewisse Sanktionsmöglichkeiten bei Verletzung der Verhaltensrichtlinie zurückgreifen können. Zudem scheint die Versuchung groß, über relativ allgemein gehaltene, wenig verbindliche Verhaltensrichtlinien eine hohe Zustimmung bei Anbietern der Branche erlangen zu wollen[771] – was jedoch nicht auf die beiden oben vorgestellten Selbstkontrollorgane zuzutreffen scheint.

Beiden vorgestellten Selbstkontrollorganen stehen Sanktionsmaßnahmen zur Verfügung, wobei die öffentliche Rüge des Werberats zwar als für die Unternehmen abschreckend betrachtet werden kann, jedoch dieser Rüge zumeist ein verhältnismäßig langer Prozess vorausgeht (den das Unternehmen durch Verzögerung des Schriftwechsels mit dem Werberat noch hinauszögern kann), sodass in bestimmten Fällen die Werbekampagne bis zu einem vorher schon bestimmten Termin laufen kann und dann regulär abgesetzt wird, bevor es überhaupt zu einer Rüge durch den Werberat gekommen wäre. Die Klagebefugnis der *Zentrale gegen unlauteren Wettbewerb* ist in diesem Zusammenhang wohl als wirkungsvoller zu bezeichnen (ebenso wie die Möglichkeit, Mitglieder, die gegen die Satzung verstoßen, aus dem Verein zu verweisen).

Auch wenn es unseriösen Anbietern durchaus möglich ist, die Regeln der Selbstkontrolle einfach außer Acht zu lassen bzw. zu ignorieren, da diese nicht den für alle verbindlichen Charakter etwa von gesetzlichen Vorschriften haben, so lässt sich doch ihr immer größer werdender Einfluss auf bestimmte Branchen erkennen.[772]

4.1.2 Freiwillige Selbstverpflichtung

Mit der Aufstellung von Verhaltenskodizes verpflichten sich die Unternehmen zumeist zur Befolgung bestimmter Sozialnormen, ökologi-

---

771 vgl. Kuhlmann: Verbraucherpolitik – Grundzüge ihrer Theorie und Praxis, München 1990, 91

772 ... zumal aus dem Betrachtungswinkel, dass jegliche Formulierungen, die die Branche sich in Form von Selbstkontrollen auferlegt, möglicherweise nicht zusätzlich noch ihren Einzug in die Gesetzesgebung halten.

scher Standards und fairer Geschäftspraktiken. „Sie tun dies aus einer ganzen Reihe von Gründen", stellt die *Kommission der Europäischen Gemeinschaften* fest, „vor allem jedoch um das Unternehmensimage zu verbessern und die Gefahr negativer Verbraucherreaktionen zu vermindern."[773] In vielen Branchen gibt es mittlerweile solche Verhaltenskodizes; von den Branchen- und Dachverbänden sowie den Selbstkontrollorganen verfasst. Darüber hinaus haben auch viele transnationale Unternehmen (vor allem in den 90er Jahren) sog. *„codes of (corporate) conduct"* „in Eigeninitiative" erstellt, um sich etwa gegen die Vorwürfe von Nichtregierungsorganisationen (vor allem Menschenrechtsorganisationen) hinsichtlich der Verlagerung ihrer Produktionsstätten in Länder der Dritten Welt und Osteuropa und der dort herrschenden menschenrechtsverletzenden Produktionsbedingungen zu wehren. In diesen Kodizes verpflichten sie sich, sich um die Verbesserung der sozialen Bedingungen zu bemühen, soziale Mindeststandards einzuhalten bzw. darauf zu achten, dass diese Standards in den Zulieferbetrieben eingehalten werden.[774]

Die Maßstäbe, die die Konzerne bei der Formulierung solcher Kodizes ansetzen, sind allerdings äußerst unterschiedlich. Auch wenn die von der *International Labour Organisation (ILO)* verfassten grundlegenden internationalen Arbeitsnormen (siehe Abbildung 4.1-3) für die Formulierung solcher Kodizes als Grundlage dienen sollten und mit der Verabschiedung der *ILO*-Grundsatzerklärung vom Juni 1998 für alle *ILO*-Mitgliedsländer völkerrechtlich verbindlich wurden[775], so weisen doch die wenigsten Kodizes namhafter Konzerne Regelungen zu allen fundamentalen Arbeitnehmerrechten auf – bzw. setzen diese

---

[773] Kommission der Europäischen Gemeinschaften (Hrsg.): Grünbuch: Europäische Rahmenbedingungen für die soziale Verantwortung der Unternehmen (18.07.2001), 15f.

[774] vgl. Verein für Konsumenteninformation: Sweatshops auf dem Prüfstand – Wie sozial agieren große Konzerne in der Dritten Welt, http://www.konsument.at, 29.05.2002

[775] vgl. ver.di Vereinte Dienstleistungsgewerkschaft: Kernarbeitsnormen der ILO (31.10.2001), http://www.igmedien.de/verdi/globalisierung.html, 29.08.2002

im Sinne der *ILO* um.[776] Sodass sie zum Großteil eher als PR-Übungen betrachtet werden, als dass sie zu einer wirklichen Verbesserung bzw. zu wesentlichen Veränderungen der Arbeitsbedingungen in den *Sweatshops* beitragen würden.[777]

Konventionen der International Labour Organisation (ILO)

Die 1919 gegründete *International Labour Organisation (ILO)* war die erste Organisation, die eine Kodifizierung weltweit geltender Arbeitsrechte anstrebte. Die von ihr formulierten Konventionen definieren in Anlehnung an die Menschenrechtserklärung der Vereinten Nationen von 1948 die fundamentalen Rechte aller ArbeiterInnen, gleichgültig, ob das Land, in dem sie beschäftigt sind, ein Industrie- oder ein Entwicklungsland ist.[778] Diese Rechte, die, neben den unten aufgeführten, unter anderem auch das Recht auf Zahlung existenzsichernder Löhne (sog. *living wages*), auf limitierte Arbeitszeiten und auf Sicherheit und Hygiene am Arbeitsplatz beinhalten, sind nach Aussage des ILO *„a precondition for all the others in that they provide for the necessary implements to strive freely for the improvement of individual and collective conditions of work"*.[779]

---

[776] Die *ILO* besitzt jedoch keinerlei Sanktionsmöglichkeiten, um Verstöße gegen die Konventionen zu ahnden.

[777] vgl. Kearney/Justice: Die neuen Verhaltenskodizes, in: Weltweit gegen Sozialdumping, Juli 2001, 16

[778] vgl.: Verein für Konsumenteninformation: Sweatshops auf dem Prüfstand – Wie sozial agieren große Konzerne in der Dritten Welt, http://www.konsument.at, 29.05.2002; Priegnitz: Sozialstandards müssen international durchgesetzt werden, in: Weltweit gegen Sozialdumping, Juli 2001, 5f.

[779] International Labour Organization: Fundamental ILO Conventions, http://www.ilo.org, 29.08.2002

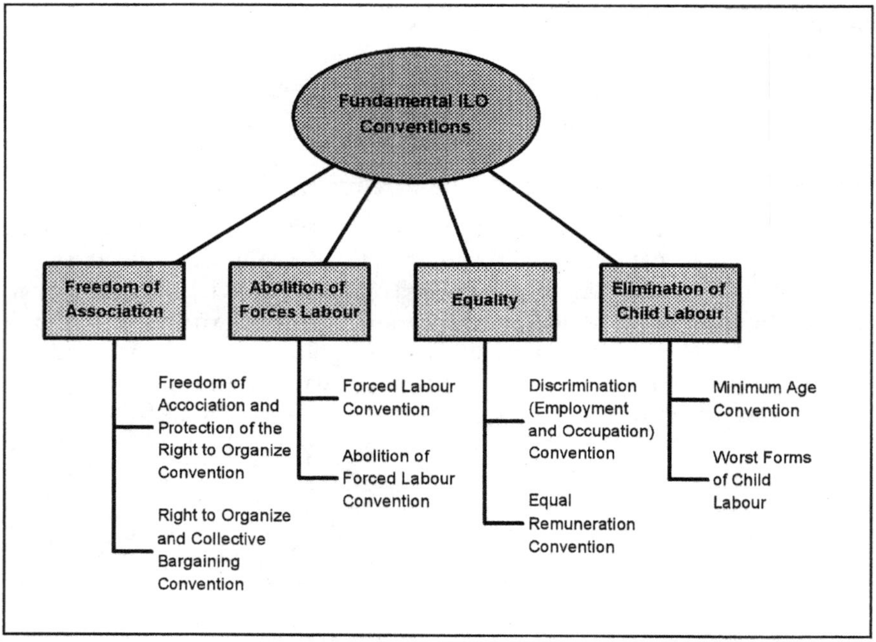

Abbildung 4.1-2 *Grundlegende Arbeitnehmerrechte (erstellt nach: International Labour Organization: Fundamental ILO Conventions, http://www.ilo.org, 29.08.2002)*

Mittlerweile gibt es eine wahre Fülle verschiedenster Verhaltenskodizes. Die *Organization for Economic Co-operation and Development (OECD)* zählte im Juni 2000 bereits 246 verschiedene Kodizes[780]: davon wurden 118 von einzelnen Unternehmen verabschiedet, 92 von Industrie- und Handelsverbänden, 32 von Partnerschaften zwischen Interessenvertretungen (einschließlich Gewerkschaften und Nichtregierungsorganisationen) und vier von zwischenstaatlichen Organisationen. 148 dieser Kodizes enthielten Bestimmungen zu Arbeitsstandards, in 145 Kodizes wurden diverse Umweltauflagen angesprochen, 117 beschäftigten sich zum Teil mit Verbraucherschutz, 56 Kodizes regelten Formen der Bestechung, wettbewerbsrechtliche Fragen wur-

[780] vgl. Working Party of the Trade Committee: Codes of Corporate Conduct – An Expanded Review of their Contents (7 June 2000), Organization for Economic Co-operation and Development (OECD), http://www.oecd.org, 17.11.2002

den in nur 50 und die Freigabe von Informationen in nur 45 der 246 verschiedenen Kodizes aufgegriffen.

Solange die in den Verhaltenskodizes aufgestellten Selbstverpflichtungen der Unternehmen jedoch nur auf dem Papier existieren und deren Einhaltung nicht überprüft wird, sind auch die vorbildlichsten Kodizes von keinerlei Wert – lediglich für das „Image“ des Unternehmens (und zur „Beruhigung“ der Öffentlichkeit). Ohne eine regelmäßige Überprüfung der Zustände vor Ort in den Fabriken der Zulieferbetriebe bringt auch der vorbildlichste Kodex keine wirklichen Veränderungen der Arbeitsbedingungen.[781]

Von den oben genannten 246 Verhaltenskodizes erwähnen nur 163 überhaupt ein etwaiges Prüfungssystem, durch das die Einhaltung des Kodexes kontrolliert werden soll. Wobei jedoch in 137 Kodizes lediglich eine interner Überprüfung und nur in 26 Kodizes einer externen Überprüfung der Einhaltung der Selbstverpflichtung zugestimmt wird.

Ein lediglich *internes Monitoring*, wie es zumindest einige Unternehmen derzeit praktizieren (bzw. propagieren), ist zwar ein Schritt in die richtige Richtung, aber diese Überprüfung reicht bei weitem nicht aus. Denn sie erfolgt, ähnlich der Qualitätskontrolle, entweder durch eine eigens eingerichtete Abteilung des Unternehmens oder durch ein Tochterunternehmen. Um Mindeststandards für die Produktion in Ländern der Dritten Welt jedoch wirksam etablieren zu können, ist

---

[781] Doch auch wenn sich die Unternehmen zu einer regelmäßigen Überprüfung der Zustände in den Fabriken bereit erklären, so bringt auch dies in einigen Fällen nicht die erhofften Verbesserungen: „Die angeblich unabhängige Überwachung des Verhaltenskodexes von Walt Disney trägt nicht viel bei zur Verbesserung der Lebens- und Arbeitsbedingungen der Arbeiterinnen“, kritisiert das *Hong Kong Christian Industrial Committee*. „Im Gegenteil, die Art dieser Überwachung setzt die Arbeiterinnen neuen Bedrohungen aus. Häufig zwingt das Management die Arbeiterinnen, gefälschte Berichte zu unterzeichnen oder auf Fragen von Inspektoren ‚angemessen‘ und das heißt, um Sinne des Unternehmens, zu antworten. Weigern sich die Arbeiterinnen, dies zu tun, werden sie schikaniert und bestraft.“ (Hong Kong Christian Industrial Committee: BOM! Beware of Mickey. Disney Sweatshops In South China, Hongkong 2000, 17, übersetzt in: Bischöfliches Hilfswerk Misereor e.V.: Faire Regeln in der Spielzeugproduktion!, 2001)

eine regelmäßige, unabhängige Überprüfung vonnöten – wobei die Betonung auf „unabhängig“ liegt.[782]

Die Verhaltenskodizes sind zunächst jedoch zumindest als ein (erster) Schritt in die richtige Richtung und eine Antwort auf das gestiegene soziale Bewusstsein der Gesellschaft zu bewerten – sofern die in den Kodizes formulierten „Zugeständnisse“ (an die Kritiker) nicht bloß reine Lippenbekenntnisse für die Öffentlichkeit sind bzw. bleiben und sich an den Zuständen in den Zulieferbetrieben nichts ändert. Dies mag für das Image eines Unternehmens jedoch eine noch größere, zusätzliche Bedrohung darstellen, da nicht nur die Ausbeutung anderer zur Steigerung des Profits, sondern zudem auch noch die vorsätzliche Täuschung der Verbraucher zum Gegenstand der Kritik wird, und so seine Seriosität und vor allem seine Vertrauens- und Glaubwürdigkeit noch mehr in Mitleidenschaft gezogen wird (vgl. Abschnitt 2.4.4 – Corporate Blue- and Greenwash).[783]

> *„Wenn sich [Unternehmen] als besonders modern, sozial, gesund, sportlich, fair, kinderlieb, multikulturell oder frauen-, familien- und umweltfreundlich darstellen, ist es nur gerecht, wenn man sie an ihren eigenen Werten misst.“*[784]

---

[782] Denn auch diese „Verifizierung durch Dritte“ kann ihre Tücken haben. Nämlich dann, wenn von den Unternehmen beispielsweise kommerzielle Firmen wie Rechnungsprüfungsfirmen oder Management-Berater engagiert werden – ebenso wie im Rahmen von Vereinbarungen mit Lieferanten und Subunternehmern örtliche nichtstaatliche Unternehmen –, um eine solche „unabhängige Überwachung“ vorzunehmen. Denn in all diesen Fällen kontrollieren die jeweiligen Unternehmen durch ihre Vereinbarungen mit den „Überwachern“ den Überwachungsprozess, sodass sich deren Arbeit(-sergebnisse) kaum von denen des unternehmenseigenen Personals unterscheiden würde (vgl. Kearney/Justice: Die neuen Verhaltenskodizes, in: Weltweit gegen Sozialdumping, Juli 2001, 22). Damit eine unabhängige Verifizierung glaubwürdig ist, sollte sie von qualifizierten Personen – unabhängig von dem Unternehmen, dessen Kodex-Einhaltung überwacht wird – im Rahmen eines festgelegten Prozesses nach (sorgfältig) definierten Normen vorgenommen werden.

[783] vgl. dazu auch: Köhnen: Verhaltenskodizes – Persilschein oder Mittel zur Organisierung? (17.01.2002), in: LabourNet Germany, http://www.labournet.de, 21.11.2002

[784] Werner/Weiss: Schwarzbuch Markenfirmen. Die Machenschaften der Weltkonzerne, 2001, 38

4.2 Verbraucher

4.2.1 Macht der Verbraucher

Die Verbraucher haben eine gewisse „Macht“ gegenüber den Unternehmen – auch wenn ihnen diese Macht vielleicht nicht immer so bewusst ist. Ihre Macht begründet sich auf ihrer Stellung als Nachfrager auf dem Markt. Auch wenn sie den Anbietern in vielen Fällen unterlegen sind und beinahe „ausgeliefert“ scheinen, so sind sie doch in Besitz einer „mächtigen Waffe“: ihrer Konsumentscheidung. Aufgabe der Marketing-Manager ist es, diese Konsumentscheidung den Interessen des Unternehmens entsprechend zu steuern und zu beeinflussen. Doch letztendlich entscheidet ein jeder Verbraucher für sich selbst – als das vielgepriesene „vernunftbegabte Wesen“ –, welche Produkte er kauft und welche eben auch nicht. Niemand sieht sich gern in der Rolle des unmündigen, leicht zu beeinflussenden Kleinkindes bzw. beklagenswerten „Konsumtrottels“, der auf alle Tricks und Machenschaften der Unternehmen hereinfällt.

Die Nachfrage bestimmt in gewisser Weise immer noch das Angebot – auch wenn, nicht wie früher, erst eine bestimmte Nachfrage herrscht, die dann von einem gewissen (beschränkten) Angebot (mehr oder weniger) befriedigt wird, sondern heutzutage das Angebot sich seine Nachfrage oftmals erst noch schaffen muss (so scheint es zumindest). Tatsache ist und bleibt jedoch: auch das beste Angebot nützt nichts, wenn es keine Nachfrage danach gibt – weswegen die Unternehmen ja auch so große Anstrengungen unternehmen, um die Verbraucher zum Kauf ihrer Produkte bzw. zur Inanspruchnahme ihrer Dienste zu bewegen.

Dies bekommt derzeit etwa der Einzelhandel stark zu spüren: immer noch haben die meisten der Verbraucher das Gefühl, die Preise wären mit der Währungsumstellung auf den Euro unnatürlich angestiegen – ohne Aussicht auf Besserung. Demnach üben sie sich in anhaltender Kaufzurückhaltung – und von Seiten der Unternehmen kommen „Super-Sonder-Schnäppchen-Spar“-Angebote en gros, um die Verbraucher wieder zu mehr Konsum zu animieren, um der, wie Hubertus Pellengahr vom *Hauptverband des Deutschen Einzelhandels* sie betitelte, wohl „schlimmsten Krise der Nachkriegszeit“ anheimzukommen.

„So sehr sich der einzelne Bürger auch bemüht, im ungleichen Kampf mit den mächtigen Interessen der Anbieter nicht unter die Räder zu geraten, ist er letzten Endes doch auf die Solidarität seiner Leidensgenossen angewiesen, wenn er seine Trumpfkarte ausspielen will: den Boykott.“[785]

Gerade das Mittel des Kaufboykotts ist ein sehr mächtiges Instrument der Verbraucher, sich gegen unlautere und unethische Geschäftsgebaren der Unternehmen zu wehren ...

In Griechenland boykottierten die Verbraucher vom 16. bis 19. September 2002 landesweit Obst- und Gemüsehändler, nachdem die Preise für Obst und Gemüse seit September 2001 im Zuge der Euro-Einführung um nachweislich bis zu 70 Prozent angestiegen waren. Dies führte schon am zweiten Tag des Boykotts zu einem Preisrutsch bei den bestreikten Waren um bis zu 40 Prozent, während die Umsätze auf den meisten Wochenmärkten in Athen sowie in vielen größeren Städten um rund 70 Prozent zurückgingen.[786]

... nicht nur, weil sich damit unmittelbare Umsatzeinbußen für die Unternehmen verbinden, sondern – vor allem – weil solche Aktionen viel Aufmerksamkeit erzeugen und die Unternehmen durch gezielte Aktionen einen großen Imageschaden erleiden können.

So ließ die folgende Aktion gestandene Marketing-Manager erzittern: Ende September 1997 veranstalteten 200 Jugendliche aus der Bronx (Elf- bis Dreizehnjährige – die am heftigsten umworbene Zielgruppe) einen „Shoe-In“ vor einer „Nike-Town“ (einer Art Erlebnis-Supermarkt von *Nike*) an der Fifth Avenue Aus Protest gegen die Bedingungen, unter denen *Nike*-Turnschuhe hergestellt werden, und den enormen Profit, den das Unternehmen damit erwirtschaftet, schütteten die Jugendlichen müllsäckeweise Berge alter, abgetragener, stinkender *Nike*-Turnschuhe vor die Tore des „Nike-Town“ – unter reger Präsenz der Medien.[787] Die Botschaft der Ju-

---

[785] Ogger: Die Ego-AG – Überleben in der Betrüger-Wirtschaft, 2003, 282

[786] Diese „Anti-Teuro“-Aktion war bereits die zweite innerhalb eines Monats. Bereits am 3. September hatten die griechischen Verbraucher auf jeglichen Konsum verzichtet. (vgl. o.V.: Wieder „Teuro-Ärger“ in Griechenland (17.09.2002), in: dpa-Online, http://www.parzeller.de/dpa/generatedSite, 18.09.2002; Höhler: Billiger einkaufen in Griechenland – „Teuro“-Boykott zeigt Wirkung (19.09.2002), in: Frankfurter Rundschau Online, http://www.fr-aktuell.de, 23.09.2002)

[787] vgl. Klein: No Logo, 2001, 380ff.

gendlichen war eindeutig: „Nike, wir haben dich gemacht. Und wir können dich auch vernichten."

„Eine Bande Halbwüchsiger aus der Bronx schaffte mit einem Schlag, was Hundertschaften von Menschenrechtsorganisationen [...] nicht gelungen war"[788], urteilen Klaus Werner und Hans Weiss, Autoren des „Schwarzbuch Markenfirmen": „Nike ging in die Offensive, gestand viele der vorgeworfenen Missstände ein und gelobte Besserung." Auch wenn die Aktion am Kernproblem der Produktion in *Sweatshops* nur wenig ändern konnte, so gab es doch in zahlreichen Fabriken von *Nike* zumindest einige Verbesserungen der Arbeits- und Sicherheitsbedingungen und schärfere Kontrollen.

„So wie die Macht politischer Vertreter eine vom Volk verliehene Macht ist, ist die Macht der Konzerne nur von den Konsumenten geborgt. Mit jedem Bild von versklavten Kindern, mit jedem Beitrag über geschundene Arbeiter [...] oder zerstörte Naturschönheiten bröckelt ein Stück von ihr ab."[789]

Dies lässt sich durchaus auch auf das unlautere Geschäftsgebaren der Unternehmen in direktem Bezug auf die Verbraucher ausweiten. Kommt ein Unternehmen in den Verruf, seine Kunden zu täuschen, zu übervorteilen und auf unmoralische Weise zum Kauf seiner Produkte zu bewegen, so kann man sich darauf verlassen, dass dies bald in vieler Verbraucher Munde und Ohren ist – vor allem dank des Internet als schnelles und bequemes (wie auch effektives) Kommunikations- und Informationsmedium, über das sich gleichfalls viele Verbraucher mit anderen austauschen und ihre (schlechten) Erfahrungen mit bestimmten Unternehmen an andere weitergeben können[790] (vgl. Abschnitt 1.1.2).

Das gestiegene Sozial- und Umweltbewusstsein der Öffentlichkeit hat mittlerweile auch seinen Einzug in die Finanzwelt genommen. Entgegen

[788] Werner/Weiss: Schwarzbuch Markenfirmen. Die Machenschaften der Weltkonzerne, 2001, 21

[789] Werner/Weiss: Schwarzbuch Markenfirmen. Die Machenschaften der Weltkonzerne, 2001, 40

[790] beispielsweise in Diskussionsforen und auf Verbraucher-Webseiten wie *www.dooyoo.de* oder auch *www.preis-wert-forum.de* (vgl. Abschnitt 4.4. – Kasten „Anti-Teuro-Gipfel und Preis-Wert-Forum").

der dem Shareholder-Value-Modell entsprechenden Auffassung, (private) Investoren wollten so viel Geld in so kurzer Zeit wie möglich mit ihren Anteilen an Unternehmen verdienen und dass es ihnen in dem Zusammenhang egal sei, auf welche Weise das Unternehmen Profite erwirtschafte, lässt sich ein starker Trend hin zu „Ethik"- oder „Sozial"- sowie „Umwelt"- bzw. „Öko-Fonds" erkennen. Dahinter steht das Bestreben, nur in solche Unternehmen zu investieren, die nach sozialen und umweltschutzrechtlichen Maßstäben arbeiten. Nicht mehr nur die Rendite eines Unternehmen ist von Bedeutung, sondern auch die Aktivitäten des Unternehmens, die mit dem Geld der Anleger unterstützt und bewirkt werden.[791]

4.2.2 Die Ohnmacht der Verbraucher

Daneben gibt es jedoch auch eine Vielzahl von Verbrauchern, die sich zwar womöglich auch insgeheim über gewisse unlautere Geschäftspraktiken von Unternehmen aufregen, jedoch nichts dagegen gewillt sind zu tun. Zum einen mag dies an der verhältnismäßig weit verbreiteten Auffassung liegen: *Ich als Einzelner kann doch sowieso nichts tun! Warum rege ich mich also auf? Es ändert sich ja doch nichts, denn die Unternehmen diktieren den Markt!*

So geschehen etwa bei einem Aufruf via Ketten-E-Mail zum Kaufstreik am 1. Juli 2002 als Reaktion auf die Preissteigerungen im Zuge der Euro-Einführung in Deutschland. Obwohl sich ein Großteil der Verbraucher darüber beklagt, dass der Euro zum „Teuro" geworden ist, waren doch nur wenige Verbraucher bereit, an diesem Montag auf die üblichen Einkäufe zu verzichten.[792]

In vielen Fällen regen sich die Verbraucher zwar über ein bestimmtes Unternehmen und dessen Geschäftspraktiken auf. Dies muss jedoch nicht unbedingt auch Einfluss auf ihr Kaufverhalten haben. Nicht wenige Verbraucher kaufen auch weiterhin ihre gewohnten Produkte,

---

[791] vgl. Verbraucher Initiative e.V.: Verbraucherschutz und Standards bei „ethischen" Geldanlagen, Positionspapier, 23.08.2002; siehe dazu auch: Dachverband der kritischen Aktionäre und Aktionärinnen, http://www.kritischeaktionaere.de

[792] vgl. o.V.: Teuro-Kauf-Boykott ohne Folgen (01.07.2002), in: Hessischer Rundfunk Online, http://www.hr-online.de, 02.07.2002

ohne dies mit dem betreffenden, dahinter stehenden, Unternehmen in Verbindung zu setzen.

Nahezu täglich berichten verschiedenste Medien über unlautere Geschäftspraktiken von Unternehmen, Skandale in Bezug auf „verseuchte“ Lebensmittel und unsichere Produkte sowie „unsaubere“ Produktionspraktiken (aus ethisch-moralischer sowie umweltschutzrechtlicher Sicht). Solche Nachrichten gehören schon fast zum „Verbraucheralltag“. Skandale (wie etwa auch die jüngsten Lebensmittelskandale) haben zwar die Eigenschaft, die Verbraucher „wachzurütteln“ und sie in ihren Kaufentscheidungen zumindest bis zu einem gewissen Maße zu beeinflussen – jedoch zumeist nur so lange, wie sie Thema in den Medien sind. In ihrer Häufigkeit und Vielzahl lassen sie die Verbraucher in gewisser Weise auch „abstumpfen“.

Durch die Flut solcherlei Nachrichten mögen sich manche Verbraucher zudem auch in ihrer Ansicht, dass „alle Unternehmen – vor allem die großen – von Natur aus korrupt“ seien, bestätigt finden. Und dass es somit zunehmend nahezu egal sei, von welchem Unternehmen man welche Produkte kaufe, da sie alle auf die eine oder andere Weise „Dreck am Stecken“ haben.

Es stellt sich somit die Frage, inwieweit die einzelnen Verbraucher etwa beim alltäglichen Einkauf, aber auch beispielsweise beim Kauf von Kleidung, überhaupt darauf achten, von welchem Unternehmen und unter welchen Bedingungen die Produkte, die sie kaufen (wollen), hergestellt wurden. Inwieweit spielt es beispielsweise beim Kauf von *After Eight* oder *Kitkat* eine Rolle, dass *Nestlé* für ein erhöhtes Säuglingssterben in Ländern der Dritten Welt aufgrund aggressiver Vermarktungsstrategien für Muttermilchsubstitute verantwortlich gemacht wird (vgl. 4.3.2 – Kasten „Der Fall *Nestlé*“)?

Selbst wenn dies den Verbrauchern in dem Moment bewusst ist, werden sie es nicht ganz einfach verdrängen, da sie diese Produkte wirklich gern essen bzw. haben wollen? Inwieweit sind die Verbraucher bereit, etwa auf gewohnte Konsumprodukte zu verzichten und/oder gar für „korrekt“ hergestellte Produkte „sauberer“ bzw. seriöser Unternehmen mehr zu bezahlen?[793]

Dies lässt sich zum Beispiel an dem Kauf von Eiern verdeutlichen. Die meisten Verbraucher wissen zwar, dass die Eier, die sie am preiswertesten kaufen können, zumeist bzw. im Grunde immer von Hennen aus Legebatterien und nicht von den „glücklichen Hennen“ stammen, die auf der Verpackung abgebildet sind. Doch auch wenn die betreffenden Verbraucher die Abschaffung der Legebatterien befürworten,[794] so lassen sie sich in ihrer Konsumentscheidung doch trotzdem eher von dem Preis der jeweiligen Eier leiten und versuchen zumeist keinen Gedanken daran zu verschwenden, dass diese nicht nach ethischen Maßstäben des Tierschutzes produziert wurden, sondern lassen sich von den Abbildungen auf der Verpackung verleiten und bereitwillig täuschen.

Würden Photos von Hennen in Legebatterie-Haltung auf den Verpackungen abgebildet sein, würden bestimmt wesentlich weniger Verbraucher diese Eier noch kaufen. So aber beruhigen sie ihr Gewissen mit dem Hinweis auf die auf der Verpackung abgebildeten „glücklichen Hühner“ – wohl wissend, dass sie damit in den meisten Fällen einer Täuschung unterliegen.

4.3 Verbraucher- und Nichtregierungsorganisationen

4.3.1 Verbraucherorganisationen

Verbraucherorganisationen setzen sich für die Rechte der Verbraucher und die Stärkung ihrer Stellung auf dem Markt ein (vgl. Abschnitte 3.2 und 3.3). In dieser Funktion stellen sie einen wichtigen Gegenpol zu den Anbietern dar. Sie liefern den Verbrauchern wichtige, nützliche und hilfreiche – vor allem aber alternative – Informationen zu den Anbietern und deren Produkten und Dienstleistungen. Sie ergänzen

[793] weiterführend siehe dazu auch: de Graaf/Wann/Naylor: Affluenza – Zeitkrankheit Konsum, 2001

[794] Umfragen zufolge lehnen mehr als 90 Prozent der Deutschen die Haltung von Hühnern in Käfigen ab und geben an, überwiegend Eier aus Freiland-, Boden- oder biologischer Haltung zu kaufen. (vgl. o.V.: Artgerechte Tierhaltung – Verbraucher bevorzugen Käfig-Eier (16.01.2003), in: NGO-online, http://www.ngo-online.de, 17.01.2003)

zum einen die Informationen der Anbieter und relativieren (möglicherweise auch bekräftigen oder wiederlegen) diese. Somit tragen sie zu einem Ausgleich des Informationsdefizits der Verbraucher sowie zu einer Erhöhung der Markttransparenz und des Wettbewerbs (zugunsten der Verbraucher) bei.[795]

Vor allem über das Medium Internet erlangen die Verbraucherorganisationen eine große Reichweite, was die Verbreitung von Informationen über unlautere Geschäftspraktiken bestimmter Unternehmen, „unsichere" Produkte und („verseuchte") Lebensmittel, sowie auch Informationen über gesetzliche Bestimmungen und Ratschläge, wie sich die Verbraucher in bestimmten Situationen verhalten sollten, anbelangt. Auf diese Weise suchen sie, die Kenntnisse und Fähigkeiten der Verbraucher sowohl bei ihren Kaufentscheidungen als auch in ihrer Position auf dem Markt zu stärken und nehmen in gewisser Weise somit auch Einfluss auf deren Konsumverhalten.

Da es für einzelne Verbraucher unter den herrschenden Marktgegebenheiten verhältnismäßig schwierig ist, sich in seinen individuellen Interessen und Rechten zu behaupten und diese durchzusetzen, besteht die Notwendigkeit der gemeinsamen Organisation, um sich sozusagen mit „geballter Kraft" Gehör für ihre Anliegen zu verschaffen und der Marktmacht der Anbieter einen wirkungsvollen Konterpart entgegenzustellen.[796]

In organisierter Form vertreten sie jedoch nicht nur die Interessen der Verbraucher gegenüber den Anbietern. Verbraucherorganisationen, vor allem in Vertretung durch den *Verbraucherzentrale Bundesverband (vzbv)*, sind gleichfalls auch auf politischer Ebene aktiv. Sie be-

---

[795] Auf die in diesem Zusammenhang beispielsweise herausragende Stellung der *Stiftung Warentest* wurde in den Abschnitten 3.2.2 und 3.3.3 eingegangen.

[796] vgl. Kuhlmann: Verbraucherpolitik – Grundzüge ihrer Theorie und Praxis, 1990, 93, 412f.
In diesem Zusammenhang sei auf die Möglichkeit der Verbraucherorganisationen verwiesen, neben der Information und Beratung der Verbraucher bei Beschwerden über Unternehmen, zudem auch eine direkte Interessenvertretung in Form der (Verbands-)Klage auf Unterlassung bei Verstößen gegen das *Gesetz gegen unlauteren Wettbewerb (UWG)* anbieten zu können.

treiben Lobbyarbeit bei der Regierung – zumeist als „Gegenspieler" der Unternehmenslobby –, und haben somit auch einen gewissen Einfluss auf die Gesetzgebung sowie auch auf Regierungsinitiativen im Bereich des Verbraucherschutzes (vgl. Abschnitt 4.4).

Da die meisten Verbraucherorganisationen auf staatliche Initiative hin gegründet worden und von der Regierung (auch finanziell) unterstützt und gefördert werden, kann die Regierung ihre Augen und Ohren nicht vor den Belangen und Anliegen der Verbraucherorganisationen verschließen.

Jedoch muss in diesem Zusammenhang abschließend auch angeführt werden, dass – abgesehen von der *Stiftung Warentest*, die ein hohes Maß an Vertrauen und Glaubwürdigkeit bei den Verbrauchern genießt – die Verbraucherorganisationen, speziell auch die Verbraucherzentralen der Länder, in der breiten Bevölkerung nur verhältnismäßig wenig bekannt sind bzw. in vielen Fällen die Auffassung herrscht, dass auch diesen Institutionen im Endeffekt die Hände gebunden sind, wenn es um direkte Maßnahmen gegen bestimmte Unternehmen geht.

4.3.2 Nichtregierungsorganisationen (NGO)

Nichtregierungsorganisationen (*NGO – Non Governmental Organizations*) werden zumeist als „Organisation[en] ohne Erwerbszweck" definiert, „die sich für Menschenrechte, Entwicklungszusammenarbeit, humanitäre Aktion oder Umweltschutz einsetz[en]."[797] Im Prozess der Globalisierung und der daraus entstandenen Diskussion um soziale Verantwortung der Unternehmen spielen sie eine wichtige Rolle. Denn zum einen sensibilisieren sie die Öffentlichkeit für diese Thematik – beispielsweise mit Demonstrationen und (öffentlichkeitswirksamen Druck-)Kampagnen, welche sowohl die Regierungen als auch immer direkter die Unternehmen selbst ins Visier nehmen. Und zum anderen suchen sie Partnerschaften mit Unternehmen einzugehen, um die angeprangerten Zustände zu verbessern.

---

[797] (vgl. auch nachfolgend) Mach: Macht der NGO über die Unternehmen: Druck, Partnerschaft, Evaluation, http://www.covalence.ch, 19.11.2002

Sie organisieren und beteiligen sie sich an Demonstrationen etwa gegen den Machtmissbrauch der multinationalen Konzerne und nutzen die Medien, hier vor allem wiederum das Internet, um ihre Botschaften zu verbreiten und die Öffentlichkeit zu sensibilisieren (aufzurütteln) und auch zu mobilisieren. Mit gezielten Kampagnen gegen einzelne Unternehmen oder auch Verhaltensweisen etwa einer bestimmten Branche, suchen sie Druck auf die Unternehmen auszuüben, um (zumindest punktuelle) Verhaltensänderungen zu erwirken.

Ihr Vorteil dabei ist die zumeist große Aufmerksamkeit und das öffentliche Interesse, das ihren Kampagnen entgegengebracht wird, sowie der damit immer größer werdende Einfluss, den sie auf die öffentliche Meinung haben. Ihnen ist es im Grunde zu verdanken, dass die Öffentlichkeit zunehmend sensibler für soziale und umweltschutzrechtliche Belange gegenüber transnationalen Unternehmen geworden ist.

„Ihre internationale Vernetzung schafft den NGO einen Wissens- und Handlungsvorsprung. Organisationen wie amnesty international oder der WWF gelten in der breiten Öffentlichkeit als glaubwürdig und haben einen hohen Vertrauensvorschuss“[798], beklagte etwa der *Bundesverband der Deutschen Industrie (BDI)* in einem internen Diskussionspapierden großen Einfluss der Nichtregierungsorganisationen auf die öffentliche Meinung – aufgrund dessen die Kampagnen der Organisationen das Image eines Unternehmens oder einer Branche zumeist empfindlich auch für längere Zeit schädigen können.

„Etwa ab den siebziger Jahren wurden viele bekannte Firmen zur Zielscheibe von Menschenrechts- und Umweltaktivisten. Boykottaufrufe gegen Nestlé, McDonald's, Siemens und Shell sorgten für Aufsehen. Oft erinnert man sich heute gar nicht mehr, was denn damals die Ursache der Kritik war. Aber irgendwie weiß man dennoch: die haben Dreck am Stecken[...].“[799]

---

[798] Bundesverband der Deutschen Industrie: Nichtregierungsorganisationen – Herausforderung für die Wirtschaftsverbände, zit. in: Mimkes: An alle Aktivisten: Zieht euch warm an – Die Industrie will Kampagnen-Strategien von NGO übernehmen und Informationen über „Gegner“ sammeln (13.01.2001), in: die tageszeitung Nr. 6345 (13.01.2001), 8

[799] Werner/Weiss: Schwarzbuch Markenfirmen. Die Machenschaften der Weltkonzerne, 2001, 16

Der Druck, den die NGOs auf die Unternehmen ausüben, zahlt sich langsam aber sicher aus: „Mittlerweile veröffentlichen alle großen Unternehmen regelmäßig dicke Umwelt- und Sozialberichte. Sie beschäftigen Menschenrechtsbeauftragte und haben sogenannte „Codes of Conduct“ etabliert, Verhaltensnormen, mit denen sich die Konzerne mehr oder weniger strenge Regeln zur Beachtung ökologischer und sozialer Prinzipien auferlegen“[800], resümieren Klaus Werner und Hans Weiss.[801]

In nicht wenigen Fällen gehen die Unternehmen infolge gezielten (und langanhaltenden) Druckes von Seiten der Nichtregierungsorganisationen – gestützt auf eine zunehmend kritischere Öffentlichkeit – eine Art Partnerschaft mit den Organisationen zur Verbesserung der angeprangerten Zustände ein (aus Sicht des Unternehmens natürlich auch zur Aufpolierung des [stark] angeschlagenen Images)[802].

Der Fall *Nestlé*[803]

Anfang der 70er Jahre geriet das Unternehmen im Zusammenhang mit dem Vertrieb von Substitutprodukten für Muttermilch insbesondere in Ländern der Dritten Welt ins Visier der Nichtregierungsorganisationen. Aufgrund

---

[800] Werner/Weiss: Schwarzbuch Markenfirmen. Die Machenschaften der Weltkonzerne, 2001, 16

[801] vgl. dazu auch Wick: NGO und Multis (11.02.2000), in: Freitag (07/2000), http://www.freitag.de, 21.11.2002

[802] Jedoch muss in diesem Zusammenhang auch darauf hingewiesen werden, dass zwar beobachtet werden kann, dass die Unternehmen, die am stärksten direkt von den Organisationen kritisiert worden waren (in der Regel Branchenführer), auch zumeist die umfangreichsten Sozial- und Umweltbilanzen aufweisen, dagegen jedoch die Gefahr besteht, dass die Unternehmen, die nicht im Kreuzfeuer der Kritik stehen, relativ unbemerkt in den Hintergrund entschwinden, um dort auch weiterhin unsozial zu agieren.

[803] vgl. (nachfolgend) Muller: The baby killer – A *War on Want* investigation into the promotion and sale of powdered baby milks in the Third World, March 1974; Mach: Macht der NGO über die Unternehmen: Druck, Partnerschaft, Evaluation, http://www.covalence.ch, 19.11.2002; Strunz/Clemens-Ziegler: Ethik im Marketing und Verbraucherpolitik, Berlin 2002, 6f.; siehe dazu auch eine Dokumentation über die Reaktionen von *Nestlé* auf die Veröffentlichung o.g. Buches unter *http://www.i-case.com/newdemo/inffeed/docs/muller.htm*, 19.11.2002;

aggressiver Vermarktungsstrategien haben viele Frauen (vor allem in Ländern der Dritten Welt) das Stillen aufgegeben und sind zu industriell gefertigter Babynahrung (Milchpulver) umgestiegen. Den Nichtregierungsorganisationen zufolge kam es in Folge dessen zu einer erhöhten Säuglingssterblichkeit in diesen Ländern. Zum einen, weil das Milchpulver aufgrund der mangelhaften hygienischen Voraussetzungen mit verschmutztem Wasser angerührt und oftmals auch falsch dosiert worden war und zum anderen, weil die Babys an Unterernährung litten, da die Preise für die Substitutprodukte so hoch waren, dass die Frauen sich die Produkte nicht in dem erforderlichen Ausmaße leisten konnten, sie aber aufgrund der Marketingkampagnen von *Nestlé* größtenteils zu der Überzeugung gelangt waren, das Milchpulver von *Nestlé* sei besser als ihre eigene Milch und somit ganz mit dem Stillen aufhörten.

Die Nichtregierungsorganisationen starteten daraufhin Kampagnen („Nestlé tötet Babys"), um die Öffentlichkeit über die Machenschaften von *Nestlé* zu informieren, woraufhin das Unternehmen (im Jahre 1974) zunächst wegen Verleumdung vor Gericht ging – und zumindest teilweise Recht bekam, allerdings dazu aufgefordert wurde, seine Vertriebspraktiken zu ändern und ethische Standards zu überprüfen. *Nestlé* reagierte zwar mit einigen internen Veränderungen seiner Marketingstrategie. Da diese jedoch in den Augen der Kritiker nicht weit genug gingen, gründete sich sich eine breite Protestbewegung unter dem Dach der *INFACT (Infant Formula Action Coalition)*, die 1977 zu einem Boykott aller Produkte von *Nestlé* aufrief.

Nachdem sich die Fronten immer mehr verhärtet hatten, berief die *Welthandelsorganisation (WTO)* 1979 eine Konferenz mit allen beteiligten Interessensgruppen ein, mit dem Ziel, einen Verhaltenskodex für die Hersteller von Muttermilchersatzprodukten zu schaffen. Nach zweijährigen Debatten über dessen Ausformulierung konnte die *WTO* den *„International Code of Marketing of Breast-Milk Substitutes"* im Jahre 1981 dann endlich verabschieden, welchem in den folgenden Jahren sowohl *Nestlé* als auch andere Produzenten beitraten. Zudem wurde 1982 ein unabhängiges Gremium (die „Muski-Kommission") gegründet, das die Einhaltung des Kodex überwachen sollte. Im Jahre 1984 dann beendete *INFACT* offiziell ihren Boykottaufruf gegen *Nestlé* und räumte ein, dass das Unternehmen große Fortschritte gemacht und es beispielhaft für die ganze Industrie geschafft habe, sich auf neue Normen für das Unternehmensverhalten zu verständigen. Seit 1999 veröffentlicht das Unternehmen zudem regelmäßig Berichte über Maßnahmen in Bezug auf den Verhaltenskodex und Partnerschaften mit Nichtregierungsorganisationen.

Der Streit um die Vermarktungsmethoden von *Nestlé* wird gemeinhin als Ausgangspunkt für die Diskussion um soziale Verantwortung von Unternehmen betrachtet. Im Laufe der Zeit haben viele Nichtregierungsorganisationen versucht, auch selbst Standards für ethisch-moralisches, soziales und/oder umweltgerechtes Verhalten von Unternehmen zu entwickeln und üben indirekten und auch direkten Druck auf die Unternehmen aus, um diese zur Annahme der Verhaltenskodizes zu gewinnen.

Die *Clean-Clothes-Campaign (CCC)*[804]

Die Kampagne macht vor allem durch Unterschriftensammlungen, Protestbriefe, Straßenaktionen, Spendensammlungen und andere öffentlichkeitswirksame Kampagnen auf die Arbeitsbedingungen in den Zulieferbetrieben speziell der Bekleidungs- und Sportswear-Industrie aufmerksam, unterstützt Arbeitnehmerorganisationen in den Produktionsländern und verabschiedete 1998 einen eigenen Verhaltenskodex[805], der sich and den von der *International Labour Organization (ILO)* definierten fundamentalen Arbeitsrechten orientiert: Vereinigungsfreiheit, Recht auf Kollektivverhandlungen, keine Zwangsarbeit, keine Kinderarbeit, keine Diskriminierung, Zahlung existenzsichernder Löhne, Gewährleistung eines Basis-Arbeits-schutzes, max. 48 Arbeitsstunden pro Woche plus 12 Überstunden, festes Beschäftigungsverhältnis.[806]

Mit der Unterzeichnung des Kodex erklären die jeweiligen Einzelhändler und Hersteller ihre Verantwortung für die Arbeitsbedingungen, unter denen die Produkte, die sie verkaufen, hergestellt wurden. Diese Verantwortung bezieht sich auf alle Beschäftigten, die im Laufe des Produktionsprozesses für das Unternehmen tätig sind: neben den Beschäftigten des Unternehmens selbst schließt dies auch die Beschäftigten der Vertragspartner, Unterauftragnehmer, Lieferanten oder Lizenznehmer mit ein. Dabei muss die Einhaltung des Kodexes ein durchsetzbarer und im Zweifelsfall auch einklagbarer Bestandteil jeglicher Vertragsvereinbarungen des Unternehmens

---

[804] http://www.cleanclothes.org

[805] Clean Clothes Campaign (Hrsg.): Arbeitsverhaltenskodex für die Bekleidungsindustrie – Einschließlich Sportkleidung (Februar 1998), http://www.saubere-kleidung.de, 30.08.2002

[806] vgl. Wick: Die wichtigsten Verhaltenskodex-Organisationen im Überblick, in: Weltweit gegen Sozialdumping, Juli 2001, 58

sein.[807] Der Kodex sieht zudem sowohl eine unternehmensinterne als auch externe Verifizierung durch eine unabhängige Stiftung vor, deren Aufgabe und Ziel zum einen natürlich die direkte oder indirekte (durch andere Organisationen) unabhängige Verifizierung im Hinblick auf die Einhaltung des Kodex ist, die darüber hinaus aber auch die Unternehmen bei der Umsetzung des Kodex unterstützen und Mittel bereitstellen soll, um die Verbraucher über die Umsetzung und Befolgung des Kodex und die herrschenden Arbeitsbedingungen, speziell in den Fabriken der Zulieferbetriebe, zu informieren.[808]

Nicht zuletzt auch in Verbindung mit der gesteigerten Bedeutung sog. „ethischen Investitionen" und „grünen Fonds" kommt den Nichtregierungsorganisationen eine ebenso immer größer werdende Bedeutung zu. So gibt es beispielsweise mittlerweile sog. „best-of-class"-Modelle, nach denen die Unternehmen eines bestimmten Sektors nach ihrem Sozial- und Umweltprofil bzw. -verhalten miteinander verglichen, eingestuft und das „beste" bzw. „vorbildlichste" Unternehmen gekürt wird; was dessen Chancen, etwa in zunehmend beliebtere Ethik- oder „grüne" Fonds aufgenommen zu werden, erheblich steigert. Zudem wird die Sozialperformance eines Unternehmens auch immer häufiger als ein Maßstab für dessen Reputation angesehen, der wertvolle Hinweise auf möglicherweise zu erwartende Rufschädigungen – etwa durch „Skandale" und Kampagnen von Nichtregierungsorganisationen – liefern kann; was wiederum ebenso Einfluss auf die Gewichtung der Wertpapiere des Unternehmens hat (bzw. haben kann).[809]

Neben der Öffentlichkeitsarbeit betreiben die Nichtregierungsorganisationen auch Lobbyarbeit bei politischen Institutionen. Im Hinblick

---

807 vgl. Wick: Verhaltenskodizes - Werbegags oder Hebel für die Beschäftigten?, in: Weltweit gegen Sozialdumping, Juli 2001, 34ff.

808 Derzeit laufen diverse Pilotprojekte in Frankreich, Schweden, den Niederlanden und in der Schweiz mit ansässigen transnationalen Unternehmen zur Etablierung des Verhaltenskodex sowie unabhängiger Kontrollsysteme. (vgl. Clean Clothes Campaign: Codes, Monitoring, and Verification – Why The CCC is Involved, http://www.cleanclothes.org/codes.htm, 17.11.2002)

809 vgl. Mach: Macht der NGO auf die Unternehmen: Druck, Partnerschaft, Evaluation, Covalence, http://www.covalence.ch, 19.11.2002, 122,127

auf den „Machtmissbrauch“ transnationaler Unternehmen im Bereich der Menschenrechte (bzw. deren Verletzungen) sei hierbei etwa auf die Anstrengungen verwiesen, in der *Welthandelsorganisation (WTO)* eine Sozialklausel durchzusetzen, die eine weltweite Verbesserung der Arbeitsbedingungen erlauben sollte. Ebenso setzen sie sich für die Einführung einer für die transnationalen Unternehmen verbindlichen Menschenrechtsnorm in der *UN-Subkommission für Menschenrechte* ein und versuchen, eine Überarbeitung der *OECD*-Leitsätze für multinationale Unternehmen dahingehend zu erreichen, dass diesen eine gesetzliche Verbindlichkeit verliehen wird.[810]

4.4 Regierung und Gesetzesgebung

Vorrangige Aufgabe der Verbraucherorganisationen ist es, die Kenntnisse und Fähigkeiten der Verbraucher zu verbessern; durch Maßnahmen der Verbraucherinformation, -beratung, -erziehung und -aufklärung (vgl. Abschnitt 3.3). „Für die Durchsetzung des Schutzes der Verbraucher benötigen sie [jedoch] die Politik“[811], so Edda Müller, Vorstand des *vzbv*.

Aufgabe der Regierung ist es demnach, im Rahmen der Gewährleistung eines funktionierenden Marktes die schwächeren Marktteilnehmer – sprich: die Verbraucher, aber auch andere – „schwächere“ – Unternehmen (Mitwettbewerber und Lieferanten o.a.) – vor unlauteren Geschäftspraktiken der stärkeren Marktteilnehmer zu schützen; vornehmlich durch den Erlass von Gesetzen.

Auch wenn lange Zeit die Auffassung vorherrschte, der Markt würde sich selbst regulieren und unlautere Geschäftspraktiken würden früher oder später im Wettbewerb ausgemerzt, so hat doch die Bedeutung des Verbraucherschutzes, wie auch einer gewissen staatlichen Regulierung des Wettbewerbs in letzter Zeit stark zugenommen (nicht zuletzt aufgrund von Skandalen um unlautere Geschäftsmethoden (vgl.

---

[810] vgl. Mach: Macht der NGO auf die Unternehmen: Druck, Partnerschaft, Evaluation, Covalence, http://www.covalence.ch, 19.11.2002, 122,110

[811] Müller: Grundlinien einer modernen Verbraucherpolitik, in: Aus Politik und Zeitgeschichte Nr. 24 (08.06.2001), http://www.das-parlament.de, 20.09.2002

Abschnitt 2.3.6 sowie die Skandale um „verseuchte“ Lebensmittel durch *BSE*, *Nitrofen*, *Acrylamid*, ...); wobei sich der Verbraucherschutz mit der Zeit von der Wettbewerbspolitik emanzipieren konnte und zu mit einer der wichtigsten Aufgaben der Regierung erklärt wurde (vgl. Abschnitt 3.1).

„Die Strafverfolgung ist der Kriminalität immer einen Schritt hinterher – das liegt schon im Begriff der Strafverfolgung begründet. Entscheidend ist aber – wie früher bei der buchstäblichen Strafverfolgung durch den guten alten Dorfpolizisten – wer schneller rennt und den längeren Atem hat.“[812]

Dieser Ausspruch des schweizerischen Bundesanwalts Dr. Valentin Roschacher trifft in gewisser Hinsicht auch auf die Arbeit der Regierung zu: zunächst einmal appelliert sie bei möglichen Fehlentwicklungen des Marktes an die Selbstregulierungskräfte der Wirtschaft und wenn dies keine Veränderungen bewirkt, sodass ein Problem aus Sicht der Verbraucher Überhand nimmt und nicht mehr kontrolliert werden kann, dann greift die Regierung ein und versucht, dem einen Riegel in Form einer Gesetzesänderung bzw. in Form eines Gesetzeserlasses vorzuschieben (vgl. Abschnitt 3.4.3 – Telekommunikations-Kundenschutzverordnung).

Aus Sicht der betroffenen Verbraucher dauert es jedoch zumeist verhältnismäßig lange, ehe die Regierung zum einen regulierend in die Wirtschaft eingreift und zum anderen, bis aus einem Gesetzesvorhaben ein Gesetzesentwurf und daraus wiederum ein verabschiedetes Gesetz wird. Denn, unserer demokratischen Gesellschaftsordnung entsprechend, muss ein Gesetzesentwurf zahlreiche verschiedene Stationen passieren – welche ihrerseits gegen den entsprechenden Entwurf plädieren können –, ehe er zu einem Gesetz formuliert und verabschiedet wird.

---

[812] Rosbacher: Die Strategie des Bundes bei der Bekämpfung der internationalen Schwerstkriminalität (13.01.2000), Schweizerische Bundesanwaltschaft, http://www.ba.admin.ch, 15.10.2002

Der lange Weg des Gesetzes[813]

Das Recht, Gesetzesentwürfe zur Diskussion zu bringen, steht den Mitgliedern der Bundesregierung, des Bundesrats und/oder des Bundestags zu. Zumeist jedoch werden Gesetzesentwürfe von Mitgliedern eines Ministeriums der Bundesregierung ausgearbeitet. Diese werden dann, nach Abstimmung mit anderen, fachlich oder politisch beteiligten Ministerien, sowie der Überprüfung durch das Bundesjustizministerium, dem Kabinett zur Beschlussfassung vorgelegt. *Dieser Prozess dient der Einpassung des jeweiligen Gesetzesvorhabens in die Gesamtlinie der Regierungspolitik sowie auch in die finanziellen Möglichkeiten und Grenzen des Staatshaushalts.* Der vom Kabinett beschlossene wird dann dem Bundesrat zugeleitet, *um zum einen auf die Erfahrungen der einzelnen Länder zurückgreifen zu können und zum anderen (vor allem) die Interessen und Auffassungen des Bundesrates vorab auszuloten, da dieser nach der Verabschiedung des Gesetzes durch den Bundestag immer noch die Möglichkeit hat, dessen Inkrafttreten zu verhindern.* Nachdem die Interessen der Bundesregierung mit denen des Bundesrats bestmöglich abgeglichen (und noch eventuelle Änderungen vorgenommen) wurden, wird der Entwurf zur Bundesdrucksache und an alle Abgeordneten verteilt. Nach einer (intensiven) Beschäftigung der einzelnen betreffenden Fraktionen mit dem Entwurf wird dieser Gegenstand einer ersten Lesung im Bundestag (bzw. im Plenum des Bundestages). *Diese erste Lesung dient vor allem der Informierung der Öffentlichkeit sowie allen Abgeordneten, dass der betreffende Entwurf Gegenstand im Gesetzgebungsverfahren ist und in die parlamentarische Beratung geht.* Nach dieser ersten Lesung wird der entsprechende Entwurf dem zuständigen (in der ersten Lesung bestimmten) Ausschuss bzw. verschiedenen Ausschüssen (wenn der Entwurf mehrere Sachgebiete betrifft) überantwortet, die, nach oftmals mehreren Ausschusssitzungen – wenn der entsprechende Entwurf strittig war –, sowie einer letzten, zumeist öffentlichen Sitzung, letztendlich dem Bundestag einen bestimmten Beschluss empfehlen (die Annahme, Annahme mit vom Ausschuss beschlossenen Änderungen oder Ablehnung des Gesetzentwurfs). Sind die Ausschüsse in ihren Beratungen zu keinem Ergebnis gelangt, da es sich um eine fachlich schwierige Materie und zudem noch um ein politisch umstrittenes Regelungsziel handelt, so wird nicht selten eine öffentliche Anhörung von Sachverständigen und Interessenver-

[813] vgl. Deutscher Bundestag – Infothek: Gesetzgebung, http://www.bundestag.de/info/gesgeb, 23.11.2002

tretern durchgeführt. *Dies dient zum einen der zusätzlichen fachlich-wissenschaftlichen Fundierung des Vorhabens, wie auch der Gewinnung zusätzlicher öffentlicher Aufmerksamkeit und der Beteiligung interessierter BürgerInnen und Organisationen.* Haben die Ausschüsse sich auf eine Empfehlung für den Bundestag einigen können, beraten wiederum die einzelnen Fraktionen über die Empfehlung bzw. die Änderungen des Entwurfs und kommen in einer zweiten Lesung im Plenum des Bundestages zusammen, um gemeinsam über den Entwurf zu beraten, wobei theoretisch jedem einzelnen Abgeordneten die Möglichkeit gegeben ist, selbst noch Änderungsvorschläge zur Diskussion zu stellen. *In dieser zweiten Debatte werden Pro und Contra des Entwurfs sowie dessen Änderungen diskutiert.* Wurde der vorliegende Entwurf (sowie mögliche Änderungsvorschläge) von zwei Drittel (und mehr) der Anwesenden Abgeordneten angenommen, so übergeht der Entwurf dem Bundesrat. (Wurde keine Einigung erzielt, tagen die Abgeordneten in einer dritten Lesung.) *Die erneute Einschaltung des Bundesrates nach dem Gesetzesbeschluss des Bundestages unterstreicht die föderalistische Gliederung der Bundesrepublik und die bedeutende Rolle der Länder, sowohl was die Anwendung der Gesetze überhaupt als auch die Differenzierung nach regionalen Unterschieden anbelangt.* Der Bundesrat hat das Recht, gegen das vom Bundestag beschlossene Gesetz Widerspruch einzulegen (wie das etwa beim *Verbraucherinformationsgesetz (VinfoG)* jüngst der Fall war – vgl. Abschnitt 3.4.3). Allerdings muss vorher ein Vermittlungsausschuss einberufen werden – *um den im Föderalismus angelegten Konflikt zwischen Bund und Ländern auf dem Wege der Kompromisssuche zu überwinden und zu allgemeinverbindlichen, gesamtstaatlichen Regelungen zu kommen.* Mit absoluter Mehrheit kann der Bundestag unter gewissen Umständen einen Einsspruch des Bundesrats zurückweisen (und sich über diesen hinwegsetzen). Schreibt das Grundgesetz die Zustimmung des Bundesrats bei einem bestimmten Gesetzesvorhaben jedoch vor, so gilt das Gesetz ohne die Zustimmung des Bundesrats als gescheitert. Bedarf ein Gesetz nicht der Zustimmung des Bundesrates oder stimmt dieser dem Gesetz zu, so wird es, mit Unterschrift des Bundeskanzlers sowie des zuständigen, federführenden Bundesministers dem Bundespräsidenten zur Unterzeichnung vorgelegt, und daraufhin im Bundesgesetzblatt verkündet, und tritt nach Maßgabe seiner diesbezüglichen Bestimmungen in Kraft.

Zudem spielen bei den entsprechenden Gesetzesentwürfen nicht nur womöglich innerparteiliche Interessen(-skonflikte) und verschiedene Auffassungen von Bund und Ländern eine Rolle, sondern darüber hinaus wirken auch noch äußere „Kräfte“: beispielsweise die Interessensgruppen der Wirtschaft, die den Entwurf von etwa den Wettbewerb beschränkenden Gesetzen zu verhindern suchen[814], sowie die Interessensgruppen der Verbraucher, die sich für den Schutz der Verbraucher vor allzu „freiem“ Wettbewerb einsetzen. Schon in einem relativ frühen Stadium des Gesetzgebungsverfahrens – noch bevor der entsprechende Gesetzesentwurf den anderen möglicherweise beteiligten Ministerien zur Abstimmung vorgelegt wird – bekommen die Interessengruppen die Möglichkeit zur Mitsprache. Ebenso wird ihnen nicht selten die Möglichkeit eingeräumt, vor den Ausschüssen (nach der ersten Lesung im Bundestag) ihre Ansichten zu diversen Gesetzesentwürfen zu vertreten und „Expertenmeinungen“ abzugeben. Zudem ist es unbestritten, dass jegliche Interessengruppen Lobbyarbeit bei den Abgeordneten betreiben – entweder, um einem bestimmten Gesetzesentwurf zur Durchsetzung zu verhelfen oder dessen Beschlussfassung wenn möglich zu verhindern. Dabei kann jedoch verhältnismäßig leicht der Eindruck entstehen, die Interessengruppen der Wirtschaft übten einen stärkeren Einfluss auf die Abgeordneten aus, als das die Verbrauchervertreter täten.

Die zugegebenermaßen nicht einfache Aufgabe der Regierungsvertreter ist es demnach, zwischen all den unterschiedlichen Interessen, Meinungen, Ansichten und Standpunkten abzuwägen und einen mehr oder weniger „goldenen Mittelweg“ zu finden. In Folge dessen werden sie im Prozess der Gesetzesgebung des öfteren zu Kompromissen gezwungen sein, die zum einen den gesamten Gesetzgebungsprozess verlangsamen und zum anderen den entgültigen Gesetzestext möglicherweise immer weiter von der ursprünglichen Entwurfsfassung entfernen (vgl. etwa Abschnitt 3.4.3 – Telekommunikations-Kundenschutzverordnung) – so sie denn überhaupt bis zum Beschluss kommen (vgl. Abschnitt 3.4.3 – Verbraucherinformationsgesetz).

Auch wenn an dieser Stelle nicht für einen Staatsapparat plädiert werden soll, in welchem sämtliche Aspekte des wirtschaftlichen und ge-

---

[814] siehe dazu auch: König: Alle Macht den Konzernen – Das neue Europa im Griff der Lobbyisten, 1999; Balanyá/Doherty/Hoedeman/Ma'anit/Wesselius: Konzern Europa. Die unkontrollierte Macht der Unternehmen, 2001

sellschaftlichen Lebens per Gesetz geregelt werden, so lässt sich doch – gerade auch an der angesprochenen Problematik des Missbrauchs von 0190-Mehrwertnummern – erkennen, dass die Gesetzgebung immer noch verhältnismäßig viel Raum für eventuellen Machtmissbrauch und unlautere Geschäftsmethoden lässt – auch vor dem Hintergrund, dass die Wirtschaft eine verhältnismäßig starke Lobbyarbeit in der Regierung betreibt, was selbstredend aus Sicht der Verbraucher kritisch zu beurteilen ist. Denn der Verbraucherschutz „konkurriert" schon aus einer gewissen Überzeugung heraus mit den Interessen der Wirtschaft – wie auch aus den nachfolgenden zwei Beispielen ersichtlich werden mag.

Die *Regulierungsbehörde für Telekommunikation und Post (RegTP)*

Die Regulierungsbehörde ist ein vom Staat geschaffenes Kontrollorgan, welches die Liberalisierung des Telekommunikations- und des Postmarktes überwachen und lenken soll. Sie soll gewährleisten, dass die ehemaligen staatlichen Monopolisten, die *Deutsche Telekom AG* und die *Deutsche Post AG* ihre gegebene Marktmachtstellung nicht ausnutzen und neue Anbieter eine faire Chance auf den beiden Märkten bekommen. Zu ihren Aufgaben zählen unter anderem die Wahrung der Interessen der Nutzer auf dem Gebiet der Telekommunikation, der Post und des Funkwesens sowie die Wahrung des Fernmeldegeheimnisses, die Sicherstellung eines chancengleichen und funktionsfähigen Wettbewerbs auf dem Telekommunikations- und Postmarkt und die Sicherstellung einer flächendeckenden Grundversorgung mit Telekommunikations- und Postdienstleistungen zu erschwinglichen Preisen[815].

Diese Aufgaben erfüllt sie jedoch in den Augen vieler Kritiker nur unzureichend. Sowohl die *Telekom* als auch die *Post* haben auch fünf Jahre nach der Liberalisierung immer noch ihre Monopolstellungen inne. Erst im April 2003 wurde der Telekommunikationsmarkt dank massivem Druck von außen für alternative Anbieter (mehr oder weniger) völlig geöffnet, auf dem Postmarkt wird dies voraussichtlich erst im Jahre 2007 geschehen (vgl. Abschnitt 2.3.9).

Der Regulierungsbehörde obliegt es unter anderem, die Endkundenpreise für die *Telekom* festzulegen. Dazu stellt die *Telekom* einen entsprechenden

[815] vgl. Regulierungsbehörde für Telekommunikation und Post: Aufgaben der Regulierungsbehörde, http://www.regtp.de, 05.05.2003

Antrag, welcher dann im Gremium verhandelt wird. Doch trotz des Vorsatzes der Wahrung der Interessen der Nutzer (sprich: der Verbraucher), entsprach sie immer wieder Anträgen der *Telekom*, die die Inhaber von Analog-Anschlüssen schlechter stellten gegenüber Inhabern der teureren ISDN-Anschlüsse (vgl. Abschnitt 2.3.7 – Diskriminierende Preismodifizierungen der *Deutschen Telekom AG*).

Zudem obliegt es ihr, die Netznutzungspreise, welche alternative Anbieter an die *Deutsche Telekom AG* für die Benutzung ihres Telefonnetzes entrichten müssen, zu bestimmen. Und trotzdem gelang es der *Telekom*, von den Konkurrenten für Ferngespräche höhere Preise zu verlangen als von den eigenen Endkunden.[816] Die neueste Entscheidung der Behörde, die Interconnection-Tarife der *Telekom* zu erhöhen, trägt auch nicht unbedingt dazu bei, Vertrauen in dieses „unabhängige Kontrollorgan" hinsichtlich der Sicherstellung eines fairen Wettbewerbs zu wecken – im Gegenteil. Denn durch die Erhöhung dieser Tarife wird der gerade beginnende Wettbewerb im Ortsnetz nahezu im Keime wieder erstickt.[817] (vgl. Abschnitt 2.3.9 - Telekommunikationsmarkt)

---

[816] Die Regulierungsbehörde selbst stand zudem vor dem Bundesverwaltungsgericht in Leipzig unter Anklage. Die Mobilfunkanbieter *Mannesmann* (*Vodafone D2*) und *O2* hatten der Behörde vorgeworfen, für die Zuteilung von Rufnummern unverhältnismäßig hohe Gebühren verlangt zu haben. Das Gericht stimmte den Klägern zu und verurteilte die Behörde von jeweils rund fünf Millionen Euro an die beiden Kläger. Die Gebühren, die die Behörde von den beiden Mobilfunkanbietern verlangte, waren 4444-mal so hoch wie der tatsächliche Verwaltungsaufwand der Behörde. (vgl. o.V.: Mobilfunkbetreiber fordern über 10 Millionen Euro zurück (30.04.2003), in: heise online, http://www.heise.de, 03.05.2003; Ziegler: RegTP muss Mobilfunkbetreibern 10 Millionen Euro erstatten (01.05.2003), in: heise online, http://www.heise.de, 03.05.2003)

[817] Trotz allem kündigte die Regierung an, die Preisregulierung für die *Telekom*, vor allem die Vorab-Genehmigung von Preisen, entschieden lockern zu wollen, sodass der Konzern noch freier die Gebühren, die er von seinen Konkurrenten (und auch Kunden) verlangt, selbst bestimmen kann. (vgl. Kuri: Weniger Preisregulierung für Deutsche Telekom geplant (15.12.2002), in: heise online, http://www.heise.de, 17.12.2002)

„Anti-Teuro-Gipfel" und „Preis-Wert-Forum"

Nachdem in den ersten Monaten des Jahres 2002 immer mehr Beschwerden über Preiserhöhungen im Zuge der Euro-Bargeldein-führungen bei den Verbraucher-Zentralen des Landes eingingen und sich die Verbraucher zunehmend im Kaufzurückhaltung übten, lud Verbraucherministerin Renate Künast am 31. Mai 2002 Wirtschaftsvertreter und Verbraucherschützer zu einem Runden Tisch, „damit es schneller wieder faire Preise gibt und schwarze Schafe"[818] aufgedeckt würden, so Renate Künast. Ziel dieses sog. „Anti-Teuro-Gipfels" sollte es sein, gemeinsam mit Vertretern der Gewerkschaft *Verdi*, des *Hauptverbandes des Deutschen Einzelhandels (HDE)*[819] sowie des *Hotel- und Gaststättenverbandes* ein „konkretes Werkzeug" zu entwickeln, um den „schwarzen Schafen" der Branchen, die die Währungsumstellung für „unverschämte" Preiserhöhungen missbrauchten, entgegentreten zu können und den übrigen Händlern und Dienstleistern die Chance zu geben, sich von diesen schwarzen Schafen zu distanzieren.[820] Denn „neue Gesetze zu machen dauert sehr lange", meinte die Verbraucherministerin; „wir brauchen eine schnellere Lösung."[821]

Das Ergebnis dieses nur zweistündigen Treffens war für viele Verbraucher jedoch ein vergleichsweise enttäuschendes, denn der Gipfel endete ohne konkrete Maßnahmen gegen die Preistreiberei.[822] Die Beteiligten einigten

---

[818] o.V.: Künast ruft zu „Euro-Gipfel" auf (24.05.2002), in: Financial Times Deutschland, http://www.ftd.de, 29.05.2002

[819] Der Hauptverband des Deutschen Einzelhandels nahm zwar an dem Treffen teil, um über Maßnahmen zu diskutieren, wie man das Vertrauen der Verbraucher wieder stärken könne. Allerdings hielt er das Treffen an sich für „überflüssig", denn, so Hubertus Pellengahr, Sprecher des HDE: „Die schwarzen Schafe merzt der Wettbewerb aus". Die Verbraucher würden nur dort einkaufen, wo sie das Gefühl hätten, günstig zu kaufen, was wiederum bei einem funktionierenden Wettbewerb die schwarzen Schafen der Branche von allein dazu brächte, ihre Preise wieder zu senken. (vgl. o.V.: Teuro-Gipfel – „Die Hand ganz tief in der Tasche des Steuerzahlers" (27.05.2002), in: Manager Magazin, http://www.manager-magazin.de, 29.05.2002).

[820] vgl. o.V.: Handel und Regierung streiten um Euro-Preiserhöhungen (02.06.2002), in: Leipziger Volkszeitung, http://www.lvz-online.de, 03.06.2002

[821] vgl. o.V.: Künast ruft zu „Euro-Gipfel" auf (24.05.2002), in: Financial Times Deutschland, http://www.ftd.de, 29.05.2002

[822] Die Financial Times Deutschland kritisierte in diesem Zusammenhang: „Ökonomisch betrachtet ist ein Teuro-Gipfel Blödsinn. Handel und Gaststätten dürfen

sich (nur) auf die Einrichtung eines „Preis-Wert-Forums“ im Internet unter *www.preis-wert-forum.de*, wo Verbrauchern die Möglichkeit gegeben werden sollte, Beschwerden gegen ihrer Meinung nach falsch umgerechnete Preise vorzubringen. Die Anbieter hätten dann die Möglichkeit, zu diesen Vorwürfen Stellung zu nehmen – allerdings auf freiwilliger Basis.[823] „Der Handel kann dann Stellung nehmen, oder auch nicht“, gab Frau Künast bekannt. Dennoch erhoffe sie sich einen disziplinierenden Effekt auf die Anbieter, da durch das für jedermann öffentlich zugängliche Internet-Forum der Druck auf die „schwarzen Schafe“ steige. Zudem würde den Anbietern durch das Forum die Möglichkeit gegeben, die Verbraucher über das Zustandekommen ihrer Preise zu informieren, um somit auch ein gewisses Verständnis für die Preisbildung des Handels wecken zu können. Im Mittelpunkt der Initiative „Preis-Wert-Forum“ stünde die Aufklärung, nicht nur die bloße Anprangerung schwarzer Schafe.[824] (In den Augen vieler Verbraucher(schützer) entsprach (bzw. entspricht) dies jedoch nicht unbedingt dem angekündigten konkreten Werkzeug gegen die Preistreiberei.)

Die Vertreter des Handels zeigten sich (verständlichermaßen) verhältnismäßig zufrieden mit dem Ausgang des Treffens, denn „es wird keine gesetzlichen Maßnahmen geben, die in die freie Preisgestaltung eingreifen“, wie Hubertus Pellengahr, Sprecher des *Hauptverbandes des Deutschen Einzelhandels (HDE)*, betonte. Alle Teilnehmer, auch Frau Künast, seien sich einig, dass der Euro kein „Teuro“ sei und dass mit der Aufklärung der Verbraucher über die „tatsächliche“ Preisentwicklung „ein Beitrag zur Beendigung der Hysterie in Sachen Euro“[825] geleistet werde, so Pellengahr.

Das „Preis-Wert-Forum“ sollte sich an dem *Euro-Internet-Forum* der *Verbraucher-Zentrale Nordrhein-Westfalen* orientieren[826]. „Hier haben Nutzerinnen und Nutzer die Möglichkeit, Beschwerden über Anbieter im Zu-

---

ihre Preise selbst festlegen. Das weiß auch die Ministerin. Allerdings strebt sie für den Herbst nicht den Nobelpreis für Wirtschaftswissenschaften an, sondern den Wiedereinzug in die Bundesregierung.“ (Krägenow: Renate Künast – Der Teuro-Sheriff (27.05.2002), in: Financial Times Deutschland, http://www.ftd.de, 29.05.2002)

823 vgl. o.V.: Teuro-Gipfel endet mit Freispruch für den Euro (31.05.2002), in: Financial Times Deutschland, http://www.ftd.de, 11.06.2002

824 vgl. o.V.: Pranger für Teuro-Sünder (31.05.2002), in: Handelsblatt, http://www.handelsblatt.de, 12.06.2002

825 ebd.

826 http://www.vz-nrw.de/euroforum

sammenhang mit der neuen Währung mitzuteilen. Die betroffenen Firmen werden um Stellungnahme gebeten, die wiederum zur Information für jeden im Internet veröffentlicht wird", erläuterte Karl-Heinz Schaffartzik, Vorstand der *Verbraucher-Zentrale Nordrhein-Westfalen* die Grundidee des Forums, das für den Zeitraum der doppelten Preisauszeichnung des Handels (von Oktober 2001 bis Februar 2002) geschaffen worden war, um den Verbrauchern die Gewöhnung an den Euro zu erleichtern und ihnen einen Einblick in die Preisgestaltung der Händler zu geben.[827]

Über der konkreten Ausgestaltung des Beschwerde-Forums zerstritten sich die Teilnehmer des Gipfels allerdings. Denn während die Verbraucherschützer konkret Anbieter, Produkt oder Dienstleistung sowie alten DM- und neuen Euro-Preis veröffentlichen wollten, beharrten die Vertreter der Wirtschaft auf vollständiger Anonymität. Die Nennung der Namen der Einzelhändler und Dienstleister, die im Zuge der Währungsumstellung ihre Preise erhöht haben sollen, wiederspräche der auf dem Gipfel getroffenen Vereinbarung, „dass es keine Hetzjagd auf vermeintlich schwarze Schafe und damit keinen Pranger geben darf", gab *HDE*-Sprecher Pellengahr zu verstehen. Da jedoch Ministerin Künast ihrerseits wiederum erklärte, ein Beschwerdeforum ohne Namensnennung sei „sinnlos"[828], erteilte der *HDE* der Verbraucherministerin für ein zweites geplantes Gipfeltreffen am 10. Juli 2002 eine Absage. Die Gefahr sei groß, „dass dort gesammelte Einzelfälle ausgeschlachtet und für Boykottaufrufe missbraucht" würden, begründete auch der ebenfalls geladene *Deutsche Industrie- und Handelskammertag (DIHK)* seine Absage[829]. Diesem Boykott schlossen sich gleichfalls der *Hotel- und Gaststättenverband* sowie der *Zentralverband des Deutschen Handwerks (ZDH)* an.[830]

Bei den Verbraucherschützern stießen diese Absagen auf Unverständnis. „Der Handel verspielt die Chance, das Vertrauen der Verbraucher wieder-

---

[827] vgl. Euregio – Grenzüberschreitende Verbraucherberatung: Euro-Internet-Forum – Euro-Beschwerdestelle der Verbraucher-Zentrale NRW, http://www.verbraucher.euregio.de, 15.05.2002

[828] vgl. Shahd: Künast will neues Anti-Teuro-Treffen mit der Wirtschaft (11.07.2002), in: Der Tagesspiegel 2002, http://www.tagesspiegel.de, 16.07.2002

[829] vgl. Michel: Wirtschaft boykottiert Anti-Teuro-Gipfel (09.07.2002), in: Berliner Zeitung, http://www.berlinonline.de, 10.07.2002

[830] vgl. o.V.: Wirtschaftsverbände boykottieren Treffen (09.07.2002), in: Frankfurter Rundschau Online, http://www.fr-aktuell.de, 10.07.2002

zugewinnen“[831], urteilte Karin Kuchelmeister, Euro-Expertin des *Verbraucherzentrale Bundesverbandes (vzbv)* Nichtsdestotrotz wurde auch gegen den Widerstand der Wirtschaft am 09. Juli 2002 das „Preis-Wert-Forum“ gestartet. Auch der zweite „Anti-Teuro-Gipfel“, das geplante Abschlusstreffen, fand (am Tag darauf) statt – mit Vertretern der *Verbraucher-Zentralen*, des *Verbraucherministeriums*, der Dienstleistungsgewerkschaft *Verdi* sowie der Gewerkschaft *Nahrung-Genuss-Gaststätten (NGG).*[832]

Die Webseite des „Preis-Wert-Forums“ wird vom *Verbraucherzentrale Bundesverband (vzbv)* betrieben und bietet Informationen rund um den Euro, Preisvergleiche (auf europäischer Ebene) und Preisbeobachtungen. Das eigentliche Beschwerdeforum, in welchem Verbraucher Firmen benennen können, bei denen sie Preissteigerungen im Zuge der Euro-Bargeldeinführung vermuten, wurde jedoch auf die Webseiten der *Verbraucher-Zentrale Nordrhein-Westfalen* ausgelagert (und zum 11. Juli freigeschaltet), das schon einmal vorhandene Forum nutzend. „Die Verbraucher können ihre Preisfeststellungen per E-Mail an uns senden. Wir fordern die Anbieter zu einer Stellungnahme auf und veröffentlichen dann beides“, erläutert Karin Kuchelmeister, Projektleiterin des Beschwerdeforums.[833] Die Veröffentlichung erfolgt aber wirklich erst, wenn die betroffenen Anbieter Gelegenheit zur Stellungnahme hatten oder sich nach mehrmaliger Aufforderung nicht äußerten.[834]

Da die Stellungnahme der Unternehmen zu den Vorwürfen allerdings auf freiwilliger Basis geschieht[835], bleiben viele Beschwerden unbeantwortet. In dem ehemaligen Beschwerde-Forum der *Verbraucher-Zentrale Nordrhein-Westfalen* hieß es in nicht wenigen der insgesamt 1.700 eingegangenen

---

831 Shahd: Künast will neues Anti-Teuro-Treffen mit der Wirtschaft (11.07.2002), in: Der Tagesspiegel, http://www.tagesspiegel.de, 16.07.2002

832 vgl. o.V.: Ministerin startet „Anti-Teuro“-Website (09.07.2002), Frankfurter Allgemeine Zeitung, http://www.faz.net, 16.07.2002

833 vgl. Shahd: Künast will neues Anti-Teuro-Treffen mit der Wirtschaft (11.07.2002), in: Der Tagesspiegel 2002, http://www.tagesspiegel.de, 16.07.2002

834 vgl. o.V.: Käufer nutzen Internetforum zu Preis-Entwicklung rege (20.08.2002), in: Nordkurier Online, http://www.nordkurier.de, 22.08.2002

835 „Einen Zwang für die Unternehmen, Stellung zu nehmen, kann es nicht geben“, betont HDE-Sprecher Pellengahr. „Das einzige Werkzeug, das es gegen hohe Preise gibt, ist ein funktionierender Wettbewerb.“ (Sokolow: Anti-Teuro-Gipfel – Beschwerdeforum geplant (02.06.2002), in: N-TV Online, http://www.n-tv.de, 03.06.2002)

Fälle immer wieder: „Trotz wiederholter Aufforderung zur Stellungnahme hat das Unternehmen auf die Beschwerde nicht reagiert." Und wenn die Unternehmen antworten, dann verweisen sie zumeist auch nur auf „längst überfällige Preisanpassungen", deren Zeitpunkt exakt zur Währungsumstellung nur ein „unglücklicher Zufall" sei[836], oder aber sie antworten wie beispielsweise ein Eisverkäufer, der behauptete, die Eiskugel sei auf Wunsch der Kunden um 22 Prozent vergrößert worden, womit die reine Preiserhöhung „nur noch" mit 14 Prozent zu veranschlagen sei.[837] Es bleibt also abzuwarten (bzw. eher fraglich), inwieweit das „Preis-Wert-Forum" einen wirklichen Beitrag zur Bekämpfung der Preistreiberei leisten kann.

Trotz der Enttäuschung über die wenig konkrete Maßnahme gegen Preistreiberei im Zuge der Währungsumstellung weckte das „Preis-Wert-Forum" reges Interesse bei den Verbrauchern. Allein in den ersten beiden Tagen nach der Freischaltung erfolgten nach Angaben des Verbraucherministeriums 160.000 Zugriffe[838] und bereits Mitte August 2002 hatten rund 245.000 Verbraucher die Webseite besucht. „Das Forum hat zu einer Versachlichung der Teuro-Debatte und zu einem öffentlichen Dialog zwischen den Marktteilnehmern beigetragen", so Karin Kuchelmeister. Auch das Beschwerdeforum der *Verbraucher-Zentrale Nordrhein-Westfalen* erfreut sich regem Anklang bei den Verbrauchern. Allein innerhalb der ersten 3 Wochen seien 1.800 Beschwerden per E-Mail bei der Verbraucherzentrale eingegangen. „Inzwischen sind es etwa 15 bis 20 pro Tag", so die Verbraucherschützer. Die Reklamationen reichten von „Drei-Pfennig-Erhöhungen bei Brötchen" bis hin zu 1:1-Umrechnungen von DM in Euro.[839] Nach Angaben der Verbraucherschützer nutz(t)en etwa 85 Prozent der beschuldigten Anbieter die Möglichkeit, auf die Anschuldigungen zu reagieren, wobei die

---

836 So versuchte der Stuttgarter Flughafen beispielsweise die Erhöhung der Tagesgebühr für einen Parkplatz von 20 DM auf 18 Euro damit zu rechtfertigen, dass die für Urlauber vorgesehenen Langzeitparkplätze immer häufiger von Kurzzeitparkern blockiert worden wären und dass die Verteuerung (für die ersten Tage) somit diese Tagesparker abschrecken solle. (vgl. Köhler: Eis mit neuem Preis: Unsere Kugeln sind jetzt größer (12.10.2002), in: Stuttgarter Zeitung, http://www.stuttgarter-zeitung.de, 15.10.2002)

837 vgl. Sokolow: Anti-Teuro-Gipfel – Beschwerdeforum geplant (02.06.2002), in: N-TV, http://www.n-tv.de, 03.06.2002

838 vgl. Shahd: Künast will neues Anti-Teuro-Treffen mit der Wirtschaft (11.07.2002), in: Der Tagesspiegel 2002, http://www.tagesspiegel.de, 16.07.2002

839 vgl. o.V.: Beschwerde-Forum quillt über (02.08.2002), in: Focus Online, http://www.focus.de, 06.08.2002

meisten darauf verwiesen, die Verbraucher hätten einen falschen DM- oder Euro-Preis benannt. Andere begründen ihre Preiserhöhungen mit „gestiegenen Produktions- und Einkaufskosten", „Anpassungen an die Marktentwicklung" oder auch mit einer „gestiegenen Produktqualität", die eine Preissteigerung rechtfertige. Von den derzeit rund 1.900 in Bearbeitung befindlichen Verbraucherhinweisen entfällt jeder fünfte auf die Gastronomie; rund 36 Prozent betreffen den Einzelhandel (Kauhäuser, Supermärkte, Schuhgeschäfte, Bau- und Drogeriemärkte u.a.).[840]

Zwar wird das Internetforum von den Wirtschaftsverbänden immer noch kritisiert. Von etlichen Anbietern sei diese Möglichkeit der Rechtfertigung allerdings ausdrücklich begrüßt worden, so Karin Kuchelmeister. Sie hätten damit die Gelegenheit, ihre Preisbildung darzulegen und auch ungerechtfertigte Beschuldigungen auszuräumen. Zudem würden so die „schwarzen Schafe" der Branchen ausgemacht und das eigene Image gewahrt werden.[841] Rein rechtlich kann die *Verbraucher-Zentrale* nicht gegen die Preiserhöhungen im Zuge der Währungsumstellung vorgehen. „Aber uns geht es darum, dass sich die Unternehmen ernsthafter mit den Kunden auseinandersetzen."[842], so die Verbraucherschützer. Das Projekt des Beschwerde-Forums läuft noch bis Dezember 2002. Es bleibt abzuwarten, ob und inwieweit das „Preis-Wert-Forum" wirklich einen Beitrag zur Bekämpfung der Preistreiberei leisten kann. Und ob die Kaufzurückhaltung der Verbraucher sich durch das Forum nicht noch verstärkt, wie vom *HDE* befürchtet, da sie sich in ihrer Vermutung einer „allgemeinen Verteuerung" („gefühlte Inflation") bestätigt fühlen könnten.

Abgesehen von Regierungsinitiativen wie der des Preis-Wert-Forums oder auch dem Bestreben der Bundesregierung, dem Missbrauch von 0190er Nummern Einhalt zu gebieten, wird das Verbraucherministerium nicht selten jedoch mit dem Vorwurf konfrontiert, dass mit der Umstrukturierung des *Bundesministerium für Ernährung, Landwirtschaft und Forsten (BMELF)* zum *Bundesministerium für Verbraucherschutz, Ernährung und Landwirtschaft (BMVEL)* im wesentlichen

[840] vgl. o.V.: Positive Bilanz des Internet-Forums (17.08.2002), Preis-Wert-Forum http://www.preis-wert-info.de, 12.09.2002

[841] vgl. o.V.: Käufer nutzen Internetforum zu Preis-Entwicklung rege (20.08.2002), in: Nordkurier Online, http://www.nordkurier.de, 22.08.2002

[842] o.V.: Beschwerde-Forum quillt über (02.08.2002), in: Focus Online, http://www.focus.de, 06.08.2002

nur der Name des Ministeriums geändert wurde. Das Ministerium, so die Kritiker, beschränke Maßnahmen des Verbraucherschutzes vornehmlich immer noch auf den gesundheitlichen Verbraucherschutz, speziell den Bereich der Lebensmittelsicherheit. Gesundheitlicher Verbraucherschutz ist jedoch nur ein Teilgebiet des Verbraucherschutzes – neben dem Vermögens-, Informations- und Rechtsschutz.

Zudem besteht ein weiteres Problem des Verbraucherschutzes darin, dass die Finanzierung der *Verbraucher-Zentralen* der Länder größtenteils von den jeweils bewilligten Zuschüssen der entsprechenden Wirtschaftsministerien der Länder abhängig sind. So mussten beispielsweise in Mecklenburg-Vorpommern allein im Jahre 2002 insgesamt 13 Beratungsstellen der *Verbraucher-Zentrale* aufgrund massiver Mittelkürzungen geschlossen werden.[843]

Auch wenn die Bundesregierung dem Verbraucherschutz in ihrer politischen Agenda einen verhältnismäßig hohen Stellenwert zuspricht, so stehen doch die Interessen (und damit auch die Verwirklichung) des Verbraucherschutzes den Interessen der Wirtschaft oftmals in gewissem Maße entgegen – woraufhin in nicht wenigen Fällen, so muss aus Sicht des Verbrauchers bemerkt werden, den Interessen der Wirtschaft Vorrang gewährt wird.

4.5 Märkte morgen ...?

Die Verbraucher stehen zweifelsohne im Mittelpunkt des Marktgeschehens. Von allen Seiten wird versucht, auf sie einzuwirken, sie in eine bestimmte Richtung zu lenken und zu einem bestimmten Handeln zu bewegen. Sie stehen im Mittelpunkt der Aufmerksamkeit der Unternehmen, die Einfluss auf ihre Konsumentscheidungen zur Verwirklichung ihrer Absatzinteressen zu nehmen suchen. Und somit stehen sie auch im Mittelpunkt der Aufmerksamkeit von Verbraucherschützern und Nichtregierungsorganisationen, deren erklärtes Ziel es ist, die Verbraucher gegen diese Einflussnahme der Unternehmen zu stärken

[843] vgl. Verbraucher-Zentrale Mecklenburg-Vorpommern e.V.: Verbraucherberatung in Bad Doberan geschlossen (19.11.2002), Presseinformation Nr. 96/2002, http://www.verbraucherzentrale-mv.de, 20.11.2002

und zu schützen sowie (direkt oder indirekt) Einfluss auf die Unternehmen hinsichtlich der Interessen der Verbraucher auszuüben. Es liegt scheinbar in der Natur der Sache, dass die Interessen beider Parteien als Gegenspieler auf dem Markt – im Kampf um die Verbraucher – in oftmals gegensätzliche Richtungen gehen, was sich letztendlich auch auf Regierungsebene im Kampf des Wirtschaftsministeriums mit dem Verbraucherministerium um die Gunst von Regierungsentscheidungen wiederspiegelt.

Dem Verbraucher selbst scheint bei all dem Kampf um seine Person jedoch eine eher passive Rolle zuzukommen. Ist er doch nur der leicht zu beeinflussende Konsumtrottel, der gegen die bösen Machenschaften der Unternehmen unbedingt geschützt werden muss? Oder kann er sich doch in gewissem Maße auch selbst verteidigen? Wie kann er die Schlüsselrolle, die er auf dem Markt spielt, nutzen, um die ihm damit gegebene Macht im Hinblick auf ein ausgeglichenes Kräfteverhältnis auf dem Markt einzusetzen? Und wie sollte bzw. könnte nun der Markt hinsichtlich einer aus Sicht der Verbraucher möglichst optimalen Verteilung der (anderen) auf dem Markt wirkenden Kräfte gestaltet sein?

Zunächst einmal sollte die Nachfrage das Angebot bestimmen und nicht umgekehrt. Dies bedeutet nicht, dass die Verbraucher bis dato keinerlei Möglichkeiten haben, sich zu entscheiden, was sie kaufen, bzw. zwischen verschiedenen Produkten zu wählen – im Gegenteil –, sondern dass bei der Herstellung von Produkten sowie des Angebots an diversen Dienstleistungen nicht nur die Absatzinteressen der Unternehmen, sondern vorrangig eigentlich auch die Bedürfnisse und Interessen der Verbraucher von Belang sein sollten. Dazu ist es jedoch notwendig, dass sich die Verbraucher ihrer Rolle als bedeutende Marktteilnehmer – als „Dreh- und Angelpunkt" des Marktes – bewusst(er) werden und aus der eher passiven, reagierenden Position heraus zu aktiven und für die Unternehmen ernst zu nehmenden Teilnehmern auf dem Markt werden (vgl. Abschnitt 4.2.1) und für ihre Interessen gegenüber den Unternehmen und auch der Regierung eintreten.

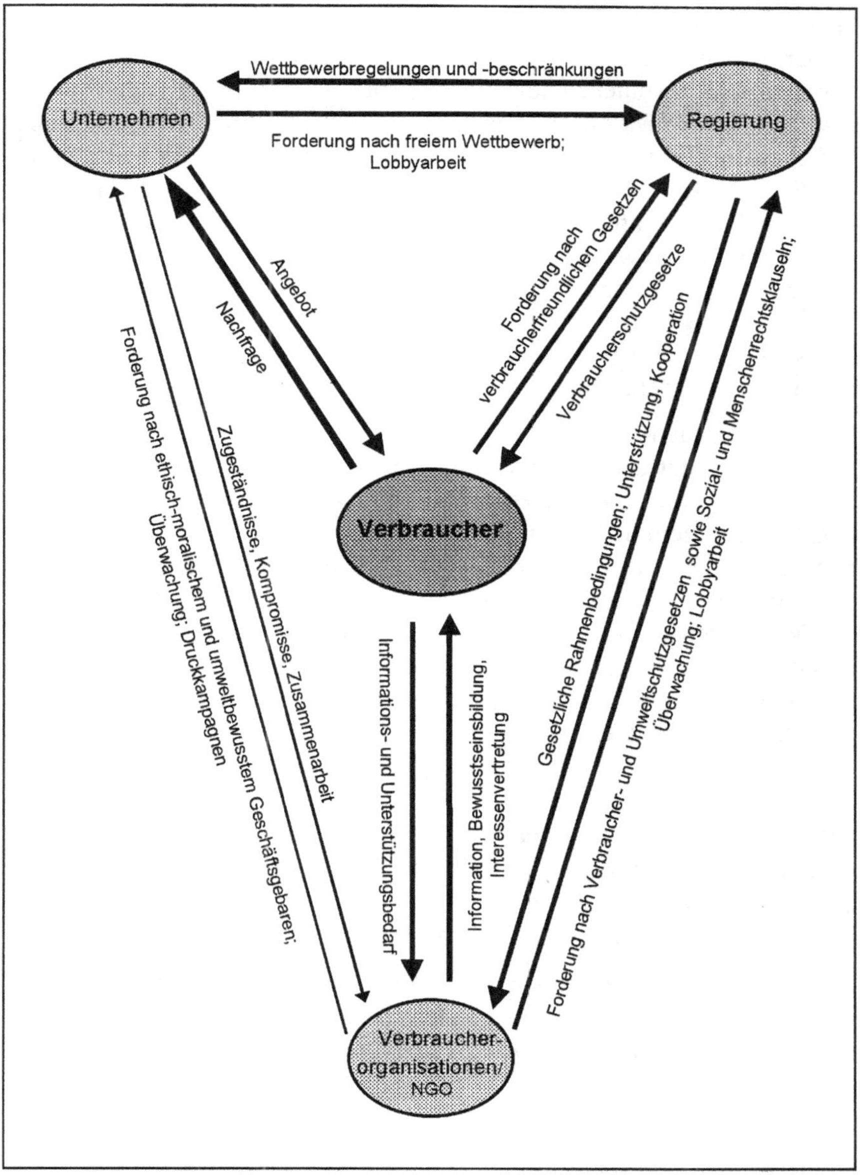

***Abbildung 4.5-1** Der Verbraucher im Mittelpunkt – morgen?*

In dem Maße, in dem der Wettbewerbsdruck unter den Unternehmen immer größer wird, steigt auch die Marktmacht der Verbraucher. Durch ihre Konsumentscheidungen – zu Gunsten oder Ungunsten eines Unternehmens – bestimmen sie das Angebot des Marktes. Dabei stehen jedoch nicht mehr nur Fragen der Qualität, der Sicherheit oder des Preises der Güter im Vordergrund, sondern zunehmend auch die von den Unternehmen demonstrierte soziale Kompetenz sowie deren Verantwortungsbewusstsein gegenüber ihrer Umwelt. Sodass unlauter agierende Unternehmen, sowie Unternehmen, die sich ihrer sozialen Verantwortung gegenüber ihrer Umwelt zu entziehen suchen, die Konsequenzen ihres Handelns in sinkenden Absatzzahlen zu spüren bekommen werden.[844]

Dies wiederum könnte im Idealstfall sogar bedeuten, dass die Rolle der Verbraucher(schutz)- und Nichtregierungsorganisationen als Vertreter der Verbraucherinteressen und quasi „Gegenspieler" der Unternehmen auf dem Markt hinfällig werden würde. Ihnen würde dann nämlich, wenn die Verbraucher ihre Position als den Unternehmen gleichwertige Marktpartner behaupteten, nicht mehr vorrangig eine die Verbraucher aufklärende, sensibilisierende und schützende sowie deren Interessen vertretende Funktion zukommen, sondern eher eine richtungsweisende, unterstützende und begleitende Funktion – für alle Marktteilnehmer. Die gestiegene Sensibilität der Verbraucher für soziale und umweltpolitische Belange sowie ihre Bedeutung auf dem Markt würden das ihrige tun, um die Unternehmen von sich aus verantwortungsbewusster agieren zu lassen – um ihre Absatzinteressen auch weiterhin verwirklichen zu können –, sodass die Organisationen den Druck ihrerseits auf die Unternehmen verringern könnten und – im beiderseitigen Interesse – verstärkt mit diesen zusammenarbeiteten.

Die Regierung ihrerseits kündigt immer wieder an, die Interessen der Verbraucher stärken zu wollen. Dem rot-grünen Koalitionsvertrag gemäß wurde Anfang Mai 2003 sogar ein „Aktionsplan Verbraucher-

[844] Zukunftsforscher des *Global Future Forum* sind überzeugt, dass der wachsende Einfluss der Verbraucher über kurz oder lang über das Wohl und Wehe eines Unternehmens entscheiden wird (vgl. Deckstein: Wer in Zukunft das Sagen hat (11.11.2002), in: Süddeutsche Zeitung, http://www.sueddeutsche.de, 12.11.2002).

schutz“ verabschiedet. Dieser Aktionsplan bündelt – seit nunmehr 30 Jahren erstmals wieder – alle entsprechenden Vorhaben des Bundes, die die Rechte, Schutz- oder Informationsinteressen der Verbraucher berühren, und fasst sie über alle Politikbereiche hinweg zusammen. „Mehr Schutz für alle soll es geben – gegen alles, was krank macht, weh tut oder einem das Geld aus der Tasche zieht.“[845] Den Schwerpunkt des Aktionsplanes bildet dabei – nach wie vor – der Gesundheitsschutz, beispielsweise im Hinblick auf die Sicherheit von Lebensmitteln[846] und Kosmetika sowie ferner die Geräte- und Produktsicherheit. Daneben will die Regierung den wirtschaftlichen Verbraucherschutz im Rahmen des Wettbewerbsrechts[847] sowie in den Bereichen Telekommunikation[848], Finanzdienstleistungen, Versicherungen und öffentlicher Personenverkehr[849] stärken und gleichzeitig, vor dem Hintergrund der Stärkung der Eigenverantwortung der Verbraucher, diese zu mehr Nachhaltigkeit, d.h. zur stärkeren Berücksichtigung ökonomischer, ökologischer und sozialer Aspekte, in ihrem Konsum animieren. Auch der Problematik der Gentechnik[850] ist ein eigener Abschnitt in dem Aktionsplan gewidmet.[851] Verbraucherschützer und auch die Opposition kritisieren den Aktionsplan jedoch als zu vage und unkonkret. „Der Aktionsplan besteht aus vielen kleinen positiven Reformvorhaben – was fehlt, sind klare Prioritäten“, so etwa *vzbv*-Vorstand Edda Müller. „In der Vielzahl kleinerer tagespolitischer Vorhaben verliert sich die große

---

[845] Braun: Aktionsplan Verbraucherschutz – Nur gut gemeint (08.05.2003), in: Stuttgarter Zeitung, http://www.stuttgarter-zeitung.de, 08.05.2003

[846] Dazu will die Regierung das im Sommer 2002 im Bundesrat an der Unionsmehrheit gescheiterte Verbraucherinformationsgesetz (vgl. Abschnitt 3.4.3 – Verbraucherinformationsgesetz) erneut einbringen – allerdings in im Wesentlichen unveränderter Form.

[847] siehe Novelle des UWG; Abschnitt 3.4.2 – Gesetz gegen den unlauteren Wettbewerb

[848] vgl. Abschnitt 3.4.3 – Telekommunikationskundenschutzverordnung (TKV)

[849] vgl. Abschnitt 2.3.7 – „plan & spar“ – Das neue Tarifsystem der *Deutschen Bahn AG*

[850] vgl. Abschnitt 2.2.2 – Gentechnisch veränderte Inhaltsstoffe

[851] vgl. Bundesregierung: Bundesministerin Künast legt „Aktionsplan Verbraucherschutz“ vor (07.05.2003), in: RegierungOnline, http://www.bundesregierung.de, (08.05.2003)

Linie."[852] Der Aktionsplan mag ein (weiterer) Meilenstein in der Verbraucherpolitik der Regierung sein, er bleibt jedoch (wie auch andere verbraucherpolitische Vorhaben der Regierung) weit hinter den Erwartungen der Verbraucherschützer zurück.

Aus Sicht der Verbraucher wäre es natürlich wünschenswert, wenn die Regierung in ihren Entscheidungen weniger von wirtschaftlichen bzw. finanziellen Belangen abhängig wäre und somit freier – zu Gunsten der Verbraucher – entscheiden könnte; zumindest, dass sich Verbraucherschutz und Wirtschaftsinteressen die Wage hielten.

Dabei steht die Bundesregierung jedoch in der Verantwortung, den immer währenden Konflikt zwischen Regulierung und Deregulierung zu lösen. Zum einen gibt es eine verwirrende Vielzahl unterschiedlichster Gesetze[853] – die ihrerseits wiederum dazu beitragen, die Verbraucher zu verunsichern, und den Unternehmen in gewisser Hinsicht ob ihrer Vielzahl diverse Schlupflöcher und Hintertürchen ermöglichen können, sich „im Dschungel der Gesetze“ zu verstecken. Und zum anderen vertraut die Regierung auf eine gewisse Selbstregulierung des Marktes – ein Vertrauen, das ob dem den Unternehmen überlassenen wettbewerblichen Freiraum eher zu Lasten der Verbraucher geht.

Im Interesse der Verbraucher wäre demnach die Schaffung eines ausgeglichenen Kräfteverhältnisses auf dem Markt, das sowohl den Unternehmen im Rahmen ihrer wirtschaftlichen Interessen einen gewissen Freiraum gewährt, sie jedoch auch dazu veranlasst, ihre soziale Verantwortung ihrer Umwelt gegenüber anzuerkennen (und sich auch dementsprechend zu verhalten). Parallel dazu würden bzw. müssten die Verbraucher in die Lage versetzt werden, sich gegen unlauteres Geschäftsgebaren der Unternehmen zur Wehr zu setzen sowie ihre Interessen gegenüber den Unternehmen (und der Regierung) wirksam zu vertreten.

---

[852] Verbraucherzentrale Bundesverband e.V.: „Aktionsplan Verbraucherschutz“/ UWG-Reform: Viele kleine Reformen – anspruchsvolle Ziele fehlen (07.05.2003), Pressemitteilung, http://www.vzbv.de, 08.05.2003

[853] Wobei jede Regulierung jedoch Gefahr läuft, unterlaufen zu werden und demnach unweigerlich weitere Folgeregulierungen nach sich zu ziehen. (vgl. Kuhlmann: Verbraucherpolitik, München 1990, 78)

5 Anhang

5.1 Verbraucherrelevante Adressen

5.1.1 Institutionen

Bundesministerium für Verbraucherschutz, Ernährung und Landwirtschaft (BMVEL)

http://www.verbraucherministerium.de
Postfach 14 02 70
53107 Bonn

Bureau Européen des Unions de Consommateurs (BEUC)

http://www.beuc.org

Consumers International

http://www.consumersinternational.org

Der Europäische Bürgerbeauftragte

http://www.euro-ombudsman.eu.int

Deutscher Werberat

http://www.interverband.com:8080/u-img/69392
Postfach 201414
53144 Bonn

EUREGIO – Grenzüberschreitende Verbraucherberatung

http://www.verbraucher.euregio.de
Enscheder Straße 362
48599 Gronau

Euro-Info Verbraucher e.V.

http://www.euroinfo-kehl.com
Kinzigstraße 22
77694 Kehl

Stiftung Verbraucherinstitut

http://www.verbraucherinstitut.de
Carnotstraße 5
10587 Berlin

Stiftung Warentest

http://www.stiftung-warentest.de

Lützowplatz 11-13
10785 Berlin

Verbraucher Initiative e.V.

http://www.verbraucher.org

Elsenstraße 106
12435 Berlin

Verbraucherschutzverein e.V. (VSV)

http://www.verbraucherschutzverein.de

Lützowstraße 33-36
10785 Berlin

Verbraucherzentrale Bundesverband e.V. (vzbv)

http://www.vzbv.de

"Pillbox" – Markgrafenstraße 66
10969 Berlin

Zentrale zur Bekämpfung unlauteren Wettbewerbs e.V.

http://www.wettbewerbszentrale.de

Landgrafenstraße 24 B
61348 Bad Homburg v.d.H.

5.1.2 Verbraucher-Zentralen der Länder

Verbraucher-Zentrale Baden-Württemberg e.V.

http://www.verbraucherzentrale-bawue.de

Paulinenstrasse 47
70178 Stuttgart

Verbraucher-Zentrale Bayern e.V.

http://www.verbraucherzentrale-bayern.de

Mozartstraße 9
80336 München

Verbraucher-Zentrale Berlin e.V.

http://www.verbraucherzentrale-berlin.de

Bayreuther Str. 40
10787 Berlin

Verbraucher-Zentrale Brandenburg e.V.

http://www.vz-nrw.de

Templiner Str. 21
14473 Potsdam

Verbraucher-Zentrale des Landes Bremen e.V.

http://www.verbraucherzentrale-bremen.de

Altenweg 4
28195 Bremen

Verbraucher-Zentrale Hamburg e.V.

http://www.vzhh.de

Kirchenallee 22
20099 Hamburg

Verbraucher-Zentrale Hessen e.V.

http://www.verbraucher.de

Große Friedberger Straße 13-17
60313 Frankfurt

Verbraucher-Zentrale Mecklenburg-Vorpommern e.V.

http://www.verbraucherzentrale-mv.de

Strandstraße 98
18001 Rostock

Verbraucher-Zentrale Niedersachsen e.V.

http://www.vzniedersachsen.de

Herrenstraße 14
30159 Hannover 1

Verbraucher-Zentrale Nordrhein-Westfalen e.V.

http://www.vz-nrw.de
Mintropstraße 27
40215 Düsseldorf

Verbraucher-Zentrale Rheinland-Pfalz e.V.

http://www.verbraucherzentrale-rlp.de
Ludwigstraße 6
55116 Mainz

Verbraucher-Zentrale des Saarlandes e.V.

http://www.vz-saar.de
Trierer Str. 22
66111 Saarbrücken

Verbraucher-Zentrale Sachsen e.V.

http://www.vzs.de
Bernhardstraße 7
04315 Leipzig

Verbraucher-Zentrale Sachsen-Anhalt e.V.

http://www.vzsa.de
Steinbockgasse 1
06108 Halle

Verbraucher-Zentrale Schleswig-Holstein e.V.

http://www.vz-nrw.de
Mintropstraße 27
40215 Düsseldorf

Verbraucher-Zentrale Thüringen e.V.

http://www.vzth.de
Eugen-Richter-Straße 45
99085 Erfurt

Literatur & Quellen

Aachener Stiftung Kathy Beys: Lexikon der Nachhaltigkeit, http://www.nachhaltigkeit.aachener-stiftung.de, 14.10.2002

Absatzwirtschaft, http://www.absatzwirtschaft.de

ACNielsen (Hrsg.): Die Highlights im LEH Deutschland, Promotion Studie (Juni 2002), http://www.acnielsen.de, 23.09.2002

Adkinson, William F. Jr./Eisenach, Jeffrey A./Lenard, Thomas M.: Privacy Online: A Report on the Information Practices and Policies of Commercial Websites, Special Report (Progress Freedom Foundation, Washington DC) March 2002

Albach, Horst (Schriftltg.): Unternehmensethik: Konzepte – Grenzen – Perspektiven, Zeitschrift für Betriebswirtschaft – Ergänzungshefte (1/92), Wiesbaden 1992

Alt, Günter D.: Canon Bubble Jet 600, Faxabruf, WISO-Extra, 16.08.2000

Amann, Susanne: Handy wechseln mit Gebühr, in: die tageszeitung (Nr. 6892 vom 31.10.2002), 10

Amann, Susanne: Verbraucherschutz tippelt voran – Im zweiten Anlauf billigt Kabinett Verbraucherinformationsgesetz, in: die tageszeitung Nr. 6700 (14.03.2002), 9

Amazon, http://www.amazon.com

Aphorismen, http://www.aphorismen.de

Arbeitnehmerkammer Bremen: Stellungnahme von Verbraucherzentrale und Arbeitnehmerkammer zum Entwurf eines Verbraucherinformationsgesetzes: „Erstmals Anspruch auf verbraucherrelevante Informationen für die Bürger gewährleistet", Pressemitteilung 29/2002 vom 23.04.2002, http://www.arbeitnehmerkammer.de, 28.09.2002

Arbeitsgemeinschaft der Verbraucherverbände (AgV) e.V., http://www.agv.de

Arbeitsgemeinschaft der Verbraucherverbände e.V.: 40 Jahre AgV, Bonn 1993, 8

Arbeitsgemeinschaft der Verbraucherverbände e.V.: Fertigpackungen – Zu wenig Fülle in der Hülle (07.11.2001), http://www.agv.de, 14.05.2002

Arbeitsgemeinschaft der Verbraucherverbände e.V.: Kundenkarten führen zu gläsernem Verbraucher (25.04. 2002), http://www.agv.de, 14.05.2002

Arbeitsgemeinschaft der Verbraucherverbände e.V.: Mobilfunk: „Deaktivierungsgebühren" unzulässig (25.04.2002), http://www.agv.de, 14.05.2002

Arbeitsgemeinschaft der Verbraucherverbände e.V.: Panikmache und Werbung mit Terror verboten (02.11.2001), http://www.agv.de, 14.05.2002

Arbeitsgemeinschaft der Verbraucherverbände e.V.: Probiotische Milchprodukte: Was ist drin, was ist dran? – Marktcheck der Verbraucherverbände deckt Kennzeichnungsmängel auf (12.07.2000), http://www.agv.de, 14.05.2002

Arbeitsgemeinschaft der Verbraucherverbände e.V.: Skrupellose Faxwerbung: Verbraucherzentrale Bundesverband warnt Verbraucher und fordert vorbeugende Regelungen (17.09.2001), http://www.agv.de, 14.05.2002

Arbeitsgemeinschaft der Verbraucherverbände e.V.: Verbraucherinformationsgesetz: Regierungsentwurf halbherzig (12.03.2002), http://www.agv.de, 14.05.2002

Arbeitsgemeinschaft Mess- und Eichwesen (Hrsg.): Die Eichbehörden informieren: Verbraucherschutz durch Fertigpackungskontrollen (Juli 2002)

Arbeitskreis deutscher Markt- und Sozialforschungsinstitute (ADM), http://www.adm-ev.de

Arbeitskreis Deutscher Markt- und Sozialforschungsinstitute e.V.: Adressenhandel ist keine Marktforschung, Pressemitteilung Nr. 39 (April 1998), http://www.adm-ev.de, 21.10.2002

ARD/ZDF-Online-Studie 2002, http://www.das-erste.de, 18.09.2002

Armstrong, Franny: McLibel – Two Worlds Collide, One-Off-Productions, London 1998

Ashley, Caroline: Marketing and the NHS, Association of Chartered Certified Accountants (ACCA), http://www.acca.co.uk, 11.03.2003

Assael, Henry: Consumer Behavior and Marketing Action, Bosten 1987, 87-88

Auswärtiges Amt, http://www.auswartiges-amt.de

Baale, Olaf: Kaffeefahrten – Die neuen Tricks der unseriösen Busunternehmer, Verbrauchertipp vom 23.08.2002, in: Deutschlandfunk, http://www.dradio.de/dlf, 27.08.2002

Baale, Olaf: Verbraucherschutz – Dubiose Firmen und Vereine drängen in das Geschäft mit der Rechtsberatung, Verbrauchertipp vom 27.02.2002, in: Deutschlandfunk, http://www.dradio.de/dlf, 15.05.2002

Baale, Olaf/Wins, Matthias: Altes Spiel, neue Tricks – Flüssiggasanbieter versuchen ihre Kunden langfristig zu binden, Verbrauchertipp vom 11.07.2002, in: Deutschlandfunk, http://www.dradio.de/dlf, 23.08.2002

Bader, Solveig: Gartenmöbel aus Tropenhölzern, Verbrauchertipp vom 01.06. 2001, in: Deutschlandfunk, http://www.dradio.de/dlf, 27.08.2002

Bager, Jo: Der 300-Euro-Dialer (19.02.2002), in: heise online, http://www.heise.de, 06.05. 2002

Bager, Jo: Kabinett beschließt Gesetz zum Schutz vor 0190-Missbrauch (09.04.2003), in: heise online, http://www.heise.de, 11.04.2003

Bahnmitfahrer-Plattform, www.billigbahnfahren.info

Bahnmitfahrzentrale, http://www.ticket-mitfahrer.de

Bahnreisebörse des Verkehrsclub Deutschland (VCD), http://www.ticket-teilen.de

Bahnreiseservice der Studenten-WG.de, http://www.mitbahnen.de

Balanyá, Belén/Doherty, Ann/Hoedeman, Olivier/Ma'anit, Adam/Wesselius, Erik: Konzern Europa. Die unkontrollierte Macht der Unternehmen, Zürich 2001

Balle, Dieter: Abzocke per Fax, Handy und Internet – Geschäftemacher stört 0190er Verordnung wenig (05.12.2002), in: Neues Deutschland, http://www.nd-online.de, 05.12.2002

Balsen, Werner: Gefragt – der aktive Kunde (10.10.2002), in: Frankfurter Rundschau, http://www.fr-aktuell.de, 11.10.2002

Bayerisches Staatsministerium für Gesundheit, Ernährung und Verbraucherschutz: Was ist Verbraucherschutz? (15.11.2001), http://www.vis.bayern.de, 12.10.2002

BBE Unternehmensberatung GmbH (Hrsg.): Megatrends I – in Vertrieb, Handel und Gesellschaft, Köln o.J.

BBE Unternehmensberatung GmbH (Hrsg.): Megatrends II – in Vertrieb, Handel und Gesellschaft, Köln o.J.

BBE Unternehmensberatung GmbH (Hrsg.): Megatrends III in Vertrieb, Handel und Gesellschaft – Die „vergessenen" Trends, Köln o.J.

Becker, Jochen: Markenartikel und Verbraucher, in: Dichtl, Erwin/Eggers, Walter (Hrsg.): Marke und Markenartikel als Instrumente des Wettbewerbs, München 1992, 97-127

Behind the Label, http://www.behindthelabel.org

Behr, Bernd: Buttermilch ist keine Software (23.08.2001), in: heise online, http://www.heise.de, 03.07.2002

Berg, Klaus: Konsumentenverhalten im Umbruch – Die Entdeckung des „unvernünftigen Verbrauchers" im modernen Marketing, Berlin 1995

Berliner Beauftragter für Datenschutz und Akteneinsicht (Hrsg.): Adressenhandel und Umgang mit unerwünschter Werbung, Ratgeber zum Datenschutz Nr. 2, http://www.datenschutz-berlin.de, 13.09.2002

Berliner Beauftragter für Datenschutz und Informationsfreiheit (Hrsg.): Jahresbericht 2001, Berlin, 31.12.2001

Berliner Beauftragter für Datenschutz und Informationsfreiheit, http://www.datenschutz-berlin.de

Berliner Morgenpost, http://www.mopo.de

BEUC – Bureau Européen des Unions de Consommateurs, http://www.beuc.org

Beutler, Anette et al.: Euro-Schocks an der Kasse: Deutschland zürnt über Preistreibereien mit der Währungsumstellung – und wehrt sich mit Käuferstreik und neuen Spartricks, in: Focus (21/2002), 204-222

Big Brother Awards, http://www.big-brother-award.de

Bilke, Jörg: 0190 – Vier Zahlen, die teuer werden können (23.05.2002), Service-ZeitGeld/WDR, http://www.wdr.de/tv/service/geld, 26.05.2002

Biosiegel, http://www.biosiegel.de

Bischöfliches Hilfswerk Misereor e.V. (Hrsg.): Faire Regeln in der Spielzeugproduktion!, Aachen 2001

Bizer, Johann: Privacy Policy: Im Gestrüpp der Gesetze, in: DuD – Datenschutz und Datensicherheit (7/2002), http://www.datenschutz-und-datensicherheit.de, 24.09.2002

Bizer, Johann: Telekommunikation im Zangengriff, in: DuD – Datenschutz und Datensicherheit (10/2001), http://www.datenschutz-und-datensicherheit.de, 24.09.2002

Bizer, Johann: Wer auditiert die Auditoren?, in: DuD – Datenschutz und Datensicherheit (6/2002), http://www.datenschutz-und-datensicherheit.de, 24.09.2002

Bizer Johann/Hammer Volker/Pordesch, Ulrich/Roßnagel, Alexander: Entwurf gesetzlicher Regelungen zum Datenschutz und zur Rechtssicherheit in Online-Multimedia-Anwendungen – Gutachten für das Bundesministerium für Bildung, Wissenschaft, Forschung und Technologie (15. Februar 1996), Projektgruppe verfassungsverträgliche Technikgestaltung e.V., http://www.provet.org, 26.09.2002

Bleich, Holger: 0190-Gesetz von Regierung abgesegnet (31.07.2002), in: heise online, http://www.heise.de, 01.08.2002

Bleich, Holger: Einwahl von betrügerischem Dialer muss nicht bezahlt werden (28.01.2003), in: heise online, http://www.heise.de, 01.02.2003

Bleich, Holger: Erster Gesetzentwurf gegen 0190-Missbrauch (18.12.2002), in: c't – magazin für computertechnik, http://www.heise.de/ct, 07.01.2003

Bleich, Holger: EU fördert Anreizsysteme für den Datenschutz (17.09.2002), in: heise online, http://www.heise.de, 18.09.2002

Bleich, Holger: Europaparlament sagt Ja zu Spam und Nein zu Cookies (13.11.2001), in: heise online, http://www.heise.de, 03.07.2002

Bleich, Holger: Insolvente Firma FairAd gibt 760.000 Kundendatensätze weiter (19.09.2002), in: heise online, http://www.heise.de, 19.09.2002

Bleich, Holger: Neue Maßnahmen gegen 0190-Mißbrauch vorgeschlagen (19.11.2002), in: heise online, http://www.heise.de, 20.11.2002

Bleich, Holger: Noch immer kein wirksamer Schutz gegen 0190/0900-Missbrauch (29.01.2003), in: heise online, http://www.heise.de, 01.02.2003

Bleich, Holger: Spammer aus Überzeugung (18.11.2002), in: heise online, http://www.heise.de, 19.11.2002

Bleich, Holger: Wahlkampf um verabschiedete Anti-0190-Verordnung (12.07.2002), in: heise online, http://www.heise.de, 16.07.2002

Bleich, Holger: Zweiter Gesetzentwurf gegen 0190-Missbrauch liegt vor (29.01.2003), in: heise online, http://www.heise.de, 01.02.2003

Bodack, Karl-Dieter: Fahrpläne und Zugangebote im Fernverkehr der DB, Bürgerbahn statt Börsenbahn, http://www.buergerbahn-statt-boersenbahn.de, 30.09.2002

Borst, Stefan et al.: Dem Teuro auf der Spur, in: Focus (22/2002), 210-214

Brand eins – Wirtschaftsmagazin: Was ist was wert? (02/03)

Brand, Horst W.: Unterschwellige Werbung – Neun Thesen, Zentralverband der deutschen Werbewirtschaft (ZAW), Bonn 1995

Brandstätter, Elke: Falsche Gewinne und echte Drohungen – Unseriöse Versandhandelsfirmen und ihre Methoden, (6. Juni 2000), plusminus/WDR, http://www.wdr.de/tv/plusminus, 23.08.2002

BREKO: Beschluss zu 0190er-Nummern: Überhastet und technisch undurchführbar (06.06.2002), Presseinformation, http://www.brekoverband.de, 11.06.2002

Brückner, Christine: Nirgendwo ist Poenichen, 2000, 206

Bruno, Kenny: BP: Beyond Petroleum or Beyond Preposterous? (14.12.2000), CorpWatch, http://www.corpwatch.org, 27.08.2002

Bruno, Kenny: The World of Greenwash (1.1.1997), CorpWatch, http://www.corpwatch.org, 23.08.2002

Bruno, Kenny/Greer, Jed: Greenwash – The Reality Behind Corporate Environmentalism, Third World Network, Wien/Frankfurt M., 1996

Bruno, Kenny/Karliner, Joshua: EarthSummit.biz – The Corporate Takeover of Sustainable Development, Institute for Food and Development Policy & CorpWatch (Hrsg.), Wien/Frankfurt M., 2002

Brychcy, Ulf: Verbraucher vernachlässigt, in: Süddeutsche Zeitung (11.01.2001), http://www.sueddeutsche.de, 08.06.2002

Bund für Umwelt und Naturschutz Deutschland (BUND), http://www.bund.net

Bundesdatenschutzgesetz (BDSG)

Bundesgerichtshof: Anlocken mit falschen Versprechungen zu „Kaffeefahrten" ist strafbar, Mitteilung der Pressestelle Nr. 83/2002, http://www.bundesgerichtshof.de/PressemitteilungenBGH, 24.08.2002

Bundesinstitut für gesundheitlichen Verbraucherschutz und Veterinärmedizin: Novel Food, http://www.bgvv.de/lebensmittel/novelfoods, 04.07.2002

Bundeskartellamt, http://www.bundeskartellamt.de

Bundeskartellamt: Bundeskartellamt erlässt Missbrauchsverfügung wegen überhöhter Nutzungsentgelte gegen Stadtwerke Mainz (17.04.2003), Pressemeldung, http://www.bundeskartellamt.de, 30.04.2003

Bundesministerium für Verbraucherschutz, Ernährung und Landwirtschaft, http://www.verbraucherministerium.de

Bundesministerium für Verbraucherschutz, Ernährung und Landwirtschaft: Augen auf beim Eierkauf – neue Eierkennzeichnung bietet Klarheit (18.10.2002), http://www.verbraucherministerium.de, 16.11.2002

Bundesministerium für Verbraucherschutz, Ernährung und Landwirtschaft: Ein gutes Jahr für Verbraucher und Landwirtschaft, BMVEL-Informationen Nr. 2 vom 11.01.2002 , http://www.verbraucherministerium.de, 28.09.2002

Bundesministerium für Verbraucherschutz, Ernährung und Landwirtschaft: Künast legt Vorschläge gegen Missbrauch von 0190-Dialern vor, Pressemitteilung Nr. 139 vom 6. Mai 2002, http://www.verbraucherministerium.de, 07.05.2002

Bundesministerium für Verbraucherschutz, Ernährung und Landwirtschaft: Verbraucher haben Recht auf Zugang zu Informationen, Mitteilung für die Presse Nr. 75 vom 13. März 2002, http://www.verbraucherministerium.de, 28.09.2002

Bundesministerium für Verbraucherschutz, Ernährung und Landwirtschaft: Verbraucherinformationsgesetz ist ambitioniert, Mitteilung für die Presse Nr. 28 vom 31. Januar 2002

Bundesministerium für Verbraucherschutz, Ernährung und Landwirtschaft: Verbraucherinformationsgesetz wird wirkungsvolles Instrument der Verbraucherpolitik, Mitteilung für die Presse Nr. 255 vom 21. November 2001, http://www.verbraucherministerium.de, 28.09.2002

Bundesministerium für Verbraucherschutz, Ernährung und Landwirtschaft: Wir über uns, http://www.verbraucherministerium.de, 14.10.2002

Bundesministerium für Wirtschaft und Finanzen (BMWF): Bericht der Bundesregierung zur Verbraucherpolitik, Bonn 1971

Bundesministerium für Wirtschaft und Finanzen: Zweiter Bericht der Bundesregierung zur Verbraucherpolitik, in: BT-Drucksache 7/4181 (20.10.1975)

Bundesministerium für Wirtschaft und Technologie: Entwurf eines Gesetzes zur Aufhebung des Rabattgesetzes und zur Anpassung anderer Rechtsvorschriften (1. Dezember 2000), http://www.bmwi.de, 27.09.2002

Bundesrat: Bundesrat verweigert Zustimmung zum Verbraucherinformationsgesetz, Pressemitteilung Nr. 104/2002 vom 31. Mai 2002, http://www.bundesrat.de, 28.09.2002

Bundesrat: Vermittlungsausschuss bestätigt Verbraucherinformationsgesetz, Pressemitteilung Nr. 132/2002 vom 12. Juni 2002, http://www.bundesrat.de, 28.09.2002

Bundesregierung Deutschland, http://www.bundesregierung.de

Bundesumweltministerium, http://www.bmu.de

Bundesverband Deutscher Vertriebsfirmen e.V., http://www.bdv.de

Bundesverband deutscher Vertriebsfirmen e.V.: Shopping-Touren, Verkaufsreisen und Kaffeefahrten – Der Erlebniseinkauf mit sozialer Komponenten ist Kult für Senioren, http://www.bdv-aktuell.de/shoppingtouren.htm, 22.08.2002

Bürgerliches Gesetzbuch (BGB)

c't – magazin für computertechnik, http://www.heise.de/ct

Carvajal, Doreen: Amazon.com Plans to Revise Its Ad Program, New York Times, 10.02.1999, 1)

Carvajal, Doreen: For Sale: On-Line Bookstore's Recommendations, in: New York Times (08.02.1999), 1

Cavite Economic Zone: Liste aller Unternehmen, ihrer Produktionsmöglichkeiten und ihrer Kapitalbeteiligung, unter: http://www.peza.gov.ph/firms/cavite6.htm, 29.08.2002

Clean Clothes Campaign, http://www.cleanclothes.org

Clean Clothes Campaign: Arbeitsverhaltenskodex für die Bekleidungsindustrie – Einschließlich Sportkleidung (Februar 1998), http://www.saubere-kleidung.de, 30.08.2002

Clean Clothes Campaign: Codes, Monitoring, and Verification – Why The CCC is Involved, http://www.cleanclothes.org/codes.htm, 17.11.2002

CNN, http://www.cnn.com

Computer Incident Advisory Capability (CIAC): CIAC Hoax Cathegories, hoaxbusters, http://www.hoaxbusters.ciac.org, 18.09.2002

Consumers International, http://www.consumersinternational.org

Corpwatch, http://www.corpwatch.org

Crainer, Stuart: Markt schlägt Marketing, in: Handelsblatt (23.09.2002), http://www.handelsblatt.de, 25.09.2002

Czinkota, Michael R./Ronkainen, Ilkka A.: International Marketing, 6th edition, Orlando 2001

Dachverband der Kritischen Aktionärinnen und Aktionäre, http://www.kritische-aktionäre.de

Das Parlament, http://www.das-parlament.de

Datenschutz und Datensicherheit (DuD) – Recht und Sicherheit in Informationsverarbeitung und Kommunikation, http://www.datenschutz-und-datensicherheit.de

de Graaf, John/Wann, David/Naylor, Thomas H.: Affluenza – Zeitkrankheit Konsum, München 2001

Deckstein, Dagmar: Wer in Zukunft das Sagen hat (11.11.2002), in: Süddeutsche Zeitung, http://www.sueddeutsche.de, 12.11.2002

Dejure.org – Gesetze und Rechtsprechung zum europäischen, deutschen und baden-württembergischen Recht, http://dejure.org

Denker, Helge: Verbraucher sitzen in der Tinte (11.07.20002), in: Kölner Stadt-Anzeiger, http://www.ksta.de, 16.07.2002

Der Bayerische Landesbeauftragte für den Datenschutz, http://www.datenschutz-bayern.de

Der Bayerische Landesbeauftragte für den Datenschutz: Online-Datenschutz-Prinzipien (ODSP) – Orientierungshilfe, (Stand: 13.12.1999), http://www.datenschutz-bayern.de, 25.09.2002

Der Berliner Landesbeauftragte für den Datenschutz, http://www.datenschutz-berlin.de

Der Bundesbeauftragte für den Datenschutz: Bundesdatenschutzgesetz – Text und Erläuterung, BfD-Info 1, Bonn, April 2002, http://www.bfd.bund.de, 26.09.2002

Der Europäische Bürgerbeauftragte, http://www.euro-ombudsman.eu.int

Der Landesbeauftragte für den Datenschutz Niedersachsen (Hrsg.): Adressenhandel und Werbepapierflut im Briefkasten, Informationen zum Datenschutz (07/01), http://www.lfd.niedersachsen.de, 10.07.2002

Der Landesbeauftragte für den Datenschutz Niedersachsen, http://www.lfd.niedersachsen.de

Der Teuro-Denkzettel, in: Focus 21/2002, 222

Dettweiler, Marco: Vergleichende Werbung ist eine juristische Sackgasse (12.02.2002), in: FAZ, http://www.faz.net, 04.11.2002

Deutsche Bahn AG (Hrsg.): Das neue Preissystem der Bahn, Berlin, 05.07.2001, http://www.probahn-nrw.de, 30.09.2002

Deutsche Bundesbank (Hrsg.): Die Verbraucherpreise bei Übergang von der D-Mark auf den Euro – Monatsbericht Juli 2002

Deutsche Post AG (Hrsg.): Direktmarketing Deutschland 2002 – Studie

Deutsche Telekom AG (Hrsg.): Preisliste – zusätzliche Leistungen T-ISDN Mehrgeräteanschluss, Stand 1. August 2002, http://www.telekom.de, 15.11.2002

Deutscher Bundestag – Infothek: Gesetzgebung, http://www.bundestag.de/info/gesgeb, 23.11.2002

Deutscher Direktmarketing Verband (Hrsg.): Direktmarketing ist Chefsache – Stellenwert und Positionierung des Direktmarketing im Unternehmen, Wiesbaden, April 2002

Deutscher Direktmarketing Verband e.V., http://www.ddv.de

Deutscher Direktmarketing Verband e.V.: Werbebriefe, Verbraucherinformation, http://www.direktmarketing-info.de, 10.07.2002

Deutscher Direktmarketing Verband e.V.: Wie kommen Unternehmen an Adressen?, http://www.ddv.de, 16.09.2002

Deutscher Mulitmedia Verband (dmmv) e.V., http://www.dmmv.de

Deutscher Presserat, http://www.presserat.de

Deutscher Presserat: Pressekodex, http://www.presserat.de, 13.11.2002

Deutscher Werberat, http://www.interverband.com:8080/u-img/69392

Deutscher Werberat: Aktuelle Einzelfälle, http://www.interverband.com:8080/u-img/69392, 15.05.2002

Deutscher Werberat: Nur drei Rügen nötig, http://www.interverband.com:8080/u-img/69392, 15.05.2002

Deutschlandfunk, Verbrauchertipps, http://www.dradio.de/dlf

Dialerhilfe.de, http://www.dialerhilfe.de

Dialerschutz, http://www.dialerschutz.de

Dichtl, Erwin/Eggers, Walter: Grundidee, Varianten und Funktionen der Markierung von Waren und Dienstleistungen, in: Dichtl, Erwin/Eggers, Walter (Hrsg.): Marke und Markenartikel als Instrumente des Wettbewerbs, München 1992, 1-23

Dichtl, Erwin/Eggers, Walter (Hrsg.): Marke und Markenartikel als Instrumente des Wettbewerbs, München 1992

Die Tageszeitung, http://www.taz.de

Die Welt, http://www.welt.de

Die Zeit, http://www.zeit.de

Die Zitatebank – KomMa-net.de, http://www.komma-net.de

Diga-Tec, http://www.tacho-programmierung.de

Dimitriades, Zoe S.: Business Ethics and Corporate Social Responsibility in the e-Economy: A Commentary, in: Electronic Journal of Business Ethics and Organization Studies, Vol. 7 No. 1 (2002), http://ejbo.jyu.fi, 22.10.2002

Dowling, Michael: Implikationen für das Strategische Management, Vorlesungsskript (21.11.2001), Lehrstuhl für Innovations- und Technologiemanagement an der Universität Regensburg, http://www.e-commerceforum.de, 22.10.2002

Eberenz, Mathias: 0190-Gesetz: Abzocker dürfen bis zu 180 Euro verlangen; Telefonieren: Ein neues Gesetz soll Betrügern das Handwerk legen. Wirklich? (11.02.2003), in: Hamburger Abendblatt, http://www.abendblatt.de, 11.02.2003

E-Collect, http://www.ecollect.de

Eimert, Kirsten: Couponing in der Praxis, in: Loyalty News (Mai 2002), http://www.loyalty-hamburg.de, 27.09.2002

Ein Fall für Escher, MDR Ratgeber-Magazin, http://www.mdr.de/escher

Einzelhandel.de – Das Internetportal für den Einzelhandel, http://www.einzelhandel.de

Electronic Journal of Business Ethics and Organization Studies, http://ejbo.jyu.fi

Elektronischer-Geschäftsverkehr-Gesetz (EGG)

Emcke, Carolin: Konsumtempel für Arme, in: Der Spiegel, 26/2001, 130

EMNID: Aktuelles Ökobarometer, kontinuierliche Verbraucherbefragung auf Initiative des Bundesverbraucherministeriums im Rahmen des Bundesprogramms Ökologischer Landbau

Entwurf eines Gesetzes zur Modernisierung des Schuldrechts, BT-Drucksache 14/6040 (14.05.2001)

Erb, Hubert: Der musikalische Sell-Out bei Wal-Mart (15.06.2001), in: heise online, http://www.heise.de, 04.06.2002

Esso Deutschland GmbH: Jeder Liter swopt – Swop-Prämien von Esso, http://www.esso.de/auftanken/swop, 27.09.2002

Esso Deutschland GmbH: Teilnahmebedingungen – Teilnahmebedingung 6.2, http://www.esso.de, 27.09.2002

Ethical Consumer, http://www.ethicalconsumer.org

Euregio – Grenzüberschreitende Verbraucherberatung, http://www.verbraucher.euregio.de

Euregio – Grenzüberschreitende Verbraucherberatung: Euro-Internet-Forum – Euro-Beschwerdestelle der Verbraucher-Zentrale NRW, http://www.verbraucher.euregio.de, 15.05.2002

Euregio – Grenzüberschreitende Verbraucherberatung: Neue Gewährleistungsrechte für Käufer, http://www.verbraucher.euregio.de, 15.05.2002

Euro-Beschwerdeforum der Verbraucher-Zentralen Baden-Württemberg, Bayern, Brandenburg, Nordrhein-Westfalen e.V., http://www.vz-nrw.de/euroforum

EuroHandelsinstitut (EHI), http://www.ehi.org

EuroHandelsinstitut: Payback-Punkte für Miles & More (12.11.2002), http://www.ehi.org, 10.02.2003

Euro-Info Verbraucher e.V. – Deutsch-Französische Informations- und Beratungsstelle für Verbraucher, http://www.euroinfo-kehl.com

Euro-Info Verbraucher e.V.: Gewinnversprechen aus dem Ausland/Neues Urteil des Tribunal de Grande Instance aus Strassburg (07/2001), http://www.euroinfo-kehl.com, 04.07.2002

Europäische Wettbewerbskommission, http://europa.eu.int/comm/competition

Europäische Wettbewerbskommission: Preisunterschiede für Automobile in der Europäischen Union (10. November 2003), http://europa.eu.int/comm/competition, 30.04.2003

Europäisches Parlament, http://www.europarl.eu.int

Europäisches Parlament: Entwurf eines Berichts über den Vorschlag für eine Richtlinie des Europäischen Parlaments und des Rates für die Verarbeitung personenbezogener Daten und den Schutz der Privatsphäre in der elektronischen Kommunikation – Änderungsantrag 1, (23.05.2001), http://www.europarl.eu.int, 25.09.2002

Europäisches Verbraucherzentrum Kiel, http://www.evz.de

Europäisches Verbraucherzentrum Kiel: Ärger mit unseriösen Versandhäusern (30.06.2000), http://www.evz.de, 04.07.2002

Europäisches Verbraucherzentrum Kiel: Ikea-Preisvergleich – Preisunterschiede bis zu 100%, http://www.verbraucher.euregio.de, 08.05.2002

Europäisches Verbraucherzentrum Kiel: Ökolabel in Deutschland, http://www.evz.de, 04.09.2002

Europäisches Verbraucherzentrum Kiel: Schon wieder unseriöse Gewinnversprechen im Postkasten – Oder: Wer ist eigentlich Maren Jandtke? (30.06.2000), http://www.evz.de, 04.07.2002

Europäisches Verbraucherzentrum Kiel: „Verbraucher-Info" als Faxabzocke (16.04.2002), http://www.evz.de, 15.05.2002

Europäisches Verbraucherzentrum Kiel: Verkauf von Noni-Produkten ist in der Europäischen Union verboten (22.02.2001), http://www.evz.de, 04.07.2002

Fahrgastverband Pro Bahn e.V., http://www.pro-bahn.de

Falz, Hansjörg: Potter und der liebe Schotter, in: Max (15.11.2001), 43

Federal Trade Commission: Complying with the Made in the USA Standard, http://www.ftc.gov, 24.10.2002

Felix, Gerlinde: E-Nummern – Vermixt und zugesetzt, in: Focus Online, http://www.focus.de, 03.09.2002

Fernabsatzgesetz (FernAbsG)

Financial Times Deutschland, http://www.ftd.de

Fischer, Hans-Lothar (Hrsg.): Praktisches Lehrbuch Wirtschaft und Staat, Landsberg am Lech 1987, 76

Fischer, Manfred: Rausschmiss nach Plan – Mit welchen Strategien Telekom und andere Konzerne ihr Personal reduzieren, in: Die Welt, 13.10.2002, http://www.welt.de, 23.10.2002

Fiutak, Martin: Regierung verabschiedet Dialer-Gesetz (05.06.2002), in: ZDNet Deutschland News http://news.zdnet.de/news/, 11.06.2002

Florenske, Anna: Der Handel mit E-Mail-Adressen, Verbrauchertipp vom 06.08.2002, in: Deutschlandfunk, http://www.dradio.de/dlf, 11.08.2002

Focus, http://www.focus.de

Focus-Lexikon für Mediaplanung, Markt- und Mediaforschung: Schleichwerbung (getarnte Werbung, Schmuggelwerbung), http://medialine.focus.de, 04.11.2002

Fournier, Susan: Consumers and Their Brands: Developing Relationship Theory in Consumer Research, in: Journal of Consumer Research, Vol. 24 (March 1998), 343-373

Frankfurter Allgemeine Zeitung, http://www.faz.net

Frankfurter Rundschau, http://www.fr-aktuell.de

Freiwillige Selbstkontrolle Multimedia-Diensteanbieter, http://www.fsm.de

Freiwillige Selbstkontrolle Telefonmehrwertdienste e.V., http://www.fst-ev.de

Freiwillige Selbstkontrolle Telefonmehrwertdienste e.V.: Verbraucherinformationen zu 0190-0, http://www.fst-ev.org, 23.07.2002

Friedman, Milton: The social responsibility of business is to increase its profits, in: The New York Times Magazin (13.10.1970), 32-33, 122-126

Fromm, Rainer: Gebrauchte Neugeräte (15.10.2002), Fakt/MDR, http://www.mdr.de/fakt, 24.10.2002

Fromm, Rainer: Gebrauchtes Handy – Neues Handy? (02.09.2002), Fakt/MDR, http://www.mdr.de/fakt, 04.09.2002

Fromm, Rainer: Gebrauchtes Handy – Neues Handy? (02.09.2002), Umschau/MDR, http://www.mdr.de/umschau, 04.09.2002

Gabler Wirtschafts-Lexikon, 12. vollständig neu bearbeitete und erweiterte Auflage, Wiesbaden1988

Galbraith, John Kenneth: The New Industrial State, Boston 1967

General-Anzeiger Online, http://www.general-anzeiger-bonn.de

Gersdorff, Alexander von: Bahntickets sind oft zu teuer (28.03.2003), in: Die Welt, http://www.welt.de, 03.04.2003

Gesellschaft für Datenschutz und Datensicherheit e.V.: Geplante Erweiterung der Telekommunikationsüberwachung ist datenschutzwidrig und ineffektiv, Pressemitteilung vom 22.05.2002, http://www.gdd.de, 24.09.2002

Gesellschaft für Konsumforschung (GfK), http://www.gfk.de

Gesetz gegen den unlauteren Wettbewerb (GUW)

Gesetz gegen Wettbewerbsbeschränkungen (GWB)

Gesetz über die Allgemeinen Geschäftsbedingungen (AGBG)

Gesetz zur Modernisierung des Schuldrechts

Gesetze im WWW, http://www.rechtliches.de

Gieselmann, Hartmut: Neues Gesetz gegen 0190-Abzocke (10.11.2002), in: heise online, http://www.heise.de, 12.11.2002

Göbel, Matthias: Saftige Preise bei Rufnummernmitnahme (28.11.2002), in: heise online, http://www.heise.de, 05.12.2002

Göhring, Andres: Finger weg vom „Bäcker-Glück“ (15.03.2003), in: Hamburger Abendblatt, http://www2.abendblatt.de, 23.04.2003

Goldbach, Andre: Paketbenachrichtigungskarte als Telefonkosten-Falle (29.12.2002), in: heise online, http://www.heise.de, 07.01.2003

Goodpaster, Kenneth: Business Ethics and Stakeholder Analysis, in: Winkler, Earl/Coombs, Jerrold (Hrsg.): Applied Ethics: a Reader, Oxford 1993, 229-248

Granzow, Axel: Postliberalisierung kostet Monopolisten kaum Marktanteile – Privaten Brief-Zustellern bleibt nur die Nische (19.03.2003), in: Handelsblatt, http://www.handelsblatt.com, 25.03.2003

Grauel, Ralf: Die Pein der Weisen, in: brand eins (02/03), 65-70

Greenpeace Deutschland, http://www.greenpeace.de

Greenpeace: Nach acht Wochen: Öl-Multi Shell in die Knie gezwungen – Brent Spar nicht versenkt, Greenpeace in Action, http://www.greenpeace.de, 27.08.2002

Grimm, Hans-Ulrich: Chemiealarm auf dem Kinderteller (06.11.2002), in: Stern Online, http://www.stern.de, 16.11.2002

Günther, Ingo: Ökosiegel führt auf den Holzweg (14.07.2002), in: Hannoversche Allgemeine, http://www.haz.de, 16.07.2002

Hager, Angelika/Kospach, Julia: Harrycane!, in: Profil (12.11.2001), 90

Hamburgischer Datenschutzbeauftragter: Was bei der Gestaltung von Webseiten zu berücksichtigen ist – Orientierungshilfe Tele- und Mediendienste (01.07.2002), http://www.datenschutz.hamburg.de, 18.09.2002

Hammer, Thomas: Abzockerei mit 0190-Nummern (29.01.2003), in: Süddeutsche Zeitung , http://www.sueddeutsche.de, 29.01.2003

Handelsblatt, http://www.handelsblatt.de

Hansen, Ursula (Hrsg.): Verbraucher- und umweltorientiertes Marketing – Spurensuche einer dialogischen Marketingethik, Stuttgart 1995

Hansen, Ursula: Marketing und soziale Verantwortung, in: Steinmann, Horst/ Löhr, Albert (Hrsg.): Unternehmensethik, 2. überarbeitete und erweiterte Auflage, Stuttgart 1991, 243-256

Hansen, Ursula: Verpackung und Konsumentenverhalten – Aktuelle Tendenzen, in: Hansen, Ursula (Hrsg.): Verbraucher- und umweltorientiertes Marketing – Spurensuche einer dialogischen Marketingethik, Stuttgart 1995, 335-348

Happy Digits, http://www.happydigits.de

Harborth, Christian: Der Ton wird immer rabiater (10.11.2002), in: Hannoversche Allgemeine, http://www.haz.de, 12.11.2002

Hauber, Johannes/Wolf, Winfried: Der ausgebremste Erfolgszug – Ein Plädoyer für den InterRegio (03.04.2001), in: Frankfurter Rundschau Online, http://www.fr-aktuell.de, 30.09.2002

Haustürwiderrufsgesetz (HWiG)

Heidemann-Peuser, Helke: Datenschutz und Kundenbindungssysteme (08.06.2002), Verbraucherzentrale Bundesverband (vzbv) e.V., http://www.vzbv.de, 04.03.2003

Heidrich, Jörg: Gericht untersagt den Versand von SMS-Spam (05.03.2003), in: heise online, http://www.heise.de, 06.03.2003

Heidrich, Jörg: Heise gewinnnt gegen Spammer (17.04.2003), in: heise online, http://www.heise.de, 23.04.2003

Heidrich, Jörg: Kein einstweiliger Rechtsschutz gegen Spam (10.04.2003), in: heise online, http://www.heise.de, 11.04.2003

Hein, Christoph: Benettons Blut verboten – Bundesgerichtshof untersagt die Schockwerbung des Konzerns (07.07.1995), in: Die Welt, http://www.welt.de, 05.11.2002)

Heinrich, Christian: Am Telefon übers Ohr gehauen? – Verstimmter Telekom-Kunde, in: Rheinischer Merkur (07.08.2002), http://www.merkur.de, 08.08.2002

Heinrich, Martin: Die Schuldrechtsreform – Einführung in das neue Recht, Crashkurs (01.08.2002), Eberhard-Karls-Universität Tübingen, http://www.jura.uni-tuebingen.de/reichold, 09.11.2002

Heinrich, Martin: Die Schuldrechtsreform, Skriptum (22.08.2002), Eberhard-Karls-Universität Tübingen, http://www.jura.uni-tuebingen.de/reichold, 09.11.2002

heise online, Newsletter des Heise Zeitschriften Verlag GmbH&Co.KG, http://www.heise.de

Helmut Bäumler: Datenschutz als Wettbewerbsvorteil, Eröffnungsrede anlässlich der Sommerakademie des unabhängigen Landeszentrums für Datenschutz in Kiel am 10. September 2001, http://www.datenschutzzentrum.de, 25.09.2002

Herwig, Markus: Noch immer kein wirksamer Schutz gegen 0190/0900-Missbrauch (29.01.2003), in: c't aktuell, http://www.heise.de/ct/aktuell, 05.05.2003

Hessisches Ministerium für Wirtschaft, Verkehr und Landesentwicklung: Posch fordert Lösung der 0190-Problematik - Verordnungsentwurf des Bundes nicht zustimmungsfähig (Pressemittleilung, 05.07.2002), http://www.wirtschaft.hessen.de, 08.07.2002

Hinzen, Melanie: Die UWG-rechtliche Bewertung von Imagewerbung am Beispiel Benetton, Bremen 2001

Hirn, Wolfgang: Kein guter Einkauf, in: Manager Magazin (1/2002), 58-66

Höfle, Nicole: Mogelpackung strafbar – Hersteller können für falsche Produkte belangt werden (05.12.2002), in: Stuttgarter Zeitung, http://www.stuttgarter-zeitung.de, 05.12.2002

Högel, Renate: Gewinnspiele – unseriöse Vertragsanbahnung durch Gewinnversprechen, in: BAGSO Nachrichten (02/1999), Bundesarbeitsgemeinschaft der Senioren-Organisationen, http://www.bagso.de, 23.08.2002

Höhler, Gerd: Billiger einkaufen in Griechenland – „Teuro"-Boykott zeigt Wirkung (19.09.2002), in: Frankfurter Rundschau Online, http://www.fr-aktuell.de, 23.09.2002

Holt, Douglas B.: Why Do Brands Cause Trouble? A Dialectical Theory of Consumer Culture and Branding, in: Journal of Consumer Research, Vol. 29 (June 2002), 70-90

Holtgrefe, Heinz: Netter Hans – übler Abzocker (24.10.2002), in: Weser Kurier, http://www.weser-kurier.de, 24.10.2002

Homann, Karl: Marktwirtschaftliche Ordnung und Unternehmensethik, in: Albach, Horst (Schriftltg.): Unternehmensethik: Konzepte – Grenzen – Perspektiven, Zeitschrift für Betriebswirtschaft – Ergänzungshefte (1/92), Wiesbaden 1992, 75-90

Hong Kong Christian Industrial Committee: BOM! Beware of Mickey. Disney Sweatshops In South China, Hongkong 2000

Höpfner, Marc: Wie find ich das? (05.04.2001), in: Die Zeit, http://www.zeit.de, 24.10.2002

Horn, Rainer: Wasserfilter: Der große Nepp (05.12.2002), in: Hamburger Abendblatt, http://www.abendblatt.de, 05.12.2002

Hoverath, Michael: Unerlaubte Telefonwerbung für Mobilfunkverträge, Verbrauchertipp vom 22.12.2000, in: Deutschlandfunk, http://www.dradio.de/dlf, 23.07.2002

Human Rights Watch, http://www.hrw.org

Human Rights Watch (Hrsg.): „No Guarantees: Sex Discrimination in Mexico's Maquiladora Sector", Women's Rights Project Report, August 1996, http://www.hrw.org, 01.09.2002

Hummel, Manfred: Die alten Monopole halten (16.04.2003), in: Süddeutsche Zeitung, http://www.sueddeutsche.de, 23.04.2003

Huneke, Christoph: Online-Werbung wächst 2002 um mehr als 20 Prozent (20.01.2003), Deutscher Multimedia Verband (dmmv) e.V., http://www.dmmv.de, 27.01.2003

Hupprich, Laura/Bumatay, Maria: Global Internet Population Grows An Average of Four Percent Year-Over-Year (20.02.2003), Nielsen//NetRatings, http://www.nielsen-netratings.com, 23.02.2003

Hüttner, Manfred/Pingel, Annette/Schwarting, Ulf: Marketing-Management – Allgemein, Sektoral, International, München/Wien 1994

IfKom (Ingenieure für Kommunikation) Landesverband Hessen, www.ifkom.lv-hessen.de.tt

IHK/ESOMAR (Hrsg.): Internationaler Kodex für die Praxis der Markt- und Sozialforschung, http://www.adm-ev.de, 31.10.2002

IMUG-Unternehmenstest, http://www.unternehmenstest.de

Informations- und Kommunikationsdienstegesetz (IuKDG)

Institut der deutschen Wirtschaft Köln: Gefühlte Inflation – Teuerung ist kein Hirngespinst, http://www.iwkoeln.de, 26.09.2002

Institut für Angewandte Verbraucherforschung (IFAV) e.V., http://www.ifav.de

Institut für Angewandte Verbraucherforschung e.V. (Hrsg.): Preisbeobachtungen vor und während der Einführung des EURO (Abschlussbericht) – Eine Untersuchung im Auftrag des Verbraucherzentrale Bundesverband (vzbv), Berlin, März 2002

Institut für Angewandte Verbraucherforschung e.V. (Hrsg.): Preisnachlässe und Kundenbindung nach dem Wegfall des Rabattgesetzes – Eine Untersuchung im Auftrag des Verbraucherzentrale Bundesverband (vzbv), Berlin, Köln, April 2002

Institut für Angewandte Verbraucherforschung e.V.: (Hrsg.): Preisbeobachtungen nach der Umstellung auf den EURO – Eine Untersuchung im Auftrag des Westdeutschen Rundfunks (WDR), Redaktion ARD-aktuell, Mai 2002

Institut für Angewandte Verbraucherforschung e.V. (Hrsg.): Produktassoziationen beim Kauf von Lebensmitteln, Eine Untersuchung im Auftrag des vzbv, Berlin, September 2001

Institut für Interaktive Medien: Der Shop-Check – Untersuchung der fünf umsatzstärksten Online-Shops nach verbraucherschutz- und datenschutzrechtlichen Kriterien (20.09.2002), http://www.iam-interactive.de, 25.10.2002

Institut für Wissenschaft und Ethik e.V., http://www.iwe.uni-bonn.de

Institut Markt-Umwelt-Gesellschaft e.V.: Corporate Social Responsibility und Nachhaltigkeitsmanagement, http://www.imug.de, 03.11.2002

Institut Markt-Umwelt-Gesellschaft, http://www.imug.de

Interactive Case Studies, http://www.i-case.com

Interessenverband Neue Medien e.V.: Die geänderte Telekommunikationskundenschutzverordnung (TKV) tritt Anfang August mit Veröffentlichung im Bundesanzeiger in Kraft. (31.07.2002), http://www.ivnm.de, 01.08.2002

International Advertising – Zitatenschatz, Europa-Universität Viadrina Frankfurt/Oder, http://viadrina.euv-frankfurt-o.de, 02.11.2002

International Baby Food Action Network, http://www.ibfan.org

International Chamber of Commerce – Deutschland, http://www.icc-deutschland.de

International Chamber of Commerce – World Business Organisation, http://www.iccwbo.org

International Confederation of Free Trade Unions (Hrsg.): From The Ashes – A Toy Factory Fire in Thailand, in: Bibliothek der Friedrich-Ebert-Stiftung, http://library.fes.de, 24.10.2002

International Labour Organization, http://www.ilo.org

International Labour Organization: Fundamental ILO Conventions, http://www.ilo.org, 29.08.2002

International Labour Organization: Targeting the intolerable – A new international convention to eliminate the worst forms of child labor, information kit, Geneva May 1999

Internationaler Karlspreis zu Aachen, http://www.karlspreis.de

Ives, Nat: When Marketers trip over trademarks, the fun begins (23.01.2003), in: The New York Times, http://www.nytimes.com, 01.02.2003

Jahr-Weidauer, Konrad: Behörde warnt vor 0190er-Schwindel – Verbraucherzentrale und Senatsverwaltung zeigen sich machtlos (06.02.2003), in: Die Welt, http://www.welt.de, 07.02.2003

Johannesburg Earth Summit 2002, http://www.earthsummit.biz

Journal of Business Ethics, http://www.business-ethics.org

Journal of Consumer Research, http://www.journals.uchicago.edu/JCR

Journal of International Business Studies, http://www.jibs.net

Jura-Lotse, Suchdienst für Recht, http://www.jura-lotse.de

Jurcom Juris, http://jurcom5.juris.de

JurPC, Internet-Zeitschrift für Rechtsinformatik, http://www.jurpc.de

Jurran, Jico: Neues vom „Geheimnummern-Skandal“ der Telekom (26.10.2000), in: heise online, http://www.heise.de, 03.07.2002

Kaeding, Nadja: Schuldrechtsmodernisierung und Verbraucherschutz (01.12.2001), Rechtsanwälte Graefe & Partner GbR, http://www.neues-vertrags-recht.de/verbraucher-schutz.pdf, 11.10.2002

Kaffeefahrten, http://www.kaffeefahrten.de

Karmasin, Matthias: Ethik als Gewinn: Zur ethischen Rekonstruktion der Ökonomie – Konzepte und Perspektiven von Wirtschaftsethik, Unternehmensethik, Führungsethik, Wien 1996

Kassebohm, Kristian: Grenzen schockierender Werbung – Benetton-Werbung vor dem Hintergrund wirtschaftlicher Interessen und juristischer Beurteilung, Berlin 1995, 113

Kearney, Neil/Justice Dwight W.: Die neuen Verhaltenskodizes, in: Weltweit gegen Sozialdumping, Broschüre der IG Metall (Hrsg.), Frankfurt/M. Juli 2001, 15-24

Kernaghan, Charles: Made in China – Behind the Label, National Labor Committee Report, March 1998, http://www.nlcnet.org, 01.09.2002

Kirnich, Peter: Preis-Rabatt bis zu 66 Prozent möglich (05.07.2001), in: Berliner Zeitung, http://www.berlinonline.de, 30.09.2002

Klein, Naomi: No Logo, 2. Auflage, München 2001

Klein, Naomi: No Logo, http://www.nologo.org

Klingner, Susanne/Hofwiler, Roland/Reimer, Nick: Die Bahn wähnt sich beflügelt, in: die tageszeitung (Nr. 6874 vom 10.10.2002), 3

Klostermeier, Johannes: Telekom unterliegt im Rechtsstreit mit Isis (15.07.1999), in: ZDNet Deutschland News, http://news.zdnet.de, 10.07.2002

Knuf, Thorsten: Dumping schadet dem Verbraucher (13.11.2002), in: Berliner Zeitung, http://www.berlinonline.de, 19.11.2002

Köhler, Richard/Majer, Wolfgang/Wiezorek, Heinz (Hrsg.): Erfolgsfaktor Marke. Neue Strategien des Markenmanagements, München 2001

Köhler, Tobias: Eis mit neuem Preis: Unsere Kugeln sind jetzt größer (12.10.2002), in: Stuttgarter Zeitung, http://www.stuttgarter-zeitung.de, 15.10.2002)

Köhnen, Heiner: Haben Menschenrechtsverletzungen ein System? Wal-Mart's Verhaltenskodex und die Realität bei Zulieferern in ausgewählten Ländern, Arbeitspapier der Hans-Böckler-Stiftung, 2002

Köhnen, Heiner: Verhaltenskodizes – Persilschein oder Mittel zur Organisierung? (17.01.2002), LabourNet Germany, http://www.labournet.de, 21.11.2002

Kommission der Europäischen Gemeinschaft, http://www.eu-kommission.de

Kommission der Europäischen Gemeinschaften (Hrsg.): Erstes Programm der europäischen Wirtschaftsgemeinschaften für eine Politik zum Schutz und zur Unterrichtung der Verbraucher, Amtsblatt der EG Nr. C 92 vom 25.04.1975

Kommission der Europäischen Gemeinschaften (Hrsg.): Grünbuch: Europäische Rahmenbedingungen für die soziale Verantwortung der Unternehmen, Brüssel 18.07.2001

Kommission der Europäischen Gemeinschaften (Hrsg.): Grünbuch zum Verbraucherschutz in der Europäischen Union, Brüssel, 02.10.2001

König, Johann-Günther: Alle Macht den Konzernen – Das neue Europa im Griff der Lobbyisten, Reinbeck bei Hamburg, 1999

Kopperi, Marjaana: Business Ethics in Global Economy, in: Electronic Journal of Business Ethics and Organization Studies, Vol. 4, No. 1 (1999), http://ejbo.jyu.fi, 22.10.2002

Kossel, Axel: Freemail-Kunden müssen mit Erotik-Werbung leben (24.07.2002), in: heise online, http://www.heise.de, 25.07.2002

Kossel, Axel: Im 0190-Sumpf – Die mühsame Suche nach Schuldigen, in: c't – magazin für computertechnik (13/2002), 92-93

Kossel, Axel: Warnung vor Super-Schnäppchen (23.11.2001), in: heise online, http://www.heise.de, 03.07.2002

Kotler, Philip/Bliemel, Friedhelm: Marketing Management – Analyse, Planung und Verwirklichung, 10. überarbeitete und aktualisierte Auflage, Stuttgart 2001

Kotler, Philip: Marketing Management – Analysis, Planning, Implementation and Control, 11th edition, Englewood Cliffs 2002

Kötzing, Andreas: Missbrauch des Post Ident-Verfahrens?, Verbrauchertipp vom 05.03.2002, in: Deutschlandfunk, http://www.dradio.de/dlf, 15.05.2002

Krägenow, Timm: Renate Künast – Der Teuro-Sheriff (27.05.2002), in: Financial Times Deutschland 2002, http://www.ftd.de, 29.05.2002)

Krempl, Stefan: Bundesregierung will besseren Dialer- und Spamschutz (31.10.2002), in: heise online, http://www.heise.de, 06.11.2002

Kroeber-Riel, Werner/Esch, Franz Rudolf: Strategie und Technik in der Werbung – Verhaltenswissenschaftliche Ansätze, 5. völlig neu bearbeitete und erweiterte Auflage, Stuttgart/Berlin/Köln 2000

Kuhlmann, Eberhard: Verbraucherpolitik – Grundzüge ihrer Theorie und Praxis, München 1990

Kumar, Brij N.: Unternehmensethik im Kontext internationaler Unternehmensführung, in: Steinmann, Horst/Löhr, Albert (Hrsg.): Unternehmensethik, 2. überarbeitete und erweiterte Auflage, Stuttgart 1991, 225-241

Kuri, Jürgen: Angeblich mehr als 20 Telekom-Konkurrenten im Ortsnetz (20.04.2003), in: heise online, http://www.heise.de, 23.04.2003

Kuri, Jürgen: Bei Online-Shops liegt einiges im Argen (13.01.2001), in: heise online, http://www.heise.de, 19.09.2002

Kuri, Jürgen: Demokratie, Freiheit und das Internet (11.07.2002), in: heise online, http://www.heise.de, 16.07.2002

Kuri, Jürgen: EU-Bußgeld gegen Deutsche Telekom möglich (23.04.2003), in: heise online, http://www.heise.de, 24.04.2003

Kuri, Jürgen: Gericht stärkt Schutz gegen unerwünschte E-Mail-Werbung (29.04.2003), in: heise online, http://www.heise.de, 30.04.2003

Kuri, Jürgen: Gesetz gegen Abzocke mit 0190-Dialern (05.06.2002), in: heise online, http://www.heise.de, 03.07.2002

Kuri, Jürgen: IBM entlässt weiter und schließt Festplatten-Werk (23.10.2002), in: heise online, http://www.heise.de, 24.10.2002

Kuri, Jürgen: Internet-Auskunft der Telekom unter Beschuss (20.01.2003), in: heise online, http://www.heise.de, 21.01.2003

Kuri, Jürgen: Konkurrenz belebt das Geschäft – hoffentlich auch im Ortsnetz (24.04.2003), in: heise online, http://www.heise.de, 24.04.2003

Kuri, Jürgen: Siemens – Stellenstreichungen bei IT-Dienstleistungstochter (26.07.2002), in: heise online, http://www.heise.de, 22.08.2002

Kuri, Jürgen: Wenig Chancen gegen Spam-Flut und 0190-Abzockerei (16.06.2002), in: heise online, http://www.heise.de, 03.07.2002

Kuri, Jürgen: Weniger Preisregulierung für Deutsche Telekom geplant (15.12.2002), in: heise online, http://www.heise.de, 17.12.2002

Kurzidim, Michael: Ärger mit Tiefpreis-Angeboten bei Amazon.de (12.07.2001), in: heise online, http://www.heise.de, 03.07.2002

Kurzidim, Michael: Gekaufte Suchmaschinentreffer (29.06.2002), in: heise online, http://www.heise.de, 03.07.2002

Label-Datenbank der Verbraucher Initiative e.V., http://www.label-online.de

Lamers, Richard: Die Marktforscher greifen an – Spannungen zwischen Marketing und Datenschutz im Netz (14.05.2001), FirstSurf, http://www.firstsurf.com, 24.09.2002

Lames, Luis: Die Österreicher pauschal, Frankfurt/M. 1997

Läsker, Kristina: Wer nicht fragt, fährt teuer (07.04.2003), in: Süddeutsche Zeitung, http://www.sueddeutsche.de, 11.04.2003

Laue, Christoph: Kampagne für Datenschutz im Internet (25.07.2000), in: heise online, http://www.heise.de, 25.09.2002

Le Monde Diplomatique, http://monde-diplomatique.de

Lebensmittelmarken, Datenbank, http://www.lebensmittel-marken.de

Lebensmittel- und Bedarfsgegenständegesetz (LMBG)

Lehrstuhl für ABWL und Wirtschaftsinformatik, Katholische Universität Eichstätt-Ingolstadt (Hrsg.): Data Mining – Mehr Gewinn mit Kundendaten, Ingolstadt 2002

Lehrstuhl für ABWL und Wirtschaftsinformatik, Katholische Universität Eichstätt-Ingolstadt (Hrsg.): Web-Mining – Informationen für das E-Business, Ingolstadt 2002

Leptien, Christoph/Ermtraud, Katharina: Verbraucherpolitik – Der Aktuelle Begriff, Kurzinformation der Wissenschaftlichen Dienste des Deutschen Bundestages (Nr. 08/01 vom 25.05.2001), http://www.bundestag.de, 12.10.2002

Lieb, Christopher: Unseriöse Gewinnversprechen im Postkasten – Einführung des §661a BGB, Weiss, Lieb & Kollegen, http://www.wlk-erlangen.de, 23.08.2002

Lischka, Konrad: Bei Payback wird nicht nur gepunktet, in: Süddeutsche Zeitung (09.07.2002), http://www.sueddeutsche.de, 11.07.2002

Lischka, Konrad: Spione mit kleinen Geschenken, in: die tageszeitung (Nr. 6797 vom 11.07.2002), 11

Litz, Christian: Na Logo, in: jetzt – Magazin der Süddeutschen Zeitung (11/2002), http://jetzt.sueddeutsche.de, 29.08.2002

Löding, Torge: Branchenverband und Opposition kritisieren 0190-Schutzgesetz (09.04.2003), in: heise online, http://www.heise.de, 11.04.2003

Löding, Torge: EU-Feldzug gegen hohe Roaming-Gebühren dauert länger (22.04.2003), in: heise online, http://www.heise.de, 23.04.2003

Löding, Torge: Kontroverse um Spiele-Werbung auf Grabsteinen (19.03.2002), in: heise online, http://www.heise.de, 03.07.2002

Löding, Torge: Telekom will mit Stellenabbau Milliarden einsparen (14.10.2002), in: heise online, http://www.heise.de, 15.10.2002

Löffler, Joachim: Geschmacklose und schockierende Werbung, Vortrag im Bonhoeffer Gemeindezentrum HN-Sontheim am 25.01.2002, http://mitarbeiter.fh-heilbronn.de, 15.05.2002

Löffler, Joachim: Rechtliche Grenzen schockierender Werbung (25.01.2002), http://mitarbeiter.fh-eilbronn.de, 15.05.2002

Lohmann, Heiko: Verbraucherschutz und Marktprozesse – Versuch einer institutionen-theoretisch fundierten Erklärung von Marktregulierungen, Schriftenreihe des Instituts für Allgemeine Wirtschaftsforschung der Albert-Ludwigs-Universität Freiburg (Bd. 47), Freiburg im Breisgau 1992

Lorenz, Jana/Röhr, Jaqueline: Ich bin doch nicht blöd – Vergleichende Werbung, Thesenpapier zum Seminar Werbe-Welten (Sommersemester 1999), Europa-Universität Viadrina Frankfurt/Oder, http://viadrina.euv-frankfurt-o.de, 04.11.2002

Los Angeles Times, calendarlive: Restaurants, http://www.calendarlive.com/dining

Los Angeles Times, http://www.latimes.com

Lotter, Wolf: Wert-Arbeit, in: brand eins (02/03), 45-51

Lütge, Gunhild: Eine ziemlich schräge Nummer, in: Die Zeit (33/2002), http://www.zeit.de, 08.08.2002

Mach, Antoine: Macht der NGO auf die Unternehmen: Druck, Partnerschaft, E-valuation, Covalence, http://www.covalence.ch, 19.11.2002

Maier, Thomas: Konjunktur für harte Bandagen (10.06.1999), in: Die Welt, http://www.welt.de, 04.11.2002

Manager Magazin, http://www.manager-magazin.de

Mansmann, Urs: 0900-Nummern kommen im Januar (12.12.2002), in: heise online, http://www.heise.de, 17.12.2002

Mansmann, Urs: Abzocke mit irreführendem Telefonbucheintrag gestoppt (28.01.2003), in: heise online, http://www.heise.de, 07.01.2003

Mansmann, Urs: Gefahr durch Dialer mit 0193-Einwahlnummer (25.03.2003), in: heise online, http://www.heise.de, 04.04.2003

Mansmann, Urs: Keine Telekom-Rabattpunkte für den Analoganschluss (09.08.2002), in: heise online, http://www.heise.de, 15.08.2002

Mansmann, Urs: Preistrickserei bei Internet-by-Call-Tarifen (30.06.2002), in: heise online, http://www.heise.de, 03.07.2002

Mansmann, Urs: RegTP lehnt höhere Telekom-Preise weitgehend ab (20.12.2002), in: heise online, http://www.heise.de, 07.01.2003

Mansmann, Urs: Spammer wollten GMX-Accounts ausspähen (27.03.2003), in: heise online, http://www.heise.de, 03.04.2003

Mansmann, Urs: Strafanzeige gegen Handy-Abzocker (22.01.2003), in: heise online, http://www.heise.de, 24.01.2003

Mansmann, Urs: Telekom trickst mit Grundgebühr (21.03.2003), in: heise online, http://www.heise.de, 25.03.2003

Mansmann, Urs: Telekom will Gebühren für Überweisung (11.01.2003), in: heise online, http://www.heise.de, 14.01.2003

Mansmann, Urs: Urteil gegen Werbung für T-DSL (11.02.2003), in: heise online, http://www.heise.de, 12.02.2003

Mansmann, Urs: Weiteres Kartellverfahren gegen die Telekom (29.01.2003), in: heise online, http://www.heise.de, 04.02.2003

Mansmann, Urs/Bleich, Holger: Tiscali stellt auf Minutentakt um (05.07.2002), in: heise online, http://www.heise.de, 10.07.2002

Marketingcliff, alles rund ums Thema Marketing, http://www.marketingcliff.de

Maucher, Helmut: Ethik zwischen Gewinn und Wettbewerb, in: Steinmann, Horst/Löhr, Albert (Hrsg.): Unternehmensethik, 2. überarbeitete und erweiterte Auflage, Stuttgart 1991, 403-411

McLaughlin, Martin: Eine Tragödie verursacht vom Kapitalismus (15.05.1997), in: neue Arbeiterpresse – World Socialist Web Site, http://www.wsws.org, 24.10.2002

McSpotlight, http://www.mcspotlight.org

Mediendienste-Staatsvertrag (MDStV)

Meffert, Heribert: Marketing – Grundlagen marktorientierter Unternehmensführung, 9. überarbeitete und erweiterte Auflage, Wiesbaden 2000

Mertgen, Frank/Rübartsch, Melanie: Nackt im Netz – wie Online-Shops mit den Daten ihrer Kunden dealen, in: Focus Money, Nr. 31 (27.07.2000), 126

Meyer, Carsten: 0190-Dialer gegen 0190-Dialer (14.08.2002), in: heise online, http://www.heise.de, 15.08.2002

Meyer, Carsten: Vorsicht vor Digitalkamera-„Schnäppchen" (24.08.2000), in: heise online, http://www.heise.de, 03.07.2002

Meyer-Odewald, Jens: Falsche Pakete, hohe Telefonrechnungen (02.12.2002), in: Hamburger Abendblatt, http://www.abendblatt.de, 04.12.2002

Meyvis, Tom/Janiszewski, Chris: Consumers' Beliefs about Product Benefits: The Effect of Obviously Irrelevant Product Information, in: Journal of Consumer Research, Vol. 28 (March 2002), 618-635

Michel, Jörg: Wirtschaft boykottiert Anti-Teuro-Gipfel (09.07.2002), in: Berliner Zeitung 2002, http://www.berlinonline.de, 10.07.2002

Mimkes, Philip: An alle Aktivisten: Zieht euch warm an – Die Industrie will Kampagnen-Strategien von NGO übernehmen und Informationen über "Gegner" sammeln, in: die tageszeitung (Nr. 6345 vom 13.01.2001), 8

Missio – Päpstliche Missionswerke: Mode, Märkte, Menschen – Die Clean-Clothes-Kampagne, Werkmappe Weltkirche Nr. 120, Wien 2001

Mitchell, Vincent-Wayne/Papavassiliou, Vassilios: Market causes and implications of consumer confusion, in: Journal of Product & Brand Management, Vol.8 No. 4 (1999)

Müller, Edda: Grundlinien einer modernen Verbraucherpolitik, in: Aus Politik und Zeitgeschichte Nr. 24 (08.06.2001), http://www.das-parlament.de, 20.09.2002, 6-15

Muller, Mike: The baby killer – A *War on Want* investigation into the promotion and sale of powdered baby milks in the Third World, London, March 1974

Muller, Mike – Against Nestlé, http://www.i-case.com/newdemo/inffeed/docs/muller.htm

My Yahoo, http://my.yahoo.com

National Labor Committee, http://www.nlcnet.org

National Labor Committee: Wal-Mart – Words Versus Reality (July 1999), http://www.nlcnet.org, 29.09.2002

Naumann, Kersten: Auf dem Weg in eine verbraucherfreundliche Marktwirtschaft, Rede vor dem Bundestag am 14.03.2002, http://www.pds-im-bundestag.de, 28.09.2002

Neues Vertragsrecht, http://www.neues-vertragsrecht.de

NGO-online, Internetzeitschrift, http://www.ngo-online.de

Nickel, Volker: Der vergessene Mediennutzer – Sonderthemen zwischen journalistischem Anspruch und werblicher Wirklichkeit. Wieviel PR verkraften die Leser?, Vortrag zur „Zukunftswerkstatt Regionalzeitungen" der Saarbrücker Zeitung am 15.11.2001

Nickel, Volker: Die Künste der Marke – Effekte der Relevanz von Anziehungskraft, Respekt und Vertrauen, Vortrag an der Hochschule der Bildenden Künste Saar, Saarbrücken 22.10.2001

Nickel, Volker: Mehrwert Werbung – Ökonomische und soziale Effekte von Marktkommunikation, Zentralverband der deutschen Werbewirtschaft (ZAW), Bonn 1999

Nickel, Volker: Schläge mit dem Werbehammer – Über die neue Qualität des Prinzips Provokation, Düsseldorf 1998

Nickel, Volker: Schleichwerbung – ein musealer Begriff? – Neue Aspekte für den Trennungsgrundsatz, Zentralverband der deutschen Werbewirtschaft (ZAW), Bonn 1999

Nickel, Volker: Sex sells!? – Die nackte Wahrheit, Vortrag zur 49. Werbewirtschaftlichen Tagung, Wien 11.04.2002

Nickel, Volker: Vergleichende Werbung – Politische Ziele, Rechtliche Fallstricke, Reale Marktereignisse, Vortrag zur Jahrestagung der FOTOCO, Friedewald 12.10.2000

Nickel, Volker: Werbung in Grenzen – Report über Werbekontrolle in Deutschland, Zentralverband der deutschen Werbewirtschaft (ZAW), Bonn 1994

Nickel, Volker: Werbung und Moral, Zentralverband der deutschen Werbewirtschaft (ZAW), Bonn 1997

Nickel, Volker: Wie weit darf Werbung gehen? – Recht und Tabu, Vortrag in der Seminarreihe „Dialog und Praxis" der Hanns-Martin-Schleyer-Stiftung, Königswinter 25.01.2002

Niedzella, Julia: Auffallen um jeden Preis – die neue Werbestrategie, Power für creative Ideen GmbH, http://www.madebylo.com/power, 16.09.2002

Niedzella, Julia: Kundenpflege per Direktmarketing, Power für creative Ideen GmbH (2001), http://www.madebylo.com, 16.09.2002

Nieschlag, Robert/Dichtl, Erwin/Hörschgen, Hans: Marketing, 15. überarbeitete und erweiterte Auflage, Berlin 1988

No Sweat, UK campaign against sweatshops, http://www.nosweat.org.uk

Novel Food Verordnung (Verordnung (EG) Nr. 258/97 des Europäischen Parlaments und des Rates vom 27. Januar 1997 über neuartige Lebensmittel und neuartige Lebensmittelzutaten) Art. 1 Abs. 2

Nuzum, Eric, http://www.ericnuzum.com

Nuzum, Eric: Parental Advisory: Music Censorship in America, New York 2001

o.V.: 0900-Nummern sollen Abzocker bremsen (30.12.2002), in: heise online, http://www.heise.de, 07.01.2003

o.V.: 90 Prozent der Online-Shops mit Mängeln – Erschreckende Ergebnisse beim TÜV-Check (17.01.2001), Golem, http://www.golem.de, 19.09.2002 o.V.: Artgerechte Tierhaltung – Verbraucher bevorzugen Käfig-Eier (16.01.2003), in: NGO-online, http://www.ngo-online.de, 17.01.2003

o.V.: Außer Spesen nichts gewesen (10.06.2002), in: Freie Presse Online, http://www.freiepresse.de, 02.07.2002

o.V.: Bahn AG soll ihr Tarifsystem überarbeiten (17.03.2003), in: Leipziger Volkszeitung, http://www.lvz-online.de, 25.03.2003

o.V.: Bahn erwägt Änderung am Preissystem (06.05.2003), in: Stuttgarter Nachrichten, http://www.stuttgarter-nachrichten.de, 06.05.2003

o.V.: Bahn stellt neues Tarifsystem vor – Vorteile für Frühbucher (10.10.2002), in: NGO-online, http://www.ngo-online.de, 10.10.2002

o.V.: Bahn und Telekom abgemahnt (18.02.2002), in: Stern Online, http://www.stern.de, 10.07.2002

o.V.: Beim Telefonieren ist meist nichts umsonst (01.04.2003), in: Kölner Stadt-Anzeiger, http://www.ksta.de, 03.04.2003

o.V.: Benetton Schock-Werbung nun doch nicht sittenwidrig, Cyberlaw – Informationsservice der Schwarzwälder Medien-Akademie, http://www.cyberlaw.de/werberecht/Benetton.htm, 14.11.2002

o.V.: Beschwerde-Forum quillt über (02.08.2002), in: Focus Online, http://www.focus.de, 06.08.2002

o.V.: Best Blue Actor for achievement in Corporate Bluewash, http://www.earthsummit.biz/awards, 27.08.2002

o.V.: Best Green Actor for achievement in Corporate Greenwash, http://www.earthsummit.biz/awards, 27.08.2002

o.V.: Bilanz von fünf Jahren Stromwettbewerb: Verbraucher sind betrogen worden (29.04.2003), in: NGO-online, http://www.ngo-online.de, 30.04.2003

o.V.: Billig Druck machen in Farbe – Beispiel Lexmark (06.08.2001), WISO/ZDF, http://www.zdf.de/ratgeber/wiso, 25.06.2002

o.V.: Billig Druck machen in Farbe – Tips zur Druckerauswahl: Canon und Epson, WISO/ZDF, http://www.zdf.de/ratgeber/wiso, 25.06.2002

o.V.: Bundesrat lehnt den Entwurf eines Verbraucherinformationsgesetzes ab (25. Juni 2002), RegierungOnline, http://www.bundesregierung.de, 28.09.2002

o.V.: Bußgelder lassen Zement-Aktien nicht bröckeln (14.04.2003), in: Frankfurter Allgemeine Zeitung, http://www.faz.net, 30.04.2003

o.V.: Computerbild deckt Internet-Skandal auf: Versandhändler geben Kundendaten weiter, in: Computerbild, http://www.computerbild.de, 14.07.2002 o.V.: Cookies im Internet, Online-Glossar, http://www.glossar.de, 10.07.2002

o.V.: Das Bio-Siegel übertrifft die Erwartungen (14.02.2003), in: Die Welt, http://www.welt.de, 18.02.2003

o.V.: Das neue Biosiegel, Ein Fall für Escher/MDR, http://www.mdr.de/escher, 15.05.2002

o.V.: Detektivspiel – MDR wehr sich gegen irreführende Möbel-Höffner-Anzeige (16.04.2002), Umschau/MDR, http://www.mdr.de/umschau, 08.05.2002

o.V.: Deutsche Bahn AG – Umstrittener neuer Bahnfahrplan und Tarife treten Sonntag in Kraft (13.12.2002), in: NGO-online, http://www.ngo-online.de, 14.12.2002

o.V.: Deutsche Bahn: Schlechte Noten für neues Preissystem (21.11.2002), in: Financial Times Deutschland, http://www.ftd.de, 22.11.2002

o.V.: Deutsche lieben Bonusprogramme (18.02.2003), in: Wirtschaftswoche, http://www.wiwo.de, 21.02.2003

o.V.: Dialer, Winload-Special, http://www.winload.de, 24.08.2002

o.V.: Die Arcorstory – eine unendliche Geschichte? (25.07.2002), in: Saarbrücker Zeitung, http://www.sz-newsline.de, 31.07.2002

o.V.: Die Masche mit der Herzpille (10.10.2002), in: Hamburger Abendblatt, http://www.abendblatt.de, 11.10.2002

o.V.: Die neue Freiheit im Ortsnetz (23.04.2003), in: Stuttgarter Nachrichten, http://www.stuttgarter-nachrichten.de, 24.04.2003

o.V.: Die Nummer vom Amt, in: test 5/2002, 11

o.V.: Die Preise für Call-by-Call könnten im Ortsnetz bald wieder steigen (03.05.2003), in: Kölner Stadt-Anzeiger, http://www.ksta.de, 05.05.2003

o.V.: Die übelsten Abzockversuche, in: Focus Online, http://finanzen.focus.de, 06.08.2002

o.V.: „Die Verbraucher sind betrogen worden“ (07.04.2003), in: Der Tagesspiegel, http://archiv.tagesspiegel.de, 11.04.2003

o.V.: Die Wintergarten-Abzocke (05.08.2002), in: Hamburger Morgenpost, http://www.mopo.de, 06.08.2002

o.V.: Direktmarketing – Oder: daheim kauft sich's am schönsten, WebSchool, http://castelligasse.at, 16.09.2002

o.V.: Drückerkolonnen immer dreister, in: Zeitung für Kommunale Wirtschaft (Mai 20002), http://www.zfk.de, 01.06.2002 o.V.: Einen Zug vor, drei Züge zurück, Bürgerbahn statt Börsenbahn, http://www.buergerbahn-statt-boersenbahn.de, 30.09.2002

o.V.: Einheitliche Kennzeichnung für Gen-Produkte in Europa (29.11.2002), in: Der Tagesspiegel, http://www.tagesspiegel.de, 04.12.2002

o.V.: Einzelhandel klagt über schlechte Geschäfte (05.09.2002), in: Financial Times Deutschland, http://www.ftd.de, 17.09.2002

o.V.: E-Mail-Marketing wird durch Schwarze Schafe zunehmend in Misskredit gebracht (14.05.2002), eco Electronic Commerce Forum – Verband der deutschen Internetwirtschaft e.V., Pressemitteilung, http://www.eco.de, 18.09.2002

o.V.: Fiese Substanz im Ei-Dotter (31.03.2003), in: Focus Online, http://focus.msn.de, 03.04.2003

o.V.: Frühbucher reisen künftig billiger mit der Bahn, in: Frankfurter Allgemeine Zeitung (07.10.2002), 13

o.V.: Gas-Wettbewerb – Freier Netzzugang muss vom Staat geregelt werden (10.04.2003), in: Frankfurter Rundschau Online, http://www.fr-aktuell.de, 23.04.2003

o.V.: Geprellte Verbraucher – In jeder zehnten Verpackung ist weniger drin (27.11.2002), in: Spiegel Online, http://www.spiegel.de, 10.12.2002

o.V.: Gesetzentwurf gegen Missbrauch von 0190-Nummern (10.04.2003), in: NGO-online, http://www.ngo-online.de, 11.04.2003

o.V.: Gewinnzusagen müssen eingehalten werden (06.03.2003), Schleswig-Holsteinischer Zeitungsverlag GmbH, http://www.shz.de, 06.03.2003

o.V.: Grobe Fouls (23.10.2002), Reportage, ZDFmediathek, http://www.zdf.de/ZDFde/mediathek, 20.11.2002

o.V.: Große Stunde für die europäische Solidarität – Die Eurozone begrüßt die Einführung der neuen Gemeinschaftswährung, in: Das Parlament – Zeitschrift des Deutschen Bundestages (Nr. 01-02 2002, 4./11. Januar 2002), http://www.das-parlament.de/, 10.09.2002

o.V.: Große Unterschiede im Euro-Raum (09.08.2002), in: Frankfurter Rundschau Online, http://www.fr-aktuell.de, 15.08.2002

o.V.: Grüne wollen Änderungen an Preissystem der Bahn (22.03.2003), in: Freie Presse Online, http://www.freiepresse.de, 25.03.2003

o.V.: Handel und Regierung streiten um Euro-Preiserhöhungen, in: Leipziger Volkszeitung (02.06.2002), http://www.lvz-online.de, 03.06.2002

o.V.: Handy-Kunde muss nach Kündigung Verlängerungsangebot nicht wiedersprechen (11.04.2003), in: heise online, http://www.heise.de, 23.04.2003 o.V.: Handy-Tricks: Ausgefeilt und unverschämt (15.08.2002), in: Wirtschaftswoche, http://www.wiwo.de, 23.08.2002

o.V.: Illegale Preisabsprachen? (09.07.2002), in: Kölner Stadt-Anzeiger, http://www.ksta.de, 10.07.2002

o.V.: Im Ortsnetz werden die Karten neu gemischt (24.04.2003), in: Die Welt, http://www.welt.de, 24.04.2003

o.V.: Information adieu, in: die tageszeitung (Nr. 6699 vom 13.03.2002), 2

o.V.: Internet-Firmen planen Vertrauensoffensive (26.07.2000), Electronic Commerce Info Net, http://www.ecin.de, 25.09.2002

o.V.: Interregio – Abschied auf Raten, WDR Online, http://www.wdr.de, 30.09.2002

o.V.: Jahresbericht der Verbraucherzentrale Bundesverband (13.06.2002), in: NGO-online, http://www.ngo-online.de, 13.10.2002

o.V.: Jedes fünfte Kind hat ein Handy (04.02.2003), in: NGO-online, http://www.ngo-online.de, 05.02.2003

o.V.: Juristische und ökonomische Rahmenbedingungen der Profilerstellung im E-Commerce: Gütesiegel für Online-Shops, http://www.online-profiling.de/shops.htm, 19.09.2002

o.V.: Kartellamt greift Stromanbieter an – Eon-Tochter muss Nutzungsentgelte senken (20.02.2003), in: Süddeutsche Zeitung, http://www.sueddeutsche.de, 21.02.2003

o.V.: Kartellamt mahnt Stadtwerke Mainz ab (27.08.2002), Vereinigte Wirtschaftsdienste, http://www.vwd.de, 28.08.2002

o.V.: Kartellamt verhängt 660 Millionen Euro Bußgeld gegen Zementkartell (14.04.2003), in: Frankfurter Allgemeine Zeitung, http://www.faz.net, 30.04.2003

o.V.: Käufer nutzen Internetforum zu Preis-Entwicklung rege (20.08.2002), in: Nordkurier-Online, http://www.nordkurier.de, 22.08.2002

o.V.: Keine glücklichen Hühner – Die Kennzeichnung von Geflügel ist oft irreführend (23.01.2003), in: Stuttgarter Zeitung, http://www.stuttgarter-zeitung.de, 24.01.2003

o.V.: Kennzeichnung von GV-Zutaten ist löchrig (03.09.2002), Vereinigte Wirtschaftsdienste, http://www.vwd.de, 04.09.2002

o.V.: Kummer mit der Service-Nummer – Irreführende Telefonbucheinträge sind getarnte 0190er Nummern (05.08.2002), Oberpfalznetz, http://www.oberpfalznetz.de, 08.08.2002 o.V.: Künast ruft zu „Euro-Gipfel“ auf (24.05.2002), in: Financial Times Deutschland 2002, http://www.ftd.de, 29.05.2002

o.V.: Kunde muss bei Handy-Kündigungen kein Verlängerungsangebot ablehnen (11.04.2003), in: Thüringer Landeszeitung, http://www.tlz.de, 23.04.2003

o.V.: Lifetime Achievement Award for outstanding long-term achievement in environmental destruction and green PR, http://www.earthsummit.biz, 23.08.2002

o.V.: Lug und Trug beim Kaffee, Hochschule für Kunst und Design Halle, http://www.burg-halle.de, 22.08.2002

o.V.: Manipulation – Wenn der Tacho rückwärts zählt, in: Spiegel Online, http://www.spiegel.de, 29.09.2002

o.V.: Ministerin startet „Anti-Teuro“-Website (09.07.2002), in: Frankfurter Allgemeine Zeitung, http://www.faz.net, 16.07.2002

o.V.: Mit Premium SMS wird Handy-Besitzer abgezockt (18.03.2003), in: Westfalenpost, http://www.westfalenpost.de, 25.03.2003

o.V.: Mit Rabattkarte 20 Prozent teurer – Rabatte per Payback-Karte nur gegen persönliche Daten (11.02.2003), in: NGO-online, http://www.ngo-online.de, 11.02.2003

o.V.: Mitnahme der Handynummer teuer (06.11.2002), in: Thüringische Landeszeitung, http://www.tlz.de, 20.11.2002

o.V.: Mobilfunk: 88 Millionen Euro Buße wegen Preisabsprachen (30.12.2002), in: heise online, http://www.heise.de, 04.02.2003

o.V.: Mobilfunk und Auskunftsdienste nicht außen vor lassen – Bundesregierung soll endlich gegen 0190- und 0137-Betrug vorgehen (05.03.2003), in: NGO-online, http://www.ngo-online.de, 06.03.2003

o.V.: Mobilfunkbetreiber fordern über 10 Millionen Euro zurück (30.04.2003), in: heise online, http://www.heise.de, 03.05.2003

o.V.: Neuanschlüsse – Regulierer stoppt Erhöhung von Telekom-Tarifen (29.11.2002), in: Spiegel Online, http://www.spiegel.de, 04.12.2002

o.V.: Neue Bewegung an der Preisfront (22.07.2002), in: Westdeutsche Allgemeine Zeitung, http://www.waz.de, 24.07.20002

o.V.: Neue Studie bestreitet Teuro-Effekt bei Lebensmitteln (28.05.2002), in: Financial Times Deutschland, http://www.ftd.de, 11.06.2002

o.V.: Nigeria – Shell's choice between profits and principles, World Rainforest Movement, Bulletin No 40 (November 2000), http://www.wrm.org.uy, 27.08.2002

o.V.: Oliviero Toscani, http://www.marketingcliff.de, 14.11.2002 o.V.: Onlineshops verstoßen gegen Datenschutz (16.10.2002), in: Netzeitung, http://www.netzeitung.de, 22.10.2002

o.V.: Per SMS in die Miesen (16.03.2003), in: Märkische Oderzeitung, http://www.moz.de, 25.03.2003

o.V.: Pipps will etablierten Rabattsystemen Paroli bieten (05.02.2003), Handelsblatt, http://www.handelsblatt.com, 09.02.2003

o.V.: Positive Bilanz des Internet-Forums (17.08.2002), Preis-Wert-Forum, http://www.preis-wert-info.de, 12.09.2002

o.V.: Pranger für Teuro-Sünder (31.05.2002), in: Handelsblatt, http://www.handelsblatt.de, 12.06.2002

o.V.: Preisschlacht um Telefonkunden im Ortsnetz eröffnet (24.04.2003), in: Financial Times Deutschland, http://www.ftd.de, 26.04.2003

o.V.: Regierung geht gegen 0190-Dienste vor (09.04.2003), in: Handelsblatt, http://www.handelsblatt.com, 11.04.2003

o.V.: Regierung stärkt Verbraucherrechte (21.01.2003), in: Die Welt, http://www.welt.de, 21.01.2003

o.V.: Regierung will Verbraucherrechte stärken (20.01.2003), in: Handelsblatt, http://www.handelsblatt.com, 21.01.2003

o.V.: Regierung will Verbraucherrechte stärken (22.01.2003), in: Stuttgarter Nachrichten, http://www.stuttgarter-nachrichten.de, 23.01.2003

o.V.: Regulierungsbehörde für Strom abgelehnt (02.04.2003), in: Berliner Morgenpost, http://morgenpost.berlin1.de, 03.04.2003

o.V.: Renaissance des Interregio – Alternatives Bahnnetz rettet regionale Strecken (23.01.2003), in: NGO-online, http://www.ngo-online.de, 24.01.2003

o.V.: Rosa Riese wird zur Kasse gebeten (05.05.2003), in: Focus Online, http://focus.msn.de, 06.05.2003

o.V.: Sachmangel in der Werbung, Internet-Wettbewerbsberater, http://www.wettbewerbsberater.der/stiwo/sachmangel.htm, 15.05.2002

o.V.: Schleichwerbung? – Nein Danke! (26.03.1999), in: Neue Züricher Zeitung Online, http://www.nzz.ch, 04.11.2002

o.V.: Schnäppchenjagd mit der Schere immer beliebter (15.01.2003), in: Ostseezeitung, http://www.ostsee-zeitung.de, 17.01.2003

o.V.: Sisley wirbt mit Sex im Stall, Aviva Berlin, http://www.aviva-berlin.de, 04.11.2002 o.V.: Skepsis bei Gewinnen – Viele Sachsen derzeit mit Angeboten überschüttet (13.09.2002), Freie Presse Online, http://www.freiepresse.de, 17.09.2002

o.V.: Sonderangebote: Garantie gilt uneingeschränkt, in: Focus Money Online, http://focus.msn.de, 04.05.2003

o.V.: Stichwort Stiftung Warentest (27.08.2002), in: Financial Times Deutschland, http://www.ftd.de, 19.10.2002

o.V.: Strommarktliberalisierung: Industrie profitiert – Verbraucher zahlen drauf (21.02.2003), in: NGO-online, http://www.ngo-online.de, 22.02.2003

o.V.: Studie: Online-Shops sammeln Kundendaten, in: Freie Presse (23.10.2002), A1

o.V.: Täuschung nicht nachweisbar – Falsch deklariertes Fleisch: Geldstrafen für Rewe-Mitarbeiter (19.07.2002), in: Frankfurter Rundschau Online, http://www.fr-aktuell.de, 24.07.2002

o.V.: Tele2 stoppt TV-Spot zum Aktiv-Plus-Tarif der Deutschen Telekom! (04.05.2001), in: Tele2 News, http://www.tele2.de/, 10.07.2002

o.V.: Telekom entlässt binnen drei Jahren fast 30.000 Mitarbeiter (02.10.2002), in: NGO-online, http://www.ngo-online.de, 07.10.2002

o.V.: Telekom verbessert Schutz gegen 0190er-Nummern (29.08.2002), in: General-Anzeiger Online, http://www.general-anzeiger-bonn.de, 04.09.2002

o.V.: Telekom verschachert Mitarbeiter (17.11.2002), in: Focus Online, http://www.focus.de, 19.11.2002

o.V.: „Teuro" ist das Wort des Jahres 2002 (21.12.2002), in: Die Welt, http://www.welt.de, 07.01.2003,

o.V.: Teuro-Gipfel – „Die Hand ganz tief in der Tasche des Steuerzahlers" (27.05.2002), in: Manager Magazin, http://www.manager-magazin.de, 29.05.2002

o.V.: Teuro-Gipfel endet mit Freispruch für den Euro (31.05.2002), in: Financial Times Deutschland 2002, http://www.ftd.de, 11.06.2002

o.V.: Teuro-Kauf-Boykott ohne Folgen (01.07.2002), in: Hessischer Rundfunk Online, http://www.hr-online.de, 02.07.2002

o.V.: The McLibel Trial Story, McSpotlight, http://www.mcspotlight.org, 11.06.2002

o.V.: Timesharing – Auch Deutschlands größter Reiseveranstalter mischt mit (20.06.2000), Umschau/MDR, http://www.mdr.de/umschau, 04.09.2002

o.V.: Timesharing – Überteuertes Wohnrecht, in: Focus Online, http://finanzen.focus.de, 06.08.2002 o.V.: Time-Sharing ist kostspielige Urlaubsalternative (23.10.2002), in: Frankfurter Rundschau Online, http://www.fr-aktuell.de, 23.10.2002

o.V.: U.S. states sue music firms - Coalition seeks damages from major record labels, retailers for price-fixing (09.08.2000), in: CNNmoney, http://money.cnn.com, 24.08.2002

o.V.: Unbemerkt entstandene Kosten müssen nicht bezahlt werden (29.04.2003), in: Ostsee-Zeitung, http://www.ostsee-zeitung.de, 30.04.2003

o.V.: Unterschwellige Beeinflussung: ein Mythos oder gibt es sie wirklich?, in: Werbepsychologie Online, http://www.werbepsychologie-online.de, 04.11.2002

o.V.: Urteil – Schoko-Mogelpackung kostet Lindt 33.000 Euro Strafe (22.11.2002), in: NGO-online, http://www.ngo-online.de, 23.11.2002

o.V.: Verbände kritisieren Künast – Kabinett billigt Gesetzentwurf über Verbraucher-Auskunft, in: Frankfurter Rundschau (14.03.2002), 9

o.V.: Verbraucher boykottieren Preistreiber (01.06.2002), in: Kölner Stadt-Anzeiger, http://www.ksta.de, 10.07.2002

o.V.: Verbraucherschützer: Energie wird billiger (27.03.2003), in: Berliner Morgenpost, http://morgenpost.berlin1.de, 03.04.2003

o.V.: Verbraucherschützer erfolgreich – Käfig-Eier bei Rewe künftig ohne Bauernhof-Idylle (29.11.2002), in: NGO-online, http://www.ngo-online.de, 04.12.2002

o.V.: Verbraucherschützer erringen Sieg gegen Gewinnspielwerber (25.02.2003), in: Die Welt, http://www.welt.de, 26.02.2003

o.V.: Verfassungsrichter kippen erneut Urteil zur Schockwerbung (02.04.2003), in: Handelsblatt, http://www.handelsblatt.com, 03.04.2003

o.V.: Vergleichende Werbung in Deutschland – die rechtliche Lage, Meinungen aus der Branche, Beispiele aus der Praxis ..., InterMediaConsult, http://www.intermediaconsult.de, 04.11.2002

o.V.: Verpackungen ... der eingewickelte Verbraucher, http://www.was-dahintersteckt.de, 14.05.2002

o.V.: Vorsicht! Billigurlaub ab 9,99 Euro – Verbraucherschützer warnen vor undurchsichtigen Nebenkosten, (03.09.2002), in: Stuttgarter Nachrichten, http://www.stuttgarter-nachrichten.de, 04.09.2002

o.V.: Vorsicht! Werbung – Gnade für Dummheit (22.04.2001), in: Der Tagesspiegel, http://www2.tagesspiegel.de, 15.05.2002

o.V.: Vorsicht, Finger weg: Warnmeldungen und Rückrufaktionen – Abgezockt (01.08.2002), Quintessenz/WDR 2, http://www.wdr.de/radio/wdr2/quintessenz, 23.08.2002 o.V.: vzbv kritisiert Neuregelung des Gesetzes zu 0190-Nummern (10.02.2003), in: NGO-online, http://www.ngo-online.de, 10.02.2003

o.V.: Warnung vor dem Glücksrad (17.09.2002), in: General-Anzeiger Online, http://www.general-anzeiger-bonn.de, 18.09.2002

o.V.: Wenig Wettbewerb bei Ortsnetz-Gesprächen gefürchtet (02.05.2003), in: Freie Presse Online, http://www.freiepresse.de, 03.05.2003

o.V.: Wenn schon das Preisschild Geld kostet (31.10.2002), in: Kieler Nachrichten, http://www.kn-online.de, 31.10.2002

o.V.: Werberat rügt sexistische Reklame in Deutschland (18.03.2003), in: Freie Presse Online, http://www.freiepresse.de, 25.03.2003

o.V.: Werbung mit „Fotoqualität" oft irreführend (06.08.2001), WISO/ZDF, http://www.zdf.de/ratgeber/wiso, 25.06.2002

o.V.: Werbung mit dem Tod, freenet, http://www.freenet.de, 07.06.2002

o.V.: Wie schütze ich mich vor Betrug?, in: Timesharemagazin, http://www.time-sharemagazin.de, 06.08.2002

o.V.: Wieder „Teuro-Ärger" in Griechenland (17.09.2002), in: dpa-Online, http://www.parzeller.de/dpa/generatedSite, 18.09.2002

o.V.: Wirtschaftsverbände boykottieren Treffen (09.07.2002), in: Frankfurter Rundschau online, http://www.fr-aktuell.de, 10.07.2002

o.V.: Wort des Jahres 2002 – Teuro schlägt Jahrtausendflut (20.12.2002), in: Spiegel Online, http://www.spiegel.de, 07.01.2003

o.V.: www.label-online.de – Verbraucherinitiative startet Internet-Portal über Gütesiegel (11.02.2003), in: NGO-online, http://www.ngo-online.de, 11.02.2003

o.V.: Zahnpasta mit doppelt so viel Inhalt (09.09.2002), in: Focus Online, http://www.focus.de, 10.09.2002

o.V.: Zementkartell im Visier der Wettbewerbshüter (08.07.2002), in: Frankfurter Allgemeine Zeitung, http://www.faz.net, 10.07.2003

o.V.: Zitronensäure oder E 330 – Internetdatenbank informiert über E-Nummern (16.04.2003), in: NGO-Online, http://www.ngo-online.de, 23.04.2003

Oechslin, Carl: Schwerpunkte unternehmerischer Verantwortung – Einführung in die unternehmerischen Führungsprobleme unserer Zeit, 2. Auflage, Schaffhausen 1993

Ogger, Günter: Die Ego-AG – Überleben in der Betrüger-Wirtschaft, München, 2003

Online Marketing Albrecht, http://www.online-marketing-albrecht.de

Opitz, Rudolf: Fax-Betrüger als Verbraucherschützer getarnt (11.07.2001), in: heise online, http://www.heise.de, 03.07.2002

Opitz, Rudolf: Sperre für 0190er Nummern schützt vor betrügerischer Software (Update, 27.11.2001), in: heise online, http://www.heise.de, 03.07.2002

Organsation for Economic and Development (OECD), http://www.oecd.org

Orizio, Ricardo: I earn $3.8 in my work-day sewing jeans, in: Corriere della Sera (12.10.1998), http://www.ricardoorizio.com, 14.11.2002

Oxfam Community Aid Abroad: NikeWatch Campaign, http://www.caa.org.au/campaigns/nike

Palm, Goedart: Wie viele Schocks verkraftet die Welt? (14.12.2000), in: telepolis, http://www.heise.de/tp, 05.11.2002

Pater, Siegfried: Zum Beispiel – *McDonald's*, 2. aktualisierte Auflage, Göttingen 1996

Payback, http://www.payback.de

PDS im Bundestag: Verkehrspolitik – Bahnfahren einfach und preiswert machen! (18.07.2002), http://www.pds-im-bundestag.de, 30.09.2002

Peichl, Monika: Unanständig – Ryanair muss Klauseln ändern (04.02.2003), in: Süddeutsche Zeitung, http://www.sueddeutsche.de, 05.02.2003

Pepping, Katrin: Mehr Schutz vor Telefon-Abzocke (15.04.2003), in: Kölner Stadt-Anzeiger, http://www.ksta.de, 23.04.2003

Persson, Christian: Anonymität im Netz oft eine Illusion (08.09.2002), in: heise online, http://www.heise.de, 11.09.2002

Persson, Christian: Selbstkontrollverein lehnt Dialer-Schutzgesetz ab (08.06.2002), in: heise online, http://www.heise.de, 03.07.2002

Peymani, Bijan: Lizenz zum Verdienen, in: W&V Werben und Verkaufen (49/1999), 108

Pfister, Hilmar: Bezahlen trotz Besetztzeichen? – Staatsanwaltschaft ermittelt gegen Neun Live (08.04.2003), in: Stuttgarter Nachrichten, http://www.stuttgarter-nachrichten.de, 11.04.2003

Preisangabenverordnung (PangV)

Preis-Wert-Forum, http://www.preis-wert-forum.de

Priegnitz, Klaus: Sozialstandards müssen international durchgesetzt werden, in: Weltweit gegen Sozialdumping, Broschüre der IG Metall (Hrsg.), Frankfurt/M. Juli 2001, 5-6

PRIMA – Privacy Magazine des Berliner Beauftragten für Datenschutz und Informationsfreiheit, http://www.datenschutz-berlin.de/prima

Pro Bahn e.V. (Hrsg.): PEP-Positionspapier – Ein neues DB-Preissystem nur mit BahnCard 50, Oktober 2001, http://www.probahn-nrw.de, 01.10.2002

Pro Terra Verein für umweltfreundliches und soziales Leben: Was bedeuten die E-Nummern?, http://www.proterra.at, 03.09.2002

Produkthaftungsgesetz (ProdHaftG)

PROKLA – Zeitschrift für kritische Sozialwissenschaft, Heft 111 (1998): Globalisierung und Gender

Quart, Alissa: Branded – Wie wir gekauft und verkauft werden, München 2003

Rabattgesetz (RabattG)

Rais, Bernhard: Betrügerischer Weinversandhändler? (05.08.2002), in: Verbrauchernews, http://www.verbrauchernews.de, 06.08.2002

Rais, Bernhard: Haushaltsumfragen – jährlich neue Runde? (02.10.1998), in: Verbrauchernews, http://www.verbrauchernews.de, 16.09.2002

Rais, Bernhard: Spendenschnorrer wollen abkassieren (05.08.2002), in: Verbrauchernews, http://www.verbrauchernews.de, 06.08.2002

Rais, Bernhard: Warnung vor 0137-Rückrufnummer (03.02.2003), in: Verbrauchernews, http://www.verbrauchernews.de, 03.02.2003

Rais, Verena: 0190: Wichtiger Schritt gegen Missbrauch von Mehrwertdiensterufnummern (14.04.2003), in: Verbrauchernews, http://www.verbrauchernews.de, 23.04.2003

Rais, Verena: Acht von zehn Internet-Shops verstoßen gegen Gesetze (23.12.2002), in: Verbrauchernews, http://www.verbrauchernews.de, 07.01.2003

Rais, Verena: Die Verbraucher-Zentrale informiert: Dreiste Werbemasche für fragwürdiges Wundermittel (06.04.2001), in: Verbrauchernews, http://www.verbrauchernews.de, 10.07.2002

Rais, Verena: Gewinnzusagen – einklagen oder in den Papierkorb? (12.08.2002), in: Verbrauchernews, http://www.verbrauchernews.de, 15.08.2002

Rais, Verena: Mehr Schutz vor 0190-Betrügereien, aber ... (05.08.2002), in: Verbrauchernews, http://www.verbrauchernews.de, 06.08.2002

Rais, Verena: Rabattcoupons voller Tücken (15.07.2002), in: Verbrauchernews, http://www.verbrauchernews.de, 16.07.2002

Rais, Verena: Staatsanwaltschaft: Neun Live Geschädigte sollten Strafanzeige erstatten (14.04.2003), in: Verbrauchernews, http://www.verbrauchernews.de, 23.04.2003

Rais, Verena: Verbraucher Initiative informiert über E-Nummern (21.04.2003), in: Verbrauchernews, http://www.verbrauchernews.de, 23.04.2003

Rais, Verena: Vorsicht beim PostIdent-Verfahren (05.08.2002), in: Verbrauchernews, http://www.verbrauchernews.de, 06.08.2002

Ramthun, Christian: „Brücken bauen", in: Wirtschaftswoche 48/2000, 43-50

Raupp, Judith: Billiges Handy – teures Gespräch: Urlauber und Geschäftsreisende bezahlen zu viel (14.04.2003), in: Süddeutsche Zeitung, http://www.sueddeutsche.de, 23.04.2003

Rebmann, Ralf: E-Nummern (17.08.2002), http://www.gifte.de, 03.09.2002

Rechtsanwälte Graefe & Partner GbR, http://www.neues-vertragsrecht.de

Rechtsprechung des Oberlandesgerichts Nürnberg in Zivilsachen: Verbraucherrecht: Unwirksame Überraschungsklausel im Kleingedruckten (14.03.2000), Presseinformation, http://www.justiz.bayern.de/olgn/presse, 04.05.2003

Regulierungsbehörde für Telekommunikation und Post (RegTP), http://www.regtp.de

Regulierungsbehörde für Telekommunikation und Post: Aufgaben der Regulierungsbehörde, http://www.regtp.de, 05.05.2003

Regulierungsbehörde für Telekommunikation und Post: Informationen zu (0)190-0-Dialer, http://www.regtp.de, 23.07.2002

Regulierungsbehörde für Telekommunikation und Post: Ab 1. November 2002 können Mobilfunknummern beim Anbieterwechsel mitgenommen werden (23.10.2002), http://www.regtp.de, 31.10.2002

Reiche, Dietmar: Rückgabe mit Folgen – Verbraucherschützer fürchten finanzielle Nachteile beim Versandhandel, Verbrauchertipp vom 15.03.2002, in: Deutschlandfunk, http://www.dradio.de/dlf, 23.08.2002

Reichel, Reiner: Time-Sharing – Geteilte Zeit, volles Leid (07.06.2002), in: Handelsblatt, http://www.handelsblatt.de, 06.08.2002

Richtlinie 2001/95/EG des Europäischen Parlaments und des Rates vom 3. Dezember 2001 über die allgemeine Produktsicherheit, http://europa.eu.int, 28.09.2002

Richtlinie über den elektronischen Geschäftsverkehr (E-Commerce-Richtlinie)

Riedel, Donata: Anfangseuphorie der Liberalisierung ist der Enttäuschung gewichen – Wettbewerbspolitik vor dem Neustart (17.03.2003), in: Handelsblatt, http://www.handelsblatt.com, 25.03.2003

Riedel, Donata: Telekom will Kunden zur Kasse bitten, in: Handelsblatt (24.09.2002), http://www.handelsblatt.de, 27.09.2002

Rintelmann, Frank: Die jüngste Masche: „Anruf in Abwesenheit“ (27.01.2003), in: General-Anzeiger Online, http://www.general-anzeiger-bonn.de, 01.02.2003

Robinson-Liste(n), unter: http://www.erobinson.de

Romero, Ana Teresa: Labour standards and export processing zones: situation and pressures for change, in: Development Policy Review, Vol. 13 No. 3 (September 1995), 247-276

Ronke, Christiane: Einzelhandel: Warten auf Kundschaft, in: Financial Times Deutschland (28.08.2002), http://www.ftd.de, 29.08.2002

Rosbacher, Valentin: Die Strategie des Bundes bei der Bekämpfung der internationalen Schwerstkriminalität, Rede am Divisionsapparat der Fdiv6 im Kongresshaus Zürich am 13.01.2000, Schweizerische Bundesanwaltschaft, http://www.ba.admin.ch, 15.10.2002

Rothenberg, Martin: Regulierer wacht über Strom- und Gasnetze (01.04.2003), in: Westfälische Rundschau, http://www.westfälische-rundschau.de, 03.04.2003

Runder Tisch Verhaltenskodizes, http://www.coc-runder-tisch.de

Rust, Achim: Rüge für Billigreklame (23.03.2000), in: Die Welt, http://www.welt.de, 04.11.2002

Sachsenröder, Delphine: Siegel soll Kahlschlag im Regenwald verhindern (23.04.2003), in: General-Anzeiger Online, http://www.general-anzeiger-bonn.de, 26.04.2003

Salcher, Ernst F.: Psychologische Marktforschung, Berlin/New York 1978, 16

Saturn, http://www.saturn.de

Saunders, Christopher: Gator Fires Back at Pop-Up Lawsuit (28.06.2002), in: Internetnews, http://www.internetnews.com, 16.07.2002

Saunders, Christopher: Major Web Publishers Sue Gator (27.06.2002), in: Internetnews, http://www.internetnews.com, 16.07.2002

Saunders, Christopher: UPS Joins Anti-Gator Fray (02.10.2002), in: Internetnews, http://www.internetnews.com, 15.11.2002

Schellenberger, Rouven: EU verhängt Kartellstrafen gegen Nintendo und Sotherby's (30.10.2002), in: Berliner Zeitung, http://www.berlinonline.de, 31.10.2002

Scherhorn, Gerhard: Verbraucherinteresse und Verbraucherpolitik, Göttingen 1975

Schlegelmilch, Bodo/Götze, Elisabeth: Marketing-Ethik am Beginn des 2. Jahrtausends, in: Marketing – Zeitschrift für Forschung und Praxis (1/1999), 25-37

Schmidt, Ingo/Elßer, Stefan: Die Rolle des Markenartikels im marktwirtschaftlichen System, in: Dichtl, Erwin/Eggers, Walter (Hrsg.): Marke und Markenartikel als Instrumente des Wettbewerbs, München 1992, 47-69

Schmitt, Susanne: Mehr als Meilen sammeln (06.08.2002), in: Der Tagesspiegel, http://www.tagesspiegel.de, 06.08.2002

Schober Information Group, http://www.adressverlag.de

Schrader, Christopher: Doppelter Umtausch – Ein neues Handy erweist sich als gebrauchte Ware (28.01.2003), in: Süddeutsche Zeitung, http://www.sueddeutsche.de, 28.01.2003

Schräder, Klaus/Hohl, Peter: Internet-Wettbewerbsberater, http://www.wettbewerbsberater.de

Schräder, Klaus: Gefühlsbetonte Werbung – Bundesverfassungsgericht hebt weitere Werbeverbote auf (03.03.2002), http://www.wettbewerbsberater.de/stiwo/gefuehlsbetont.htm

Schräder, Klaus: Sachmangel durch Werbung (10.12.2001), http://www.wettbewerbsberater.de, 11.10.2002

Schräder, Klaus: Schockwerbung – geschmacklos oder aufrüttelnd? (13.12.2001), http://www.wettbewerbsberater.de/stiwo/schockwerbung.htm

Schuldrechtsmodernisierung, http://www.schuldrechtsmodernisierung.com

Schüler, Hans-Peter: Fischzüge im PC-Markt, in: c't – magazin für computertechnik 14/2001, 84

Schüler, Hans-Peter: Meinungsfreiheit verstößt gegen das Copyright (29.01.2003), in: heise online, http://www.heise.de, 01.02.2003

Schüler, Hans-Peter: Microsoft wirbt für die X-Box: Kurz-lebig (08.06.2002), in: heise online, http://www.heise.de, 03.07.2002

Schüler, Hans-Peter: Preisgekrönte Beerdigung (11.07.2002), in: heise online, http://www.heise.de, 16.07.2002

Schulzki-Haddouti, Christiane: Der Visa-Payback-Deal – Bielefelder Datenschützer befürchten den Datenschutz-GAU mit der neuen Rabatt-Kreditkarte (04.02.2002), in: heise online, http://www.heise.de, 13.09.2002

Schulzki-Haddouti, Christiane: Schlecht gebrüllt, Löwe – Die neue Rechtslage taugt kaum, um der 0190-Mafia das Handwerk zu legen, in: c't – magazin für computer-technik (16/2002), 122-123

Schulzki-Haddouti, Christina: Die Suche nach Geld – Suchmaschinen: Platzierung gegen Bares, in: c't – magazin für computertechnik (25/2001), 44

Schwan, Ben: Aus für aggressive „Adware“ (15.07.2002), in: Netzeitung, http://www.netzeitung.de, 16.07.2002

Schweiger, Günter/Schrattenecker, Gerhard: Werbung, 3. Auflage, Stuttgart/Jena/New York 1992, 262-266

Schweikle, Johannes: Der gemeinsame Nenner, in: brand eins (02/03), 72-77

Scientific Publication, Verzeichnis über Studien-, Diplom- und Doktorarbeiten, http://www.scientificpublication.com

Searls, Helen, Daniel Lloyd: Britische Verleumdungsgesetze: Zensur zum Mieten, in: Novo, Nr. 28 (Mai/Juni 1997), 29-30

Sebastian, Karl-Heinz/Meyer, Birgit: Rabatte, Boni und Prämien: Dem Affen Zucker geben – Wachstum und Grenzen der neuen Nachlasssysteme, Simon, Kucher & Partners, http://www.marketingmix.de, 27.09.2002

Seidler, Patrick: Viren die keine sind – Hoaxes, Online-Lexikon der Datenkommunikation, http://www.uni-kassel.de. 23.08.2002

Seidlitz, Frank: Die harte Strafe für die Zementbranche ist gerecht (15.04.2003), in: Die Welt, http://www.welt.de, 23.04.2003

Seidlitz, Frank: Zementkartell muss 661 Millionen Euro zahlen (15.04.2003), in: Die Welt, http://www.welt.de, 23.04.2003

Shahd, Maurice: Künast will neues Anti-Teuro-Treffen mit der Wirtschaft (11.07.2002), in: Der Tagesspiegel, http://www.tagesspiegel.de, 16.07.2002

Siebert, Sören: Datenschutz im Internet, E-Recht24 – Portal zum Onlinerecht, http://www.e-recht24.de, 24.09.2002

Sisley, http://www.sisley.com

Smith, N. Craig: Morality and the Market: Consumer Pressure for Corporate Accountability, London/New York, 1990

Sokolow, Andrej: Anti-Teuro-Gipfel – Beschwerdeforum geplant (02.06.2002), in: N-TV Online, http://www.n-tv.de, 03.06.2002

Sommer, Christiane: Monopoly light, in: brand eins (02/03), 78-81

Sommer, Christiane: Preisfrage, in: brand eins (02/03), 52-55

Sperschneider, Michael: Trickbetrüger und Senioren, Verbrauchertipp vom 27.02.2001, in: Deutschlandfunk, http://www.dradio.de/dlf, 23.07.2002

Spiegel, http://www.spiegel.de

Srnka, Katharina: Ethik im Marketing – Einstellung und Verhalten des Managements, Wien 1997

Statistisches Bundesamt (Hrsg.): Sechs Monate Euro – Eine Zwischenbilanz der amtlichen Preisstatistik, Juli 2002

Statistisches Bundesamt (Hrsg.): Zum Einfluss der Euro-Bargeldeinführung auf die Preisentwicklung, März 2002

Steinmann, Horst/Löhr, Albert (Hrsg.): Unternehmensethik, 2. überarbeitete und erweiterte Auflage, Stuttgart 1991

Stieler, Wolfgang: IBM streicht 4000 Jobs bei Übernahme von PricewaterhouseCoopers (03.09.2002), in: heise online, http://www.heise.de, 04.09.2002

Stieler, Wolfgang: Polizei ermittelt mutmaßliche Verursacher von 0137-Abzocke (29.03.2003), in: heise online, http://www.heise.de, 03.04.2003

Stieler, Wolfgang: Telekom plant Preiserhöhung für neue Analog-Anschlüsse (25.09.2002), in: heise online, http://www.heise.de, 27.09.2002

Stiftung Finanztest: Finanztest-Warnliste „Unseriöse Gewinnspiele“ (Faxabruf), http://www.finanztest.de

Stiftung Verbraucherinstitut, http://www.verbraucherbildung.de

Stiftung Warentest, http://www.stiftung-warentest.de

Stiftung Warentest: Die Aufgaben der Stiftung Warentest, http://www.warentest.de, 19.10.2002

Stiftung Warentest: Finanzierung der Stiftung, http://www.warentest.de, 19.10.2002

Stiftung Warentest: Neue Bahnpreise – Viele fahren schlechter, Online-Test (12/2002), http://www.warentest.de, 22.11.2002

Stiftung Warentest: Testprogramm, http://www.warentest.de, 19.10.2002

Strunz, Herbert/Clemens-Ziegler, Brigitte: Ethik im Marketing und Verbraucherpolitik, Berlin 2002

Strunz, Herbert/Dorsch, Monique: Internationale Märkte, München/Wien 2001

SweatshopWatch, http://www.sweatshopwatch.org

Symonds, Peter: Industrial Inferno: The Story of the Thai Toy Factory Fire, Sheffield 1997

Teilzeitwohnrechtegesetz (TzWrG)

Teledienstedatenschutzgesetz (TDDSG)

Teledienstegesetz (TDG)

Telekommunikations-Kundenschutzverordnung (TKV)

Telepolis, http://www.heise.de/tp

Teuchner, Jella: Rede zum Plenum des Deutschen Bundestages, 2./3. Lesung am 17. Mai 2002, http://www.teuchner.de, 28.09.2002

Teufel, Stefanie: Tatort Tacho – Augen auf beim Gebrauchtwarenkauf (20.09.2002), in: Capital, http://www.capital.de, 29.09.2002

The European Union, http://europa.eu.int

The New Yorker Magazine Vol. 69 No. 20 (05.07.1993)

The University of North Carolina at Chapel Hill: On the Internet, Nobody Knows You're a Dog, http://www.unc.edu, 23.10.2002

Thiede, Meite: Konsumflaute setzt Industrie unter Druck – Markenartikel-Hersteller planen Großoffensive, in: Süddeutsche Zeitung (26.08.2002), http://www.sueddeutsche.de, 27.08.2002

Thiede, Ulla: Eine Behörde soll Strom und Gas billiger machen (25.03.2003), in: General-Anzeiger Online, http://www.general-anzeiger-bonn.de, 04.04.2003

Toscani, Oliviero: Die Werbung ist ein lächelndes Aas, Frankfurt/M. 1997

TransFair, http://www.transfair.org

Transnational Corporations Observatory, http://www.transnationale.org/anglais

Trojaner-Info, http://www.trojanerinfo.de

Umschau, MDR Wirtschafts- und Verbrauchermagazin, http://www.mdr.de/umschau

Unabhängiges Landeszentrum für Datenschutz Schleswig-Holstein, http://www.datenschutzzentrum.de

Unabhängiges Landeszentrum für Datenschutz Schleswig-Holstein: Die wichtigsten Bestimmungen des Informations- und Kommunikationsdienste-Gesetzes (IuKDG) und des Mediendienststaatsvertrages (MDStV), http://www.datenschutzzentrum.de, 25.09.2002

Unabhängiges Landeszentrum für Datenschutz Schleswig-Holstein: Häufig gestellte Fragen zum Datenschutz-Gütesiegel und zum Datenschutzaudit des ULD SH, http://www.datenschutzzentrum.de, 26.09.2002

Unabhängiges Landeszentrum für Datenschutz Schleswig-Holstein: Stellungnahme zum Entwurf für ein Verbraucherinformationsgesetz auf Bundesebene (26.03.2002), http://www.datenschutzzentrum.de, 28.09.2002

United Colors of Benetton, http://www.benetton.com, 05.11.2002

United Colors of Benetton: United Colors Divided Opinions, http://www.benetton.com, 05.11.2002

Usbeck, Martin: Wenn der Regulierer kommt (14.04.2003), in: Märkische Allgemeine, http://www.maerkischeallgemeine.de, 23.04.2003

ver.di Vereinte Dienstleistungsgewerkschaft: Kernarbeitsnormen der ILO (31.10.2001), http://www.igmedien.de/verdi/globalisierung.html, 29.08.2002

Verbraucher Initiative e.V., http://www.verbraucher.org

Verbraucher Initiative e.V.: Verbraucherschutz und Standards bei „ethischen" Geldanlagen, Positionspapier, 23.08.2002

Verbraucherkreditgesetz (VerbrKrG)

Verbrauchernews – Newsletter-Projekt im Rahmen des Bürger-Forums, http://www.verbrauchernews.de

Verbraucherschutzinformationssystem Bayern: Die E-Nummern auf Lebensmitteln – Was bedeuten sie?, http://www.vis-ernaehrung.bayern.de, 03.09.2002

Verbraucherschutzverein e.V., http://www.verbraucherschutzverein.de

Verbraucherschutzverein e.V.: 36-monatige Laufzeit sowie stillschweigende Verlängerung um weitere 36 Monate in Stromlieferungsvertrag unwirksam, VSV-Info 2/2000, http://www.verbraucherschutzverein.de, 23.08.2002

Verbraucherschutzverein e.V.: Satzung (17.95.1999), http://www.verbraucherschutzverein.de/satzung.htm, 20.10.2002

Verbraucherschutzverein e.V.: Telefonwerbung – LG Hamburg untersagt Werbung von Gruner & Jahr (24.08.2000), Pressemitteilung, http://www.verbraucherschutzverein.de, 04.07.2002

Verbraucherschutzverein e.V.: VSV-Info (3/2000), http://www.verbraucherschutzverein.de, 23.08.2002

Verbraucherschutzverein e.V.: VSV-Info (4/2000), http://www.verbraucherschutzverein.de, 23.08.2002

Verbraucher-Urteile, http://www.verbraucher-urteile.de

Verbraucher-Zentrale Baden-Württemberg/Nordrhein-Westfalen e.V.: Dialer-Programme – Damit der Internetanschluss nicht zur Kostenfalle wird, Verbraucherinformation, http://www.vz-nrw.de, 26.05.2002

Verbraucherzentrale Bundesverband (vzbv), http://www.vzbv.de

Verbraucherzentrale Bundesverband e.V., http://www.vzbv.de

Verbraucherzentrale Bundesverband e.V.: Email, SMS und Fax: EU-Parlament schiebt unerlaubter Werbung einen Riegel vor (30.05.2002), http://www.vzbv.de, 04.07.2002

Verbraucherzentrale Bundesverband e.V.: Netzbetreiber schrecken mit hohen Entgelten für die Mitnahme der Mobilfunknummer vor einem Wechsel ab (30.10.2002), http://www.vzbv.de, 31.10.2002

Verbraucherzentrale Bundesverband e.V.: Nicht erreichbar, keine Antwort, inkompetent – Nachgefragt: das Auskunftsverhalten von Unternehmen gegenüber Verbrauchern, Hintergrundpapier zum Verbraucherinformationsgesetz, Berlin, 16.04.2002

Verbraucherzentrale Bundesverband e.V.: Rufnummernmitnahme im Mobilfunk (11.11.2002), http://www.vzbv.de, 12.11.2002

Verbraucherzentrale Bundesverband e.V.: Satzung, http://www.vzbv.de, 20.10.2002

Verbraucherzentrale Bundesverband e.V.: Telekom wegen irreführender Werbung für teure Bahnauskunft verurteilt (25.10.2002), http://www.vzbv.de, 31.10.2002

Verbraucherzentrale Bundesverband e.V.: Verbraucherschutz in Deutschland – ein historischer Überblick, http://www.vzbv.de, 19.10.2002

Verbraucher-Zentrale des Saarlandes e.V., http://www.vz-saar.de

Verbraucher-Zentrale des Saarlandes e.V.: Die Verbraucherzentrale des Saarlandes warnt: Vorsicht vor „Gewinnbenachrichtigungen" aus Frankreich oder Holland. (10.05.1999), http://www.vz-saar.de, 31.07.2002

Verbraucher-Zentrale des Saarlandes e.V.: Lifestyle durchleuchtet Privatsphäre (20.02.2001), http://www.vz-saar.de, 16.09.2002

Verbraucher-Zentrale Hamburg e.V., http://www.vzhh.de

Verbraucher-Zentrale Hamburg e.V.: Fax-Betrug: Ein Anruf Euro 55,80! (31.07.2002), http://www.vzhh.de, 01.08.2002

Verbraucher-Zentrale Hamburg e.V.: Gewinnspiele – Schluss mit dem Spuk! (31.07.2002), http://www.vzhh.de, 01.08.2002

Verbraucher-Zentrale Hessen e.V., http://www.verbraucher.de

Verbraucher-Zentrale Hessen e.V.: 40 Jahre Verbraucherschutz in Hessen 1959-1999 – Geschäftsbericht 1999, 31

Verbraucher-Zentrale Mecklenburg-Vorpommern e.V., http://www.verbraucher-zentrale-mv.de

Verbraucher-Zentrale Mecklenburg-Vorpommern e.V.: Am 15. März ist Weltverbrauchertag – Wie sicher sind unsere Lebensmittel, Pressemitteilung (25/2001 vom 13.03.2001), http://www.verbraucherzentrale-mv.de, 13.10.2002

Verbraucher-Zentrale Mecklenburg-Vorpommern e.V.: Verbraucherberatung in Bad Doberan geschlossen (19.11.2002), Presseinformation Nr. 96/2002, http://www.verbraucherzentrale-mv.de, 20.11.2002

Verbraucher-Zentrale Niedersachsen e.V., http://www.vzniedersachsen.de

Verbraucher-Zentrale Niedersachsen e.V.: Gentechnik-Liste der Verbraucherzentralen (30.07.2002), http://www.vzniedersachsen.de, 03.09.2002

Verbraucher-Zentrale Nordrhein-Westfalen e.V., http://www.vz-nrw.de

Verbraucher-Zentrale Nordrhein-Westfalen e.V.: Fun-Calls zum Mithören – Dreiste 0190 Angriffe auf die Privatsphäre der Teenies (06.08.2002), Pressemitteilung, http://www.vz-nrw.de, 07.08.2002)

Verbraucher-Zentrale Nordrhein-Westfalen e.V.: Mit der Schere auf Schnäppchenjagd – Rabattcoupons voller Tücken (07.08.2002), 27.09.2002

Verbraucher-Zentrale Nordrhein-Westfalen e.V.: Probiotische Joghurts (12.07.2002), http://www.vz-nrw.de, 17.07.2002

Verbraucher-Zentrale Nordrhein-Westfalen e.V.: Verbraucher Aktuell (Juli 2002), http://www.vz-nrw.de, 27.09.2002

Verbraucher-Zentrale Nordrhein-Westfalen e.V.: Wegfall von Rabattgesetz und Zugabeverordnung – Was erwartet die Verbraucher? (Juni 2001), http://www.vz-nrw.de, 27.09.2002

Verbraucher-Zentrale Sachsen e.V., http://www.vzs.de

Verbraucher-Zentrale Sachsen e.V.: Alkohol in Lebensmitteln – Prost allerseits? (04.04.2002), http://www.vzs.de, 15.05.2002

Verbraucher-Zentrale Sachsen e.V.: „Der hat mich reingelegt..." (12.10.2001), http://www.vzs.de, 15.05.2002

Verbraucher-Zentrale Sachsen e.V.: Eines für alle (10.09.2001), http://www.vzs.de, 15.05.2002

Verbraucher-Zentrale Sachsen e.V.: Mit zwei Unterschriften 96 Euro abgezockt (25.02.2002), http://www.vzs.de, 15.05.2002

Verbraucherzentrale Sachsen e.V.: Neue Abzockerei mit 0190-Telefonnummern (08.10.2001), http://www.vzs.de, 15.05.2002

Verbraucher-Zentrale Sachsen e.V.: Panikmache verboten (05.11.2001), http://www.vzs.de, 15.05.2002

Verbraucher-Zentrale Sachsen e.V.: Stopp SMS – aber nicht über die Website www.stopsms.met! (02.07.2002), http://www.vzs.de, 03.07.2002

Verbraucher-Zentrale Sachsen e.V.: „Verbraucher Info" als Faxabzockerei (23.04.2002), http://www.vzs.de, 15.05.2002

Verbraucher-Zentrale Sachsen-Anhalt e.V., http://www.vzsa.de

Verbraucher-Zentrale Sachsen-Anhalt e.V.: Glücksbotschaften aus Hamburg entpuppen sich als Werbetrick zum Abschluss von Unfallversicherungen (15.03.2002), http://www.vzsa.de, 15.05.2002

Verbraucher-Zentrale Schleswig-Holstein e.V., http://www.vz-sh.de

Verbraucher-Zentrale Schleswig-Holstein e.V.: Dialer: Kleine Programme – Großer Ärger (25.04.2002), http://www.verbraucherzentrale-sh.de, 10.07.2002

Verbraucher-Zentrale Schleswig-Holstein e.V.: Verbraucherzentrale warnt vor Wundermittel NONI (24.04.2001), http://www.verbraucherzentrale-sh.de, 10.07.2002

Verbraucher-Zentrale Schleswig-Holstein e.V.: Werbung mit „glücklichen Hühnern" ... Verbraucherverbände sowie Tier- und Umweltschützer wollen Verbrauchertäuschung mit ländlicher Idylle nicht länger hinnehmen, http://www.verbraucherzentrale-sh.de, 10.07.2002

Verbraucher-Zentrale Thüringen e.V., http://www.vzth.de

Verbraucher-Zentrale Thüringen e.V.: Ab 01.01.2002 neue gesetzliche Regeln im Kaufrecht, http://www.vzth.de, 15.05.2002

Verbraucherzentrale Thüringen e.V.: Telefonieren im Festnetz: Tricks und Fallen, http://www.vzth.de, 15.05.2002

Verbraucher-Zentralen Baden-Württemberg, Brandenburg, Nordrhein-Westfalen e.V., http://www.vz-nrw.de

Verein für Konsumenteninformation, http://www.konsument.at

Verein für Konsumenteninformation: Noni-Saft und -Pillen – Teuer, illegal und wirkungslos (06.03.2001), http://www.konsument.at, 04.07.2002

Verein für Konsumenteninformation: Sweatshops auf dem Prüfstand – Wie sozial agieren große Konzerne in der Dritten Welt, http://www.konsument.at, 29.05.2002

Vereinigte Wirtschaftsdienste (vwd) GmbH, http://www.vwd.de

Verkehrsclub Deutschland e.V., http://www.vcd.org

Verkehrsclub Deutschland e.V.: Bahnbrechend – Sparen auf Biegen und Brechen mit dem neuen Preissystem, http://www.bahncard50.de, 30.09.2002

Verordnung über Informations- und Nachweispflichten nach bürgerlichem Recht (BGB-InfoV)

Vertretung der Europäischen Kommission in Deutschland: Die Kommission verdächtigt Deutsche Telekom, wettbewerbswidrige Preise für den Zugang zum Ortsnetz zu erheben (08.05.2002), Pressenachrichten, http://www.eu-kommission.de, 15.05.2002

Vidal, John: McLibel – Burger Culture on Trail, London, 1997

Virtel, Martin/Ottomeier, Martin: Telekom drohen Strafen bei Monopolmissbrauch (20.02.2003), in: Financial Times Deutschland, http://www.ftd.de, 21.02.2003

Virtuelles Datenschutzbüro, http://www.datenschutz.de

von der Heydt, Michaela: Rabattfeuer und Flächenboom – Verdrängungskampf kennt nur noch Verlierer (27.11.2002), in: Neues Deutschland, http://www.nd-online.de, 10.12.2002

Vorholz, Fritz: Wasser im Kochschinken - Warum Rot-Grün davor zurückschreckt, Verbraucherrechte zu stärken, in: Die Zeit (17/2002), http://www.zeit.de, 28.09.2002

Walter, Victoria: EU: Verdeckte Abzocke bestraft – Schwere Bußgelder für unlautere Lebensmittelkonzerne (12.08.2002), Neues Deutschland, http://www.nd-online.de, 14.08.2002

Walton, Sam/Huey, John: Sam Walton: Made in America: My Story, New York 1992

Weber, Anja: Arbeiten bei *McDonald's* – McJobs in der Wirklichkeit, http://www.mcunion.de/mcjobs.html, 28.08.2002

Webmiles, http://www.webmiles.de

Weichert, Thilo: Datenschutz beim Online-Marketing, Vortrag auf dem 2. Oldenburger Forum zum elektronischen Geschäftsverkehr am 1. Februar 2001, Unabhängiges Landeszentrum für Datenschutz Schleswig-Holstein, http://www.datenschutzzentrum.de, 13.09.2002

Weingand, Hans-Peter: Harry Potter: Verscheuchezauber im Internet, in: Korso (04/2001), http://www.korso.at, 23.05.2002

Weis, Hans-Christian: Marketing, 8. überarbeitete und erweiterte Auflage, Ludwigshafen/Kiehl 1993, 407-408

weltumspannend arbeiten, Linz

Weltweit gegen Sozialdumping, Broschüre der IG Metall (Hrsg.), Frankfurt/M. Juli 2001

Wenning, Rigo: E-Commerce und E-Privacy – Entwicklungen im Internet, Eröffnungsrede anlässlich der Sommerakademie des Unabhängigen Landeszentrums für Datenschutz in Kiel am 28. August 2000, http://www.datenschutzzentrum.de, 25.09.2002

Wenzel, Frank-Thomas: Auf den Takt kommt es an (02.05.2003), in: Frankfurter Rundschau Online, http://www.fr-aktuell.de, 03.05.2003

Wenzel, Frank-Thomas: Bei der Schnäppchenjagd geht es um zehntel Cent (23. 04.2003), in: Frankfurter Rundschau Online, http://www.fr-aktuell.de, 24.04.2003

Wenzel, Wilfried/Weser, Adrian: VerbraucherAnalyse 2002: Discounter auf dem Vormarsch/Aber: Chancen für Markenartikler, September 2002, http://www.media-pilot.de sowie http://www.bauermedia.com, 26.09.2002)

Werbeformen, Deutscher Multimedia-Verband, http://www.werbeformen.de

Werben & Verkaufen (wuv), http://www.wuv.de

Werbe-Welten – Zitate, Europa-Universität Viadrina Frankfurt/Oder, http://viadrina.euv-frankfurt-o.de, 02.11.2002

Werkmappe Weltkirche: Mode, Märkte, Menschen – Die Clean-Clothes-Kampagne Nr. 120 (2001), Wien

Werner, Klaus/Weiss, Hans: Schwarzbuch Markenfirmen – Die Machenschaften der Weltkonzerne, Wien/Frankfurt M. 2001

Werner, Klaus/Weiss, Hans: Schwarzbuch Markenfirmen, http://www.marken-firmen.com

Wetter, Kathrin: Gesetz zur Modernisierung des Schuldrechts (BGB n.F.) – Schwerpunkt: Das AGB-Gesetz (26.11.2001), Rechtsanwälte Graefe & Partner GbR, http://www.neues-vertragsrecht.de/agb.htm, 11.10.2002

Wick, Ingeborg: Die wichtigsten Verhaltenskodex-Organisationen im Überblick, in: Weltweit gegen Sozialdumping, Broschüre der IG Metall (Hrsg.), Frankfurt/M. Juli 2001, 58-61

Wick, Ingeborg: Frauenarbeit in Freien Exportzonen, in: PROKLA – Zeitschrift für kritische Sozialwissenschaft, Heft 111 (1998), 235-248

Wick, Ingeborg: NGO und Multis (11.02.2000), in: Freitag (07/2000), http://www.freitag.de, 21.11.2002

Wick, Ingeborg: Übersicht über Verhaltenskodizes für internationale Konzerne, in: Weltweit gegen Sozialdumpung, Broschüre der IG Metall (Hrsg.), Frankfurt/M. Juli 2001, 25-57

Wick, Ingeborg: Verhaltenskodizes – Werbegags oder Hebel für die Beschäftigten?, in: Weltweit gegen Sozialdumping, Broschüre der IG Metall (Hrsg.), Frankfurt/M. Juli 2001, 25-57

Wieking, Klaus: Angst vor Uncle Sam, in: W&V Werben und Verkaufen (29.09.2000), 54-55

Wilkens, Andreas: Bahn will Mitfahrer (nicht nur) im Internet verkuppeln (12.12.2002), in: heise online, http://www.heise.de, 17.12.2002

Wilkens, Andreas: EU verklagt Deutschland wegen Call-by-Call im Ortsnetz (05.12.2002), in: heise online, http://www.heise.de, 10.12.2002

Wilkens, Andreas: IBM Deutschland „schrumpft gesund“ (02.07.2002), in: heise online, http://www.heise.de, 03.07.2002

Wilkens, Andreas: Neue Betrugswelle mit 0190-Dialern (18.08.2002), in: heise online, http://www.heise.de, 19.08.2002

Wilkens, Andreas: O2 profitiert von der Rufnummern-Mitnahme (06.02.2003), in: heise online, http://www.heise.de, 07.02.2003

Wilkens, Andreas: Telekom baut weiter massiv Arbeitsplätze ab (10.03.2003), in: heise online, http://www.heise.de, 11.03.2003

Wilkens, Andreas: Telekom will Grundgebühr erhöhen (11.11.2002), in: heise online, http://www.heise.de, 12.11.2002

Wilkens, Andreas: US-Plattenfirmen zahlen Strafe wegen Preismanipulation bei CDs (01.10.2002), in: heise online, http://www.heise.de, 07.10.2002)

Willenbrock, Harald: Die Rabattfalle, in: brand eins (02/03), 56-61

WISO, ZDF Ratgeber-Magazin, http://www.zdf.de/ratgeber/wiso/, 25.06.2002

Wöhe, Günter: Einführung in die allgemeine Betriebswirtschaftslehre, 17. überarbeitet und erweiterte Auflage, München 1990

Wolf, Winfried: Neues Bahnpreis-System – Bahnfahren wird teurer, komplizierter und stammkundenfeindlich, Bürgerbahn statt Börsenbahn, http://www.buerger-bahn-statt-boersenbahn, 30.09.2002

Wolff, Dietmar: Schleichwerbung in Pressemedien, Zentralverband der deutschen Werbewirtschaft (ZAW), Bonn 1998

Wolff, Dietmar: Werbung direct – Erlaubt und verboten, Zentralverband der deutschen Werbewirtschaft (ZAW), Bonn 1999

Wood, Geneviève: 0190-Abzocke mit Amtsnummern (31.03.2003), in: Hamburger Abendblatt, http://www.abendblatt.de, 02.04.2003

Woolf, Dennis/Jones, James Cellan: McLibel, Dennis Woolf Productions, London, 1997

Working Party of the Trade Committee: Codes of Corporate Conduct – An Expanded Review of their Contents (7 June 2000), Organization for Economic Cooperation and Development (OECD), http://www.oecd.org, 17.11.2002

Wunder, Olaf: Der neue 0190-Betrug (12.08.2002), in: Hamburger Morgenpost, http://www.mopo.de, 14.08.2002

Wünnenberg, Ulrike: Schockierende Werbung – Verstoß gegen §1UWG, Frankfurt/Main 1996, 4

Wüpper, Thomas: Anerkennung für Bemühungen der Bahn (11.04.2003), in: Kölner Stadt-Anzeiger, http://www.ksta.de, 23.04.2003

Wylkop, Jens: Augen auf, Beutel zu! – Verkäufertricks bei Kaffeefahrten (30.09.1998), in: Rubens, Zeitschrift der Ruhr-Universität Bochum (Nr. 37), 8

Yomag – Verbraucher-Online-Magazin, http://www.yomag.net

Zeitschrift für Verbraucheraufklärung (Verbraucherschutz-Magazin), http://verbraucherschutz.wtal.de

Zentrale zur Bekämpfung unlauteren Wettbewerbs e.V.: Europa und sein Einfluss auf das Wettbewerbsrecht, http://www.wettbewerbszentrale.de, 12.10.2002

Zentrale zur Bekämpfung unlauteren Wettbewerbs, http://www.wettbewerbszentrale.de

Zentrale zur Bekämpfung unlauteren Wettbewerbs e.V.: Portrait, http://www.wettbewerbszentrale.de, 22.11.2002

Zentralverband der deutschen Werbewirtschaft (ZAW), http://www.zaw.de

Zentralverband der deutschen Werbewirtschaft: Informationsaktion Werbung – Die Idee dahinter, http://www.interverband.com/u-img/184/zawhome.html, 25.07.2002

Zentralverband der deutschen Werbewirtschaft (Hrsg.): Werbung – Strukturen, Ziele, Grenzen, Bonn 2001

Zentralverband der Deutschen Werbewirtschaft (Hrsg.): Werbung in Deutschland 2001, ZAW-Jahrbuch 2002, Bonn 2002

Ziegler, Peter-Michael: „Harter Schlag" für Telefonanbieter im Ortsnetz (30.04.2003), in: heise online, http://www.heise.de, 03.05.2003

Ziegler, Peter-Michael: RegTP muss Mobilfunkbetreibern 10 Millionen Euro erstatten (01.05.2003), in: heise online, http://www.heise.de, 03.05.2003

Ziemann, Frank: Über Computer-Viren, die keine sind (sog. Hoaxes) – Kettenbriefe, Hoax-Info Service der TU Berlin, http://www.tu-berlin.de, 18.09.2002

Zitate über die Wirtschaft, http://helena.ludwig.name/Zitate%20Seite/wirtschaft.htm

Zitatebank, http://www.komma-net.de/zitate

Zugabeverordnung (ZugabeVO)

Zusatzstoffe, Online-Datenbank, www.zusatzstoffe-online.de

Internationale Märkte

Herausgegeben von Prof. Dr. Herbert Strunz

Die Schriftenreihe „Internationale Märkte" veröffentlicht Monographien und Sammelbände, die sich der marktbezogenen Analyse von Ländern, Branchen und entsprechenden Aspekten des internationalen Managements widmen und wendet sich an ein am aktuellen Geschehen auf verschiedenen Märkten interessiertes Publikum. Autoren, die an einer Veröffentlichung interessiert sind, werden gebeten, sich mit dem Herausgeber der Reihe oder dem Verlag in Verbindung zu setzen.

Band 1 Herbert Strunz: Irak. Wirtschaft zwischen Embargo und Zukunft. 1998.

Band 2 Diana Kowalski: Die Erschließung des Marktes in der Tschechischen Republik. Instrumente, Probleme, Perspektiven. 1999.

Band 3 Herbert Strunz / Monique Dorsch: Libyen. Zurück auf der Weltbühne. 2000.

Band 4 Herbert Strunz / Monique Dorsch: Internationalisierung der mittelständischen Wirtschaft. Instrumente zur Erfolgssicherung. 2001.

Band 5 Herbert Strunz / Monique Dorsch: Algerien. Krise und Hoffnung. 2002.

Band 6 Rica Staiger: Tunesien. Aufstieg zwischen Orient und Okzident. 2003.

Band 7 Herbert Strunz / Monique Dorsch: Sicherheitspolitik und Wirtschaft. 2003.

Band 8 Kati Fleischmann: Schattenseiten des Marketing. Der Kampf um Märkte und Verbraucher heute. 2003.